AFONSO DE LIGÓRIO

O triunfo da benignidade frente ao rigorismo

MARCIANO VIDAL

AFONSO DE LIGÓRIO

O triunfo da benignidade frente ao rigorismo

Volume 2

A mensagem

Coleção "Introdução à Theologia Moralis" de Santo Afonso

scala EDITORA

EDITORA SANTUÁRIO

Covarrubias, 19 - 28010 MADRI
Tfno.: 914 455 126
Fax: 914 455 127
www.pseditorial.com
E-mail: perso@pseditorial.com

Tradução: Pe. Claudiberto Fagundes, CSsR.
Revisão: Pe. Vítor Edézio Tittoni Borges, CSsR.
Irma Carina Malcomes.
Diagramação: Bruno Olivoto

Dados Internacionais de Catalogação na Publicação (CIP) de acordo com ISBD

V648a Vidal, Marciano

Afonso de Ligório: O triunfo da benignidade frente ao rigorismo – A mensagem – Volume 2 / Marciano Vidal. – Goiânia: Scala Editora; Aparecida: Editora Santuário, 2022.
488 p.; 16cm x 23cm. – (Coleção Introdução à *Theologia Moralis* de Santo Afonso)

ISBN 978-65-5527-181-2

1. Religião. 2. Cristianismo. 3. Santo Afonso de Ligório. I. Título.

CDD 240
2022-796 CDU 24

Elaborado por Odilio Hilário Moreira Junior - CRB-8/9949

Índice para catálogo sistemático:
1. Religião: Cristianismo 240
2. Religião : Cristianismo 24

1ª impressão

Rua Pe. Claro Monteiro, 342 - 12570-000 - Aparecida-SP
Tel.: 12 3104-2000 - Televendas: 0800 0 16 00 04
www.editorasantuario.com.br
vendas@editorasantuario.com.br

Dedico este volume
aos meus formadores e professores redentoristas:
em El Espino (Miranda de Ebro, Burgos),
em Nava del Rey (Valladolid),
em Laguna de Duero (Valladolid),
na Academia Alfonsiana (Roma).

SUMÁRIO

Oitava Seção

Nona Seção

Décima Seção

Décima Primeira Seção

Décima Segunda Seção

Décima Terceira Seção

Apresentação da Coleção

"Introdução à *Theologia Moralis* de Santo Afonso"

"Não." Essa foi, em 5 de julho de 1831, a resposta da Penitenciaria Apostólica (depois aprovada por Gregório XVI) à consulta do cardeal arcebispo de Besançon, formulada na seguinte questão: "Deve se preocupar o confessor que, na prática do confessionário, segue todas as opiniões do bem-aventurado Afonso de Liguori pelo motivo de a Santa Sé ter declarado que, em suas obras, nada foi encontrado digno de censura?" Resposta negativa que era, portanto, uma afirmação, fruto de longo e conturbado percurso, da autoridade incontestável de Afonso de Liguori no campo da Teologia Moral. Mas não apenas isso, uma autoridade ainda matizada nos limites do inaudito quando, na mesma consulta, surge caracterizado o hipotético confessor: "O confessor em questão, leu as obras do santo Doutor apenas para conhecer sua doutrina, sem avaliar as razões e motivos com que apoia as mesmas conclusões". Em outras palavras, a Penitenciaria Apostólica responde não dever se preocupar o confessor que segue tão somente as conclusões de Afonso, sendo desnecessário verificar a argumentação com que o santo justifica tais conclusões. Ou seja: confiança cega, granítica, monolítica. Impossível, e não verificada na história da Igreja, maior consagração para um autor. Um quase semideus da Teologia Moral. Santo Afonso do século XIX.

Poderíamos então perguntar: mas, o que o próprio Santo Afonso acharia deste "sem avaliar as razões e motivos com que apoia as mesmas conclusões"? Nada melhor, sem dúvida, que ouvir o interessado. No prefácio à *Theologia Moralis*, com o sugestivo subtítulo "que o autor pede ao leitor que leia para a compreensão de toda a obra", depois de explicitar o motivo da composição (ensinar aos jovens da Congregação a arte de orientar as consciências através da pregação e da confissão durante as Missões), encontramos um autor insatisfeito com sua obra: "eu mesmo acabei não ficando satisfeito, pois muitas coisas não saíram bem explicadas ou ficaram expostas em uma ordem confusa"; tentando remediar os problemas encontrados: "apliquei-me à segunda edição cuidando em levar tudo a uma ordem melhor" e explicando o motivo e oportunidade desse procedimento: "Como sou humano, também reformei algumas opiniões que, com o passar do tempo, havia chamado a um julgamento mais atento"; nessa atitude, orgulhoso, então, de nobre companhia: "Não me envergonho disso, pois o próprio Santo Agostinho não se envergonhou de se retratar em muitas questões; Santo Tomás também o fez, como atestam Caetano, Catharino e Capreolo, e o próprio doutor Angélico confessa, quando diz: *Embora tenha escrito diferentemente em outro lugar (3p., quaest. 9, art. 4)*. O mesmo também afirmou Túlio [Cícero]: É coisa própria do sábio mudar de opinião [Sapientis est mutare consilium]. E, em outra passagem: *Nunca se elogiou a insistência em uma sentença única.*" Explicitando a mola propulsora de seu método de estudo: "Empreguei muito trabalho para conseguir escolher as sentenças de acordo com a verdade da questão. Investiguei, por muitos anos e em muitos volumes de autores clássicos, tanto as sentenças rígidas, quanto as benignas que, recentemente (pelo que sei), vieram a público"; baseado na reflexão e não apenas na autoridade: "Mas, na escolha das sentenças, o meu maior cuidado foi sempre colocar a razão na frente da autoridade..." e, por isso, "não duvidei em modificar o julgamento sobre muitas sentenças" e "quando não encontrei razão convincente em favor de uma parte, não ousei condenar a oposta, como fazem alguns que têm muita facilidade em reprovar opiniões..." para que "não julgues esteja eu aprovando as opiniões que não reprovo, pois geralmente as exponho fielmente, com suas razões e defensores, para que outros, por sua prudência, julguem qual o seu peso". Santo Afonso do século XVIII.

Não precisamos ir além desse importante prefácio à *Theologia Moralis*, embora pudéssemos nos estender muito, já que, para nossa sorte, Santo Afonso deixou consignadas, em passagens memoráveis das oito revisões de sua obra magna, bem como em numerosíssimas cartas e outros muitos escritos, seu modo de entender e fazer Teologia Moral. O que aqui apresentamos quer apenas aguçar a curiosidade do leitor para esse fenômeno editorial (nove edições durante a vida do autor, mais cinquenta desde então), *semper reformanda*, que foi para seu autor a *Theologia Moralis*. E, ao mesmo tempo, a história profícua e polêmica de sua recepção social, cultural e eclesial. Talvez, por isso, o melhor elogio que poderíamos fazer ao autor, e o que ele mais aprovasse, fosse a constatação de, em sua materialidade, a obra prima teológica de sua vida estar hoje grandemente desatualizada. Desatualizada porque, de tal modo próxima às necessidades concretas de sua época que, uma vez modificadas radicalmente, não pode deixar de perder a atualidade. Mas, ao mesmo tempo, com um espírito pastoral tão fecundo e criativo, com abertura de pensamento tão larga, que não pode deixar de ser, mais que nunca, atual para a compreensão e o fazer moral que desafia a teologia nos dias de hoje. Santo Afonso do século XXI.

Prova disso são as numeráveis publicações que começam a reflorescer sobre o estudo do texto da *Theologia Moralis* afonsiana. Apenas nos últimos meses pudemos contar três importantes contribuições nesse sentido: "*Conscience - writings from Moral Theology, by Saint Alphonsus*" ("Consciência - escritos de Teologia Moral, por Santo Afonso") de Raphael Gallagher, publicado pela Liguori Publications, em abril. "*Alfonso de Liguori (1696-1787): la victoria de la benignidad frente al rigorismo*", em dois volumes publicados pela Editorial Perpétuo Socorro, Espanha, de Marciano Vidal, dentro da coleção de História da Teologia Moral. Bem como o projeto editorial de tradução da *Theologia Moralis* para o português, que já vai para o terceiro volume, pelo Centro Dom Bosco – projeto análogo está em andamento nos Estados Unidos, também já com vários volumes publicados: *Moral Theology by Liguori CSSR*, Ryan Grant. Ante toda essa movimentação editorial, não podemos deixar de augurar que, de fato, Santo Afonso seja um dos grandes autores redescobertos dessa primeira metade de século.

Contudo, tal redescoberta do texto afonsiano, vai acompanhada por um desafio muito mais árduo: o desafio da interpretação. Se é verdade que, de Afonso já foram feitas tantas interpretações quantos retratos, a exigência é enorme, visto a enorme galeria pictórica que, do santo, a tradição nos legou. Nem é necessário, portanto, retornarmos ao primeiro parágrafo para uma pequena ideia de quanto a mesma tradição, com a melhor das intenções conservativas, acabou por acrescentar tantas camadas de verniz que terminaram, algumas vezes, mais por obscurecer, que por revelar, o genuíno pensamento do doutor zelantíssimo. É nesse sentido, então, que a União dos Redentoristas do Brasil - URB - apresenta esta publicação como abertura de toda uma coleção, ou seja, uma grande introdução ao pensamento moral e à figura de Santo Afonso. Mais que oportuna, com certeza, pois, embora muito querido e admirado, o Doutor da Igreja e Padroeiro dos Confessores e Moralistas, nem sempre é correspondentemente conhecido, talvez por sua inabarcável bibliografia, constantemente atualizada, nem sempre estar disponível em português.

Decidimos abrir a coleção com aquele que é, sem dúvida, o maior conhecedor da obra moral de Santo Afonso na atualidade, o missionário redentorista Pe. Marciano Vidal. No primeiro livro poderemos acompanhar como a tradição afonsiana repercutiu vivencialmente na trajetória acadêmica e pastoral desse seu filho e, ao mesmo tempo, a partir de seus olhos e atuação, na inteira segunda metade do século XX. Preferimos fazer assim, começar com um testemunho, também para professar nossa opção por uma moral viva e encarnada, pastoral, atenta às demandas do tempo presente, ao mesmo tempo em que, por isso mesmo, comprometida com a fidelidade ao Evangelho, como o fez Santo Afonso em sua época.

Na sequência, teremos então os quatro volumes do que se pode chamar uma "verdadeira enciclopédia" jamais escrita sobre Santo Afonso e a Teologia Moral. Do mesmo autor, Pe. Marciano

Vidal, publicados em 2019, condensam em grande panorama interpretativo e bibliográfico, tudo o que se escreveu de mais importante sobre o assunto. O leitor terá, por exemplo, um comentário sobre as mais de 128 obras de Santo Afonso, inseridas e analisadas nos contextos vitais do autor e referidas em suas várias edições.

Depois dessa desafiante incursão biobibliográfica, estaremos prontos para o "curso avançado". Destinado apenas aos "fortes", acompanharemos toda a gênese do pensamento moral afonsiano pelas mãos de um de seus insuperáveis pesquisadores, o falecido Pe. Domenico Capone, diretor da Academia Alfonsiana e profundo estudioso do tema. Nessa obra, passando em detalhada revista todos os escritos morais de Santo Afonso, o leitor poderá encontrar uma visão realista e ontológica do "mais napolitano dos santos e mais santo dos napolitanos", tanto das implicações atuais de sua proposta, quanto de seu labor e amadurecimento teológico-moral.

Por fim, algo que pensamos esteja ainda faltando aos estudiosos iniciantes, traremos uma introdução didática ao texto da *Theologia Moralis*, sobretudo, aos tratados do Livro I, ou seja, *Sobre a Consciência* e *Sobre a Lei*, bases do método afonsiano e sua grande contribuição à ciência moral.

Agradecemos do Pe. Claudiberto Fagundes, mestre em teologia e doutor e pós-doutor em letras, pela proposição e organização dos textos, bem como aos outros confrades que se estão unindo a essa empreitada editorial. Agradecemos às editoras que assumiram a tarefa ingente de disponibilizar esse importante material aos leitores de língua portuguesa. Agradecemos a URB, União dos Redentoristas do Brasil, aos provinciais e confrades, pela aprovação e apoio necessário ao projeto. Por último, mas não em último lugar, a todos os leitores que, com suas observações, sugestões e críticas, auxiliarão na concretização do mesmo projeto.

Pe. Vitor Edezio Tittoni Borges
Pela União dos Redentoristas do Brasil.

Coleção "Introdução à Theologia Moralis" de Santo Afonso

1. "Conversa com Marciano Vidal",
José Manuel Caamaño. (publicado)

***

"Afonso de Liguori (1696-1787): a vitória da benignidade frente ao rigorismo". Marciano Vidal. Apresentado em quatro volumes:

2. A Paisagem e o Personagem (publicado).
3. A Mensagem (publicado).
4. A Moral Afonsiana (em preparação).
5. Espiritualidade Afonsiana e Moral.
Significado histórico de Afonso de Liguori (em preparação).

***

6. A proposta moral de Santo Afonso: desenvolvimento e atualidade. Domenico Capone (em preparação).

7. Theologia Moralis: A Consciência e a lei.
Tradução e introdução didática.

Apresentação Geral

O livro que o leitor tem em mãos ou, em razão do tamanho do volume, apoiado em um suporte, foi concebido com dois objetivos. Em primeiro lugar, formar parte de uma História da Teologia Moral Católica e, nesse sentido, constitui o terceiro tomo de sua parte V. *De Trento ao Vaticano II.* O segundo objetivo - para quem escreve, o principal - oferecer um balanço, o mais completo possível, do significado histórico de Afonso de Liguori.

Embora sejam diferentes, não são objetivos excludentes, e o texto pode perfeitamente ser - e de fato é - o mesmo. Também é o mesmo o título para os dois objetivos apresentados: *Afonso de Liguori (1696-1787). O triunfo da benignidade frente ao rigorismo.* A mesma, ainda, a imagem abaixo do título: uma reprodução do magnífico quadro com o qual o pintor ferrolano, radicado em Madri, **Fernando Álvarez de Sotomayor** (1875-1960), diretor do Museu do Prado (1922-1931, 1939-1960), quis render homenagem ao santo napolitano e retribuir a relação de amizade com os redentoristas espanhóis.

Toda apresentação de uma obra constitui um corpo-a-corpo do autor com o leitor. O autor promete ao leitor que, chegando ao final do livro, poderá comprovar que lhe foi entregue o prometido. Sendo assim, asseguro ao benévolo leitor que, chegando ao final da leitura:

1. Conhecerá *o conteúdo de todas as obras de Afonso* - conforme as últimas contagens, chegam a 128 títulos.
2. Terá oportunidade de entrar em contato com (quase) toda *a produção bibliográfica* de temática afonsiana. Ainda que, nesse ponto, não possa oferecer novas descobertas arquivísticas, garanto o contato com a maior parte da bibliografia afonsiana, embora em algumas passagens precise continuar empregando a convencional confissão: "a bibliografia afonsiana é inabarcável".
3. Contará com uma biografia completa da obra principal de Afonso, sua *Theologia Moralis*, analisada com o método original que o autor denomina *método sociobiográfico*.
4. Em poucas bibliografias afonsianas o leitor encontrará análise tão minuciosa sobre *o pensamento moral de Afonso* e história tão detalhada de sua *recepção*, seja pelos teólogos moralistas, seja pelo magistério eclesiástico. Nesse âmbito, o autor se sente feliz por ter lançado um neologismo - *liguorização* da moral católica - para referir o fenômeno da recepção teológico-moral e eclesial da moral afonsiana; e, mais feliz ainda, por ter sido um dos primeiros, se não o primeiro, a empregar a expressão *benignidade pastoral* para caracterizar a peculiaridade da orientação moral de Afonso.
5. Na presente obra, alguns leitores se sentirão mais satisfeitos com determinados conjuntos temáticos: a ampla exposição sobre *a espiritualidade afonsiana*, a análise da *experiência familiar* de Afonso, a apresentação de *sua formação, tanto civil, quanto eclesiástica*, a descrição da *trajetória biográfica* do santo napolitano, onde o leitor avisado apreciará a apresentação de Afonso *enquanto escritor*.
6. Em poucas obras gerais, como é o caso, o leitor poderá dispor de tantos conhecimentos necessários para avaliar a contribuição de Afonso aos vários campos do *saber teológico*: teologia bíblica, teologia da história, teologia dogmática e, sobretudo, apologética.
7. Pode acontecer que algum leitor desavisado - não é o caso - pergunte sobre a amplitude do espaço dedicado à descrição

geográfica, histórica, social, cultural e religiosa do Reino e da Cidade de Nápoles. Como autor, confesso que não poderia ter feito diferente, na medida em que pretendo explicitar o significado histórico do *santo mais napolitano de todos os santos* (alguns acrescentam: *do napolitano mais santo de todos os napolitanos*).

Comumente, a apresentação da obra também oferece uma espécie de guia para o leitor se sentir mais confortável em sua tarefa - oxalá, grata - de explorador literário. Se o inteligente leitor já conhecer outros escritos meus, saberá que me agradam a clareza e a simplicidade - quem sabe, sejam a mesma coisa - no plano da obra.

O esquema da presente obra não poderá ser mais claro e simples para quem seguir o itinerário das partes assinaladas com letras maiúsculas:

A) *A Paisagem*, descreve o *Settecento* napolitano em suas três vertentes: social, religiosa e cultural.

B) *A Figura*, ou seja, a apresentação de Afonso de Liguori em sua experiência familiar, formação e trajetória biográfica.

C) *A Mensagem*, exposta inicialmente em confronto com os movimentos culturais, sociais e teológicos da época (Iluminismo, Racionalismo, Jurisdicionalismo, Jansenismo, Probabiliorismo) e, na continuação, abordando diretamente o pensamento teológico de Afonso.

D) *A Moral Afonsiana*, analisada com método sociobiográfico e estudo direto dos textos afonsianos.

E) *A Espiritualidade Afonsiana*, vista em articulação com a Moral.

F) *Esquema sintético* onde, como em um mapa conceitual, recapitula o significado de Afonso de Liguori.

Conhecido o panorama geral da obra, cada leitor poderá buscar as partes que mais lhe interessam e traçar seu próprio itinerário. Para os diretamente interessados na História da Teologia Moral, será decisiva a parte D) *A Moral Afonsiana*. Mas não poderão deixar de conhecer o autor que a compôs: B) *A Figura;* bem como, a sociedade a que se dirigiu: A) *A Paisagem;* a cultura civil e eclesiástica com a qual dialogou: C) *A Mensagem;* e a espiritualidade com que forma unidade temática: E) *A Espiritualidade.*

Como autor, não seria fiel à obra, se não expressasse o desejo de o texto ser lido em sua totalidade e, se possível, acompanhando o itinerário das partes, seções e capítulos apresentados no volume. Também penso que nenhum leitor poderia deixar de ler, em primeiro lugar, a *Introdução Geral* com a síntese biográfica de Afonso e apresentação das referências bibliográficas gerais.

O último parágrafo da Apresentação e, segundo o ritual, o último escrito pelo autor, precisa ser reservado aos agradecimentos.

Na *Dedicatória,* faço referência a vários grupos de formadores e professores redentoristas aos quais me sinto especialmente agradecido.

Em obras como esta, o autor ainda deve reconhecer sua gratidão aos pesquisadores anteriores, dos quais é, necessariamente, devedor. Citarei os mais representativos (apenas os falecidos): a) Entre os *biógrafos* de Afonso: Antônio Maria Tannoia, Alois Pichler, Raimundo Tellería, Théodule Rey-Mermet, Frederick M. Jones. b) Dos *bibliógrafos afonsianos*: sobressai o belga Maurice De Meulemeester. c) Entre os muitos *estudiosos* da vida e da obra de Afonso: Celestino Berruti, Charles Keusch, Clément Dillenschneider, Oreste Gregorio, Ambroggio Fredda, Vincenzo Toglia, Germain Liévin, Giuseppe Cacciatore, Andreas Sampers, José Fidel Hidalgo, Hernán Arboleda, Sante Raponi, Dionisio Ruiz, Manuel Gómez Ríos, Giuseppe Orlandi, Hamish F. G. Swanston, Otto Weiss. d) Autores de *monografias,* ainda valiosas e sugestivas, como as de: Candido Romano, Giovanni Getto, Rodrigo Bayón, Giuseppe de Luca. e) *Especialistas no pensamento moral* de Afonso: Leonardo Gaudé, Gabriel M. Blanc, Domenico Capone, Bernhard Häring, Louis Vereecke, Rodrigue Théberge.

Expresso um agradecimento especial ao diretor da Editorial PS, Francisco J. Caballero, que dedicou grande interesse à presente obra por se tratar de Afonso de Liguori, o fundador da Congregação do Santíssimo Redentor e joia literária mais apreciada do *Editorial Perpetuo Socorro*. Também agradeço a amigável e desinteressada colaboração de Vicente García, atual secretário da Província espanhola redentorista, nos aspectos informáticos da edição.

Por último, agradeço aos que me animaram com suas benévolas recensões - e com suas aquisições - dos volumes precedentes e aos que me proporcionaram o afeto necessário para viver e trabalhar.

Sem desmerecer o que disse antes, pelo contrário, dando-lhe plenitude de significação, é a Deus, o doador de todos os dons, a quem rendo totalmente minha ação de graças.

Siglas e abreviaturas

I. Gerais

Sagrada Escritura:

Ab (Abdias)	Gn (Gênesis)	Mt (Mateus)
Ag (Ageu)	Hab (Habacuc)	Nm (Naum)
Am (Amós)	At (Atos)	Ne (Neemias)
Ap (Apocalipse)	Hb (Hebreus)	Nm (Números)
Br (Baruc)	Is (Isaías)	Os (Oséias)
Ct (Cânticos)	Jó (Jó)	Pe (Pedro)
Cl (Colossenses)	Jd (Judas)	Pv (Provérbios)
Cor (Coríntios)	Jt (Judite)	Rs (Reis)
Cr (Crônicas)	Jr (Jeremias)	Rm (Romanos)
Dn (Daniel)	Jl (Joel)	Rt (Rute)
Dt (Deuteronômio)	Jo (João)	Sb (Sabedoria)
Ecle (Eclesiastes)	Jn (Jonas)	Sl (Salmos)
Eclo (Eclesiástico)	Js (Josué)	Sm (Samuel)
Ef (Efésios)	Jz (Juízes)	Tg (Tiago)
Es (Esdras)	Lm (Lamentações)	Sf (Sofonias)
Est (Ester)	Lc (Lucas)	Ts (Tessalonicenses)
Êx (Êxodo)	Lv (Levítico)	Tm (Timóteo)
Ez (Ezequiel)	Mac (Macabeus)	Tt (Tito)
Fm (Filêmon)	Mal (Malaquias)	Tb (Tobias)
Fl (Filipenses)	Mc (Marcos)	Zc (Zacarias)
Gl (Gálatas)	Mq (Miqueias)	

Documentos do Concílio Vaticano II (1962-1965):

AA Apostolicam actuositatem.
AG Ad gentes.
CD Christus Dominus.
DH Dignitatis humanae.

DV Dei Verbum.
GE Gravissimum educationis.
GS Gaudium et spes.
IM Inter mirifica.
LG Lumen gentium.
NA Nostra aetate.
OE Orientalium ecclesiarum.
OT Optatam totius.
PC Perfectae caritatis.
PO Presbyterorum ordinis.
SC Sacrosanctum concilium.
UR Unitatis redintegratio.

Documentos pontifícios

(encíclicas, cartas, exortações apostólicas, etc):

AL Amoris laetitia.
CA Centesimus annus.
CC Casti connubii.
ChF Christifideles laici.
CiV Caritas in veritate.
CT Catechesi tradendae.
DCE Deus caritas est.
DM Dives in misericordia.
DetV Dominum et vivificantem.
EdE Ecclesia de Eucharistia.
EG Evangelii gaudium.
EN Evangelii nuntiandi.
ES Ecclesiam suam.
EV Evangelium vitae.
FC Familiaris consortio.
FR Fides et Ratio.
GSa Gratissimum sane.

HV Humanae vitae.
LE Laborem exercens.
LS Laudato sì.
LF Lumen fidei.
MD Mulieris dignitatem.
MM Mater et magistra.
OA Octogesima adveniens.
PP Populorum progressio.
PT Pacem in terris.
NMA Novo millennio adveniente.
NMI Novo millennio ineunte.
QA Quadragesimo anno.
RH Redemptor hominis.
RM Redemptoris missio.
RP Reconciliatio et paenitentia.
RN Rerum novarum.
SRS Sollicitudo rei socialis.
VS Veritatis splendor.

Documentos de Dicastérios romanos:

AN Aetatis Novae.
CP Communio et progressio.
DoVe Donum veritatis.
DP Dignitas personae.
DV Donum vitae.
LC Libertatis conscientia.
LN Libertatis nuntius.
PH Persona humana.

Outras:

AAS Acta Apostolicae Sedis.

BAE	Biblioteca de Autores Españoles.
Bund	BUND, J. *Catalogus qui scripserunt de Theologia morali et practica* (Ruon, 1900).
CC	Corpus Christianorum.
CCCM	Corpus Christianorum. Continuatio Mediaevalis.
CCL	Corpus Christianorum. Series Latina.
CDF	Congregação para a Doutrina da Fé.
CEC	Catecismo da Igreja Católica.
Catholicisme	Catholicisme hier, aujourd'hui, demain.
CIC	Código de Direito Canônico.
CSEL	Corpus Scriptorum Ecclesiasticorum Latinorum.
CTI	Comissão Teológica Internacional.
DACL	Dictionnaire d'archéologie chrétienne et de liturgie.
DH	DENZINGER, H. ; HÜNERMANN, P. *El Magisterio de la Iglesia* (Barcelona, 2000[2]). [= DENZINGER, H. ; HÜNERMANN, P. *Compêndio dos símbolos, definições e declarações de fé e moral*. São Paulo: Paulinas/Loyola, 2006. 1468 p].
DPAC	DI BERARDINO, A. (ed.). *Diccionario Patrístico y de la Antigüedad Cristiana*, I y II. Ediciones Sígueme (Salamanca, 1991, 1992). [= *Dicionário Patrístico e de Antigüidades Cristãs*. São Paulo: Vozes/Paulus, 2002. Tradução: Cristina Andrade. 1484 p].
DS	Dictionnaire de spiritualité ascétique et mystique.
DTC	Dictionnaire de Théologie Catholique.
Dizionario	PACOMIO, L.; OCCHIPINTI, G. (ed.). *Lexicon. Dizionario dei Teologi*. Piemme (Casale Monferrato, 1998).
EC	Enciclopedia Cattolica.
Fitzgerald	FITZGERALD, A. D. (ed.). *Diccionario de San Agustín*. Editorial Monte Carmelo (Burgos, 2001). [= *Agostinho através dos tempos*: uma enciclopédia. São Paulo: Paulus, 2018. 1000 p.]
Hurter	HURTER, H. *Nomenclator literarius theologiae catolicae*, 6 vol. (Innsbruck, 1903-1913).
LTK	Lexikon für Theologie und Kirche.

Mansi	MANSI, J. D. *Sacrorum Conciliorum nova et amplissima collectio* (Florença, 1759-1798; reimpressão, Graz, 1960-1962).
MGH	Monumenta Germaniae Historica.
PG J.-P.	Migne, *Patrologiae Cursus completus. Series Graeca.*
PL J.-P.	Migne, *Patrologiae Cursus completus. Series Latina.*
Sommervogel	SOMMERVOGEL, C. *Bibliotèque de la Compagnie de Jésus* (Bruxelas-Paris, 1890 ss.).
SC	Sources chrétiennes.

I. Especiais

Siglas e abreviaturas para o presente volume:

A56:	Alfonso de Liguori [*Apologia*], *Risposta ad un'anonimo che ha censurato ciò che ha scritto l'autore nel capo V al paragrafo 1° della prima parte; ed insieme l'opera morale del medesimo.* Apêndice ao livro *Le Glorie di Maria* (Nápoles, 1756). Citada pela edição de L. Corbetta, t. 30 (Monza, 1831) 73-93.
A64a:	Alfonso de Liguori [*Apologia*]. *Risposta apologetica ad una lettera d'un religioso circa l'uso dell'opinione egualmente probabile.* Foi publicada no livro *Confessore diretto per le confessioni della gente di campagna* (Veneza, 1764) 505-530. Citada pela edição de L. Corbetta, t. 30 (Monza, 1831) 95-131.
A64b:	Alfonso de Liguori [*Apologia*], *Apologia in cui si difende la Dissertazione dell'a. sull'uso moderato dell'opinione probabile dalle opposizioni fattegli da un molto Rev. P. Lettore, che si nomina "Adelfo Dositeo"* (Veneza, 1764). Citada pela edição de L. Corbetta, t. 30 (Monza 1831) 133-339.

A69: Alfonso de Liguori [*Apologia*], *Apologia della Teologia morale dell'Ill.mo e Rev.mo Mons. D. Alfonso de' Liguori, vescovo di s. Agata de' Gotti, tracciata da taluni per lassa come seguace del sistema probabilistico e specialmente dell'opinione meno probabile.* Unida à obra *Delle cerimonie della Messa* (Bassano, 1769) 193-264. Citada pela edição de L. Corbetta, t. 30 (Monza, 1831) 5-71.

Boland: BOLAND, A. J. *A Dictionary of the Redemptorists* (Roma, 1987).

Cacciatore: CACCIATORE, G. S. *Alfonso de' Liguori e il giansenismo. Le ultime fortune del moto giansenistico e la restituzione del pensiero cattolico nel secolo XVIII* (Florença, 1942).

CC: Alfonso de Liguori, *Cose di Coscienza.* Caderno manuscrito de Afonso. Arquivo Geral dos Redentoristas, Roma, SAM, VI, 10.

Contributi: GREGORIO, O.; CAPONE, D.; FREDDA, A.; TOGLIA, V., *Sant'Alfonso de Liguori. Contributi bio-bibliografici* (Bréscia, 1940).

D49: Alfonso de Liguori [*Dissertação*], *Dissertatio scholastico-moralis pro usu moderato opinionis probabilis in concursu probabilioris* (Nápoles, 1749). Citada pela edição de L. Corbetta, t. 28 (Monza, 1832) 5-79.

D55: Alfonso de Liguori [*Dissertação*], *Dissertatio scholastico-moralis pro usu moderato opinionis probabilis in concursu probabilioris* (Nápoles,1755). Citada pela edição de L. Corbetta, t. 29 (Monza, 1831) 81-258.

D62: Alfonso de Liguori [*Dissertação*], *Breve dissertazione dell'uso moderato dell'opinione probabile* (Nápoles, 1762). Citada pela edição de L. Corbetta, t. 29 (Monza,1831) 365-472.

D65: Alfonso de Liguori [*Dissertação*], *Dell'uso moderato dell'opinione probabile* (Veneza, 1765). Citada pela edição de L. Corbetta, t. 29 (Monza, 1831) 3-364.

D74: Alfonso de Liguori [*Declaração*], *Dichiarazione del sistema che tiene l'autore intorno alla regola delle azioni morali, e si risponde ad alcune nuove opposizioni che gli vengono fatte.* Publicada como apêndice ao livro *Traduzioni de' Salmi* (Nápoles, 1774). Citada pela edição de L. Corbetta, t. 31 (Monza, 1872) 5-95.

De Meulemeester: DE MEULEMEESTER, Maurice. *Bibliographie générale des écrivains rédemptoristes*, 3 vol. (Haya-Lovaina, 1933-1939).

Ferrero-Boland: FERRERO, F. ; BOLAND, S. J. *Las obras impresas por S. Alfonso María de Liguori*: Studia et Subsidia de vita et operibus S. Alfonsi Mariae de Ligorio (1696-1787) (Roma, 1990) 485-543.

Gaudé: S. Alphonsi Mariae de Ligorio, Doctoris Ecclesiae, *Opera Moralia. I. Theologia Moralis.* Editio nova cum antiquis diligenter collata, in singulis auctorum allegationibus recognita, notisque criticis et commentariis illustrata cura et studio P. Leonardi Gaudé, C.SS.R., Romae 1905-1912, 4 vol. Citada por tomo (números romanos) e por página (números arábicos).

Introduzione generale: GREGORIO, O.; CACCIATORE, G.; CAPONE, D. *Introduzione generale* [Opere Ascetiche] (Roma, 1960).

Jones: JONES, F. M. *Alphonsus de Liguori. The Saint of Bourbon Naples. 1696-1787* (Dublim, 1992).

Lettere: *Lettere di S. Alfonso Maria de' Liguori.* Ed. F. Kuntz e F. Pitocchi, I, II, III (Roma, 1887-1890).

Rey-Mermet: REY-MERMET, T. *El Santo del Siglo de las Luces. Alfonso de Liguori (1696-1787)* (Madri, 1985).

Na presente tradução será empregada, tanto nas citações diretas, quanto nas referências, a edição brasileira: *Afonso de Ligório: uma opção pelos abandonados*. Aparecida: Santuário, 1984. 719 p. Trad. : Pe. José Braz Gomes; Carlos Felício da Silveira. [Original: REY-MERMET, T. *Le saint du siècle des lumières: Alfonso de Liguori (1696-1787)*. Paris, 1982].

SA: *Sant'Alfonso*. Periodico mensile (Pagani, desde 1930).

SH: *Spicilegium Historicum Congregationis SS. Redemptoris* (Roma, desde 1953).

SM: *Studia Moralia* (Academia Alfonsiana, Roma).

Tannoia: TANNOIA, A. M. *Della vita, ed istituto del venerabile servo di Dio Alfonso Mª Liguori*, 3 tomos (Nápoles, 1798-1800-1802). Citado por tomo (números romanos) e página (números arábicos).

Tellería: TELLERÍA, R. *San Alfonso María de Ligorio, Fundador, Obispo y Doctor*, 2 tomos (Madri, 1950-1951). Citado por tomo (números romanos) e página (números arábicos).

TM: Alfonso de Liguori, *Theologia Moralis* (9 edições durante a vida do autor).

NTRODUÇÃO GERAL

Síntese biográfica de Afonso de Liguori e referências bibliográficas gerais

Neste capítulo introdutório, concebido a modo de abertura de uma ampla sinfonia, apresento a síntese da biografia de Afonso de Liguori, bem como, as referências bibliográficas gerais dos estudos sobre seu significado histórico.

I. Síntese biográfica de Afonso de Liguori (1696-1787)

Afonso de Liguori nasceu em uma família patrícia napolitana, no dia 27 de setembro de 1696, às sete horas da manhã, na casa rural que seus pais possuíam em Marianella, bairro periférico (*casale*) situado ao norte da cidade de Nápoles[1]. Faleceu no dia 1º de agosto de 1787, na casa religiosa redentorista de Pagani (província de Salerno, região da Campania), com 91 anos. Se acrescentarmos à sua longevidade o fato de, contradizendo ao estereótipo napolitano do *dolce farniente*, ter feito voto de não perder um minuto de

[1] Aos 15 anos, o pai de Afonso, Dom Giuseppe, tinha herdado de seu pai, Dom Domingos, uma casa em Marianella, "uno de' Casali di Napoli" (Tannoia, I, 3). Nessa casa, começaram a viver os, recém-casados, pais de Afonso. Sobre o destino da casa em geral e, mais concretamente, da habitação onde Afonso nasceu: PIETRAFESA, P. *Marianella: la casa natale di S. Alfonso M. d' Liguori.* (Pompeia, 1978), mimeografado. Ver, também, as notas históricas de GREGORIO, O. em: Contributi, 30-36.

tempo, facilmente poderemos concluir que a vida de Afonso foi extensa em tempo físico e densa em tempo biográfico.

Foi batizado na paróquia de seus pais, Santa Maria *dei Vergini*. Ao nome de Afonso, foram acrescentados os nomes de Maria, Antônio, João, Francisco, Cosme, Damião, Michelângelo, Gaspar. A referência mariana do segundo nome (Afonso *Maria*) - algo também comum entre seus companheiros e primeiros redentoristas - provavelmente se deve à devoção mariana da mãe[2]. Começou a usar o segundo nome tardiamente: "uma vez bispo, esse menino assinará, não mais Afonso de Liguori, mas Afonso Maria, sem mais"[3]. "Os demais santos protetores se explicam pelo calendário e pelos padroeiros de outros membros da família"[4].

> O nome de Afonso é de origem visigótica, com o significado original, segundo indicam os elementos linguísticos que o compõem: (*adal*: nobre; *funs*: pronto ou preparado; *hatus*: luta), *nobre guerrreiro pronto ou preparado para a luta*. O inicial uso visigótico do nome continuou nas Astúrias cristãs, de onde passou ao restante da Espanha e então à Itália e outros ambientes europeus[5]. Por causa dessa raiz gótica, não é procedente escrever o nome à maneira latina (ou francesa) com ph: *Alphonsus, Alphonse*[6]. Tampouco se aceita hoje a latinização (e consequente castelhanização) do sobrenome: *Ligorius, de Ligorio.*

Quase certamente, a escolha do nome não teve nada a ver com tal origem visigótica, nem com a lembrança de Santo Ildefonso de Toledo[7]. Afonso herdou o nome do primeiro membro da família que se dedicara à magistratura na cidade partenopeia, sede de Portanova: Alfonso Liguori (1593?-1652)[8].

---

2 Tellería, I, 9; Jones, 9.
3 Rey-Mermet, 28.
4 Tellería, I, 9.
5 LÖW, J. *De nomine Alfonso*: SH 1 (1953) 114-118.
6 LÖW, J. *De nomine Alfonso*: SH 1 (1953) 118: atualmente, os livros litúrgicos trazem *Alfonsus*, enquanto, até 1900, preferiam escrever *Alphonsus*.
7 Assim pensa: PICHLER, A. *Der heilige Alfons von Liguori. Ein Charakterbild* (Regensburgo, 1922) 2.
8 SWANSTON, H. F. G. *Saint Alphonsus and His Brothers. A Study of the Lives and Works of Seven Redemptorists* (Liguori, Missouri, 2000) 9-10.

Quanto ao sobrenome - de amplo e variado uso, como documentou O. Gregorio[9] - , para seguir a maior exatidão histórica, deveria ser escrito *de' Liguori* (*dei Liguori*); contudo, com exceção das citações, onde será mantida a forma empregada pelo autor, as páginas que seguem apresentarão *de Liguori.*

O menino Afonso foi batizado na cidade de Nápoles, dois dias depois do nascimento, ou seja, 29 de setembro, na igreja de *Santa Maria dei Vergini* (assim: *dei Vergini*; e não: *delle Vergini*). Apesar do tempo transcorrido e de outros percalços bélicos (segunda guerra mundial), ainda se conserva a bela pia batismal, bem como o registro do pároco que batizou Afonso, Pe. Giuseppe del Mastro. Era a igreja paroquial dos pais de Afonso e de seus avós paternos, cujo "palácio em Nápoles (se encontrava) fora dos muros da porta de São Genaro e a alguns passos da paróquia de *Santa Maria dei Vergini*"[10].

Os pais de Afonso, Dom Giuseppe de Liguori (provavelmente com longínquos ancestrais vindos da Ligúria) e Dona Anna Cavalieri (com comprovados ascendentes próximos à nobreza catalã em uma das linhas[11]), se casaram na paróquia da catedral em 1695, ambos com a mesma idade, 25 anos. Dom Giuseppe exercia o cargo de capitão (*capitano di fanteria*) na Armada Real de Nápoles, mais tarde chegaria ao grau de comandante (*tenente colonello*). Dona Anna que, sem dúvida, constituía um prestigioso partido em razão de seu sobrenome e educação, trouxe como dote ao matrimônio a quantia de 5.000 ducados.

No lar Liguori-Cavalieri nasceram oito filhos, embora uma menina gêmea tenha morrido praticamente no parto. A média dos lares da época era de quatro a cinco filhos e, na família de Afonso, a proporção foi de quatro meninas e quatro meninos. Afonso era o primogênito, fato que marcou sua vida de maneira decisiva. A família tinha a estrutura própria da classe aristocrática da época:

---

9 *Contributi*, 19-22. Também: GREGORIO, O. *Ricerche storiche intorno al cognome di S. Alfonso*: SH 1 (1953) 106-113.

10 Tellería, I, 7-8.

11 Ver as notas históricas de GREGORIO, O. em: Contributi, 23-30.

junto com os pais e filhos vivia também o pessoal de serviço. Dada a condição geopolítica marítima de Nápoles, e em razão do ofício de Dom Giuseppe na Armada, não é de estranhar a presença de um jovem escravo negro entre os serviçais.

A família Liguori pertencia à nobreza napolitana do Antigo Regime, a chamada *nobreza de praça*, com o título de *cavaleiros*.

> Costumava-se dizer que os napolitanos desprezavam os outros italianos, que a *nobreza* de Nápoles desprezava o restante dos napolitanos, e que os *cavaleiros* desprezavam os demais nobres. Havia uma centena e meia de famílias com o título de cavaleiros. Os cavaleiros napolitanos estavam envolvidos na vida da cidade através das *sedes* (subprefeituras): cinco para a nobreza e uma para o povo. Os representantes das seis sedes formavam a Junta Suprema da Cidade[12].

Aos Liguori correspondia a *sede* de Portanova, com suas obrigações e, sobretudo, seus privilégios. Afonso foi iniciado nessa atividade e participou dela[13]. Já redentorista, exerceu ainda por três vezes seu direito ao voto.

Afonso nasceu súdito espanhol, dentro de um vice-reinado de Nápoles integrado à monarquia espanhola. De 1707 a 1734, viveu sob os Astúrias de Viena e, a partir dessa última data (1734), foi cidadão do Reino Livre de Nápoles, embora dependente da família dos Bourbon e, consequentemente, vinculado aos monarcas espanhóis.

Realizou os primeiros estudos em casa e fez carreira de Direito na Universidade de Nápoles, na época, um dos centros mais prestigiosos da Europa nessa área de conhecimento.

Exerceu a profissão de advogado durante uns dez anos (1714-1723), quando uma experiência negativa impulsionou a mudança de sua orientação vocacional. Contrariando as expectativas do pai,

---

12 SODANO, G. *Governing the City*: ASTARITA, T. (ed.). A Companion to Early Modern Naples (Leiden-Boston, 2013) 109-130. Também: DE LUTIO DI CASTELGUIDONE, L. *I Sedili di Napoli (Origini, Azione Politica e Decentramento Amministrativo)* (Nápoles, 1973).

13 Ver a descrição dessa forma de governo em: Tellería, I, 41-50: "En el sejo de Portanova (1713-1723)".

abandonou a profissão forense e ingressou no estado eclesiástico, realizando estudos filosófico-teológicos no seminário de Nápoles como aluno externo.

Nessa mesma cidade, exerceu o ministério pastoral nos primeiros anos de seu sacerdócio, período em que vivia no ambiente familiar. Em 1729, aos 33 anos, começou a se dividir entre o domicílio familiar e uma residência sacerdotal, chamada *Colégio dos Chineses* em razão de sua orientação missionária, voltada para o Extremo Oriente. Nessa primeira etapa, a atividade pastoral de Afonso foi o ministério da confissão e direção espiritual, bem como o da pregação. Realizou esse ministério da Palavra em Nápoles e em outros lugares do Reino, sobretudo, através das Missões Populares e participação, como membro ativo, na instituição diocesana das *Missões Apostólicas.*

Em 1732, com 36 anos de idade, iniciou em Scala (vilarejo próximo de Amalfi, na península sorrentina), a fundação de uma congregação de missionários, chamada mais tarde de Congregação do Santíssimo Redentor (redentoristas). Seu ministério pastoral continuou sendo o da Palavra, agora especialmente através das Missões Populares e Exercícios Espirituais, preferentemente nas zonas rurais do Reino de Nápoles. Envolvido com o ministério da Palavra e tarefas de fundador, Afonso também teve outro trabalho constante: o ministério da pena. Contabilizam-se 111 escritos seus (há outras formas de contar que elevam a cifra a 128 obras). Contra sua vontade, foi nomeado bispo (1762) de uma pequena diocese do Reino, Santa Águeda dos Godos, cuja nomeação dependia direta e exclusivamente da Santa Sé. Exerceu o ministério episcopal durante 13 anos e, renunciando em 1775, retirou-se a Pagani, uma das casas da Congregação por ele fundada.

Passou os últimos dez anos de sua vida na comunidade redentorista de Pagani, padecendo de uma enfermidade dolorosa e sofrendo, sobretudo nos últimos cinco anos, crises psicológicas de conteúdo religioso[14]. Faleceu em 1 de agosto de 1787.

---

[14] ILLIANO, G. *Sant'Alfonso, vescovo emerito in Pagani*: VICIDOMINI, G. (ed.). Alfonso M. de Liguori. Un santo per il terzo millennio (Materdomini, s. a. = 2010) 251-260.

II. Estudos biográficos sobre Afonso de Liguori

Diz uma acertada formulação de F. Chiovaro: "Ao menos com seus biógrafos, Afonso teve sorte"[15]. Estes foram muitos e, em termos gerais, bons profissionais.

As três últimas biografias, cada qual com características peculiares, são suficientemente críticas:

- TELLERÍA, R. *San Alfonso María de Ligorio, Fundador, Obispo y Doctor*, 2 vol. (Madri, 1950-1951).

"A obra de Tellería é uma história monumental da vida de Santo Afonso e, como a de Tannoia, de sua Congregação: dois volumes, respectivamente, de 885 e 1023 páginas, fruto de pesquisas realizadas em todos os lugares onde se esperasse ou pudesse encontrar algum documento ou livro que, direta ou indiretamente, se referisse à história de Santo Afonso e dos redentoristas ou pudesse esclarecê-la. A documentação é simplesmente extraordinária. (...) Talvez tenha se preocupado um pouco demais em imitar os clássicos da língua espanhola, o que não favorece sua leitura. O certo é que o livro não teve o sucesso que merecia. (...) O *San Alfonso* de Tellería (...) permanece, contudo, o vade-mecum indispensável para quem quer se ocupar, não só da vida de Santo Afonso, mas também da história redentorista, principalmente do período das origens, já que a documentação bibliográfica e arquivística é de tal modo rica que parece impossível ter sido reunida por um só homem."[16]

- T. Rey-Mermet, *Le saint du siècle des lumières: Alfonso de Liguori (1696-1787)*. (Paris, 1982). [= *Afonso de Ligório: uma opção pelos abandonados*. Aparecida: Santuário, 1984].

"Théodule Rey-Mermet declara-se em sua última grande biografia afonsiana, *Le saint du siècle des Lumières Alfonso de Liguori*, em favor da total paternidade afonsiana da Congregação Redentorista, embora não negue as contribuições de Crostarosa, de Falcoia e da experiência vivida nas

[15] CHIOVARO, F. *S. Alfonso Maria de Liguori. Ritratto di un moralista*: SH 45 (1997) 121.

[16] CHIOVARO, F. *Introdução*: CHIOVARO, F. (ed.). *História da Congregação do Santíssimo Redentor*. Volume 1: As Origens (1732-1793). Aparecida: Santuário/Scala, 2019, p. 31-32.

Missões Apostólicas de Nápoles. Embora sua posição não tenha alcançado unanimidade dentro da Congregação – nem se poderia esperá-lo –, conseguiu difusão só comparável à do *Saint Alphonse* de Berthe".[17]

T. Rey-Mermet também compôs uma síntese sobre a biografia afonsiana relacionada ao processo fundacional da Congregação: T. Rey-Mermet, O fundador (1696-1732), p. 113-158; Da fundação à aprovação pontifícia (1732-1749), p. 159-232; Da aprovação pontifícia até a questão do "Regulamento" (1749-1779), p. 233-264: CHIOVARO, F. (ed.). *História da Congregação do Santíssimo Redentor.* Volume 1: As Origens (1732-1793). Aparecida: Santuário/Scala, 2019.

Sobre a biografia afonsiana de T. Rey-Mermet, ver: ORLANDI, G. *Una biografia di S. Alfonso M. de Liguori. A proposito dell'opera di Théodule Rey-Mermet CSSR*: SM 21 (1983) 383-403; DE SPIRITO, A. *Una nuova biografia di S. Alfonso*: Ricerche di storia sociale e religiosa. Nuova Serie 13 (1984) n. 25-26, 339-347. Também: L. Vereecke em: SH 35 (1987) 223-230; O. Weiss em: Theologie der Gegenwart 30 (1987) 215-216. Além disso: VEREECKE, L. *In memoriam. R. P. Théodule Rey-Mermet, CSSR (1910-2002)*: SH 50 (2012) 629-630.

- F. M. Jones, *Alphonsus de Liguori. The Saint of Bourbon Naples, 1696-1787.* (Dublin, 1992).

Concebida e preparada durante muitos anos, essa biografia de Afonso foi publicada depois da obra de T. Rey-Mermet, não como oposta, mas com opções metodológicas e orientações um pouco diferentes. Companheiro de R. Tellería durante muitos anos em Roma, o autor se serviu da documentação, sobretudo da arquivística civil, reunida pelo biógrafo espanhol. Embora traduzida para outros idiomas, a de F. M. Jones segue sendo a biografia afonsiana mais utilizada em ambientes anglo-saxões. Assim como T. Rey-Mermet faz um aceno ao público de fala francesa em seu título (*Le Saint du siècle des Lumières*), da mesma forma F. M. Jones conecta o leitor de fala inglesa, fazendo de Afonso de Liguori *The Saint of Bourbon Naples.* Não sabemos se R. Tellería pensou em intitular seu Santo Afonso como *El Santo nacido en la Nápoles del Virreinato español.*

[17] CHIOVARO, F. *Introdução*: CHIOVARO, F. (ed.). *História da Congregação do Santíssimo Redentor.* Volume 1: As Origens (1732-1793). Aparecida: Santuário/Scala, 2019, p. 33-34.

Antes das três biografias citadas (e comentadas), precisamos assinalar como expoente do início dos estudos críticos sobre a biografia afonsiana (e em geral, sobre a obra afonsiana), a obra coletiva de:

- **O. Gregorio; D. Capone; A. Fredda; V. Toglia.** ***Sant'Alfonso de Liguori. Contributi bio-bibliografici*** **(Bréscia, 1940).**

Essa obra, "embora se limitando à figura do Fundador, dava mais fôlego à pesquisa histórica, saindo, do âmbito restrito da documentação interna para procurar documentos nos arquivos fora do Instituto Redentorista, a saber, no Arquivo de Estado de Nápoles"[18].

Foram muitas as biografias de Afonso anteriores ao mencionado estudo, e suficientes em qualidade - algumas vezes, com qualidade preferentemente literária, outras, com qualidade histórica, e outras ainda, com qualidade espiritual: J. Jeancard (1828), J.-B. A. Verdier (1833), P. L. Rispoli (1834), A. Bossers (1856), C. Villecourt (1863), V. Loyodice (1874), C. Dilgskron (1887), A. Capecelatro (1893), F. Kuntz (1879-1905), A. Berthe (1900), J. L. Jansen (1910), A. Pichler (1922).

Já na época dos acontecimentos biográficos de Afonso, houve os que se dedicaram a anotar fatos e palavras. Sobressaem as testemunhas: José Landi (1725-1797) e Antônio Maria Tannoia (1725-1808); os dois reuniram dados e redigiram sínteses históricas, sem que houvesse relação profissional entre eles. No fundo de todas as apresentações históricas sobre Afonso, encontra-se, por fim, a obra do memorialista Antônio Maria Tannoia:

- A. Mª. Tannoia, *Della vita, ed instituto del venerabile servo di Dio Alfonso Mª. Liguori*, 3 vol. (Nápoles, 1798-1800-1802), edição anastática com *Apresentação* de T. Rey-Mermet (Materdomini, 1982).

"(O livro), embora nos limites que os autores desse volume [*História da Congregação do Santíssimo Redentor*. Volume 1: As Origens (1732-1793)] não deixam de realçar, permanece até hoje a narração mais vivaz, porque vivida a partir de dentro da Congregação Redentorista até a morte do Fundador"[19].

---

[18] CHIOVARO, F. *Introdução*: CHIOVARO, F. (ed.). *História da Congregação do Santíssimo Redentor*. Volume 1: As Origens (1732-1793). Aparecida: Santuário/Scala, 2019, p. 28.

[19] CHIOVARO, F. *Introdução*: CHIOVARO, F. (ed.). *História da Congregação do Santíssimo Redentor*. Volume 1: As Origens (1732-1793). Aparecida: Santuário/Scala, 2019, p. 13-14.

Tannoia funde, na unidade histórica, a biografia de Afonso ["le azioni di Monsignore"] com a história dos inícios da Congregação.

Para a cronologia afonsiana:

- SANTONICOLA, A. M. *Vita cronologica di S. Alfonso M. de' Liguori Dottore della Chiesa* (Pagani, 1972).

- AMARANTE, A. - MARRAZZO, P. *Cronologia*: MASONE, E.; AMARANTE, A. (ed.). S. Alfonso de Liguori e la sua opera. Testimonianze bibliografiche (Nápoles, 1987) 17-26.

Nota bibliográfica sobre as biografias de Alfonso.

- WEISS, O. *Alfons von Liguori und seine Biographen*: SH 36-37 (1988-1989) 151-284 (o estudo não alcança a biografia de F. M. Jones).

- ORLANDI, G. *Una biografia di S. Alfonso M. de Liguori. A proposito dell'opera di Théodule Rey-Mermet CSSR*: SM 21 (1983) 383-403 (sobre a biografia escrita por T. Rey-Mermet).

- DE SPIRITO, A. *Una nuova biografia di S. Alfonso*: Ricerche di storia sociale e religiosa 25-26 (1984) 339-349.

III. Bibliografia Afonsiana

A imensa (e dificilmente abarcável) bibliografia afonsiana pode ser consultada nos seguintes elencos bibliográficos, publicados de forma escalonada desde o ano de 1938 até o ano de 1999.

- SAMPERS, A. *Bibliographia Alfonsiana (1938-1953)*: SH 1 (1953) 248-271; *(1953-1971)*: SH 19 (1971) 410-448; *(1972-1974)*: SH 22 (1974) 437-443; *(1974-1978)*: SH 26 (1978) 478-489.
- WEISS, O.; FERRERO, F. *Bibliografia alfonsiana (1978-1988)*: SH 36-37 (1988-1989) 565-612.
- FERRERO, F. *Orientación bibliográfica sobre temas alfonsianos*: SH 36-37 (1988-1989) 547-563.
- OWCZARSKI, A. *Bibliografia alfonsiana (1989-1995)*: SH 44 (1996) 499-565; *(1996-1999)*: SH 48 (2000) 329-392; *(2000-2001)*: SH 60 (2012) 349-398.

- OWCZARSKI, A. *Bibliografia alfonsiana nell'Osservatore Romano (1861-2014)*. In: SH 63 (2015) 157-218.

Ao longo das páginas que compõem a presente obra, percorreremos a bibliografia mais significativa sobre os diferentes temas tratados. Mas, já desde agora, anotamos algumas referências que apresentam a figura e obra de Afonso em seu conjunto.

Sobre o significado histórico de Afonso.

- MEFFERT, F. *Der heilige Alfons von Liguori, der Kirchenlehrer und Apologet des XVIII. Jahrhunderts* (Mogúncia, 1901).
- LIEVIN, G. *Alphonse de Liguori (Saint):* DS, I (Paris, 1932) 357-389.
- DE LUCA, G. *S. Alfonso, il mio maestro di vita spirituale*, edição de O. Gregorio (Alba, 1963).
- MONDRONE, D. *Sant'Alfonso come era*: La Civiltà Cattolica 114 (1963) I, 37-50.
- GÓMEZ RÍOS, M. *San Alfonso de Liguori, ayer y hoy*: Vida Religiosa 62 (1987) 245-255.
- CIPRIANI, S. *Attualità della figura di S. Alfonso*: Asprenas 35 (1988) 3-6.
- NAPOLETANO, A. *Sulle orme di S. Alfonso* (Nápoles, 1989).
- DE ROSA, G. *La figura e l'opera di sant'Alfonso nell'evoluzione storica*: SH 45 (1997) 207-224.
- MAJORANO, S. *Essere Chiesa con gli abbandonati. Prospettive alfonsiane di vita cristiana* (Materdomini, 1997).
- MONGILLO, A. D. *Un maestro per l'umanità del duemilla*: DE SPIRITO, A. (ed). La figura e l'opera di Alfonso de Liguori nel Sannio (Milão, 1999) 279-293.
- CAPONE, D. *Ligorio (Liguori), Alfonso María de*: O'NEILL, C. E.; DOMÍNGUEZ, J. M. (ed). Diccionario histórico de la Compañía de Jesús. Biográfico-temático (Roma-Madri, 2001), III, 2356-2357.

Trabalhos coletivos sobre a pessoa de Afonso e sobre seu projeto existencial.

- MASONE, E.; AMARANTE, A. (ed.). *S. Alfonso de Liguori e la sua opera. Testimonianze bibliografiche* (Nápoles, 1987).
- VÁRIOS. *S. Alfonso M. de Liguori: una teologia dalla prassi pastorale. Nel secondo centenario della morte, 1787-1987*: Asprenas 35 (1988) fascicolo 1.

- RICCI, V. (ed.). *Alfonso M. de Liguori maestro di vita spirituale* (Milão, 1998).
- VICIDOMINI, G. (ed.). *Alfonso M. de Liguori. Un santo per il terzo millennio.* Atti del Convegno nel 170º. Anniversario della canonizzazione di S. Alfonso (1939-2009). Scala - Ciorani - Pagani, 22-26 maggio 2009 (Materdomini, s. a. = 2010).
- PIAZZA, F.; ABBATIELLO, A. (ed.). *Alfonso Maria de Liguori e il Concilio Vaticano II. Attualità e intuizioni* (Roma, 2013).

Apresentações breves (mas valiosas) da pessoa e da obra de Afonso.

- GETTO, G. *Sant'Alfonso de Liguori* (Milão, 1945).
- HEINZMANN, J. *Unruhe der Liebe. Alfons Maria von Liguori (1696-1787)* (Friburgo da Suíça, 1983).
- RUIZ, D. *San Alfonso María de Ligorio* (Madri, 1987).
- CHIOVARO, D. *S. Alfonso* (Materdomini, 1996).
- AMARANTE, A. V. *Dio sul percorso di un uomo. Alfonso de Liguori, una vita per l'abbondante redenzione di Cristo* (Materdomini, 2009).
- ROJAS, L. A. *Alfonso María de Liguori, un santo para el siglo XXI* (Bogotá, 2012).

IV. Escritos de Marciano Vidal sobre a tradição afonsiana (e redentorista)

Livros

- *Frente al rigorismo moral, benignidad pastoral. Alfonso de Liguori (1696-1787)*, Perpetuo Socorro (Madri, 1986). Tradução italiana: *La morale di sant'Alfonso. Dal rigorismo alla benignità*, Academia Alfonsiana (Roma, 1992).
- *La familia en la vida y en el pensamiento de Alfonso María de Liguori (1696-1787)*, Perpetuo Socorro (Madri, 1995).
- *Moral y espiritualidad. De la separación a la convergencia*, Perpetuo Socorro (Madri, 1997). Tradução italiana: *Morale e spiritualità. Dalla separazione alla convergenza*, Cittadella Editrice (Assis, 1998).
- *Dios misericordioso y conciencia moral. La propuesta antijansenista de S. Alfonso Mª de Liguori, 1696-1787*, Perpetuo Socorro (Madri, 2000).

- *La espiritualidad de San Alfonso. Proyecto de vida cristiana*, Ediciones Scala (Bogotá, 2004).

Capítulos de livro

- *S. Alfonso de Liguori moralista. Significato storico e messaggio attuale*: R. Tremblay; D. Billy (ed.). Historia: memoria futuri (Roma, 1991) 275-301.
- *Alfonso de Liguori*: VIDAL, M. *Diccionario de ética teológica* (Estella, 1991, 2002[2]) 649. [= *Dicionário de Moral*. Dicionário de Ética Teológica. Aparecida: Santuário, s. d. p. 19-20].
- *Carisma redentorista y propuesta moral*: LONDOÑO, N. (ed.). Ser redentorista hoy. Testimonios sobre el carisma, Comisión de Espiritualidad CSSR (Roma, 1996) 409-420. [= Carisma Redentorista e proposta moral: *Espiritualidade Redentorista 7*. Ser redentorista hoje: testemunhos sobre o carisma. Goiânia: Gráfica e Editora Redentorista, 1996. 403-414].
- *Espiritualidad y moral en la existencia cristiana*: VÁRIOS. Contemplación y evangelización misionera, Perpetuo Socorro (Madri, 1997) 189-215.
- *El rostro benigno del Dios cercano*: VÁRIOS. ¿Quién es tu Dios? Rostros cercanos en la vida consagrada, Publicaciones Claretianas (Madri, 1999) 95-108.
- *La coabitazione prima delle nozze*: DE SPIRITO, A. (ed). La figura e l'opera di Alfonso de Liguori nel Sannio, Ancona (Milão, 1999) 227-239.
- *Moral Responsibility of Saint Alphonsus*: DOUZIECH, R. (ed.). Proceedings of the Fourth International Congress of Redemptorist Moral Theologians (Krakaw, 4-9 july 1999) (Edmonton, 2000) 337-364.
- *Rasgos innovadores en la moral matrimonial de San Alfonso María de Liguori*: CASTÁN, J. M.; GUZMÁN, C.; PÉREZ-AGUA, T. M.; SÁNCHEZ GARCÍA, J. M. (ed.). Hominum causa omne ius constitutum est. Escritos sobre el matrimonio en homenaje al Prof. José María Díaz Moreno, S. J., Publicaciones de la Universidad P. Comillas (Madri, 2000) 191-218.
- *Aproximaciones hermenéuticas a "Pratica di amar Gesù Cristo" (1768) de Alfonso de Liguori*: DOUZIECH, R. (ed.). Proceedings of the Fifth International Congress of Redemptorist Moral Theologians (Materdomini, Itália, 7-12 July 2002) (Roma, 2003) 151-185.

- *Bernhard Häring - Ein Theologe in der alfonsianischen Tradition*: SCHMIED, A.; RÖMELT, J. (ed.). 50 Jahre "Das Gesetz Christi". Der Beitrag Bernhard Härings zur Erneuerung der Moraltheologie (Münster, 2005) 143-173.
- *Redención y moral. Perspectivas desde la tradición redentorista*: CORRIVEAU, R.; DE MINGO, A. (ed.). La Redención en Cristo. Espiritualidad Redentorista 13 (Roma, 2007) 145-166 [= *Redemption and the Moral Life*: CORRIVEAU, R.; DE MINGO, A. (ed.). Readings on Redemption (Roma, 2006) 199-229. = Redenção e moral. Perspectivas a partir da Tradição Redentorista: *Espiritualidade Redentorista 10*. Aparecida: Santuário, 2007. p. 227-253].
- *Benignity*: WALES, S.; BILLY, D. (ed.). Lexicon of Redemptorist Spirituality. General Secretariat for Redemptorist Spirituality (Roma, 2011) 30-32 = *Benignidad*: WALES, S.; BILLY, D. (ed.). Cien palabras para el camino. Diccionario de Espiritualidad Redentorista (Bogotá, 2012) 56-59. [= Benignidade: WALES, S.; BILLY, D. (ed.). *Dicionário de Espiritualidade Redentorista*. Goiânia: Scala, 2012. 41-43].

Artigos

- *Una espiritualidad centrada en la práctica del amor. La propuesta espiritual de San Alfonso*: Vida Religiosa 62 (1987) 256-273 = Segno 19 (1993) n. 142-143, 90-108.
- *Un Santo para reorientar el espíritu de la Ilustración. San Alfonso*: Ecclesia n. 2330 (1987) 6-8.
- *La moral de San Alfonso de Liguori y la Compañía de Jesús*: Miscelánea Comillas 45 (1987) 391-416.
- *La "praxis": rasgo característico de la moral alfonsiana y reto a la teología moral actual*: SM 25 (1987) 249-326.
- *Del rigorismo a la benignidad. Significado histórico de la moral alfonsiana*: Moralia 10 (1988) 157-191.
- *La pastoralidad de la teología moral. La moral de San Alfonso de Liguori (1696-1787)*: Confer 27 (1988) 437-460.
- *La science morale au service des priorités pastorales selon le dynamisme de Saint Alphonse de Liguori*: Le Supplément n. 166 (1988) 119-136

= VÁRIOS. *Actualité Pastorale d'Alphonse de Liguori* (Ste-Anne de Beaupré, Canadá, 1987) 41-56.

- *S. Alfonso de Liguori moralista. Significato storico e messaggio attuale*: SM 28 (1990) 363-389.
- *Die Familie in Leben und Lehre des Alfons von Liguori (1696-1787)*: SH 42 (1994) 5-32 = (tradução italiana:) SM 32 (1994) 341-366.
- *Las relaciones prematrimoniales. El pensamiento de Alfonso de Liguori (1696-1787)*: Moralia 17 (1994) 357-378 = DE SPIRITO, A. (ed). La figura e l'opera di Alfonso de Liguori nel Sannio (Milão, 1999) 227-239.
- *A moral de Santo Afonso de Ligorio. Significado histórico e mensagem atual*: Fragmentos de Cultura 5 (1995) 51-68.
- *La conciencia en el proyecto moral de Alfonso de Liguori*: Moralia 19 (1996) 389-410 = (tradução italiana:) Segno n. 184 (1997) 15-30.
- *La imagen de Dios en la tradición redentorista*: SH 46 (1998) 263-286 = (tradução italiana:) Segno 25 (1999) n. 202, 57-63.
- *Estudios recientes sobre la Moral de san Alfonso*: Moralia 22 (1999) 129-140.
- *La moral de San Alfonso según el Magisterio eclesiástico reciente*: Moralia 22 (1999) 255-280.
- *Significato storico e messaggio attuale della morale alfonsiana*: Segno 26 (2000) n. 213, 60-72.
- *La moral alfonsiana: una respuesta a los retos de ayer y de hoy*: Moralia 23 (2000) 241-242.
- *Rasgos innovadores en la moral de san Alfonso*: SM 38 (2000) 347-380.
- *S. Alfonso: un obispo renovador de la Teología Moral. Aspectos innovadores y actualidad de la moral alfonsiana*: Istituto storico redentorista, 250º dell'ordinazione vescovile di S. Alfonso M. de Liguori (1762-2012) (Roma, 2012) 33-66 - SH 60 (2012) 33-66.

C

A MENSAGEM

em confronto com
Iluminismo, Racionalismo,
Jurisdicionalismo, Jansenismo e Probabiliorismo.

Apresentação

Esta terceira parte do presente volume é dedicada à apresentação da *Mensagem* de Afonso de Liguori, depois de já termos analisado a *Paisagem*, ou seja, seu contexto sócio-eclesial-cultural, e a *Figura*, ou seja, a configuração biográfica do mesmo Afonso.

Como diz o subtítulo, analisamos a mensagem afonsiana situando-a *em confronto* com cinco grandes fatores sociais, culturais e religiosos de seu momento histórico. A expressão *em confronto* não significa luta, nem *oposição total*. Mas, claro que também não se trata apenas de *diálogo* ou simples *contexto*. A expressão *em confronto* indica o dinamismo interno onde é forjada a mensagem de Afonso, dinamismo que comporta *diálogo*, realizado na tensão, e que conduz ao enriquecimento mútuo mediante afirmação (*assumir*) e negação (*oposição*).

Sobre o fenômeno humano-cristão de Afonso incidem cinco fatores típicos do global dinamismo sócio-político-cultural-religioso do séc. XVIII europeu:

- O *Iluminismo*, ou movimento iluminista.
- O *Racionalismo* filosófico, iniciado no séc. XVII e pronto para a colheita no século das *Luzes*.
- O *Jurisdicionalismo*, termo que caracteriza, em Nápoles, a nova forma de relação do poder político com o poder religioso, concretamente, com o poder pontifício.

- O *Jansenismo*, em sua fase tardia tal como se manifestou na Europa do sul durante o séc. XVIII.
- O *Probabiliorismo*, ou rigorismo moral, dentro dos limites da ortodoxia católica.

Estes são os cinco principais *contextos* concretos em que adquire significado a personalidade e obra de Afonso de Liguori. São, também, os fatores com os quais se confronta, e é desse confronto que surge a *Mensagem* afonsiana.

Segundo G. Luca, Afonso de Liguori esteve em todas as frentes onde entrava em jogo o presente e o futuro da Igreja.[20] Foi um intelectual católico de ampla atuação, não limitando sua intervenção a um aspecto isolado. Os grandes desafios de sua época: culturais (*Iluminismo*), sócio-políticos (*Jurisdicionalismo*), filosóficos (*Racionalismo*), religiosos (*Jansenismo*), teológicos (*Probabiliorismo*), foram submetidos à reflexão e confronto por Afonso. Desse amplo, tenso e custoso trabalho, surgiu a *Mensagem* - também ampla e fecunda - de Liguori. Por isso, mesmo sem nenhum apreço ao santo napolitano, o historiador da teologia, A. von Harnack, afirmou que Liguori, juntamente com Voltaire, foram os "dois condutores de almas das nações latinas".

Examinado o confronto de Afonso com os cinco contextos indicados, acrescentaremos uma reflexão sobre outros aspectos da mensagem de Afonso que não apareceram na prévia exposição dos confrontos. Será, portanto, o momento de expor os grandes temas do *universo teológico* afonsiano.

Na linha do que acabamos de propor, concretizamos a temática desta terceira parte do volume em seis seções:

8ª. Seção: O Iluminismo napolitano e o projeto ilustrado de Afonso.

9ª. Seção: O Racionalismo filosófico e a apologia religiosa de Afonso.

---

20 DE LUCA, G. *Sant'Alfonso mio maestro di vita cristiana* (Alba, 1983) 63-64.

10ª. Seção: O Jurisdicionalismo napolitano e Afonso de Liguori.

11ª. Seção: O Jansenismo tardio do séc. XVIII e a resposta de Afonso de Liguori.

12ª. Seção: O reinado do Probabiliorismo nos séculos XVII-XVIII.

13. Seção: Completando o universo teológico de Afonso.

Lembramos que tudo o que foi exposto em volume anterior da História da Teologia Moral (V/2: "O século da ilustração e a moral católica, séc. XVIII") constitui *contexto* adequado para enquadrar e compreender o significado histórico da figura de Afonso de Liguori.

O volume citado avisava que reservaríamos para este momento a apresentação de dois contextos especialmente próximos ao pensamento moral do moralista napolitano. Estávamos nos referindo concretamente: ao contexto *jansenista* e ao contexto *probabiliorista*. Acrescentamos, agora, outros três contextos: o horizonte do pensamento *iluminista*, em referência concreta ao Reino de Nápoles; o *racionalismo filosófico*, em cujo confronto surge a visão apologética de Afonso; e a concepção *jurisdicionalista* sobre a relação do poder político com o poder eclesiástico, concretamente, o poder da Cúria vaticana.

OITAVA SEÇÃO

O *Iluminismo* napolitano e o projeto ilustrado de Afonso

8.1. INTRODUÇÃO

Em volume precedente desta História da Teologia Moral (V/2, 289-301) já dedicamos um capítulo especial ao Iluminismo italiano, informando o leitor que deixaríamos para este momento a apresentação do Iluminismo napolitano.

É o que pretendemos realizar na presente seção. Em dois momentos:

- Apresentando os iluministas napolitanos do séc. XVIII.
- Constatando a relação de Afonso com tal contexto ideológico.

Nessa breve Introdução à seção, anotamos, em primeiro lugar, o contexto geral em que se desenvolveu o fenômeno do Iluminismo italiano; em segundo lugar, fazemos uma breve introdução ao Iluminismo napolitano em seu conjunto, sobre o qual também acrescentamos uma nota bibliográfica comum.

8.1.1 Contexto geral do *Illuminismo* italiano.

O Iluminismo italiano marcou um período intermediário - período de certa glória e de não menor felicidade - entre o Antigo Regime e a Revolução Francesa.[1]

---

[1] DI RIENZO, E. *Sguardi sul Settecento. Le ragioni della politica tra antico regime e rivoluzione* (Nápoles, 2007).

A Itália, como o restante dos países europeus, conheceu, no séc. XVIII, duas variações importantes na forma de entender e projetar a existência humana. Na sociedade italiana, por um lado, começou a se expandir o modo de produção capitalista a partir da "revolução industrial" e, por outro, universalizou-se uma nova maneira de entender a realidade a partir da "revolução científica". Esses dois fatores básicos, juntamente com outros que os precederam, acompanharam e seguiram, deram lugar ao macrofenômeno sociocultural do *Illuminismo*, nome italiano para o que é conhecido em outros lugares como *Lumières, Enlightenment, Aufklärung, Luzes, Ilustración, Iluminismo.*

Os iluministas italianos, dentro de sua geral aceitação do absolutismo estatal, fizeram propostas para a melhor consecução da felicidade pública, superando ignorâncias, preconceitos e, na medida do possível, privilégios.

O Iluminismo italiano dependeu, em grande medida, do movimento iluminista, tanto francês, quanto britânico. É clássica a expressão de Scipione de' Ricci: "La lumière... vient de France".[2] Essa dependência do Iluminismo italiano em relação às *Lumières* francesas fica perceptível na "invasão" dos livros da Europa do norte na Itália do séc. XVIII, como foi assinalado há alguns anos por P. Hazard.[3] Em 1777, os livreiros franceses contavam com 147 correspondentes na Itália.[4]

Mas, mesmo com a citada dependência - ou melhor, com esse intercâmbio[5] - o Iluminismo italiano não deixou de apresentar al-

---

[2] "La lumière que le Seigneur daigne répandre sur nous vient de France. Les livres on été le moyen dont il s'servi pour nous attacher à la Vérité et pour nous donner des armes pour la défendre", citado em: VAUSSARD, M. *La bibliothèque janséniste française de Scipione de' Ricci*: Revue d'histoire de l'Église de France 53 (1967) 298 (artigo completo: p. 291-298).

[3] HAZARD, P. *L'invasion des littératures du Nord dans l'Italie du XVIIIe. siècle*: Revue de littérature comparée 1 (1921) 30-67.

[4] WAQUET, F. *"La Lumière… vient de France". Le livre français en Italie à la veille de la Révolution*: Mélanges de l'École française de Rome, Italie et Méditerranée n. 102 (1990) 233-259.

[5] JONARD, N. *La France et l'Italie au siècle des Lumières. Essai sur les échanges intellectuels* (Paris, 1994).

gumas características peculiares frente às correntes iluministas estrangeiras. Entre elas, não foi de menor significação o cruzamento entre *Iluminismo* e *Jansenismo*, bem como, entre *Iluminismo* e *Maçonaria*.[6] Por outro lado, o Iluminismo italiano desembocou, em grande medida, nos processos de jacobinismo que conduziram à revolução de 1799 (República Partenopeia).

8.1.2 O Iluminismo Napolitano

O movimento iluminista teve manifestações nos centros políticos, tanto do norte, quanto do centro e do sul da Itália: Veneza, Milão, Toscana, Bolonha, Mântua, Nápoles, etc.[7]

No reino de Nápoles, as reformas de Carlos VII (III da Espanha) e de seu ministro, B. Tanucci, se moveram mais dentro da tradição jurisdicionalista que no contexto do Iluminismo.[8] Comparado com outras manifestações europeias, o Iluminismo napolitano se caracterizou por instalar-se, predominantemente, nas camadas da elite intelectual e pensante. Teve menos implicações de caráter social. Por outro lado, foi um Iluminismo onde a racionalidade vinha temperada com o sentimento e a especulação teórica com o pragmatismo. Daí, ser possível falar em "Iluminismo do coração" e "Pragmatismo do coração".[9]

Além do mais, conforme a opinião de um historiador meridional, "quando comparamos os iluministas meridionais com o Iluminismo francês - com Montesquieu, com Helvétius, com D'Alembert ou com Voltaire, até chegar a Rosseau - temos a per-

---

[6] CODIGNOLA, E. *Illuministi, giansenisti e giacobini nell'Italia del Settecento* (Florença, 1947).

[7] STIFFONI, G. *Educación e Ilustración en Italia*: Revista de Educación número extraordinario "La Educación en la Ilustración Española" (1988) 99-117.

[8] Sobre as repercussões do movimento iluminista no Reino de Nápoles, ver as anotações gerais de ORLANDI, G. *Il Regno di Napoli nel Settecento* (Roma, 1996) 303-314.

[9] DI GENNARO, G.; PIZZUTI, D. *Alfonso de' Liguori e il secolo dei lumi*: Rassegna di Teologia 38 (1997) 298-299 ("Illuminismo del cuore"; "Pragmatismo del cuore"), artigo completo, p. 293-312.

cepção de estar comparando o pequeníssimo com o imenso, o confuso com o definido".[10]

Por outro lado, o Iluminismo não chegou às camadas mais baixas da sociedade. Foi um movimento das classes altas. Ao enfatizar a importância da cultura iluminista napolitana "não devemos esconder a ignorância que dominava, soberana, sobre uma massa anônima de analfabetos. Em Nápoles, como em outras partes, o Iluminismo permanecia uma cultura limitada a poucos centros, muito seletivos, embora bastante ativos".[11]

> O século XVIII revela-se o mais vivo, o mais aberto, o mais dinâmico, o mais artístico de toda a história de Nápoles. Mas somente na estratosfera das elites intelectuais e na ineficaz convivência dos cenáculos pretensiosos. "Nápoles teve uma indigestão de iluminismo franco-inglês, mas não introduziu uma pitada de racionalidade no corpo emperrado do país; nada fez para terminar com a superstição das massas e com a dominação arbitrária dos barões". Muito pelo contrário, aliou-se ao jansenismo contra Roma, agravando, assim, o peso do rigorismo oficial da Igreja.[12]

Apesar dessas limitações, não convém subvalorizar as repercussões sociais e culturais do movimento iluminista partenopeu. Nápoles, uma das cidades mais populosas da Europa, foi "um dos polos organizadores do espaço italiano das Luzes. Em 1778, teve sua *Reale Accademia della Scienze e Belle-Lettere*."[13] A administração pública foi racionalizada e a vida política entrou em processos de secularização. Houve elevação generalizada nas aspirações do saber científico e a vida cultural tendeu a se universalizar.

> A chegada de Carlos III a Nápoles deu um novo apoio às reformas abortadas na época da dominação austríaca. Pietro Gianone, obrigado a refugiar-se em Viena depois da publicação de sua incendiária

---

[10] DE MAIO, R. *Illuminismo e antilluminismo nel reame di Napoli*: NARCISO, E. (ed.). Illuminismo meridionale e comunità locali (Nápoles, 1988) 11.

[11] CHIOVARO, F. *Il beato Gennaro Sarnelli redentorista (1702-1744)* (Materdomini, 1966) 10.

[12] Rey-Mermet, 489.

[13] BEAUREPAIRE, P. Y. *La Europa de las Luces* (Barcelona, 2009) 23.

Storia civile del Regno di Napoli (1723), escreveu, em 1733, um *Parere intorno a la riforma de' Regi Studi di Napoli,* embora seu desejo de retornar a Nápoles, depois da reconquista hispano-bourbônica do Reino, não tenha podido se realizar. De seu *Parere* tirou proveito, entretanto, Celestino Galiani, que, na qualidade de Prefeito dos Estudos, propôs uma reforma completa da universidade napolitana.[14]

Foi C. Galiani quem chamou Antônio Genovesi, em 1741, para ensinar metafísica e, em 1744, Ética. Além disso, a primeira cátedra europeia de Economia foi criada na Universidade de Nápoles em 1754, dirigida por A. Genovesi. Em termos gerais, o Iluminismo napolitano se deixou orientar:

- No plano gnosiológico, pelas correntes cartesianas.
- No plano metafísico, pelo pensamento de Ch. Wolff.
- No plano científico, pelas inovações de Copérnico e de Galileu.[15]

Essas são as coordenadas que situam o movimento ilustrado do *Mezzogiorno* italiano.

Entre os iluministas napolitanos, destacam-se duas figuras que se relacionaram como mestre e discípulo: **Giambattista Vico** e **Antônio Genovesi**. Acrescentamos uma referência a outros quatro: aos dois **Galiani** (**Celestino** e **Fernando**), a **José Maria Galanti** e, de modo especial, a **Caetano Filangieri,** pela importância de sua proposta educativa. Lembramos que, na próxima seção, vamos expor a contribuição de outro notável representante do Iluminismo napolitano, **Pedro Giannone**, pela secularização que introduziu na história do Reino de Nápoles.

De acordo com o que foi exposto, organizamos a presente seção em três capítulos: o primeiro é dedicado a apresentar os mais destacados representantes do Iluminismo napolitano; os dois últimos, a constatar a relação de Afonso, tanto com os iluministas

[14] STIFFONI, G. *Educación e Ilustración en Italia...*, 105. Sobre Celestino Galiani: NICOLINI, F. *Un grande educatore napoletano, Celestino Galiani* (Nápoles, 1959).

[15] PERRONE, V. *The Intellectual Roots of the Italian Enlightenment. Newtonian Science, Religion and Politics in the Early Eighteenth Century* (Atlantics Highlands, NJ, 1995).

napolitanos, quanto com o significado geral do Iluminismo. Estes são os títulos e temas dos três capítulos desta oitava seção:

8.2 Os ilustrados napolitanos

8.3 Afonso de Liguori e os ilustrados napolitanos

8.4 Afonso e o Iluminismo: uma "Ilustração" a serviço do clero e do povo cristão

8.1.3 Bibliografia geral

Sobre o Iluminismo em Nápoles

- VENTURI, F. *Il movimento riformatore degli illuministi meridionali.* Rivista storica italiana 74 (1962) 5-26.
- RAO, A. M. *Rinnovamento e tradizione nel Settecento napoletano:* Archivio storico per le provincie napoletane 21 (1982) 153-175.
- RAO, A. M. *Enlightenment and Reform: An Overview of Culture and Politics in Enlightenment Italy:* Journal of Modern Italian Studies 10 (2005) 142-167.
- NARCISO, E. (ed.). *Illuminismo meridionale e comunità locali* (Nápoles, 1988). Ver, especialmente: DI MAIO, R. "Illuminismo e anti-illuminismo nel reame di Napoli", p. 11-24; NARCISO, E., "Illuminismo e cultura cattolica sannita nel secolo XVIII", p. 25-62.
- ORLANDI, G. *Il Regno di Napoli nel Settecento* (Roma, 1996) 303-314.
- PERRONE, V. *I Profeti del'Illuminismo* (Bari, 2000).
- IMBRUGLIA, G. *Enlightenment in Eighteenth-century Naples:* ID. (ed.). Naples in the Eighteenth Century. The Birth and Death of a Nation State (Cambridge, 2000) 70-94.
- ROBERTSON, J. *The Case for the Enlightenment: Scotland and Napoles, 1680-1760* (Cambridge, 2005).

- MAZZOLA, R. (ed.). *La circolazione dei saperi scientifici tra Napoli e l'Europa nel XVIII* (Nápoles, 2013).
- COLARESU, M. *The Enlightenment in Naples*: ASTARITA, T. (ed.). A Companion to Early Modern Naples (Leiden-Boston, 2013) 405-426.

Sobre o Iluminismo e Jansenismo, Maçonaria, Revolução

- GIARRIZZO, G. *Massoneria e Illuminismo nell'Europa del Settecento* (Veneza, 1994).
- PEDIO, T. *Massoni e giacobini nel Regno di Napoli* (Matera, 1976).

Sobre o conjunto do séc. XVIII italiano

As *Edizioni di Storia e Letteratura* (Roma) estão publicando, com o título de *Biblioteca del XVIII secolo,* estudos sobre o *Settecento* italiano. Entre eles:

- VÁRIOS. "Dall'origine dei Lumi alla Rivoluzione" (2008).
- ROSA, M. "La contrastata ragione. Riforma e religione nell'Italia del Settecento" (2009).
- VÁRIOS. "Il Settecento negli studi italiani. Problemi e prospettive" (2010).
- BORGHERO, C.; LORETELLI, R. (ed.). "Le metamorfosi dei linguaggi nel Settecento" (2011).

8.2 OS ILUMINISTAS NAPOLITANOS

8.2.1 Giambattista Vico (1668-1744)

- Itinerário biográfico-intelectual

Giambattista ou Giovanni Battista Vico (em razão do uso generalizado, mesmo em idiomas diferentes do italiano, manteremos o nome de *Giambattista* para referirmos o grande iluminista napolitano) nasceu em Nápoles, no dia 23 de junho de 1668, em uma família modesta; seu pai era "o mais pobre dos livreiros napolitanos".[16] Contudo, segundo os últimos documentos, não se deve exagerar a pobreza familiar.[17] Por outro lado, os oratorianos foram compreensivos com o inquilino moroso, Antônio Vico, pai de Giambattista.

Vico foi aluno dos jesuítas, embora sua formação tenha muito de autodidata. Iniciou os estudos de medicina, mas logo passou para a carreira de direito. Suas condições de vida foram precárias: trabalhou como preceptor dos filhos do marquês Domênico Rocca, de Catanzaro. Em 1699, casou-se com Teresa Destito, uma amiga de infância de escassa cultura, com quem teve oito filhos. No mesmo ano, ingressou na Universidade de Nápoles como professor de retórica, onde exerceu a função por mais de quarenta anos. Nesse âmbito acadêmico foi amadurecendo seu pensamento. O primeiro fruto do processo de maturação foram os discursos inaugurais do curso acadêmico (dia 18 de outubro de cada ano), um dos quais pode ser ouvido por Afonso de Liguori em seu ingresso na universidade: *Orazioni inaugurali,* ao que se seguiram outros títulos: *De nostri temporis studiorum ratione, De mente heroica,* etc.

Foi confiado a Vico pronunciar, em nome da universidade partenopeia, o discurso de boas-vindas ao rei Carlos de Bourbon (1734). Em 1735, obteve o cargo de historiador real com soldo de cem ducados anuais e, na mesma ocasião, teve dobrado seu soldo de professor. Deixou o ensino universitário em 1742. Faleceu na noite de 22 para 23 de janeiro de 1744. Doze dias antes, havia ditado a dedicatória da terceira edição de sua *Ciência Nova,* publicada postumamente em julho do mesmo ano.

---

[16] Para a introdução à personalidade e obra de G. Vico: ver a bibliografia no final da presente seção.

[17] ILLIBATO, A. *La famiglia di Giambattista Vico* (Nápoles, 2016).

- Pensamento

Vico é o máximo representante do Iluminismo napolitano. Conhecemos sua personalidade a partir de seu epistolário (*Lettere*) e de sua autobiografia (*Vita di Giambattista Vico scritta da se medesimo*, 1728).[18] Sua obra escrita, sem ser volumosa, recolhe intervenções ocasionais (além das citadas *Orazioni inaugurali*, temos suas *Risposta I, II*) e manifesta suficientemente seu pensamento.[19]

Os primeiros escritos, em latim, versaram sobre questões de história e cultura literárias: *De nostri temporis studiorum ratione* (1709), *De antiquisima italorum sapientia* (1710, versão definitiva com o título *Direito Universal*). Outros escritos posteriores voltaram a incidir sobre a mesma orientação literária, ressaltando a dimensão heroica da história: *De mente heroica* (1732).[20]

Vico deu notável contribuição à filosofia da história, interpretada, não no único sentido linear, mas com possibilidade de avanços e retrocessos (*corsi* e *ricorsi*). Expôs seu pensamento em *Scienza Nuova*, 1725[1], 1730[2], 1744[3] (são importantes a primeira e última das três edições).[21] A história, de acordo com Vico, é manifestação factual da natureza humana. Na aparência, é constituída por um caos de atos sem sentido claro, mas tal caos remete a uma história eterna e ideal (a modo platônico) da qual participa em virtude da Providência que, por sua vez, é garantia da ordem eterna. A história está organizada em três etapas que se re-

---

18 VICO, G. *Autobiografia. In Appendice "Progetto ai Letterati d'Italia" di Giovanartico di Porcia.* A cura di R. Diana (Nápoles, 2001). Tradução francesa (além da tradução da obra *De nostri temporis studiorum ratione*): *Vie de Giambattista Vico écrite par lui-même, Lettres, La méthode des études de notre temps.* Présentation, traduction et notes par Alain Pons (Paris, 1981). Tradução espanhola: *Vita di Giambattista Vico scritta da se medesimo*, edição e tradução de M. González García y J. Martínez Bisbal (Madri, 1998). Também: VICO, G. *Autobiografia, Poesie, Scienza Nuova.* Edição de P. Soccio (Milão, 1983).

19 Entre as edições atuais das obras de VICO, G. *Opere.* A cura di Andrea Battistini (Milão, 1990).

20 VICO, G. *Hercule et le principe héroïque de l'histoire*: Les Études philosophiques n. 4 (1994) 489-505.

21 *La scienza nuova. Le tre edizioni del 1725, 1730 e 1744.* A cura di M. Sanna e V. Vitiello (Milão, 2012). Também: NICOLINI, F. *Commento storico alla seconda "Scienza nuova"* (Roma, 1978).

petem ciclicamente: a *idade divina*, onde reina a visão teocrática e sacerdotal; a *idade heroica*, onde domina a violência e arbitrariedade; a *idade humana*, onde se impõe o ponto de vista racional.[22]

Essa visão não era comum no tempo do autor, dominado pelo ponto de vista cartesiano; teve maior aceitação na época posterior do Romantismo, dominada pela filosofia hegeliana da história. De fato, a visão de Vico influenciou Hegel, Karl Marx, Auguste Comte, Oswald Spengler. Vico se distinguiu deles no fato de não aceitar o *fim* da história humana: o desenvolvimento absoluto da ideia (Hegel), a instalação do comunismo mediante a ditadura do proletariado (Marx), a maturação da humanidade mediante a chegada do estágio positivo (Comte), a decadência final do Ocidente (Spengler). Em sintonia com Vico (a coexistência das três etapas), e em oposição a Comte, M. de Unamuno afirma:

> "Em vão Comte declarou que o pensamento humano saiu da idade teológica e está saindo da metafísica para entrar na idade positiva; as três idades coexistem e se apoiam, inclusive, opondo-se umas às outras. O flamejante positivismo não é, senão, metafísica, quando deixa de negar para afirmar algo, momento em que se faz realmente positivo, e a metafísica sempre é, no fundo, teologia, e a teologia nasce da fantasia posta ao serviço da vida, que se quer imortal".[23]

Frente ao racionalismo de Descartes, Vico ressalta outras formas de acesso à verdade:

- A verdade é o resultado do fazer: *verum ipsum factum* (*quia factum*).
- Além do acesso à verdade pela via do raciocínio, existem outros caminhos para chegar a ela: sobressai, entre eles, o caminho da *imaginação* poética.[24]

---

[22] Ver o estudo clássico de: CROCE, B. *La filosofia di G. B. Vico* (Roma, 1980[4]). Também: a bibliografia apresentada no final da presente seção.

[23] UNAMUNO, M. de. *Del sentimiento trágico de la vida en los hombres y en los pueblos* [1912] (Madri, 1931[4]) 147.

[24] FABIANI, P. *The Philosophy of the Imagination in Vico and Malebranche* (Florença, 2009).

- Referência Cristã

O pensamento de Vico pode ser interpretado como expressão de sua profunda espiritualidade cristã. Assim o faz T. Goffi, ao ressaltar, na ampla teoria de Vico, a função da Providência. Tanto na narração de sua própria vida (*Autobiografia*), quanto na consideração filosófica da história (*Scienza Nuova*), sabe ver *oportunidades*, ao invés de meras *fatalidades* ou *casualidades*.[25]

> "Vico, através do desenvolvimento do processo histórico humano, fez aparecer a natureza e função da Providência que "é a arquitetura deste mundo das nações", "a rainha das ações dos homens". Seu escrito *La Scienza Nuova* quer ser uma ação de graças, dentro da história humana, à obra providencialista de Deus (...). Ao comum sentir dos católicos de sua época, que lamentavam os novos tempos como infaustos, Vico contrapunha o sentido da Providência divina que abria o ânimo ao otimismo na análise do devir histórico dos tempos".[26]

Além do mais, seu acentuado cristianismo não impediu que Vico tivesse espírito tolerante e frequentasse os salões napolitanos abertos às novas ideias, muitas vezes, críticos à Cúria romana.[27] Parece mais objetiva essa interpretação que a daqueles que fazem de Vico um "anti-iluminista", inimigo do racionalismo, do direito natural e da compreensão de mundo em que está ausente a providência divina.[28]

- Herança

Vico é reconhecido como um dos grandes, e primeiros, teóricos das ciências sociais, embora ainda vinculadas à reflexão filosófica.[29] Além de sua dedicação às teorias e reflexões de caráter so-

---

25 GOFFI, T.; ZAVOTTO, P. *La Spiritualità del Settecento* (Bolonha, 1990) 208.

26 GOFFI, T.; ZAVOTTO, P. *La Spiritualità del Settecento* (Bolonha, 1990) 208.

27 CAPELLO, C. *La dottrina della religione in G. B. Vico* (Chieri, 1944); CORSANO, A. *Vico e Hume face au problème religieux*: Archives de philosophie 40 (1977) 241-250.

28 STERNHELL, Z. *Les Anti-Lumières. Du XVIIIe. siècle à la guerre froide* (Paris, 2006) 23.

29 GIUSSO, L. *Vico en la filosofía del Barroco* (Madri, 1955); NEGRO, D. *Vico and moral Perception* (Nova Iorque, 1997); MINER, R. *Vico: genealogist of the Modernity* (Notre Dame, Ind., 2002).

cial, comprometeu-se com as transformações sociais (iluministas) do Reino e, particularmente, da cidade de Nápoles.[30]

Como já anotamos, Vico foi revalorizado na época romântica. Também foi apreciado positivamente no séc. XIX, por diversos motivos e com diferentes objetivos. Merecem destaque, nesse sentido, as avaliações de Benedetto Croce, Isaiah Berlin e Maria Zambrano.

- *Complemento bibliográfico*

Tradução das obras de G. Vico para o espanhol (seleção)

A editora Anthropos (Barcelona) publicou várias obras de G. Vico em tradução espanhola:

- *Oraciones inaugurales. La antiquísima sabiduría de los italianos* (Barcelona, 2002).
- *La retórica (Instituciones de oratoria)* (Barcelona, 2004).
- *El Derecho Universal* (Barcelona, 2009).
- *"Reivindicaciones de Vico" y otros escritos* (Barcelona, 2016).

Há outras traduções:

- VICO, G. *Ciencia nueva.* Introducción, traducción y notas de Rocío de la Villa. Editorial Tecnos (Madri, 1995).
- VICO, G. *Autobiografía* de Giambattista Vico (Madri, 1998).

Para o português. (Adendo).

- VICO, G. *Princípios de (uma) Ciência Nova (acerca da natureza comum das nações)*, tradução Antônio Lázaro de Almeida Prado, 2ª edição, São Paulo, Abril Cultural, 1979. (Coleção "Os Pensadores").

[30] NADDEO, B. A. *Vico and Naples. The Urban Origins of Modern Social Theory* (Ithaca, Nova Iorque, 2011).

- VICO, G. *A Ciência Nova*, tradução Marco Lucchesi, Rio de Janeiro, Record, 1999.
- VICO, G. *Ciência nova*, tradução de Jorge Vaz de Carvalho, prefácio de António M. Barbosa de Melo, Lisboa, Fundação Calouste Gulbenkian, 2005, XX+853 p.
- VICO, G. *Ciência Nova*, tradução Vilma de Katinszky, São Paulo, Hucitec, 2010.
- VICO, G. *Vida escrita por si mesmo / Giambattista Vico*, introd., trad. e notas de Ana Cláudia Santos. Lisboa: Fundação Calouste Gulbenkian, 2017. 196p.

Sobre a personalidade e a obra de G. Vico em geral (seleção).

- CROCE, B. *La filosofia di Giambattista Vico* (Bari, 1911; Roma, 1980[4]).
- COTUGNO, R. *Le sorte di Giovan Battista Vico e le polemiche scientifiche e letterarie dalla fine del XVIII alla metà del XIX sec.* (Bari, 1914).
- GENTILE, G. *Studi vichiani* (Messina, 1915; Florença, 1969).
- NICOLINI, F. *La giovinezza di Giambattista Vico* (Bari, 1932).
- FUBINI, M. *Stile e umanità di Giambattista Vico* [1946] (Milão-Nápoles, 1965).
- USCATESCU, G. *Vico y el mundo histórico* (Madri, 1956).
- JACOBELLI ISOLDI, A. M. *Vico. La vita e le opere* (Bolonha, 1960).
- BADALONI, N. *Introduzione a G. B. Vico* (Milão, 1961).
- DAUS, H. J. *Selbstverständnis und Menschenbild in den Selbstdarstellungen Giambattista Vicos und Pietro Giannones* (Genebra-Paris, 1962).
- COSTA, G. *Vico e l'Europa. Contro la "boria delle nazioni"* (Milão, 1966).

- DONZELLI, M. *Natura e Humanitas nel giovane Vico* (Nápoles, 1970).
- VARIOS. *Études sur Vico*: Archives de Philosophie 40 (1977) n. 1 e 2.
- VERENE, D. Ph. *Vico's Science of imagination* (Ithaca-Londres, 1981).
- VERENE, D. Ph. *The New Art of Autobiography* (Oxford, 1991).
- BURKE, P. *Vico* (Oxford, 1985). [=BURKE, P. *Vico*. São Paulo: UNESP, 1997. Trad.: Roberto Leal Ferreira].
- MOONEY, M. *Vico in the tradition of Rhetoric* (Princeton, 1985).
- BATTISTINI, A. *La sapienza retorica di Giambattista Vico* (Milão, 1995).
- CRISTOFOLINI ET ALII, M. P. *Vico, penseur de la complexité* (Paris, 1996).
- GIRARD, P. *Le vocabulaire de Vico* (Paris, 2001).
- REMAUD, O. *Les Archives de l'humanité. Essai sur la philosophie de Vico* (Paris, 2004).
- FABIANI, P. *The Philosophy of the Imagination in Vico and Malebranche* (Florença, 2009).
- GUALTIERI, G. A. *La filosofía di Giambattista Vico tra estetica e politica:* Storia e Política 7 (2016) 1-41.

Sobre a teoria de Vico sobre a história (seleção).

- PONS, A. *Nature et histoire chez Vico*: Les Études philosophiques n. 1 (1961) 39-53.
- NEGRE, M. *Poiesis y verdad en Giambattista Vico* (Sevilha, 1986).
- STEPHAN, O. *Giambattista Vico. Grundzüge seiner Philosophie* (Stuttgart-Berlim-Colônia, 1989).

- BOTTURI, F. *La saggezza della storia. Giambattista Vico e la filosofia pratica* (Milão, 1991).
- CRISTOFOLINI, P. *Vico et l'histoire* (Paris, 1995).
- STONE, H. S. *Vico's cultural History. The production and transmission of ideas in Naples, 1685-1750* (Leiden, 1997).
- AMOROSO, L. *Lettura della Scienza nuova di Vico* (Turim, 1998).
- SMITH THOMAS, Ch. G. *B. Vico et la naissance de l'anthropologie philosophique:* L'Art de Comprendre (1998) n. 7.
- PIRO, F. *I presupposti teologici del giusnaturalismo moderno nella percezione di Vico:* Bolletino del Centro di Studi Vichiani 30 (2000) 125-149.
- REMAUD, O. *Archives de l'humanité. Essai sur la philosophie de Vico* (Paris, 2004).
- SABETTA, A. *I "Lumi" del cristianesimo. Fonti teologiche nell'opera di Giambattista Vico* (Roma, 2006).
- VÁRIOS. *La "Scienza nuova" de Giambattista Vico:* Noesis (2006) n. 8.
- CANTELL, G. *Vico e Bayle: premesse per un confronto* (Nápoles, 2008).
- GIRARD, P. *Giambattista Vico. Rationalité et politique. Une lecture de la "Scienza nuova"* (Paris, 2008).
- COLLIN, D. *Giambattista Vico et l'histoire* (Paris, 2010).
- NADDEO, B. A. *Vico and Naples. The Urban Origins of Modern Social Theory* (Ithaca, 2011).
- PONS, A. *Vie et mort des nations. Lecture de la Science nouvelle de Giambattista Vico* (Paris, 2015).

8.2.2 Antônio Genovesi (1713-1769)

Antônio Genovesi é uma "glória da Nápoles independente de 1750".[31] Foi dos autênticos "cristãos em meio ao regalismo".[32]

Nasceu em Castiglione, perto de Salerno, em 1º de novembro de 1713.[33] Foi ordenado sacerdote em 1737, em Salerno, em cujo seminário foi professor de eloquência. Interessou-se pelo estudo da filosofia, sendo especialmente atraído pelas ideias de John Locke. Abandonou a vida sacerdotal. Estudou direito e exerceu a advocacia em Roma. Ao não se sentir realizado na profissão jurídica, dedicou-se inteiramente à filosofia. Incorporou-se à Universidade de Nápoles como professor extraordinário.

Escreveu um curso de Metafísica em quatro volumes (*Elementa Metaphysicae*, 1743ss) e um curso de Lógica (*Logica*, 1745) em cinco partes. Este último curso foi composto desde a perspectiva filosófica de J. Locke. Ao curso de metafísica, acrescentou um tratado sobre a ética (*Meditazioni filosofiche sulla religione e sulla morale*) e uma dissertação sobre as causas primeiras.

Em relação direta com a moral, Genovesi acreditava, seguindo J. Locke, na condição científica do saber sobre esta dimensão humana. Para o iluminista napolitano, as matemáticas eram a ciência mais evidente; a física, a ciência mais útil; mas a moral era a ciência mais necessária. Genovesi compôs um tratado sobre o justo e o honesto, com o título: *Della Diceosina, o sia, della filosofia del giusto e dell'onesto*. De *Dice* (*Dicea* ou *Diké*), justiça, provém *Diceosina*, ou seja, a retidão. A obra apareceu em três volumes, depois da morte do autor, a partir de 1799.[34] Também compôs um manual de teologia dogmática que não foi publicado antes de sua morte (Veneza, 1771).

---

31 Rey-Mermet, 489.

32 Rey-Mermet, 640.

33 PERNA, M. L. *Genovesi, Antonio*: Dizionario Biografico degli Italiani 53 (2000) s. v. Também: GENOVESI, A. *Autobiografia, lettere e altri scritti*. A cura di G. Savarese (Milão, 1962).

34 GUASTI, N. *Antonio Genovesi's "Diceosina": sources of the Napolitan Enlightenment*: History of European Ideas 32 (2006) 385-405.

As posições filosóficas de Genovesi se moveram entre os dois extremos do *idealismo* e do *sensualismo*. Foram muito discutidos e até reprovados pelos partidários da filosofia escolástica. Contudo, encontraram acolhida da parte de outras pessoas de orientação renovadora. Uma dessas pessoas foi **Bartolomeu Intieri** (1676-1757), administrador dos bens da família Corsini, na Campanha, que patrocinou a primeira cátedra europeia de economia política da Europa, colocando como condição ser dirigida por Genovesi na Universidade de Nápoles.[35]

Dessa maneira, foi criada a primeira cátedra universitária de economia política da Europa, competindo Nápoles com a Escócia no que diz respeito ao surgimento do pensamento econômico na época iluminista.[36] Há, ainda, um detalhe a acrescentar: "Antônio Genovesi (1713-1769), estreando em Nápoles, em 1754, a primeira cátedra europeia de economia política, ensinará em italiano, e isso causará escândalo".[37]

Desde então, Genovesi se orientou para esse campo do saber. Fruto de sua dedicação foram as *Lezioni di Commercio o sia di economia civile* (1765-1767)[38], primeira obra completa e sistemática, na Itália, sobre economia.

Na compreensão da economia, Genovesi introduziu as categorias de "economia civil" e "felicidade pública"[39]. Relacionada a esta última categoria da felicidade pública, surgiu a discussão sobre o *luxo* enquanto fator de elevação econômica.[40]

---

35 DI BATTISTA, F. *Per la storia della prima cattedra universitaria d'economia: Napoli 1754-1866*: AUGELLO, M. M.; BIANCHINI, M.; GIOLI, G.; ROGGI, P. (ed.). Le cattedre di economia politica in Italia. La diffusione di una disciplina "sospetta" (1750-1900) (Milão, 1988) 31-46.

36 BRUNI, L. *La nascita dell'economia nell'Europa iluminista: Napoli e Scozia a confronto*: Storia e Politica 1 (2009) 281-302.

37 Rey-Mermet, 57.

38 GENOVESI, A. *Lezioni di commercio o sia di economia [1765-1767]*. Edição crítica a cargo de Mª. L. Perna (Nápoles, 2005).

39 BRUNI, L.; PORTA, P. L. *"Economia civile" and "pubblica felicità" in the italian Enlightenment*: History of Political Economy 35 (2003) 361-385. Também: Ver a bibliografia consignada no texto ao final da presente seção sobre o pensamento econômico de Genovesi.

40 WAHNBAECK, T. *Luxury and Public Happiness. Political Economy in the Italian Enlightenment* (Oxford, 2004).

Sobre o fator econômico do luxo houve ampla discussão no séc. XVIII nos ambientes europeus (continuou no séc. XIX).[41] A postura positiva foi atribuída a Voltaire. Os moralistas se situaram no pelotão dos críticos. Como exemplo, serve a referência do que diz o abade Claudio Adriano Nonnote no verbete corresponde (*luxo*) de seu *Dicionário anti-filosófico*[42]: "Voltaire pretende que o luxo seja proveitoso aos Estados: como se uma torrente que arrasa tudo fosse proveitosa para fertilizar o próprio terreno que devasta. Os verdadeiros filósofos sempre pensaram exatamente ao contrário. Os sábios antigos e modernos concordam que o luxo é, não somente corruptor da virtude, mas, também, destruidor dos Impérios".[43]

Na compreensão da economia por parte de A. Genovesi foi identificada peculiaridade napolitana digna de destaque.[44] Da mesma forma, tal orientação foi especialmente avaliada, de forma positiva, nas décadas posteriores à recente crise financeira iniciada em 2007-2008.[45]

Depois da de Nápoles, surgiram outras cátedras de economia na geografia italiana[46] e fora da Itália. Merece destaque o influxo que essa orientação de Genovesi exerceu na vida cultural e política da sociedade espanhola da mesma época.[47]

Entre 1784 e 1786, funcionou uma cátedra de Economia Civil e Comércio dentro da Sociedade Aragonesa de Amigos do País; foi dirigida por Lorenzo Normante, que apoiou o novo saber com um

---

41 JENNINGS, J. *The Debate about Luxury in Eighteenth and Nineteenth Century French Political Thought*: Journal of the History of Ideas 68 (2007) 79-105.

42 NONNOTE, C. A. *Diccionario anti-filosófico*, II (Madri, 1793) 126-129: "Luxo".

43 NONNOTE, C. A. *Diccionario anti-filosófico*, II (Madri, 1793) 126.

44 CHIOSI, E. *L'identità socio-economica napoletana: un "esprit de commerce" impossibile senza un diffuso spirito pubblico*: ALIMENTO, A. (ed.). Modelli d'oltre confine. Prospettive economiche e sociali negli antichi stati italiani (Roma, 2009) 107-112.

45 BRUNI, L.; ZAMAGNI, S. *Economia civile* (Bolonha, 2004); BRUNI, L. *L'impresa civile. Una via italiana all'economia di mercato* (Milão, 2009).

46 AUGELLO, M. M.; BIANHINI, M.; GIOLI, G.; ROGGI, P. (ed.). *Le cattedre di economia politica in Italia. La diffusione di una disciplina "sospetta" (1750-1900)* (Milão, 1988).

47 ASTIGARRAGA, J. *Diálogo económico en la "otra" Europa. Las traducciones españolas de los economistas de la Ilustración italiana (A. Genovesi, F. Galiani y G. Filangieri)*: Cromohs 9 (2004) 1-21.

discurso sobre o tema. Tanto a cátedra, quanto a nova orientação da economia, suscitaram a oposição do Santo Ofício (cujo diretor era Jerônimo José de Cabra) e, mais concretamente, do missionário popular, frei José de Cádiz. Ver a exposição em volume precedente: V/2, 741-745.

Genovesi se interessou pelas "reduções jesuíticas" do Paraguai. Provavelmente, tal interesse foi suscitado no napolitano pelo livro de L. A. Muratori sobre o mesmo tema: "Il cristianesimo felice".[48]

O iluminista napolitano comentou a obra *L'Esprit des lois* de Montesquieu.[49] Suas notas apareceram, postumamente, na edição de 1777 da tradução italiana (primeira edição em 1750). Genovesi se confrontou com os anti-iluministas napolitanos (o mais destacado: Ermenegildo Personé, 1725-1788) tendo como referência de contraste a citada obra de Montesquieu.[50]

Genovesi iniciou uma revolução epistemológica.[51] Concebeu o saber como um saber prático e útil ao indivíduo e à sociedade. O conhecimento é fator dinamizador e integrante do projeto reformador.

Também fez incursões no campo dos saberes teológicos e propôs reformas para a vida da Igreja.[52] Chamou de "bárbara" a teologia escolástica e pediu, em 1767, que fosse "substituída por um 'catecismo histórico do cristianismo': em outras palavras, por uma 'História da Salvação'".[53]

---

48 IMBRUGLIA, G. *Un viajero en teoría. Genovesi, las utopías y América del Sur*: DE FRANCESCO, A.; MASCILLI MIGLIORINI, L.; NOCERA, R. (ed.). Entre Mediterráneo y Atlántico. Circulaciones, conexiones y miradas, 1756-1867 (Santiago, Chile, 2014) 45-55.

49 DE MAS, E. *Montesquieu, Genovesi e le edizioni italiane dello "Spirito delle Leggi"* (Florença, 1971).

50 IMBRUGLIA, G. *Due opposte letture napoletane dell'"Esprit des lois": Genovesi e Personè*: FELICE, D. (ed.). Montesquieu e i suoi interpreti (Pisa, 2005), I, 191-210.

51 PASSETTI, C. *La "rivoluzione epistemologica" di Antonio Genovesi*: BORGHERO, C.; LORETELLI, R. (ed.). Le metamorfosi dei linguaggi nel Settecento (Roma, 2011) 23-33.

52 DI LISO, S. *Teologia e riforma della Chiesa in Antonio Genovesi (1713-1769)*: Rivista di Scienze Religiose 26 (2012) 135-168.

53 Rey-Mermet, 146.

Não se pode colocar em dúvida, nem a autenticidade, nem a ortodoxia católica da religiosidade do sábio napolitano, tampouco se sustentam as acusações de jansenismo, ou de panteísmo, levantadas contra a pessoa e o pensamento de A. Genovesi.[54]

> "Com justiça, Genovesi foi descartado do grupo jansenista (...). Sua atitude eclética nas questões da graça é delineada na obra póstuma: *Elementa Dogmatica*, II (Veneza, 1771, p. 70-86). No entanto, a Santa Sé não viu sem inquietação sua designação para a cátedra de teologia".[55]
>
> "A religiosidade de Genovesi, no período em que permanece incontestavelmente vinculada à verdade católica, da qual não pretende jamais se separar, tem aspectos particulares apenas no que diz respeito a certas interpretações da disciplina jurídica, vinculadas às relações do Estado com a Igreja e condições exteriores da Igreja de seu tempo".[56]
>
> Genovesi foi crítico diante do poder temporal do papado. Nesse sentido, foi a alma do movimento jurídico pela supressão da cátedra das *Decretais* na Universidade de Nápoles, uma trincheira teórica favorável ao poder pontifício.[57] Condenou "a administração judiciária de Nápoles como incompatível com os princípios cristãos".[58]

Por suas ideias sobre a educação e qualidades pedagógicas, Antônio Genovesi foi considerado o "Sócrates de seu tempo". Com ele se iniciou uma nova era educativa. Começou o curso 1754-1755 falando, já não de metafísica, mas de economia política e, com grande escândalo dos ambientes acadêmicos, ditou suas aulas em italiano, abandonando o latim, utilizado até então.

> "Para Genovesi, a reforma espiritual de um povo está estreitamente vinculada à sua reforma econômica e esta não pode ser levada a cabo sem que o mesmo povo saiba ler e escrever. Daí sua explícita petição pela abertura de uma escola elementar em cada povoado e pela organização de escolas secundárias onde se ensinasse, também

---

54 Cacciatore, 197-204.
55 Tellería, I, 659, nota 52.
56 Cacciatore, 197.
57 Cacciatore, 201.
58 Rey-Mermet, 103.

às mulheres, os conceitos e técnicas fundamentais para uma vida prática que conduzisse à felicidade pública. Portanto, para Genovesi, o problema da educação tem a dignidade de problema de capital importância para a vida nacional. Também, por isso, é necessário que o Estado subtraia ao clero o ensino, porque 'os freis não têm como finalidade criar cidadãos, mas sim, outros freis' e porque a salvação de um Estado está na difusão de uma cultura utilitarista, baseada nas 'gentis e úteis ciências' que fizeram grandes outras nações europeias: geometria, astronomia, aritmética, teoria do comércio, mecânica, etc."[59]

Em conexão com o pensamento econômico de Genovesi, merecem ser citados outros pensadores napolitanos, também vinculados ao mundo da economia com orientação iluminista:

- **Carlo Antônio Broggia** (1696-1775), um dos primeiros escritores italianos a abordar temas relacionados com a economia. Deixou tratados fundamentais sobre a disciplina: *Trattato dei tributi, delle monete, ecc.* (Nápoles, 1745); *Memoria ad oggetto di varie politiche ed economiche ragioni* (Nápoles, 1754); *Risposta ad alcune obbiezioni* (Nápoles, 1765).

- **José Palmieri** (1721-1793), discípulo de A. Genovesi. Depois de uma brilhante carreira militar, da qual nasceu a obra *Riflessioni sull'arte della guerra* (1761), dedicou-se aos estudos de economia, razão pela qual entrou na administração financeira do Reino, escalando os mais altos cargos. Sobre o tema econômico, escreveu, entre outros livros: *Riflessioni sulla pubblica felicità* (1787) e *Della ricchezza nazionale* (1792).

Nota bibliográfica

Edições atuais de algumas obras de A. Genovesi

- *Discorso sopra il vero fine delle lettere e delle scienze* [1753]: SAVERESE, G. (ed.). *Antonio Genovesi. Autobiografia, lettere e altri scritti* (Milão, 1962) 229-277.

[59] STIFFONI, G. *Educación e Ilustración en Italia...*, 105-106.

- *Ragionamento sul commercio in universale* [1756]: SAVERESE, G. (ed.). *Antonio Genovesi. Autobiografia, lettere e altri scritti* (Milão, 1962) 279-331.

- *Scritti.* Edição de F. Venturi (Turim, 1977).

- *Scritti economici* (Nápoles, 1984).

- *Delle Lezioni di Commercio o sia di Economia Civile con Elementi del Commercio* [1765-1767], Edição de Mª. L Perna (Nápoles, 2005).

- *Della Diceosina o sia della filosofia del giusto e dell'onesto* [1766]. Edição de N. Guasti (Veneza, 2008).

- *Dialoghi e Altri Scritti. Intorno alla Lezioni di Commercio.* Edição de E. Pii (Nápoles, 2008).

Sobre o pensamento de A. Genovesi.

- GALANTI, G. M. *Elogio storico del signor abate Antonio Genovesi pubblico professore di civil economia nella Università di Napoli* (Nápoles, 1772).

- ZAZO, A. *Antonio Genovesi e il suo contributo alle riforme scolastiche nel Napoletano (1767-1769)* Samnium 2 (1929) 41 -68.

- ZAZO, A. *L'Istruzione pubblica e privata nel Napoletano (1767-1780)* (Città di Castello, 1927) 8-60.

- RACIOPPI, G. *Antonio Genovesi* [1871] (Nápoles, 1958).

- MONTI, G. M. *Due grandi riformatori del Settecento: A. Genovesi e G. M. Galanti* (Florença, 1926).

- CORPACI, F. *Antonio Genovesi: note sul pensiero politico* (Milão, 1966).

- ZAMBELLI, P. *La formazione filosofica di Antonio Genovesi* (Nápoles, 1972).

- MARCIALIS, M. T. *Natura e sensibilità nell'opera manualistica di Antonio Genovesi* (Cagliari, 1987).

Sobre seu pensamento religioso.

- TISI, A. *Il pensiero religioso di A. Genovesi* (Melfi, 1937).
- GALASSO, G. *II pensiero religioso di Antonio Genovesi*: Rivista Storica Italiana 82 (1970) 800-824.

Sobre seu pensamento econômico.

- TAGLIACOZZO, G. (ed.). *Economisti napoletani dei secoli XVII e XVIII* (Bolonha, 1937).
- DEMARCO, D. *Studi in onore di Antonio Genovesi nel bicentenario della istituzione della cattedra di economia* (Nápoles, 1956).
- VILLARI, L. *Il pensiero economico di Antonio Genovesi* (Florença, 1959).
- PII, E. *Antonio Genovesi: dalla politica economica alla "politica civile"* (Florença, 1984).
- PII, E. *Le origini dell'Economia "Civile" in Antonio Genovesi*: Pensiero Político 12 (1979) 334-343.
- ROBERTSON, J. *Antonio Genovesi. The Neapolitan Enlightenment and Political Economy*: History of Political Thought 8 (1987) 335-344.
- BELLAMY, R. *"Da Metafisico a Mercante". Antonio Genovesi and the development of a new language of commerce in Eighteenth Century Naples:* PADGEN, A. (ed.). The Language of Political Theory in Early Modern Europe (Nova Iorque, 1987) 227-302.
- DI BATTISTA, F. *Dalla tradizione genovesiana agli economisti liberali. Saggi di storia del pensiero economico meridionale* (Bari, 1990).
- STAPELBROEK, K. *Preserving the Neapolitan State: Antonio Genovesi and Ferdinando Galiani on Commercial Society and Planning Economy Growth*: History of European Ideas 32 (2006) 406-429.
- STAPELBROEK, K. *Love, Self-Deceit and Money. Commerce*

and Morality in the Early Neapolitan Enlightenment (Toronto, 2008).

- JOSSA, B.; PATALANO, R.; ZAGARI, E. (ed.). *Genovesi economista nel 250° anniversario dell'istituzione della cattedra di Commercio e Meccanica* (Nápoles, 2007).
- RAO, A. M. *Economia e morale nella scuola Genovesiana*: ALIMENTO, A. (ed.). Modelli d'oltre confine. Prospettive economiche e sociali negli antichi stati italiani (Roma, 2009) 179-188.
- SABETTI, F. *Public Happiness as the Wealth of Nations: The Rise of Political Economy in Naples in a Comparative Perspective:* California Italian Studies 3 (2012) n. 1.
- GUASTI, N. *Antonio Genovesi (1713-1769): Reform through Commerce and Renewed Natural Law*: BURSON, J. D.; LEHNER, U. L. (ed.). Enlightenment and Catholicism in Europe. A Transnational History (Notre Dame, Ind., 2014) 271- 290.
- GUASTI, N. *Antonio Genovesi's "Diceosina": sources of the Neapolitan Enlightenment.* History of European Ideas 32 (2006) 385-405.
- ASTIGARRAGA, J.; USOZ, J. (ed.). *Genovesi economista. Nel 250° anniversario dell'istituzione della cattedra di "Commercio e Meccanica"* (Nápoles, 2007).

8.2.3 Os Galiani

- Celestino Galiani (1681-1753)

Nasceu em San Giovanni Rotondo, em 8 de outubro de 1681. Terminados os estudos iniciais em Foggia, entrou na congregação chamada dos Celestinos, em 1697. Foi quando, então, mudou o nome de batismo, Nicolau, pelo de Celestino. Diante de suas qualidades e propensão ao estudo, os superiores o enviaram a aperfeiçoar sua formação em Roma, onde teve a oportunidade de conhecer as novas ideias científicas e filosóficas (Galileu, Descartes, Newton, Locke, etc).

Foi estudante (1701-1707) e professor de Teologia Moral e Sagrada Escritura (1707-1718) no romano convento celestino de Santo Eusébio. Também foi professor da universidade romana *La Sapienza* (1718-1728). Exerceu o cargo de procurador geral (1723-1728) e abade geral (1728-1731).

Em 1731, foi nomeado arcebispo de Taranto, mas no final desse mesmo ano, foi designado capelão-mor do Reino de Nápoles e prefeito dos Estudos Reais (Universidade), com plena autoridade sobre docentes e estudantes. Desde seu novo posto, empenhou-se na reforma dos estudos universitários e abertura ao influxo da nova cultura europeia (1732-1736). A reforma da universidade foi aprovada em 1735. No mesmo ano, fundou, junto com B. Intieri e N. Cirillo, a Academia das Ciências, cujos princípios fundacionais se inspiravam na filosofia de J. Locke. Em 1736, foi designado negociador plenipotenciário do Reino de Nápoles nas tratativas com Roma, que terminaram na assinatura da concordata entre a Santa Sé e os Bourbon (1741).

No último período de sua vida, teve relação com Giambattista Vico, nomeado "historiador régio" graças à sua intervenção. Também se empenhou na educação de seus sobrinhos, Bernardo e Fernando.

C. Galiani foi tido, em sua época, como destacado homem de cultura. A maior parte de suas obras permanece manuscrita, apenas foram publicados alguns documentos de caráter oficial.

Desde o ponto de vista da história da ciência, merece destaque sua *Epistola de gravitate et cartesianis vorticibus*, escrito que marca o começo da introdução da concepção newtoniana do universo na Itália.[60] Dadas as questões que entravam em jogo, esse debate "estava destinado a condicionar não pouco a própria sorte da cultura iluminista italiana".

Entre os inéditos, encontra-se um escrito sobre a moral: *Della scienza morale. Ricerche intorno alle prime origini della scienza morale.*

Nota bibliográfica.

- NICOLINI, F. *Monsignor Celestino Galiani. Saggio biografico* (Nápoles, 1931).
- NICOLINI, F. *Un grande educatore italiano: Celestino Galiani* (Nápoles, 1951).
- NICOLINI, F. *Amici e corrispondenti francesi dell'abate Galiani*: Bolletino dell'Archivio storico del Banco di Napoli (1954), II, n. 7.
- FERRONE, V. *Celestino Galiani: un inquieto cattolico illuminato nella crisi della coscienza europea:* Archivio Storico per le Provincie Napoletane 98 (1980) 277-381.
- FERRONE, V. *Alle origini della cultura illuministica napoletana: Celestino Galiani e la diffusione del newtonianesimo*: DI PINTO, M. (ed.). I Borbone di Napoli e i Borbone di Spagna, I (Nápoles, 1985) 325-364.

- Fernando Galiani (1728-1787)

Nasceu em Chieti, em 2 de dezembro de 1728, mas sua formação se deu em Nápoles. Foi sobrinho de Celestino Galiani. Era *abade*, mas sem ordenação sacerdotal. Em Nápoles, Fernando conheceu a obra de G. Vico e foi aluno de A. Genovesi.

[60] Ver o texto latino, com introdução, em: PERRONE, V. *Alle origini della cultura illuministica napoletana: Celestino Galiani e la diffusione del newtonianesimo*: PINTO, M. de. (ed.). I Borbone di Napoli e i Borbone di Spagna, I (Nápoles, 1985) 341-364.

Em 1751, publicou um tratado, *Della Monetta*, em que enunciou uma teoria sobre o valor econômico. Nele, sustentou a ideia da estreita relação entre quantidade e qualidade do trabalho, tempo de produção, utilidade e raridade do produto. Também publicou uma *Orazione del cicisbel e le cicisbee*.[61] Com outros autores, contribuiu para o panfleto antijesuítico *Inquietudes de um jesuíta*, em 4 volumes.[62]

Fernando Galiani foi amigo de Tanucci[63], com quem manteve assídua correspondência.[64] Viveu em Paris, entre 1759 e 1769, para onde fora enviado como secretário da embaixada. Participou da vida dos salões literários (Madame d'Épinay e Diderot). Em 1770, publicou os *Dialoghi sul commercio dei grani*. Também escreveu sobre linguística, concretamente, sobre o dialeto napolitano. Faleceu em Nápoles, em 30 de outubro de 1787.

8.2.4 José Maria Galanti (1743-1806)

Nasceu em Santa Croce del Sannio, em 25 de novembro de 1743. Acolhido, na idade de nove anos, por um seu tio, cursou os estudos na Universidade de Nápoles. Teve como mestre A. Genovesi e formou grupo com outros jovens intelectuais: os irmãos, Domênico e Francescantonio Grimaldi, Francesco Mario Pagano, Melchiore Deifico e Antônio Jerocades. A escola de Genovesi se interessava pelas questões de economia civil e social.[65] Galanti licenciou-se em direito em 18 de abril de 1765, embora não tenha exercido a advocacia.

Quando da morte de Genovesi (1769), Galanti compôs um *Elogio storico del signore abate Antonio Genovesi*, publicado anonimamente em Nápoles (1772) e Veneza (1774). Por não submeter o

---

[61] Tellería, I, 76-77.
[62] Tellería, II, 261.
[63] Tellería, II, 130-131.
[64] TANUCCI, B. *Lettere a Ferdinando Galiani*, 2 vol. (Bari, 1914).
[65] MONTI, G. M. *Due grandi riformatori del Settecento: A. Genovesi e Giuseppe Maria Galanti* (Florença, 1926).

escrito à censura prévia do Estado, enfrentou dificuldades com as autoridades eclesiásticas.

J. M. Galanti analisou, em vários estudos, a sociedade meridional italiana desde diversos pontos de vista: demográfico, econômico, social, etc. Propôs soluções concretas com objetivo de melhorar a situação social. Por motivo desse empenho, viajou por todo o Reino de Nápoles.

No âmbito da teoria política, escreveu um *Elogio di Niccolò Machiavelli cittadino e segretario fiorentino con un Discorso intorno alla costituzione della Società ed al governo politico* (1779). Mas, na política real, teve postura moderada. Foi defensor da monarquia bourbônica. Formou parte do Supremo Conselho de Finanças, junto com Filangieri, Palmieri, Deifico e Grimaldi. Com a fuga do rei, em 1798, Galanti teve que passar despercebido durante a efêmera *República Napolitana de 1799.* Alcançou a tranquilidade - também econômica - com a chegada de José Bonaparte ao trono de Nápoles (1806). Pouco tempo pode desfrutá-la, já que faleceu em 6 de outubro desse mesmo ano de 1806.

Nota bibliográfica.

- MAFRICI, M.; PELIZZARI, M. R. (ed.). *Un illuminista ritrovato. Giuseppe Maria Galanti* (Salerno, 2006).

8.2.5 Caetano Filangieri (1753-1788)

Serviu como alferes no exército bourbônico (1766-1769), posto que abandonou para se dedicar aos estudos e, por breve tempo (1774), à magistratura. Por sua eloquência e conhecimentos jurídicos ficou famoso na corte do rei Carlos de Bourbon. Desde 1777, esteve ao serviço de Fernando IV. Em 1783 se casou com a condessa Carolina Fremdel de Presburgo; pouco depois, retirou-se para Cava de' Tirreni.

Nesse retiro, concebeu o projeto de reduzir a ciência jurídica à unidade e, com esse propósito, compôs sua obra fundamental: *Scienza della legislazione*, em 8 vol. (1780-1791), um dos quais apareceu postumamente.[66] A obra foi traduzida para o alemão, francês, espanhol, inglês e sueco. Em 1784, foi posta no *Index* dos livros proibidos, por suas ideias de reforma e ataques ao clero. Frente à hostilidade recebida por parte dos eclesiásticos e aristocratas, sobressai a aceitação geral do escrito de C. Filangieri.

Em 1787, Caetano voltou a Nápoles, onde tomou parte no Supremo Conselho de Finanças. Enfermo de tuberculose, faleceu em Vico Equense, em 21 de junho de 1788. Embora membro da maçonaria e filósofo iluminista, comovia-se com a magia do presépio, tendo ao fundo os versos de Afonso de Liguori sobre o mistério cristão: "Quanno nascette Ninno a Bettalemne / era notte e pareva miezo juorno...".[67]

A *Scienza della legislazione* reflete os ideais, não apenas das *Lumières* francesas (doutrina de Montesquieu e de outros filósofos franceses), mas também do Iluminismo italiano (com referências a G. Vico e A. Genovesi). Afirma-se que a obra de C. Filangieri serviu de inspiração para a composição da Constituição Americana.

No quarto livro de sua obra, Filangieri propôs um novo regime escolar, público e laico, subtraído ao controle do clero. Nesse novo regime, ignorava-se a função educativa da família, demasiadamente impregnada, segundo Filangieri, de preconceitos religiosos.

> "As crianças deveriam ser confiadas, com a idade de cinco anos, a professores submissos às máximas do Estado. Criticando Rousseau, que queria sanar o dualismo entre homem e cidadão, Filangieri afirma que 'se não nos é permitido formar com esse meio o homem, temos a intenção, se conseguirmos, de formar o cidadão'. Portanto, a única finalidade da educação pública é formar 'indivíduos úteis ao Estado e verdadeiros cidadãos'. A educação pública deve ser de 13 anos (dos cinco

[66] FILANGIERI, G. *La scienza della legislazione*. Edição de V. Ferrone (Veneza, 2003). Uma magnífica edição da tradução espanhola (Boletín Oficial del Estado): *Ciencia de la legislación*, 2 vol. (Madri, 2018).

[67] RUGGIERO, G. *Gaetano Filangieri. Un uomo, una famiglia, un amore nella Napoli del Settecento* (Nápoles, 1999) 272-273.

aos dezoito anos) para os 'trabalhadores manuais' e correr às custas do Estado, e de 14 anos (dos cinco aos dezenove) e às custas dos pais para os 'trabalhadores da mente': todos eles, em escolas públicas".[68]

Em semelhante parâmetro de ideias e de propostas se situava o reformador e pedagogo siciliano João Agostinho de Cosmi (1726-1810), encarregado, em 1779, de fazer o plano de reforma da Universidade de Catânia e nomeado diretor geral das escolas primárias da Sicília em 1788.

Nota bibliográfica sobre Caetano Filangieri.

- FEOLA, R. *Utopia e prassi. L'opera di G. Filangieri ed il riformismo nella Sicilia* (Nápoles, 1989).

- AJELLO, R. *L'estasi della ragione: dall'illuminismo all'idealismo. Introduzione alla "Scienza" di Filangieri*: *ID. Formalismo medievale e moderno* (Nápoles, 1990) 39-184.

- VILLANI, A. (ed.). *Gaetano Filangieri e l'illuminismo europeo* (Nápoles, 1991).

- RUGGIERO, G. *Gaetano Filangieri. Un uomo, una famiglia, un amore nella Napoli del Settecento* (Nápoles, 1999).

- RUGGIERO, G. *Da Alfonso Maria de Liguori a Gaetano Filangieri: verso la nascita di un'etica civile*: Rivista Storica del Sannio 22 (2004) 169-181.

- FERRONE, V. *La società giusta ed equa. Repubblicanesimo e diritti dell'uomo in Gaetano Filangieri* (Roma-Bari, 2003).

- TRAMPUS, A. (ed.). *Diritto e costituzione. L'opera di Gaetano Filangieri e la sua fortuna europea* (Bolonha, 2005).

- SIMÓN, F. *Diritti umani, repubblicanesimo dei moderni ed equità sociale: le nuove categorie della storiografia su Gaetano Filangieri:* Storia del pensiero economico 4 (2007) 141-154.

[68] STIFONI, G. *Educación e Ilustración en Italia...*, 107.

- SIMÓN, F. *Il marginalismo giuridico di Gaetano Filangieri:* Studi di Economia 14 (2009) 45-66.

- SIMÓN, F. *An economic approach to the study of law in the eighteenth century: Gaetano Filangieri and "La scienza della legislazione":* Journal of the History of Economic Thought 33 (2011) 223-247.

- SIMÓN, F. *Illuminismo giuridico e idee economiche nel le opere di Cesare Beccaria e di Gaetano Filangieri:* ASTIGARRAGA, J; USOZ, J. (ed.). L'économie politique et la sphére publique dans le débat des Lumières (Madri, 2013) 141-164.

8.3. AFONSO DE LIGUORI E OS ILUMINISTAS NAPOLITANOS

8.3.1 Introdução

Coube a Afonso a sorte de viver em pleno século do Iluminismo. "Como a cidade de Nápoles, independente desde 1750, andava orgulhosa de si mesma, com o espírito novo suscitado por Pedro Giannone no domínio da política regalista, por Antônio Genovesi no terreno econômico e social, por Caetano Filangieri no plano jurídico institucional! Foi deles que partiu, para a reforma do Reino, um entusiástico movimento de ideias que empolgou milhares de jovens na aristocracia, na burguesia e até no clero. O século XVIII revela-se o mais vivo, o mais aberto, o mais dinâmico, o mais artístico de toda a história de Nápoles."[69]

Afonso compartilhou a vital exuberância de seu século. "Afonso de Ligório, nascido nos palácios napolitanos, ligado, durante 10 anos, com essa *intelligentsia* nas altas esferas da magistratura e com o círculo de Caravita, que frequentava com Vico e Giannone...".[70]

---

69 Rey-Mermet, 489.
70 Rey-Mermet, 489.

Porém, também soube ver o lado obscuro dessa *época das luzes*. Com efeito, Afonso:

- Tomou consciência de que as elites ilustradas, sobretudo eclesiásticas, se aliaram ao movimento geral jurisdicionalista contra Roma e a favor do Estado absoluto e, como consequência normal, apoiaram as *posturas rigoristas* de orientação jansenista. Iluminismo, jurisdicionalismo e jansenismo conviviam amigavelmente, tendo como adversário comum o jesuitismo.

- Também se deu conta da ruína religiosa causada pelo Iluminismo, que expressou, de modo um tanto dramático, em carta de 1772: "Deus santo! Onde viemos parar! Veja onde chegam os letrados do presente século iluminado. Século iluminado e, entretanto, as almas vão à ruína; Nápoles está arruinada: não se confessam, não escutam as pregações e todos os seculares falam de teologia e metem mão às Escrituras, dogmas e preceitos!"[71]

Neste capítulo, e no seguinte, vamos expor a relação de Afonso com o movimento iluminista do *Settecento* napolitano. Primeiro, constataremos sua relação com os iluministas; depois, vamos propor uma leitura "ilustrada" do projeto afonsiano.

No que diz respeito à relação direta de Afonso com os iluministas, ultrapassamos o horizonte napolitano para alcançar os iluministas do norte italiano. Oxalá, pudéssemos empregar o plural para falar dos iluministas do norte italiano com os quais Liguori se confrontou. Infelizmente, a relação deverá ser formulada no singular: com **Luís Antônio Muratori**.

Apesar da estreita relação entre a temática (os delitos e as penas) cultivada por **César Beccaria** (1738-1794), e que foi, também, objeto da atenção de Afonso de Liguori (moral), não consta qualquer forma de contato intelectual entre ambos. De fato, nenhuma das três últimas grandes biografias de Afonso registra, em seus correspondentes índices onomásticos, nem ao menos o nome do inovador do direito penal.

---

71 Lettere, III, 407.

Tampouco, consta a relação intelectual de Afonso com o iluminista vêneto, **Cipião Maffei** (Francisco Cipião, marquês de Maffei) (1675-1755).

E isso, apesar da importação moral de alguns temas discutidos por Maffei (espetáculos teatrais, usura) e, ainda, as discussões do iluminista vêneto com o moralista D. Concina.

Para o pensamento dos dois mencionados iluministas italianos, remetemos à apresentação feita sobre eles em volume anterior da presente História da Teologia Moral (C. Beccaria: V/2, 290-294; C. Maffei, 297-299).

8.3.2. Relação de Afonso com G. Vico, com A. Genovesi, com os Galliani e com G. Filangieri

- Afonso e Giambattista Vico

Com a idade de 12 anos, Afonso realizou o exame prescrito para o ingresso na Universidade de Nápoles, provavelmente diante de Giambattista Vico, professor de retórica naquela ocasião.[72] Embora não haja prova documental, muito provavelmente Afonso ouviu a palestra inaugural desse curso acadêmico, pronunciada pelo citado professor (18 de outubro de 1708) sobre a *Ragione degli studi del nostro tempo*. O discurso foi todo um elogio à jurisprudência renovada, como praticada nessa mesma universidade europeia.

> Anota um biógrafo de Afonso que as orientações jurídicas apoiadas por G. Vico se converteram em valores na pluma de Afonso moralista: "A prudência em primeiro lugar; 'a flexibilidade da norma' faz emergir a instância da 'pessoa'. Estes princípios os encontraremos na *Theologia Moralis* (1748) de Afonso".[73]

---

[72] Rey-Mermet, 74-75.

[73] AMARANTE, A. V. *Dio sulle tracce dell'uomo. Alfonso de Liguori una vita per l'abbondante redenzione di Cristo* (Materdomini, 2009).

Chama a atenção que o nome de Giambattista Vico nunca apareça na abundante produção literária de Afonso.[74] Pode-se pensar que, em outros momentos e em outras ocasiões, esses dois representantes máximos da cultura napolitana da época tenham voltado a se encontrar: da cultura civil, G. Vico; da cultura religiosa, A. de Liguori. Mas, também, não há fatos, nem testemunhos, que confirmem tal encontro pessoal entre as duas grandes personalidades do *Settecento* napolitano. O encontro poderia ter acontecido na casa de N. Caravita, onde se davam os encontros acadêmicos dos quais participam, tanto Vico, quanto Liguori.[75]

B. Croce se opôs à hipótese de alguns biógrafos afonsianos de que Afonso teria conhecido o manuscrito da *Scienza Nuova* através de seu mestre, J. Torno, censor eclesiástico da obra de Vico.[76] De fato, J. Torno foi "amigo e ardoroso partidário de Vico, que o chamava de sapientíssimo."[77]

O que parece estar fora de dúvida é o mútuo apreço entre Liguori e Vico, bem como, a fecunda relação de ideias entre esses dois gênios napolitanos.[78] Segundo G. Luca, Afonso "sombreia com J. B. Vico, ao menos para quem não situa a altura do pensamento somente na filosofia".[79]

Vico e Liguori praticamente não saíram de Nápoles. Foram napolitanos, não apenas de nascimento, mas também de vida e trabalho. Dificilmente se pode duvidar que tenham tido conhecimento um do outro, de sua respectiva forma de vida e respectivas atividades. Em uma questão Afonso dependeu mais de L. A. Muratori que de G. Vico: no interesse pela renovação da oratória.[80]

---

[74] Jones, 16.

[75] Rey-Mermet, 489.

[76] CROCE, B. *Bibliografia vicchiana*, edição de F. Nicolini (Nápoles, 1947) II, 902-903.

[77] Rey-Mermet, 146.

[78] Rey-Mermet, 75: "os dois maiores gênios italianos do século".

[79] Citado em: Rey-Mermet, 717. De Luca diz "fa il paio" (p. 131), que Rey-Mermet traduz como "fait la paire" (p. 628), e a edição espanhola "va a la par" (p. 738), portanto, parece ter havido um erro tipográfico na edição brasileira (p. 717) e o correto seria "ombreia com J. B. Vico". [N. T.].

[80] BATTISTINI, A. *Convergenze e divergenze culturali tra Vico e de Liguori*: GIANNANTONIO, P. (ed.). Alfonso M. de Liguori e la civiltà letteraria del Settecento (Città di Castello, 1999) 278.

Também há diversas divergências entre os dois grandes napolitanos do *Settecento*. Deixando de lado as de caráter religioso, a divergência teórica maior está no fato de Vico contemplar a realidade com interesse preferentemente teórico, enquanto Liguori o faz com finalidade prática.[81]

Nota bibliográfica

- BATTISTINI, A. *Convergenze e divergenze culturali tra Vico e de Liguori*: GIANNANTONIO, P. (ed.). Alfonso M. de Liguori e la civiltà letteraria del Settecento (Città di Castello, 1991) 269-295.
- LIGUORI, G. de. *L'ateo smascherato. Immagini del'ateismo e del materialismo nell'apologetica cattolica da Cartesio a Kant* (Milão, 2009) 126-150: "Alfonso, Muratori e Vico: pietà religiosa e filosofia moderna".

- Afonso e Antônio Genovesi

Afonso teve em grande estima Antônio Genovesi. Confirmam essa afirmação geral os dados concretos que seguem.

Liguori consultou a *Metafisica* daquele que denominava *douto Genovesi* para compor sua *Breve dissertazione contro i materialisti e deisti* (1756) e remeteu explicitamente o leitor a essa obra na *Introdução* de seu citado escrito.[82]

Afonso solicitou o parecer de A. Genovesi, enquanto especialista em questões de economia política, no problema dos monopólios. "O sentido de justiça social havia se agudizado [em Afonso] durante o ano de carestia, quando presenciou os abusos cometidos

[81] BATTISTINI, A. *Convergenze e divergenze culturali tra Vico e de Liguori*: GIANNANTONIO, P. (ed.). Alfonso M. de Liguori e la civiltà letteraria del Settecento (Città di Castello, 1999) 273.

[82] Tradução espanhola: S. Alfonso M. de Ligorio, *La verdad de la fe. Van añadidos dos opúsculos y Disertaciones teológico-morales acerca de la vida eterna* (Madri-Barcelona, 1847) 117: "la *Metafísica* del docto Genovesi". [LIGÓRIO, Afonso. *A Verdade da Fé*. Rio de Janeiro: Centro Dom Bosco, 2019]. Cf. D. Capone, *Primi incontri di S. Alfonso con la filosofia*: Contributi, 132-133.

em toda a parte. Como, então, o abade Genovesi era considerado o melhor especialista em matérias econômicas, solicitou seu parecer sobre os monopólios injustos. Ao Prelado, observa Tannoia, 'muito mais que a escassez reinante, incomodavam os monopólios expressos e tácitos'. Contra os cartéis incipientes, e frente aos 'mercados negros' que se escudavam por detrás do costume, comumente aceito, e cobravam preços exorbitantes, tinha escrito: 'Não posso aceitar isso. Esse preço injustamente imposto é sempre injusto e para legitimar uma injustiça não basta o fato de que tenha sido aceita pela opinião corrente' (*Istruzione e Pratica*, I, c. X, n. 114)".[83]

Também convém recordar que A. Genovesi recomendou a seu oponente, Magli, a leitura do livro afonsiano sobre a oração: "Consulte, sobre essa matéria, o livro *Sobre a Oração* que o senhor Dom Afonso de Ligório imprimiu aqui em Nápoles este ano".[84]

No extremo contrário dos dados positivos apontados, também há fatos manifestando a atitude crítica de Afonso ante algumas afirmações de A. Genovesi.

Um sacerdote de Airola, na diocese onde Afonso exercia o ministério episcopal, o Pe. Pascoal Diodati, começou a divulgar entre os jovens a leitura do livro de A. Genovesi, *De jure et officiis*. [85] Esse sacerdote tinha sido aluno do filósofo napolitano. Afonso o proibiu[86], apoiando sua decisão na falsidade da seguinte proposição sustentada pelo filósofo napolitano: "nulla lex falsa quae toti prodest reipublicae", portanto "é dever de todo cidadão amar e respeitar a religião recebida, já que a religião é um dos fundamentos do Estado".[87] Afonso tirou a consequência: "logo, para obter a cidadania na China é preciso tornar-se idólatra e, em Constantinopla, é necessário converter-se ao islamismo".[88]

---

83 Tellería, II, 217.

84 Citado em: Tellería, I, 659-660.

85 *De jure et officiis* (Nápoles, 1767).

86 Tellería, II, 72-73.

87 *De jure et officiis*, lib. II, cap. X, parágrafo VI. A mesma coisa em: *Diceosina*, III, lib. II. n. XI, p. 121.

88 Ver: Cacciatore, 201-202.

A. Genovesi não gostou da proibição.[89] Manifestou-o em informe ao ministro De Marco sobre a supressão da cátedra das *Decretales*, texto jurídico que, segundo o filósofo iluminista, apoiava a afirmação da autoridade suprema do Papa, mesmo em questões de ordem temporal, afirmação "com a qual concordam todos os canonistas e todos os casuístas. Citemos, como exemplo, um dos nossos, agora respeitável por sua condição de bispo, monsenhor Liguori, em seus 'comentários ao manual de Busenbaum', comentários néscios, feitos sobre um livro ímpio (*commentari stolti, fatti ad un libro empio*). No artigo *De legibus*, pergunta: *Potest Papa condere leges? Potest. Ubi? In toto mundo.* [*O Papa pode estabelecer leis? Pode. Onde? No mundo todo*]. Eis a condição de monarca universal. *Potest abrogare leges? Cujus? Omnium principum.* [*Pode ab-rogar leis? De quem? De todos os príncipes*]. Consequência do mesmo princípio (...). O que me admira é que o livro de Liguori tenha sido editado em Nápoles e aprovado por um frei dominicano [Frei Tomás Querubino], professor de teologia nos Reais Estúdios, e sob o vigilante e feliz reinado do Rei Católico".[90] Genovesi voltou a repetir expressões semelhantes sobre Afonso em outra carta dirigida ao mesmo ministro: "O Papa, afirma em seu 'Busenbaum' o monsenhor Liguori (editado em Nápoles), pode anular todas as leis de todos os soberanos da terra".[91]

É preciso notar que Genovesi altera um pouco o conteúdo do texto afonsiano que apenas afirma: "Summus Pontifex nequit leges civiles ferre, nisi in populos, qui ejus temporali ditioni subduntur; poterit tamen abrogare, vel corrigere leges civiles aliorum Principum si opponantur aequitati".[92][*O Sumo Pontífice não pode estabelecer leis civis, a não ser para os povos submetidos ao seu poder temporal; mas pode ab-rogar ou corrigir as leis dos outros príncipes, se forem contra a justiça*].

---

89 Tellería, II, 73.
90 Citado em: Cacciatore, 202-203.
91 Citado em: Cacciatore, 203.
92 *Medulla Theologiae Moralis* (Nápoles, 1748) col. 24-25.

Segundo R. de Maio, a comparação entre Liguori e Genovesi é chave hermenêutica muito valiosa para compreender o significado histórico do primeiro. O historiador italiano aplica essa chave à diferente apreciação do conceito de *útil*, por exemplo, da *ciência útil*. "Genovesi quer transformar o mundo, quer dar ao homem a felicidade e isso, de forma imediata; Afonso, ao contrário, vê o homem e o mundo em uma fase provisória em relação à felicidade futura e acusa Genovesi de não se dar conta da primavera futura prometida pela fé. Genovesi faz notar que não pode haver uma primavera no futuro enquanto os homens tiverem fome e consciência das injustiças".[93]

Nota bibliográfica

- GREGORIO, O. *Sant'Alfonso e l'abate Genovesi*: Rivista di Studi Salernitani n. 5 (1970) 405-424.
- LIGUORI, G. de. *L'ateo smascherato. Immagini dell'ateismo e del materialismo nell'apologia cattolica da Cartesio a Kant* (Milão, 2009) 113-125: "Alfonso e Genovesi di fronte al problema dell'ateismo e della filosofia cartesiana".
- DE SPIRITO, A. *Alfonso de Liguori vescovo a forza e moralista geniale* (Roma, 2015) 13-26: "De Liguori, Tanucci e Genovesi".

- Afonso e Celestino Galiani

Na qualidade de Capelão-Mor, Celestino Galiani precisou informar o rei sobre a conveniência, ou não, da aprovação régia da Congregação fundada por Afonso. Seu parecer foi claramente negativo, apelando para motivos gerais e para a condição concreta da Congregação que solicitava aprovação.

---

93 DE MAIO, R. *S. Alfonso e la cultura religiosa dell'Illuminismo*: GIANNANTONIO, P. (ed.). Alfonso M. de Liguori e la società civile del suo tempo (Florença, 1990) I, 105.

Quanto aos motivos gerais, C. Galiani se opôs a uma nova Congregação das chamadas *degli Esercizi* por já haver número excessivo e os bens dessas instituições deverem ser empregados em objetivos mais práticos: "não me parece ser o momento de permitir pensar na fundação de novas ordens e congregações, levando em conta que, conforme parecer dos homens mais doutos e santos da Igreja, seria preciso suprimir pelo menos dois terços delas, por serem desnecessárias, e empregar as rendas em casas de caridade para educar as crianças pobres no temor de Deus e ofícios úteis ao Estado, em hospitais para os enfermos e para os pobres inválidos, bem como, em outras semelhantes obras de caridade com benefício público."[94]

Sobre a condição da nova Congregação, afirmava C. Galiani que Afonso e seus primeiros companheiros eram "sacerdotes simples e melancólicos" (*semplici e malinconici*), que viviam tirando as esmolas dos "verdadeiros pobres" (*veri poveri*). Quanto ao seu trabalho: "dedicavam-se principalmente a pregar missões, como se esse Reino já não tivesse congregações inteiramente dedicadas a um exercício tão santo" (*come se in questo Regno non vi fusero religioni tutte applicate ad un tal santo esercizio*).[95]

- Afonso e Fernando Galiani.

Desde Paris, em 16 de novembro de 1761, F. Galiani informou Tannuci sobre a queima, ordenada pelo Parlamento, dos livros "regicidas" publicados pelos jesuítas.

E acrescentou a seguinte anotação: "A propósito disso, alguns desses livros perniciosos, infames e de moral perversa, foram reeditados em

[94] Galiani a Carlos de Bourbon, Nápoles, 6 de julho de 1740. Citado por: ROSA, G. de. *Vescovi, popolo e magia nel Sud* (Nápoles, 1971) 41.

[95] Galiani a Carlos de Bourbon, Nápoles, 6 de julho de 1740. Citado por: ROSA, G. de. *Vescovi, popolo e magia nel Sud* (Nápoles, 1971) 41. Por outro lado, Galiani acusava Crostarosa, definida por ele como *visionária, ou mesmo, impostora*, de "fingir visões e aparições celestes, tal como foi convencida por eclesiásticos muito doutos e bons".

Nápoles. O Busenbaum, se não me engano, foi editado há oito ou dez anos com notas de um tal D. Afonso de Liguoro, sacerdote fanático que chegou a estabelecer uma nova ordem religiosa na Terra di Lavoro".[96]

- Afonso e Caetano Filangieri

Recordamos no capítulo anterior que, embora membro da maçonaria e filósofo iluminista, C. Filangieri ficava comovido diante da magia do presépio, tendo ao fundo os versos de Afonso de Liguori sobre o mistério cristão: "Quanno nascette Ninno a Bettalemne / era notte e pareva miezo juorno...".[97]

Contudo, não é possível provar que Afonso tenha tido posturas positivas sobre C. Filangieri.[98]

8.3.3 Afonso e Luís Antônio Muratori

No volume precedente (V/2, 294-297), apresentamos Luís Antônio Muratori (1672-1750), um dos mais destacados iluministas italianos e, mais concretamente, o maior representante do Iluminismo toscano. Muitos consideram L. A. Muratori como

> "o máximo erudito de seu tempo"[99], um erudito para quem "a história é seu domínio, onde se move como grande senhor"[100], mas, um erudito que "também é teólogo, filósofo, jurista, político, artista, poeta, cientista, que se interessa por astronomia, medicina, eletricidade; ainda, asceta, e tudo o que pode ser um grande coração e uma grande mente".[101]

---

[96] Citação e comentários em: DE SPIRITO, A. *Alfonso de Liguori vescovo a forza e moralista geniale* (Roma, 2015) 13-26, hic: 23.

[97] RUGGIERO, G. *Gaetano Filangieri. Un uomo, una famiglia, un amore nella Napoli del Settecento* (Nápoles, 1999) 272-273.

[98] RUGGIERO, G. *Gaetano Filangieri. Un uomo, una famiglia, un amore nella Napoli del Settecento* (Nápoles, 1999) 273. Também: RUGGIERO, G. *Da Alfonso Maria de Liguori a Gaetano Filangieri: verso la nascita de un'etica civile*: Rivista Storica del Sannio 22 (2004) 169-181.

[99] Cacciatore, 518.

[100] Cacciatore, 519.

[101] Cacciatore, 521-522. Sobre a contribuição de Muratori ao pensamento ético: DE FRANCESCHI, S. H. *La théologie morale comme science an XVIII siècle*: Revue Théologique de Louvain 49 (2018) 201-225, especialmente, p. 206-218.

Quando Afonso fundou a Congregação do Santíssimo Redentor (1732), Muratori já era reconhecido como o grande erudito autor das *Antichità estensi ed italiane* (o primeiro volume aparece em 1717) e dos *florum italicarum scriptores* (o primeiro volume aparece em 1723). Mais tarde, publicará os escritos com incidência nas práticas religiosas: *De superstitione vitanda* (1740) e *Della regolata divozion de' cristiani* (1742-1743). Oferecerá ao público uma visão nova do Estado, que não deve ser orientado pela "razão de Estado" ou lógica do poder, mas sim, pelo objetivo da "felicidade pública": *Della pubblica felicità, oggetto dei buoni principi* (1749). No mesmo ano de sua morte, aparecerá a obra sobre a *Eloquenza Popolare*.

Deixando de lado outros aspectos não menos importantes, no presente contexto fixamos a atenção na relação de Afonso de Liguori com duas grandes propostas de L. A. Muratori: as questões da oratória sagrada e da *regolata devozione*.

- Ante a proposta muratoriana da *regolata devozione*

No âmbito religioso, tiveram notável transcendência duas obras muratorianas sobre a necessidade da medida no culto e nas devoções: *De superstitione vitanda* e, sobretudo, *De regolata devozione de' cristiani* (Veneza, 1747).[102] Este último escrito apareceu com o pseudônimo de L. Pritânio. Foi muito debatido nos círculos religiosos cultos da época e teve o efeito de uma autêntica revolução, de sabor racionalista, frente aos excessos das práticas de piedade.[103] Influiu sobre o importante eclesiástico Próspero Lambertini, futuro Papa Bento XIV. Muratori não negava a devoção aos santos e, muito menos, a devoção a Maria. Mas ensinava que essa devoção poderia degenerar em abusos e excessos, produtos da ignorância.

Afonso não foi o único crítico à postura de Muratori em relação às prerrogativas de Maria. "Os críticos de Muratori foram

102 VECCHI, A. *L'opera religiosa del Muratori* (Módena, 1955).

103 PETRUZZI, P. *La regolata religione. Studi su Ludovico Antonio Muratori* (Perugia, 2010).

uma multidão, tanto mais numerosos quando a morte deste último (1750) tornava a coisa mais fácil e de êxito seguro".[104] Entre os críticos, sobressaíram os jesuítas Bendito Plaza e Francisco Pepe; não em vão, este último jesuíta havia se empenhado para que a cidade de Nápoles erguesse um monumento à Imaculada na praça diante da igreja do *Gesù Nuovo*. Também houve outros que se posicionaram a favor das propostas muratorianas; entres eles, o abade Rolli e o dominicano D. Concina.

Por outro lado, Afonso não nomeia Muratori; refere-se a "certo autor moderno". Além disso, ao discordar, acrescenta um elogio que o ilustre bibliotecário da Ambrosiana teria apreciado: "Essa proposição (...) não agrada muito a um autor moderno, o qual, por outro lado, fala com muita piedade e doutrina sobre a verdadeira e a falsa devoção". Muratori não pode ler o elogio, porque as *Glórias de Maria* veio à público no mesmo ano, mas alguns meses mais tarde, da morte do erudito modenense (janeiro de 1750).

No entanto, o napolitano Afonso de Liguori se confrontou com as ideias de Muratori. A reação afonsiana foi de duas formas:

- De um lado, reconheceu a validade das afirmações muratorianas acerca das formas de piedade "bem regulada".
- Por outro lado, reafirmou com valentia suas convicções mariológicas, por exemplo, a favor da concepção imaculada de Maria.[105]

A ampliação do significado dessa dupla perspectiva afonsiana será oferecida no cap. 4 da seção 14.

- Diante da proposta de uma eloquência simples

É indubitável a dívida de Afonso com L. A. Muratori em vários aspectos relacionados ao idioma, em sua forma escrita e, so-

---

[104] PETRUZZI, P. *La regolata religione. Studi su Ludovico Antonio Muratori* (Perugia, 2010) 561. Na nota 135 das p. 161-163 é possível constatar amplo elenco de críticos à postura de Muratori. Muratori foi defendido pelo padre agostiniano Ambrosio Manchi, prior do convento de São João *a Carbonara* em Nápoles.

[105] Ver os dados no estudo de CACCIATORE, G. S. *Alfonso de' Liguori e il giansenismo* (Florença, 1944) 518-574.

bretudo, com o idioma convertido em oratória, mais concretamente, em oratória sagrada ou pregação.

A autoridade de Muratori é invocada por Afonso na exposição dos sistemas preceptivos da língua toscana em seu escrito *Alcuni avvertimenti per la lingua toscana* (1758). "Além de Segneri, que sempre leva em consideração, a autoridade de Muratori, autor da *Perfetta poesia* (1706), é invocada em várias ocasiões".[106]

O mais importante é que a proposta afonsiana sobre o pregar *all'apostolica* bebe nas fontes muratorianas sobre a oratória popular. O erudito toscano distinguia dois tipos de eloquência: a sublime e a popular, privilegiando, sem dúvida, a segunda. A razão dessa maior valorização da eloquência popular radicava no fato da primeira, a eloquência sublime, perder quase totalmente sua funcionalidade para a maior parte do auditório, enquanto a segunda ser a preferida dos Santos Padres da Igreja e grandes pregadores do séc. XVI.[107]

De fato, "na carta sobre a pregação *à maneira apostólica*, Afonso expõe um resumo das ideias que Muratori defende na *Eloquenza Popolare*".[108] Além disso, nos *Sermoni compendiati per tutte le domeniche dell'anno*, obra de grande êxito editorial (teve onze edições durante a vida do autor), Afonso aconselha aos jovens pregadores a leitura atenta do "livro de ouro" *Eloquenza Popolare* do célebre literato Muratori, ao lado das respectivas obras de São Filipe Néri, São Francisco de Sales e as Cartas do apóstolo Paulo.

Sobre esse aspecto já insistimos, de forma bastante detalhada, no cap. 5 da sétima seção.

---

[106] GIORGIO, D. *S. Alfonso M. de Liguori e Ludovico A. Muratori*: GIANNANTONIO, P. (ed.). Alfonso M. de Liguori e la società del suo tempo, I (Florença, 1990) 461.

[107] SORBELLI, T. *Ludovico A. Muratori e i "Pregi dell'eloquenza popolare"*: VÁRIOS. Atti e memorie della Deputazione di Storia Patria per le antiche provincie modenesi, III (Módena, 1950) 113-124.

[108] GREGORIO, O. *La "predica della chiamata" di S. Alfonso*: SH 10 (1962) 40, nota 16.

- Balanço

Em síntese, a posição de Afonso diante da proposta iluminista de L. A. Muratori é dupla: por um lado, de crítica ante o que acreditava serem "carências" de devoção mariana (e de afirmação mariológica); por outro lado, de aceitação ante as propostas de uma oratória popular e evangélica.

Nota bibliográfica.

- CACCIATORE, G. S. *Alfonso de' Liguori e il giansenismo. Le ultime fortune del moto giansenistico e la restituzione del pensiero cattolico nel secolo XVIII* (Florença, 1945) 518-574: "Le 'Glorie di Maria' e la devozione discreta".

- PISTONI, G. S. *Alfonso M. de Liguori e Ludovico A. Muratori*: VÁRIOS. Atti e memorie della Deputazione di Storia Patria per le antiche provincie modenesi, V. (Módena, 1953) 96-104.

- GIORGIO, D. S. *Alfonso M. de Liguori e Ludovico A. Muratori*: GIANNANTONIO, P. (ed.). Alfonso M. de Liguori e la società del suo tempo (Florença, 1990) I, 460-470.

- LIGUORI, G. de. *L'ateo smascherato. Immagini dell'ateismo e del materialismo nell'apologética cattolica da Cartesio a Kant* (Milão, 2009) 126-150: "Alfonso, Muratori e Vico: pietà religiosa e filosofia moderna".

8.3.4 Complemento bibliográfico-temático

Dois ensaios aportam dados e oferecem perspectivas sobre o fundo iluminista na vida e no pensamento de Afonso de Liguori:

- GISONDI, A. *Verità, ragione, storicità. Forme della ragione nella Napoli di G. B. Vico* (Nápoles, 2011).

O primeiro ensaio relaciona o pensamento de Afonso com o de Marcello Papiano Cusani (1690-1766), tendo como ponto de comparação o que os dois pensam sobre a interação entre a luz da razão, recebida de Deus, e a razão provável da experiência humana:

- GISONDI, A. *Veritas e Ratio, lume divino e ragione probabile nell'esperienza di Marcello P. Cusani e Alfonso M. de Liguori*: GISONDI, A. *Verità, ragione, storicità. Forme della ragione nella Napoli di G. B. Vico* (Nápoles, 2011) 1-82.

M. P. Cusani, ordenado sacerdote, foi um jurista de renome em Nápoles, relacionado com a intelectualidade progressista da cidade partenopeia. Foi chamado à recém-aberta Universidade de Turim como professor de direito canônico. Retornando a Nápoles, foi nomeado arcebispo de Palermo, e vice-rei da Sicília. Faleceu na cidade de Nápoles.[109]

O segundo ensaio oferece diversas perspectivas para comparar o pensamento de Afonso e o de Antônio Genovesi em torno do conceito e função da razão natural, bem como, das categorias de probabilidade e historicidade:

- GISONDI, A. *Lume naturale e ragione "terrigena", probabilismo e storicità in Alfonso M. de Liguori e Antonio Genovesi*: GISONDI, A. *Verità, ragione, storicità. Forme della ragione nella Napoli di G. B. Vico* (Nápoles, 2011) 83-150.

Também:

- LISSA, G. *Alfonso e l'Illuminismo*: GIANNANTONIO, P. (ed.). Alfonso M. de Liguori e la civiltà letteraria del Settecento (Città del Castello, 1999) 233- 267.

---

[109] GISONDI, A. *Cusani, Marcello Papiano*: Dizionario Biografico degli Italiani 31 (1985) s. v.

8.4. AFONSO E O ILUMINISMO: UMA "ILUSTRAÇÃO" AO SERVIÇO DO CLERO E DO POVO CRISTÃO

8.4.1 Afonso e o Iluminismo

Afonso de Liguori nasceu nos começos do Iluminismo (1696) e faleceu às vésperas da Revolução Francesa (1787). Está situado no período divisório entre o Antigo Regime e os novos tempos.

O séc. XVIII é o século de Hume, Kant, Rousseau e dos Enciclopedistas franceses. Porém, nem todo o séc. XVIII foi iluminista. O espírito das luzes se assentou sobre algumas minorias, tomando posse da "inteligência" da época, e só pouco a pouco foi se difundindo por todo o corpo social. Em termos gerais, "o século XVIII, não obstante ser o século do Iluminismo, foi um século profundamente inspirado pela cultura tradicional".[110]

De que tipo foi a postura de Afonso diante dessa encruzilhada histórica? Propiciou a mudança ou, pelo contrário, apoiou a persistência da ordem estabelecida? Essas perguntas apresentam uma das questões mais debatidas na interpretação da vida e do pensamento de Afonso.

A experiência e o pensamento de Afonso participam da ambivalência do século XVIII. Como pelo século XVIII, também pela alma de Afonso passa um filão iluminista. Esse espírito ilustrado é perceptível, sobretudo, em sua mente jurídica e em seu pensamento moral.

Enquanto jurista e moralista, Afonso não é a antítese do Iluminismo e de seus ideais. Pelo contrário, está enraizado no séc. XVIII, não só cronologicamente, mas também enquanto participante dos novos valores propiciados por esse século e que são fermentos da futura revolução social. Ao analisar seu modelo de moral, constatam-se algumas características que coincidem com o espírito do Iluminismo:

---

[110] CANOSA, R. *La restaurazione sessuale. Per una storia della sessualità tra Cinquecento e Settecento* (Milão, 1993) 264.

1. Promoção da *razão*, dando mais importância à argumentação intrínseca que aos argumentos de autoridade.
2. Aceitação dos *dados objetivos* da experiência, em oposição aos "preconceitos", como critérios de orientação humana.
3. Inclinação para o valor da *liberdade* quando não houver certeza da lei.

Nesse sentido, a moral afonsiana se situa na direção dos ideais do Iluminismo, mais na moral fundamental (critérios ou orientações da moralidade) que na moral concreta (pautas morais do comportamento concreto).

No entanto, a parte mais ampla da alma de Afonso não é iluminista. Sua visão global da realidade e sua compreensão do universo cristão ainda pertencem à etapa tradicional. Sua avaliação do Iluminismo[111] dista muito no conteúdo, embora seja pouca a distância temporal, daquela que Kant fará alguns anos mais tarde.[112]

Na concepção da fé, das práticas piedosas e da função política da Igreja, Afonso, além de não ser um iluminista, ainda age como anti-iluminista. Suas obras de apologética, sua rejeição ao criticismo moderado de Muratori ante os excessos devocionais, enfim, sua atitude papista, apoiam essa afirmação.

Levando em conta tal ambivalência da postura afonsiana diante do Iluminismo, é necessário matizar o significado do título da biografia de Santo Afonso escrita por T. Rey-Mermet "O Santo do século das luzes".[113] O debate que continua aberto é se Afonso é um santo *do* Iluminismo ou um santo *na época do* Iluminismo.[114]

---

[111] Lettere, III, 407 (carta de 1772): "Ecco dove giungono i letterati del presente secolo illuminato. Secolo illuminato, e frattanto le anime vanno a ruina...".

[112] KANT, I. *¿Qué es la Ilustración?* (do ano 1784). Pode ser encontrado em: KANT, I. *Filosofía de la Historia* (Madri, 19843) 25-37. [= KANT, I. *Resposta à pergunta: que é o iluminismo?* In: A Paz perpétua e outros opúsculos. Tradução de Artur Morão. Lisboa: Ed. 70].

[113] REY-MERMET, T. *El Santo del Siglo de las Luces. Alfonso de Liguori (1696-1787)* (Madri, 1985). Ver a justificativa do título nas p. XI-XII. [Edição brasileira: *Afonso de Ligório*: uma opção pelos abandonados. Aparecida: Santuário, 1984. 719 p. Justificativa do título nas p. 11-12].

[114] Ver as anotações que, na recensão da biografia de Afonso escrita por T. Rey-Mermet, expõe ORLANDI, G. *Una nuova biografia di S. Alfonso Maria de Liguori. A proposito dell'opera de Théodule Rey-Mermet CSsR.*: Studia Moralia 21 (1983) 385-402.

Sem dúvida, há dados que apoiam uma e outra resposta. No entanto, mesmo que um tipo de resposta prevaleça, não elimina completamente a contrária. Com essas ressalvas, inclino-me a crer que correspondem mais à experiência de Afonso e ao seu universo mental o *estarem* na época do Iluminismo, que o *serem* do Iluminismo.

No entanto, parece exagerada a afirmação de De Maio, para quem: "Afonso é o homem-símbolo do anti-Iluminismo ou do contra-Iluminismo religioso".[115] Tampouco, pode-se afirmar, sem matizes: "creio que seja preciso ler como antífrase o título dado pelo último biógrafo afonsiano, T. Rey-Mermet, 'O Santo do século das Luzes'".[116]

Parece que a interpretação objetiva está no termo médio entre os extremos citados.[117] A atitude de Afonso não é frontalmente contrária ao espírito do Iluminismo, mas, tampouco, trabalha com os ideais iluministas. Ainda que no direito, em moral, na espiritualidade e na pastoral possa ser enquadrado nas aspirações do Iluminismo católico no Reino de Nápoles de sua época, é preciso reconhecer os traços de orientação anti-iluminista, sobretudo, nas obras apologéticas e de controvérsia teológica.

Para as sensibilidades de hoje, chamam a atenção alguns aspectos da personalidade e do pensamento de Afonso referentes aos ideais iluministas.[118] Basta assinalar dois exemplos significativos:

1. A aceitação e defesa da proibição e da destruição de livros nocivos. De fato, em 1759, escreveu uma "Dissertação sobre a justa proibição e destruição dos livros nocivos", dissertação que incorporou na *Theologia Moralis* a partir da quarta edição.

---

115 DE MAIO, R. *Illuminismo e antilluminismo nel reame di Napoli*: NARCISO, E. (ed.). Illuminismo meridionale e comunità locali (Nápoles, 1988) 17.

116 *DE MAIO, R. Illuminismo e antilluminismo nel reame di Napoli:* NARCISO, E. (ed.). Illuminismo meridionale e comunità locali (Nápoles, 1988) 24.

117 Nessa perspectiva colocam-se: ROSA, G. de. *S. Alfonso e il secolo dei lumi*: Rassegna di Teologia 28 (1987) 13-31; DI GENNARO, G.; PIZZUTI, D. *Alfonso de' Liguori e il secolo dei lumi*: Rassegna di Teologia 38 (1997) 293-312.

118 Insiste nesses aspectos: LAGE, F. *Las fuentes de inspiración de San Alfonso: una revisión*: Moralia 10 (1988) 193-218.

2. O pouco interesse pelas fontes bíblicas da moral e o uso "distorcido" que faz, às vezes, dos textos da Sagrada Escritura.

A pessoa e a obra de Afonso poderiam ter descoberto outro "rosto" do cristianismo, mais próximo aos ideais iluministas e não menos coerente com os valores genuinamente evangélicos, se tivesse deixado impregnar-se mais pela:

- *Formação cartesiana* recebida em seus anos de estudo, como destacaram os estudiosos sobre a formação afonsiana.
- *Metodologia* de G. Vico, criador da *Scienza Nuova*, e luminar da universidade napolitana na época em que Afonso se formou.
- *Visão crítica da sociedade e da religião oficial*, tal como se respirava no círculo do leigo e professor de direito feudal, Nicolás Caravita, frequentado por Liguori em seus primeiros anos de advogado.

É hoje em dia que se descobrem esses possíveis (e, em algum aspecto, reais) traços da personalidade e da obra de Afonso.

Levado pela leitura do que poderia ter sido a trajetória intelectual de Afonso, o teólogo B. Forte faz um balanço da obra afonsiana: "com um fino espírito pastoral, situa-se no meio do objetivismo do pensamento tradicional e do subjetivismo moderno, esforçando-se para dar um sólido fundamento teológico à solução dos problemas morais concretos e para interpretar os valores à luz da existência concreta".[119]

Em todo caso, Liguori interpreta o Evangelho para uma sociedade em profunda transformação: é a sociedade do Antigo Regime em processo de revolução para a nova forma regida pela liberdade sociopolítica e a industrialização econômica.

É nesse contexto que tem sentido falar, com fundamento, de um Iluminismo afonsiano para o povo (e para o clero), a concreti-

[119] FORTE, B. *Essere teologi oggi* (Casale Monferrato, 1986) 68.

zação do que se convencionou chamar de Iluminismo católico na Europa do séc. XVIII.[120]

Lembramos ao leitor que já refletimos sobre o conceito de Iluminismo católico em volume anterior da presente História da Teologia Moral: V/2, 429-443.

8.4.2 Um Iluminismo católico para o povo (e para o clero)

A atitude de Afonso não é frontalmente contrária ao espírito do Iluminismo, mas também não é ingenuamente otimista ante seus ideais. Deixando de lado alguns aspectos de orientação anti-Iluminista, sobretudo nas obras apologéticas e de controvérsia teológica, o pensamento geral de Afonso pode ser situado nas aspirações do mencionado *Iluminismo católico.*

Falando em termos gerais, o Iluminismo que Afonso propõe não é Iluminismo, nem *ímpio*, nem *elitista*. Pelo contrário, é o Iluminismo da fé para o povo (e para o clero). O *povo* como destinatário e a *fé* como conteúdo são as duas coordenadas que marcam a configuração e campo de atuação do Iluminismo católico proposto por Afonso.

Já dissemos no cap. 1 da presente seção que, comparada às outras manifestações iluministas da época, no Iluminismo napolitano a racionalidade vem temperada com o *sentimento*, e a especulação teórica com o *pragmatismo*. Daí falar-se de um "Iluminismo do coração" e "Pragmatismo do coração".[121]

Afonso introduz esse "Iluminismo do pragmatismo e do coração" na espiritualidade e na pastoral. Defende uma espiritualidade temperada pela medida, uma pastoral livre do barroquismo religioso e na qual as ações religiosas tenham função pragmática para a vida cristã concreta.

---

[120] Sobre o conceito e realidade do *Iluminismo católico* na Europa do séc. XVIII: LEHNER, U. L.; PRINTY, M. (ed.). *A Companion to the Catholic Enlightenment in Europe* (Leiden, 2010).

[121] DI GENNARO, G.; PIZZUTI, D. *Alfonso de' Liguori e il secolo dei lumi:* Rassegna di Teologia 38 (1997) 289-299 ("Illuminismo del cuore", "Pragmatismo del cuore").

Dessa maneira, Afonso "elabora uma visão da modernidade. Uma visão, não antagônica à razão, mas alternativa ao seu caráter dominante".[122] Os principais elementos desse "modelo" de modernidade católica são os seguintes:

- Paixão pelo homem enquanto filho de Deus e, portanto, enquanto irmão.
- Máximo respeito e amor para com as diferenças nos modos lícitos de ser, garantidos pelo universalismo de uma visão em que tudo é, ao mesmo tempo, humano e divino.
- Primado do mundo da vida, como prática do amor cotidiano para com as pessoas e coisas, e interesse por seu aperfeiçoamento, não abstrato, mas concreto, nas realizações de cada dia.

8.4.3 Complementação temática

Nesse sentido, reproduzimos abaixo o editorial de apresentação do número monográfico sobre Afonso de Liguori, com o título "Anunció al pueblo la Redención", na revista espanhola dos padres claretianos: Vida Religiosa 62 (1987) n. 4, p. 243-244.

Uma chave profética nos inícios da "modernidade".

Muitas vezes já se disse e repetiu que somos os herdeiros do "Iluminismo" e que ainda nos encontramos em processo de "ilustração". Kant definia o Iluminismo como a liberdade para fazer uso público da própria razão em todo o momento e a luta para instituir aqueles pressupostos sociopolíticos que tornam possível esse tipo de liberdade. O objetivo do Iluminismo consiste em fazer surgir um homem "com maioridade" na sociedade. O Iluminismo é um longo caminho de luta pela liberdade: luta contra o poder político absolutista, luta contra o pensamento tradicional, luta contra as religiões dogmáticas, especialmente, luta contra a Igreja. Esse processo teve seu início no fim do séc. XVIII. Hoje, continua

[122] DONATI, P. *Il Santo della società civile*: Liberal n. 19 (ottobre, 1996) 76.

presente entre nós, embora com notáveis correções, até o ponto de haver os que falem de "pós-Iluminismo" ou "pós-modernidade".

Afonso de Liguori (1696-1787) situa-se, precisamente, nas origens da modernidade iluminista. "Sua imagem sofreu, indevidamente, no séc. XIX, uma distorção conservadora e rigorista da qual ainda não foi libertada" (M. Vidal). Sua intuição espiritual, contudo, fez dele verdadeiro humanista e profeta de uma modernidade não burguesa. Afonso não rejeitou a "luz" da razão, aí estão seus escritos com mais de 21.000 edições, mas não a supervalorizou. Diante dela reconheceu o primado da práxis e uma práxis de amor e, no amor, sublinhou mais sua "fonte afetiva" que suas manifestações "efetivas". Afonso era consciente de que o amor-afeto é, de longe, o mais efetivo, o criador de uma mística na ação. Afonso não rejeitou a tentativa moderna de sair da minoridade para alcançar uma humanidade "maior de idade". Sua grande obra, a "Teologia Moral" só pretende constituir o "sujeito ético". Os esforços da modernidade por uma humanidade de homens livres foram submetidos a um reducionismo individualista: surgiu o liberalismo burguês e a luta obsessiva pela "própria liberdade", esquecendo que, enquanto isso, milhões e milhões de homens permaneciam na mais deplorável "minoridade": os pobres, os marginalizados, a escória da sociedade. Afonso de Liguori voltou para eles seus olhos e suas preocupações. Em sua iniciativa das *capelle serotine* pretendia a autorregeneração dos mais degenerados da sociedade, que eles mesmos se autoformassem, autogerissem. Afonso foi um homem apaixonado pelo povo humilde, o povo autêntico. Seu pensamento está muito distante do "encanto burguês". Afonso "socializa" tudo: assume a língua, a dialética, a miséria, a cultura, os sentimentos, a forma de rezar do povo. Por isso, o povo o entendeu tão bem. E o tomou como seu diretor espiritual.

Nem a espiritualidade, nem a moral, nem as iniciativas de Afonso de Liguori são para os burgueses. Aqui está sua grande intuição e contribuição profética para o momento atual, em que celebramos o bicentenário de sua morte. O *aggiornamento* da Igreja, e da Vida Religiosa no seu interior, nos distanciou bastante de seus escritos, de sua forma de pensar. Há aspectos que, logicamente, estão "desatualizados" em si mesmos, mas há outros cuja desatualização nasce de nosso presente, aburguesado e carente de radicalismo no seguimento de Jesus. Uma vida religiosa que não valorize o viver na presença de Deus, a leitura espiritual, a oração frequente, uma vida espiritual cheia de afeto e devoção, a prática do amor e, ao mesmo tempo, uma vida religiosa afastada do povo humilde, elitista, desejosa de novidades burguesas, nunca entrará em conexão com Afonso de Liguori. Nunca verá nele um inspirador.

O *aggiornamento* da vida religiosa precisa de corretivos. Não se trata de restauração, mas sim, de superação das contradições da modernidade burguesa. A vida religiosa necessita de uma pós-modernidade, um pós-iluminismo, precisa recuperar o rosto alegre e misericordioso do cristianismo popular. Este número monográfico, com o qual *Vida Religiosa* quer comemorar o bicentenário da morte de Santo Afonso, escrito todo ele por redentoristas (teólogos, missionários e religiosas), pode ser estímulo para todos os religiosos e religiosas que, em seu inquieto presente, buscam essa "outra maioridade" de todo o povo dos humildes que o Evangelho de Jesus proclamou e instaurou. - O Diretor.

8.4.4 Complemento Bibliográfico

A interação de Afonso com o mundo de seu tempo

- PANZETTA, A. S. *Alfonso e il suo tempo*: Rivista di Scienze Religiose 16 (2002) 431-444.

Afonso no contexto da cultura literária do *Settecento* italiano

- GIANNANTONIO, P. (ed.). *Alfonso M. de Liguori e la civiltà letteraria del Settecento* (Città di Castello, 1999). Depois de uma apresentação-síntese do editor da obra (p. VII-XIX), são abordados aspectos concretos: relação de Afonso com a língua da época (p. 3-18; 141-193), com a oratória sagrada (p. 41-64), com a oratória civil e forense (p. 123-137).

A relação de Afonso com o Iluminismo em interpretação positiva

- DI GENNARO, G.; PIZZUTI, D. *Alfonso de' Liguori e il secolo dei lumi:* Rassegna di Teologia 38 (1997) 293-312.
- Merece destaque a postura positiva sobre a relação entre Afonso e o Iluminismo do ilustre historiador DE ROSA, G. *Sant'Alfonso e il secolo dei lumi:* Rassegna di Teologia 28 (1987) 13-31 = VÁRIOS. *Alphonse de Liguori, Pasteur et Docteur* (Paris, 1987) 13-46 = Ricerche di storia sociale e religiosa 34 (1988) 117-142 = Storie di santi (Roma-Bari, 1990) 51 -73 = *Tempo religioso e tempo storico. Saggi e note di storia sociale e religiosa dal Medioevo all'Età contemporanea,* II (Roma, 1994) 107-136.
- LISSA, G. *Alfonso e l'Illuminismo:* GIANNANTONIO, P. (ed.). Alfonso M. de Liguori e la civiltà letteraria del Settecento (Città di Castello, 1999) 233-267.
- SACCHETTI, A. *Illuminismo e cristianesimo a confronto. Alfonso Maria de Liguori:* Sangue della Redenzione 7 (2009) 105-121; 8 (2010) 107-180.

A relação de Afonso com o Iluminismo em interpretação negativa

- LAGE, F. *Las fuentes de inspiración de San Alfonso: una revisión*: Moralia 10 (1988) 193-218.
- DE MAIO, R. S. *Alfonso e la cultura religiosa dell'Illuminismo:* GIANNANTONIO, P. (ed.). Alfonso M. de Liguori e la società civile del suo tempo (Florença, 1990) I, 99-106 (com "reações" de: S. Cipriani, F. Chiovaro, B. Martinelli, G. Lissa: p. 106-123).

NONA SEÇÃO

Racionalismo filosófico e a apologética religiosa de Afonso

9.1 INTRODUÇÃO

9.1.1 Introdução temática

Outro contexto importante para compreender o significado histórico da obra de Afonso, sobretudo, a obra escrita, é o *racionalismo filosófico* dos séc. XVII-XVIII. Mais concretamente, o racionalismo filosófico, quando adota a posição *ateísta* (materialista), negadora da existência de Deus, e a posição *deísta* (religião natural), negadora de qualquer religião positiva ou revelada.

Sobre a gênese e significado dessas posições filosófico-religiosas dos séc. XVII e XVIII - tanto a *ateísta* quanto a *deísta* - remetemos à exposição feita em volume precedente: V/2, 683-689.

Em geral na Itália e, mais concretamente, em Nápoles, não houve um pensamento filosófico local com tais orientações. O que se lia era, na maior parte das vezes, importado. Da França, principalmente, mas, também, do Reino Unido.

Assim, Afonso se confrontou com a filosofia ateia e deísta da França e da Inglaterra. Fez isso, não para entabular diálogo acadêmico com a filosofia moderna, mas com o objetivo de justificar e defender a fé cristã. Para alcançar tal objetivo, utilizou três procedimentos:

- Em primeiro lugar, solicitou e exigiu das autoridades a proibição da publicação e difusão de obras defendendo as posturas filosóficas indicadas. Nesse sentido, entre outras ações pertinentes, publicou uma *dissertação* sobre os livros proibidos.
- Em segundo lugar, *examinou o pensamento filosófico* ateu e deísta e tratou de rebatê-lo com argumentos da mesma índole racional.
- Por último, consequência lógica do dado precedente, Afonso construiu uma *apologética* da fé católica como resposta ao fato do racionalismo filosófico (e da compreensão teológica protestante).

Em correspondência com o exposto, estes são os conteúdos dos três capítulos que compõem a presente seção:

9.2 Oposição de Afonso ao livro "ateu" e "deísta".

9.3 Posição de Afonso diante da filosofia moderna.

9.4 A apologética afonsiana.

Convém advertir que essa dimensão da biografia e personalidade intelectual de Afonso recebeu pouca atenção quando comparada ao interesse suscitado por seu pensamento espiritual ou sua contribuição para a Teologia Moral. São poucos os estudos monográficos sobre aspectos concretos da postura intelectual de Afonso diante dos múltiplos aspectos da filosofia moderna. Ainda mais difícil é encontrar síntese sobre essa área temática afonsiana.

Contudo, cremos que a postura de Afonso diante da filosofia moderna revele um lado importante de sua figura intelectual. Expressa seu desejo de entender, vivenciar e expressar a fé cristã no contexto concreto que lhe coube viver. Quem sabe, nem ele mesmo tivesse consciência do significado dessa atitude de diálogo com o novo universo de ideias que poria fim à sociedade e cultura do Antigo Regime, colaborando para o nascimento de uma época nova, a época pós-revolucionária.

Conscientes do tema apresentado, damos um desenvolvimento, talvez, não tão extenso quanto mereceria, no entanto, mais amplo do que estamos acostumados a ver nas apresentações convencionais sobre o pensamento e personalidade de Afonso. Oxalá, a exposição não decepcione o leitor, mas o sensibilize para continuar estudando esse lado imprescindível da figura de Afonso.

9.1.2 Nota bibliográfica

Sobre a influência do filosofismo francês na Itália

Em geral

- BEDARIDA, H.; HAZARD, P. *L'influence française sur la littérature italienne au XVIIIe. siècle* (Paris, s. a. [= 1932]).
- VENTURI, F. *L'Encyclopédie et son rayonnement en Italie*: Cahiers de l'Association Internationale des Études Françaises n. 3-4-5 (1953) 11-17.
- ROSA, M. *Riformatori e ribelli nel '700 religioso italiano* (Bari, 1969).
- ROSA, M. *Encyclopédie, Lumières et Tradition au 18e. siècle en Italie*: Dix-huitième siècle 4 (1972) 109-168.

Montesquieu

- BERSELLI AMBRI, P. *L'opera di Montesquieu nel Settecento Italiano* (Florença, 1960).
- ROTA, S. *Montesquieu nel Settecento italiano: note e ricerche*: TARELLO, G. (ed.). Materiali per una storia della cultura giuridica (Bolonha, 1971) 55-186.
- FELICE, D. *Pour l'histoire de la fortune de Montesquieu en Italie 1789-1845* (Bolonha, 1990).

Rousseau

- ROTA, S. *La fortuna di Rousseau in Italia 1750-1815* (Turim, 1961).

Voltaire

- BOUVY, E. *Voltaire et l'Italie* (Paris, 1898).
- MARTINO, P. *Un réquisitoire contre Voltaire (1746):* Revue d' Histoire Littéraire de la France oct./déc. (1928) 563-567.
- GUGLIELMETTI, M. *Voltaire in Italia*: Micromega 1 -2 (1995) 191 -216.
- ROTA, S. [1926-2001], *Montesquieu e Voltaire. Due studi.* A cura di F. Arato (Módena, 2016).

Sobre a influência do pensamento inglês do séc. XVIII na Itália

Em geral

- GRAF, A. *L'anglomania e l'influenza inglese in Italia nel secolo XVIII* (Turim, 1911).

Hume

- BALDI, M. L. *David Hume nel Settecento italiano* (Florença, 1983).

Smith

- GNOLI, G. *Gli albori dello smithianismo in Italia*: Rivista di Politica Economica n. 7 (1972) 920 ss.

9.2. OPOSIÇÃO DE AFONSO AO LIVRO "ATEU" E "DEÍSTA"

Afonso se dedicou, preferentemente, à pastoral missionária do povo simples. Mas, nem por isso, deixou de prestar atenção ao mundo das ideias, dominado por intelectuais e filósofos. Como afirma um de seus ferventes biógrafos, "enquanto Afonso gastava o melhor de suas energias nos povoados e aldeias, não perdia de vista os problemas intelectuais de seus contemporâneos. Era um homem muito atento ao seu século e sua pátria, com o espírito sempre alerta para captar as ondas de pensamento religioso de sua época, discernir suas correntes, calibrar a força e medir suas consequências sobre o destino eterno das almas, norte supremo de suas preocupações sacerdotais".[1]

9.2.1 Presença dos novos escritos filosóficos em Nápoles

O adversário de Afonso, nesse universo das ideias, tinha um nome derivado de nobre campo do saber clássico: *filosofismo*. O adversário não se escondia, tinha orgulho de aparecer em suporte nunca visto antes: uma *Enciclopédie*, gênero literário do novo saber *total*. O primeiro volume da *Enciclopédia* francesa apareceu em junho de 1751; o último, com os índices, em 1772. Essas datas assinalam um arco de tempo decisivo na biografia de Afonso.

Em sua edição parisiense, ou na edição italiana, feita em Lucca, a *Enciclopédia* logo se tornou presente nos círculos intelectuais da capital partenopeia. Junto com ela, vinham outras muitas obras de filósofos e livres pensadores.

> "Os livros de Voltaire, e demais filósofos do tempo, eram muito abundantes, como se pode verificar nas cartas que Afonso escreveu aos ministros, ao abade Nonnotte e aos livreiros de Nápoles, e em sua própria *dissertação* sobre o poder da Igreja para proibir tais

[1] Tellería, I, 531.

obras".[2] "Oficina secreta e organizadora de todas essas ideias dissolventes era a Maçonaria (...). Com efeito, assim era a maçonaria em Nápoles: concretização do regalismo, jansenismo e filosofismo, integrada por muitos autores dessas diversas ideologias".[3]

Nota bibliográfica sobre a presença dos livros dos filósofos modernos em Nápoles.

- VENTURI, F. *L'Encyclopédie et son rayonnement en Italie*: Cahiers de l'Association Internationale des Études Françaises n. 3-4-5 (1953) 11-17.
- BERSELLI AMBRI, P. *L'opera di Montesquieu nel Settecento Italiano* (Florença, 1960).
- ROSA, M. *Riformatori e ribelli nel '700 religioso italiano* (Bari, 1969).
- ROSA, M. *Encyclopédie, Lumières et Tradition au 18e. siècle en Italie*: Dix-huitième Siècle 4 (1972) 109-168.

9.2.2 Contra o livro ímpio e antirreligioso

- Tomada de consciência.

Afonso não ficou indiferente diante da situação. Pelo contrário, "Afonso se mostrou horrorizado ante o dilúvio de livros incrédulos, com rótulo de fabricação inglesa e francesa que, depois de ter inundado muitas cidades do centro e do norte da península, inundava o reino das Duas Sicílias. O estrago que percebia nas almas tirava seu sono".[4] O sentido da última frase não é apenas figurado, mas real, conforme o testemunho do Pe. Corsano, transmitido por Tannoia.[5]

> Havia 20 anos, quando de suas passagens por Nápoles, Liguori observava aquela maré montante de livros ímpios que invadiam as estantes

[2] BAYÓN, R. *Cómo escribió Alfonso de Ligorio* (Madri, 1940) 168.
[3] BAYÓN, R. *Cómo escribió Alfonso de Ligorio* (Madri, 1940) 169.
[4] Tellería, I, 631-632.
[5] Tannoia, I, 268.

da rua S. Brás dos Livreiros. Já, em 1753, escrevia à carmelita Maria de Jesus: "Reze especialmente por Nápoles onde contamos atualmente com muitos ateus negadores de Deus". (Lettere, I, 213-214)".[6]

Afonso se preocupa com o presente e, sobretudo, com o futuro de Nápoles. Preocupa-se com o perigo imediato contra a fé cristã que a leitura do livro concreto poderia causar, mas, preocupa-se mais ainda, com a possibilidade dessa difusão indiscriminada de escritos chegar ao ponto de justificar "o direito de duvidar da fé".

> "Afonso tinha obsessão pelo futuro destino de Nápoles, e suas queixas adquirem, por vezes, o tom lastimoso ou imprecativo das lamentações".[7] "Só Deus sabe aonde terá chegado Nápoles daqui a vinte anos! (...) Perdida a fé, tudo está perdido".[8]

- Doutrina sobre a proibição de livros

Na época de Afonso, a doutrina geral afirmava que a Igreja tinha o dever e a autoridade para proibir livros de matéria religiosa, enquanto cabia ao poder civil proibir aqueles considerados perturbadores da sociedade civil.

O poder da Igreja era exercido através da Congregação da Inquisição e, mais comumente, mediante a inclusão do escrito no *Index* dos livros proibidos.

No entanto, ante a doutrina eclesiástica geral, os regalistas ou juridicionalistas defendiam que a censura dos livros competia apenas ao poder do rei. Assim pensava, com muitos outros, Pietro Soave (o servita Paolo Serpi), opinião não compartilhada por Afonso.

> "Havia em Nápoles uma *Pragmática*, renovada de tempos em tempos por aqueles que se indignavam pela promulgação da bula *in Coena Domini*. Era a pragmática para os livros estrangeiros. Essa pragmática, pressuposta a prévia censura e o *publicetur* ou licença real, ordenava, sob severíssimas penas, que ninguém fosse ousado

6 Rey-Mermet, 616.
7 BAYÓN, R. *Cómo escribió...*, 172.
8 Lettere, III, 520.

a ponto de publicar no estrangeiro qualquer livro sem a licença real ou caso esta lhe fosse negada. Tão odiosa era a ingerência da legislação estrangeira (assim chamavam a da Igreja!), que até para as resoluções dos sínodos diocesanos era necessária a autorização do Governo, fato que fez o bispo Afonso desistir de convocar o Sínodo Diocesano que tinha planejado".[9]

De fato, o Estado napolitano praticou o direito de proibir livros de orientação romana. Isso era o que realmente pretendia a citada Pragmática contra os livros estrangeiros.

Nota bibliográfica sobre a história complexa do poder político e do poder religioso em matéria de censura do livro em Nápoles:

- LOPEZ, P. *Inquisizione, stampa e censura nel regno de Napoli* (Nápoles, 1974).

- Apelação de Afonso à proibição dos livros

Em vários momentos de sua vida, Afonso apelou ao direito e, sobretudo, à obrigação do Estado de proibir a circulação de livros perniciosos. Assim considerava os livros dos filósofos modernos.

Afonso tinha escrito aos livreiros para que deixassem de importar livros de conteúdo contrário à fé católica, conforme informou um deles no processo de beatificação; tinha pedido aos censores que impedissem as importações na aduana, conforme declarou seu secretário, Verzella; tinha solicitado ao arcebispo de Nápoles que impusesse sua autoridade com a mesma finalidade.[10]

"Pelo ano de 1755, em uma viagem a Nápoles, horrorizado com o aumento dos livros heterodoxos que traziam a impiedade à cidade e, da capital, a difundiam por todo o Reino, organizou uma verdadeira campanha de perseguição contra o livro voltaireano. Condenou no púlpito os livros e os livreiros que os vendiam; falou muito seriamente com o Cardeal; escreveu memoriais aos ministros e ao

---

9 BAYÓN, R. *Cómo escribió...*, 175-176.

10 Tellería, II, 328-329.

rei; teve uma reunião com os membros mais prestigiosos do clero de Nápoles, sobretudo, confessores, para planejar ação conjunta e eficaz. Enquanto se dedicava ao assunto, diz um padre que o acompanhava, passou uma noite sem conseguir dormir, obcecado com a perdição de tantas almas. 'Pobre Nápoles - repetia ele pela manhã, ao se levantar. - Pobre Nápoles! Sofro pelo teu destino'. Sabia que tais leituras tinham como objetivo perverter a juventude".[11]

Chegou, inclusive, a escrever memoriais e cartas dirigidas às autoridades. Em 16 de agosto de 1765, dirigiu um memorial ao regente, Dom José Pappacoda, príncipe de Centola, com as seguintes asseverações:

> "um livreiro francês preciso, M. N. da rua Santa Clara, faz chegar continuamente livros da França (...). Depois, ele os vende a todos em Nápoles. Da cidade, a peste desses livros passa a infeccionar todas as nossas dioceses do reino (...). Principalmente, porque hoje em dia corre a ideia em Nápoles de que não é necessária a licença para ler um livro proibido (...). Vossa Excelência, com sua autoridade e com seu zelo, pode remediar isso. Eu decidi escrever-lhe sabendo quanto ama a honra de Deus. É verdade que a fonte desses livros é a França; mas também na França a corte emprega os meios para apreender tais livros e queimá-los. Contudo, um livreiro em Nápoles os vende livremente, sem empecilhos e a todo vapor (*a tutta passata*). Por que não mandam inspecionar, de vez em quando, o negócio e a casa desse livreiro e, encontrando livros infectados, queimá-los sem compaixão? Perdoe se falo dessa maneira; o que me faz falar assim é a ruína que vejo em todo o nosso Reino por causa desses malditos livros".[12]

Diante dessa intervenção afonsiana, refere o biógrafo R. Tellería: "Provavelmente esse desabafo apostólico não surtiu o efeito esperado, dado que o livreiro tinha bons padrinhos na corte e, anos depois, seu catálogo continuava repleto de livros ultramontanos e enriquecido com a exclusividade, ou pouco menos, das obras completas de Giannone, que Tannuci e sua clientela tinham mandado reeditar".[13]

---

[11] BAYÓN, R. *Cómo escribió...*, 32-33.
[12] Lettere, I, 130-131.
[13] Tellería, II, 329.

- Dissertação sobre a autoridade da Igreja para proibir livros perniciosos.

Havia uma polêmica sobre a autoridade da Igreja para proibir livros que considerasse perniciosos. Por volta dos anos setenta do século de Afonso, o jesuíta F. A. Zaccaria escreveu uma *Storia polemica sulla proibizione dei libri* (Roma, 1777). Afonso tinha se adiantado, publicando, no final dos anos cinquenta do mesmo século, uma dissertação sobre o tema:

- *Dissertatio de justa prohibitione et abolitione librorum nocuae lectionis brevi calamo plura continens quae diffuse ab auctoribus tradita sunt* (Nápoles, 1759).[14] [Dissertação sobre a justa proibição e abolição dos livros de leitura perniciosa, contendo, de maneira resumida, muitas coisas que os autores escreveram longamente].

Compôs a dissertação "em uma época em que o reino de Nápoles estava invadido por obras ímpias e imorais e depois de ter dirigido, sem êxito, várias súplicas aos secretários de Estado, Brancone e Tanucci".[15]

O escrito afonsiano, de 135 páginas, defende o direito e o dever da Igreja de proibir a leitura de livros perniciosos, expõe a prática da Igreja a respeito e responde às possíveis objeções. Nessa ocasião, Afonso não teve dificuldade com a censura real, concedida pelo dominicano Pe. Alberto Sacco, que declarou a obra *opus eximium*. Mas, não foi esse o parecer do primeiro ministro Tanucci, que tinha deixado passar o assunto, ocupado, como estava, com outros mais importantes, ou seja, a passagem do reinado de Carlos III, que partia para a Espanha, para a regência.[16]

---

[14] De Meulemeester, I, 103-104; Ferrero-Boland, 516. Ver o detalhado estudo de: TOSCANO, T. R. *Un tratatello di Alfonso M. de Liguori sulla censura dei libri*: GIANNANTONIO, P. (ed.). Alfonso M. de Liguori e la società civile del suo tempo (Florença, 1990) I, 287-303.

[15] De Meulemeester, I, 103-104.

[16] Dados em: TOSCANO, T. R. *Un tratatello...*, 296-297.

Depois da obra ter sido distribuída para a venda, Tanucci mandou a polícia armada confiscar os exemplares dos livreiros. Chegou mesmo a pensar em condenar o Pe. Sacco ao exílio e o impressor Di Domenico às galeras por cooperação em uma publicação que atentava contra a honra do rei. Da sua parte, Afonso deu as correspondentes explicações, que foram aceitas.

> "Tanucci não agia assim por indulgência com os livros ímpios, pois, mais tarde, Afonso, em sua dedicatória de um livro, louvará seu zelo em desterrar do Reino as publicações ímpias (Lettere, III, 400). Agiu assim porque era cem por cento regalista e aquela *Dissertação* vinha estabelecer, atrevidamente, os direitos da Igreja. Mas o tiro saiu pela culatra para o Secretário de Estado de Fernando IV, pois o público esgotou os exemplares, picado pela curiosidade com a notícia de que o livro tinha sido recolhido pela polícia (o público sempre foi assim), sendo preciso fazer, em duas noites, uma tiragem clandestina para atender aos muitos pedidos".[17]

Apesar de ter sido confirmado que o incidente da condenação tanucciana levou à confecção de uma nova edição em duas noites, M. de Meuleemester constata que não encontrou nenhum exemplar de qualquer edição separada.[18] Esta dissertação, por sua vez, passou a engrossar mais tarde, como veremos no momento oportuno do presente volume, o caudal da *Theologia Moralis*.[19]

Convém ainda recordar outros detalhes relacionados a esse escrito de Afonso. Um deles tem a ver com o fato das "colaborações" que Afonso recebia para a redação de suas obras. O sábio padre redentorista Alexandre di Meo "tinha colaborado nesse trabalho com toda a sorte de notas eruditas... que Afonso não publicou. Foi censurado por isso. 'Ora! Respondeu, você quer então que eu passe aos olhos do mundo como um sábio?'"[20]

Outro detalhe relacionado com esse livro de Afonso implica, tanto o núncio da Santa Sé, quanto o ministro do Estado napolita-

---

[17] BAYÓN, R. *Cómo escribió...*, 31-32.

[18] De Meulemeester, I, 104.

[19] *Appendix III* (no final do tratado "De legibus"): Gaudé, I, 253-285.

[20] Rey-Mermet, 682.

no. Trata-se do seguinte caso: poucos anos depois da publicação da obra, "quando Afonso já era bispo, aconteceu que o Núncio Gualdieri compôs uma obra semelhante, mas teve a licença real negada. Então, o Núncio se queixou a Tanucci dizendo que lhe tinha sido negado o que fora concedido ao Monsenhor Ligório".[21]

Quanto ao *conteúdo*,[22] o escrito se compõe de cinco capítulos. O primeiro procura justificar, em termos gerais, a *utilidade* e *necessidade* de proibir livros de leitura nociva. Os capítulos segundo e terceiro - os centrais e mais importantes - expõem e justificam o procedimento da Igreja sobre a questão ao longo da história. O quarto capítulo é dedicado a responder às objeções que costumam ser apresentadas contra essa doutrina e prática da Igreja. No último capítulo, o moralista autor soluciona casos mais frequentes surgidos na prática pastoral sobre o problema.

Em geral, os analistas ponderam positivamente a exposição histórica sobre o tema (cap. 2 e 3). Essa análise histórica leva o autor a concluir: "His perspectis, nequeo intelligere, qua fronte possit quidam asserere, Ecclesiae tantum esse censuram dare de pravis libris, non vero illos prohibere et comburere [- *Diante de tudo isso, não consigo entender como alguém consegue defender que a Igreja pode apenas emitir censuras sobre os livros maus, mas não pode proibi-los e queimá-los*]".[23] Naturalmente, produz certa impressão no leitor moderno o verbo latino *comburere* (queimar).

A exposição histórica de Afonso apresenta um detalhe que sempre agradou aos napolitanos, ciosos de sua história de liberdade. É quando Liguori, fazendo eco dessa sensibilidade, recorda que, apesar das tentativas de Felipe II, rei também de Nápoles, não foi possível estabelecer na cidade partenopeia o tribunal civil da Inquisição. "Philippus II idem tribunal Inquisitionis voluit et in nostro regno Neapolitano constitui; sed Neapolitani, qui semper erga Romanam Ecclesiam

---

[21] BAYÓN, R. *Cómo escribió...*, 31.

[22] Refiro-me ao texto, tal como foi assumido na *Theologia Moralis,* e tal como é oferecido na edição de: Gaudé, I, 253-291, no *Appendix III* ao tratado *De Legibus*.

[23] Gaudé, I, 271.

summa fuerunt fidelitate affecti et in fide catholica stabiles, ab eo, tamquam non necessario ad fidelitati suae quodammodo injurioso, instantibus precibus magnoque conatu exemptionem impetrarunt. [-*Filipe II também quis instituir semelhante tribunal da Inquisição em nosso Reino de Nápoles; mas os napolitanos, que sempre demonstraram a maior fidelidade para com a Igreja Romana e sempre foram constantes na fé católica, com insistentes pedidos e súplicas conseguiram do rei a isenção, argumentando que não era necessário e, de certo modo, seria injurioso à sua fidelidade.*]"

R. Bayón comentou assim a passagem da obra afonsiana: "Afonso, nessa Dissertação, mostra-se napolitano, justificando a aversão que o povo da *Cidade Fidelíssima* tinha à Inquisição espanhola que Felipe II quis estabelecer, rechaçando-a com súplicas e tumultos. Quando Afonso escrevia a Dissertação, ainda estava fresca a lembrança de outro tumulto popular por ocasião dos boatos do estabelecimento daquele odiado tribunal. Pio VI, na época, delegado especial, apaziguou os ânimos".[24]

Sem cair no laxismo de Caramuel, "laxorum facile principe - *reconhecido príncipe dos laxos*"[25], Afonso põe em ação sua atitude benigna ao solucionar os casos concretos da prática pastoral (cap. 5).

Em nossa opinião, Afonso é pouco crítico ao justificar o procedimento das instituições eclesiásticas (Congregação da Inquisição e Congregação do *Index*), em resposta às objeções que soube recolher, nesse caso, muito bem, do ambiente e literatura de sua época (cap. 4). São muitas as justificações de Afonso, por exemplo, sobre a não necessidade da defesa do acusado ou sobre a imparcialidade dos examinadores, que hoje em dia não passariam sob o crivo das exigências morais e jurídicas de um direito processual aplicado ao exame de doutrinas.

Tampouco é digna de louvor a pouca sensibilidade literária apresentada por Afonso no primeiro capítulo da obra, levado por seu afã de impedir qualquer perigo moral que pudesse decorrer da experiência estética.[26] Assim:

---

24 BAYÓN, R. *Cómo escribió...*, 32, nota 27.

25 Gaudé, I, 286.

26 Ver também o mesmo sentido crítico frente aos dados apresentados por Afonso (sobre o livro de Virgílio, sobre os livros de Arquíloco, etc) e sua falta de sensibilidade estética literária (sobre Bocaccio, etc): TOSCANO, T. R. *Un tratatello...*, 299-302.

1. Louva a decisão do imperador Augusto, que "queimou mais de dois mil livros", de enviar Ovídio ao desterro para que não fosse lido seu escrito "Sobre a arte de amar".[27]
2. Semelhante louvor recebeu a decisão de eliminar o livro "Sobre a natureza dos deuses" de Cícero.[28]
3. Transmite a falsa anedota de que Virgílio, próximo da morte, teria mandado lançar ao fogo sua "Eneida" por ter refletido nela a impudicícia de Dido.[29]
4. Atribui a invenção da novela ("libelli dicti romanenses, vulgo, romanzi") a Fénix Heliodoro, bispo de Trice (Tessália) que, percebendo o dano causado à juventude por esse tipo de livro, preferiu renunciar ao episcopado ao invés de deixar de escrever tal gênero de obras.[30]
5. Afirma que a leitura das novelas de amores, ainda que por si não esteja condenada pela Igreja, costuma afastar de Deus e inclinar veementemente para o mal."[31]
6. Apoiado em testemunhos de Cícero, Quintiliano, São Jerônimo e do próprio Lutero, se opõe a que as crianças (adolescentes e jovens) leiam as poesias de Horácio, Juvenal, Marcial, Catulo e as "Priapeia" de Virgílio.[32]
7. Considera "pestífero" (pestiferus) o livro de Bocaccio (mesmo na edição corrigida que circulava), porque, a seu juízo, "pode causar mais danos aos jovens que as obras de Lutero e Calvino".[33]

Os exemplos citados não impedem apreciar o valor objetivo da obra afonsiana. O objetivo era duplo: de um lado - mais a curto prazo -, impedir a difusão de ideias que transmitissem ateísmo; de outro lado - mais a longo prazo -, defender a prerrogativa da Igreja nesse campo frente ao ascendente controle totalitário do poder civil.

[27] Gaudé, I, 258.
[28] Gaudé, I, 258.
[29] Gaudé, I, 258.
[30] Gaudé, I, 258.
[31] Gaudé, I, 259.
[32] Gaudé, I, 259-260.
[33] Gaudé, I, 260.

9.2.3 Complementação bibliográfica

- ANÔNIMO. *San Alfonso y la mala prensa*: El Perpetuo Socorro 9 (1907) 313-318.
- TOSCANO, T. R. *Un trattatello di Alfonso M. de Liguori sulla censura dei libri*: GIANNANTONIO, P. (ed.). Alfonso M. de Liguori e la società civile del suo tempo (Florença, 1990) I, 287-303.
- LIGUORI, G. de. *L'ateo smascherato. Immagini dell'ateismo e del materialismo nell'apologetica cattolica da Cartesio a Kant* (Milão, 2009) 97-112: "Alfonso de Liguori e le controversie sui libri proibiti nel XVIII secolo".

9.3. POSIÇÃO DE AFONSO DIANTE DA FILOSOFIA MODERNA

Em vários capítulos da sexta seção analisamos a configuração filosófica de Afonso, chegando à conclusão de que não foi um filósofo no sentido técnico e, muito menos, profissional, do termo. Liguori usou a filosofia como estrutura mental para pensar e expressar bem o seu pensamento.

Portanto, é fácil deduzir que não enfrentou a filosofia moderna em seu significado de momento específico do pensamento ocidental. Sua preocupação eram as afirmações dos filósofos modernos sobre a religião, mais concretamente, sobre a religião cristã. Logo, a aproximação com a filosofia moderna não foi aproximação filosófica, mas apologética. Essa é a perspectiva desde a qual precisamos ler as incursões de Afonso no campo filosófico.

Embora tenha adotado tal perspectiva na aproximação com a filosofia moderna, nada nos impede de analisarmos sua postura filosófica com aqueles mesmos pressupostos metodológicos que, em seu momento histórico, escaparam à consciência intelectual de Afonso. Por vezes, a produção literária de um autor precisa ser interpretada a partir dos significados internos à própria produção, ainda que tais significados não tenham sido explícitos à consciência do autor.

9.3.1 Os escritos afonsianos sobre a filosofia moderna

Os escritos afonsianos sobre a questão da filosofia moderna (e sua resposta apologética) foram sucedendo-se no tempo e, ao menos em uma ocasião, Afonso publicou novamente um trabalho já editado. Eis a descrição desses escritos:

- *Breve Dissertazione contro gli errori de' moderni increduli oggidì nominati materialisti e deisti* (Nápoles, 1756).[34]

Breve dissertação em duas partes: a primeira é dirigida contra os materialistas, tomando B. Spinoza (1633-1677) como expressão qualificada da postura que nega a base racional de qualquer crença religiosa; a segunda parte examina a postura filosófica que aceita o fato religioso, mas nega qualquer fenômeno revelado (religião revelada ou positiva).

Para compor a obra, Afonso se serviu dos escritos sobre o tema então disponíveis em seu momento histórico. Na *Introdução* de seu escrito, o próprio autor faz referência a algumas obras utilizadas: as dos dominicanos D. Concina (1687-1756) e V. Moniglia (1686-1767); a do esculápio Vestrini (1715-1786); a do jesuíta francês R. Tertre (1677-1762); a do abade A. Genovesi (1712-1769) e a de L. Magalotti (1636-1712).[35] "Não é o caso de procurar traços geniais em cada uma dessas páginas [da dissertação], mas, tampouco, tratava-se de uma improvisação".[36]

---

[34] De Meulemeester, I, 86; Ferrero-Boland, 513.

[35] CONCINA, D. *Della religione rivelata contro gli ateisti, deisti, materialisti e indifferenti*, 2 vol. (Veneza, 1954); MONIGLIA, V. *Dissertazione contro i materialisti ed altri increduli*, 2 vol. (Pádua, 1950); VESTRINI, B. *Lettere teologiche*, 4 pequenos tomos (Veneza, 1749-1750); TERTRE, R. *Trattenimenti sovra la religione* (Nápoles, 1949, tradução do francês); GENOVESI, A. *Elementa metaphysicae* (Nápoles, 1756^2); MAGALOTTI, L. *Lettere familiari contro l'ateismo* (Veneza, 1741).

[36] Tellería, I, 632.

Além do mais, "nessa primeira pequena obra, a simplicidade estilística, a esmerada apresentação tipográfica e o formato reduzido conferiram eficácia prática, superior àquela de outros apologistas contemporâneos, tecnicamente mais acabados e filosoficamente melhor apresentados".[37] Afonso fez chegar um exemplar ao Papa Bento XIV, que considerou a obra adaptada às "necessidades presentes".[38]

O escrito não foi além da citada edição napolitana, apesar de Afonso ter tentado, em várias ocasiões, convencer seu editor, Remondini, a imprimir uma edição veneziana.[39] Chegou a preparar alguns acréscimos ao texto da primeira edição, segundo consta em duas páginas autógrafas de Afonso, conservadas no arquivo provincial redentorista de Colônia (Alemanha).[40]

> Não conhecemos a adaptação completa do texto editado - se existiu - que Afonso teria feito em Nápoles com objetivo de ser publicado em Veneza. Também desconhecemos os motivos precisos pelos quais Remondini não realizou a edição sugerida por Afonso. "Este é um dos pouquíssimos escritos afonsianos não reeditados em Veneza".[41]

O autor realizou outra tentativa, inserindo parte da *Breve Dissertazione* no projeto das *Opera omnia* espirituais, a ser levado a cabo pelas prensas remondinianas, mas que também não chegou ao término.[42] Conhecemos as muito amplas variações (acréscimos, principalmente) que Afonso introduziu na citada dissertação para esse projeto.[43] Há uma variação curiosa: retirou o adjetivo *douto* que, previamente, havia conferido a A. Genovesi.[44]

> Depois de 1764, Afonso não voltou a insistir sobre a questão. De fato, o melhor da *Breve Dissertazione* ficou recolhido na obra que comentamos na continuação, *Verità della Fede*. Não sem antes anotar

[37] Tellería, I, 632.
[38] Lettere, III, 35.
[39] Lettere, III, 34-35, 68, 76, 77-78.
[40] GREGORIO, O. *Brani apologetici inediti di Sant'Alfonso*: SH 13 (1965) 85-97.
[41] GREGORIO, O. *Brani apologetici*... 89.
[42] GREGORIO, O. *Brani apologetici*... 89-90.
[43] GREGORIO, O. *Brani apologetici*... 90-95.
[44] GREGORIO, O. *Brani apologetici*... 90.

que a mesma dissertação, não reeditada no século XVIII, teve notável êxito editorial no século seguinte. De Meulemeester contabilizou, no século XIX, nove edições italianas e outras tantas em diversas línguas: 5 em francês, 2 em alemão, 1 em holandês e 1 em latim (tradução de Walter, Roma, 1903).[45]

Todas as edições reproduzem (ou traduzem) o texto da edição napolitana de 1756. As correções preparadas por Afonso aguardam um editor no *Museo Civico de Bassano* (correções preparadas para as *Opera omnia* espirituais) e no arquivo provincial redentorista de Colônia (as duas páginas citadas).

- *Verità della Fede contro i Materialisti che negano l'esistenza di Dio, i Deisti che negano la religione rivelata, ed i Settari che negano la Chiesa cattolica essere l'unica vera* (Nápoles, 1767, 1777; Bassano, 1767, 1778).[46]

A obra recolhe o conteúdo da primeira (*Breve Dissertazione*). Por outro lado, esse segundo escrito, além de tratar do pensamento filosófico, abre a perspectiva, como indica o próprio título, ao horizonte da verdadeira Igreja. É a obra em que Afonso sistematizou seu pensamento apologético, como anotaremos no próximo capítulo. Constitui, pois, um tratado completo de apologética.

Para chegar a ser editada, a obra precisou passar pela dura censura (régia) de José Simioli, rigorista em moral, dogmático formado no augustinismo rígido, e inclinado para orientações galicanas.[47] Passada essa prova da censura, foi grande a satisfação do autor ao ver a boa acolhida de sua obra em Nápoles, Roma e Veneza "onde, em poucas semanas, Reimondini tirou uma nova edição".[48] Em 1778, o editor veneziano lançou a terceira edição.

---

[45] De Meulemeester, I, 86, 335.

[46] De Meulemeester, I, 134-135; Ferrero-Boland, 523. [LIGÓRIO, Afonso. *A Verdade da Fé*. Rio de Janeiro: Centro Dom Bosco, 2019].

[47] Tellería, II, 330-331.

[48] Tellería, II, 331.

Segundo O. Gregorio, o escrito "foi avaliado pelos especialistas como obra-prima em seu gênero".[49]

Afonso acrescentou outros dois textos ao livro. O segundo anexo é um opúsculo com o título *Confutazione di un altro libro francese intitolato: "De la prédication par l'auteur du Dictionnaire philosophique."*[50] Trata-se de um "opúsculo curioso"[51] que refuta a doutrina de um pequeno livro anônimo francês onde o abade enciclopedista Coyer prognosticava a morte da pregação como meio para melhorar os costumes humanos, confiando mais no Estado armado. Afonso responde: "Afirmo que, se ao invés de adulterá-la, a Palavra de Deus fosse pregada como é, e de maneira simples, o mundo inteiro seria santo. Se o autor se refere - como o faz - à pregação em geral, sustento que sua teoria é completamente equivocada e, além disso, perniciosa e ímpia, oposta às divinas Escrituras".

O primeiro anexo constitui reflexão autônoma sobre uma obra filosófica de grande transcendência naquele momento: o *De l'Esprit* de Helvétius. Por isso vamos abordá-la na próxima seção deste capítulo.

- *Riflessioni sulla verità della divina Rivelazione contro le principali opposizioni dei deisti* (Nápoles, 1773; Bassano, 1774).[52]

Nesse opúsculo, de umas 60 páginas, Afonso volta sobre a verdade da revelação divina, debatendo as objeções dos deístas, principalmente as de Voltaire. Já tinha anexado o escrito às *Riflessioni sulla Passione di Gesù Cristo* (Nápoles, 1773).[53] Agora, publica-o de forma autônoma, em razão da importância que lhe confere: "Alguém poderá me perguntar por que volto novamente a estes temas que já tratei na *Verdade da Fé* (...). Respondo que, se os inimigos da nossa religião nunca se cansam de acossá-la com milhares

[49] GREGORIO, O. *Brani apologetici...*, 96.
[50] De Meulemeester, I, 135-136.
[51] Tellería, II, 334.
[52] De Meulemeester, I, 156; Ferrero-Boland, 529.
[53] De Meulemeester, I, 153.

de opúsculos, esparramados diariamente por todos os lados, pode ser considerado supérfluo os amigos saírem em sua defesa?"

Em carta a Remondini, como em outras ocasiões, Afonso pondera o trabalho que custou a composição da obra e a ampla documentação que precisou consultar: "Custou-me seis meses de fadigas e analisei muitos livros franceses e italianos para compô-la".[54]

Ainda acrescentou ao livro o relato de um milagre eucarístico ocorrido em 1772, em San Pietro a Paterno, localidade da diocese de Nápoles: *Ragguaglio del miraculoso ritrovamento delle sagre particole rapite.*[55]

9.3.2 Referências afonsianas a filósofos concretos

- Afonso e Descartes

Durante o século XVIII, os apologistas católicos precisaram enfrentar as obras de brilhantes filósofos, tanto do séc. XVII, quanto do séc. XVIII.

Do séc. XVII, perdurava a influência filosófica de René Descartes (1596-1650), que, embora não tivesse negado a existência de Deus, foi censurado pela Inquisição por provar essa existência "através da própria ideia de Deus", fato que levou o citado dicastério romano a colocar as obras do filósofo no purgatório do *Index, donec corrigantur – até que sejam corrigidas* (ver: volume V/1, 281-300 da presente História da Teologia Moral). Sorte semelhante, ou pior, tiveram Nicolás Malebranche (1638-1715) e outros cartesianos (ver: volume V/1, 301-307).

Em passagem anterior do presente volume já aludimos à forte presença de Descartes na cultura do *Settecento* napolitano, sobretudo, em aspectos que podemos chamar positivos, ou seja, relacionados à lógica do pensar. Queremos agora sublinhar também a

[54] Lettere, III, 439.
[55] De Meulemeester, I, 156-157. Ver: Tellería, II, 429.

presença de Descartes em seu aspecto de filósofo crítico do fenômeno religioso.

Nesse sentido, foi importante o escrito de João Batista de Benedictis (1622-1706), também conhecido pelo pseudônimo de Benedetto Aletino, contra o filósofo francês. Este jesuíta, declarado polemista de orientação aristotélica (compôs um curso de *Philosophia Peripatetica*, Nápoles, 1688-1692), dedicou uma de suas *Lettere apologetiche in difesa della teologia scholastica e della filosofia peripatetica* (Nápoles, 1694) contra o sistema filosófico de Descartes, fundamentalmente, por causa de seu ateísmo.

Portanto, é possível falar, com certa propriedade, de um Descartes *ateu*, de acordo com a leitura que dele fizeram alguns pensadores, sobretudo, jesuítas.

Sobre a presença de Descartes na cultura napolitana do Settecento.

- LOJACONO, E. *Immagini di René Descartes nella cultura napoletana* (Lecce, 2003).
- LIGUORI, G. de. *L'ateo smascherato. Teologia, Filosofia e Fisica di Cartesio nella "Difesa della Terza Lettera Apologetica" dell'Aletino (1705):* Giornaledifilosofia.net/Filosofia.it - dicembre 2005.
- LIGUORI, G. de. *L'ateo smascherato. Immagini dell'ateismo y del materialismo nell'apologetica cattolica da Cartesio a Kant* (Milão, 2009) 27-96: "Il Cartesio ateista dei gesuiti".

Afonso participou dessa interpretação *ateia* do pensamento de Descartes. De fato, por trás das posições afonsianas sobre o pensamento filosófico moderno, teóricas e práticas, está o pensamento católico do séc. XVII e o de seus contemporâneos do séc. XVIII. Concreta e explicitamente, sobre Afonso pesa a atitude de J. B. Bossuet que, além de atacar Malebranche por distinguir, em seu *Traité de la nature et de la gràce,* entre a fé "supersticiosa" e fé "racional", reagiu também contra todo o conjunto do cartesianismo, rejeitando a validade da crítica racional em matéria de fé.

Esse pano de fundo histórico da crítica conservadora francesa do séc. XVII contra o cartesianismo pesou muito sobre Afonso.[56] Liguori teve formação cartesiana e manteve uma forma de pensar cartesiana ao aceitar o procedimento reflexivo, discursivo e expositivo mediante "ideias claras e distintas". Mas, no contexto da revolução subjetiva proposta por Descartes para compreender e expressar a própria realidade, Afonso foi um anticartesiano. Mais ainda, pelo fato de os seguidores de Descartes fazerem incursões ao fenômeno religioso e nele procurarem introduzir o contraste da subjetividade racional. Tal contraste da subjetividade racional em relação aos enunciados da fé não foi aceito, muitos menos, praticado, por Afonso.

- Afonso e dois filósofos "ateus": Baruch Spinoza e Pedro Bayle. E o filósofo do imaterialismo: Jorge Berkeley.

Outro filósofo do século XVII, decisivo quanto ao pensamento sobre a religião e respectiva repercussão em ambientes católicos, concretamente, no napolitano do *Settecento*, foi Baruch Spinoza (1632-1677), cuja apresentação histórica fizemos, extensamente, no volume V/1, 323-352 (sobre Spinoza) e 353-377 (sobre o spinozismo).

Com Spinoza, começou a entrar em crise a tentativa de uma filosofia religiosa ou teologia natural. O filósofo sefardita, residente em Amsterdam, de ascendência portuguesa, não concedeu a nenhum povo ou grupo (*seita*) privilégio especial em ordem à verdade religiosa. A *revelação* positiva não encaixava em seus parâmetros de compreensão da realidade. Para o filósofo sefardita, a *verdade* da doutrina de Cristo tinha valor absoluto e definitivo na razão da mensagem prática: Cristo vive onde pratica-se a justiça e a verdade.

Nas leis da razão, Spinoza encontrou um gênero superior de conhecimento que lhe permitiu experienciar a presença da eternida-

---

[56] LISSA, G. *Tra innovazione e tradizione. Sant'Alfonso Maria de Liguori nel dibattito sull'utilizzazione dei testi biblici*: GIANNANTONIO, P. (ed.). Alfonso Maria de Liguori e la società civile del suo tempo (Florença, 1990) I, 185-186.

de na vida temporal. Em tal experiência, o sujeito humano converte as paixões em afetos livres e, através do "amor intelectual", se une a Deus, identificado com o universo deificado. Contudo, Spinoza não descartou o caminho "místico" da religião para ascender a esse cume ideal. Tanto é assim que alguém perguntou se o conteúdo da *Ética* não seria, ao menos para seu autor, o verdadeiro conteúdo da Bíblia.

Também na Nápoles de Afonso esteve ativamente presente o pensamento de Spinoza. Pelos ambientes intelectuais napolitanos, tanto civis, quanto eclesiásticos, circularam as *Lettere familiari contro l'ateismo* (Veneza, 1690) do literato secular Lorenzo Magalotti (1637-1712) que, diziam, tinha conhecido Spinoza pessoalmente.[57] Tais cartas forneceram material para o pensamento apologético de vários eclesiásticos, concretamente, o de Afonso de Liguori.

Afonso viu em Spinoza um adversário declarado. Se Voltaire constituiu o principal adversário na confrontação afonsiana sobre o *deísmo*, Spinoza o foi na discussão sobre o *ateísmo*. É difícil saber, com total precisão, se Afonso teve contato direto com os escritos do filósofo de Amsterdã ou, o que parece mais provável, teve por escritos indiretos, como as citadas *Lettere* de L. Magalotti. Mas não há dúvida sobre a contundência de Afonso no enfrentamento do pensamento, e até da própria pessoa, de Bauch Spinoza. Em poucas ocasiões o tom pacifista de Liguori baixou tanto.

Nos primeiros parágrafos do cap. 2 da primeira parte da *Breve Dissertazione* (1756), intitulado "Refuta-se em breves razões o monstruoso sistema de Benedito Espinosa"[58], podemos ler a seguinte apresentação do filósofo de Amsterdã:

---

57 PRETI, C.; MATT, L. *Magalotti, Lorenzo*: Dizionario Biografico degli Italiani 67 (2006) s. v.

58 Citado, originalmente, da edição espanhola de 1847: LIGORIO, A. M. de. *La verdad de la fe, evidenciada por los caracteres de su credibilidad.* Traduzida para o espanhol pelo presbítero D. Julián González de Soto. Acrescentados dois opúsculos [*Breve Disertación* y *Reflexiones sobre la verdad de la Revelación divina*] e *Disertaciones teológico-morales acerca de la vida eterna* (Madri-Barcelona, 1847). [LIGÓRIO, Afonso. *A Verdade da Fé*. Rio de Janeiro: Centro Dom Bosco, 2019].

"Antes de mais nada, é bom ter alguma notícia sobre o caráter desse ímpio. Spinoza nasceu em Amsterdã, por volta do ano 1632. Não seguiu nenhuma religião porque, embora tenha nascido de pais hebreus, deu-se a refutar e contradizer a doutrina dos judeus, de maneira que atraiu para si a excomunhão; nem, tampouco, abraçou o cristianismo, como alguns acreditam, pois jamais foi batizado; levou o nome de Benedito porque seus pais lhe impuseram o de Baruch, que significa o mesmo que Benedito; mais acertado teria sido receber o nome de maldito, esse ateu de profissão, que construiu um Deus e uma religião à sua maneira. Esse miserável viveu quase em perpétuo ócio e morreu em 1677, aos quarenta e quatro anos de idade, sucumbindo a um ataque pulmonar. Segundo Bayle, em seu Dicionário (verbete: "Spinoza"), os seguidores de sua doutrina foram escassos e, mesmo estes poucos, incertos".[59]

Ao lado de B. Spinoza, Afonso colocou o francês Pedro Bayle (1647-1707), não enquanto teólogo protestante (calvinista), mas enquanto filósofo também *ateu*. Ver a apresentação que fizemos de P. Bayle no volume V/1, 274-276. Por vezes, considerando igualmente B. Spinoza e P. Bayle como ateus, confuta o pensamento de um, através das afirmações do outro. Além disso, sobre Bayle, qualificado de "ímpio"[60], afirma que "está por trás de quase todos os escritores execráveis".

Afonso pode ler P. Bayle no texto original francês, precisamente, em seu *Dictionnaire historique et critique*. Com efeito, consta que Afonso traduzia frases do *Dictionnaire* de P. Bayle do original francês ao latim, tal como aparece na *Dissertatio de justa prohibitione et abolitione librorum nocuae lectionis* (1759).[61]

Como se percebe facilmente, Afonso não teve a preocupação de entender - nem, muito menos, expor - o sistema filosófico de Spinoza (tampouco o de Bayle). Seu objetivo era refutar a *negação* de Deus proposta por tais filósofos. Fez isso, tanto no cap. 1, quanto no cap. 2

[59] *Ibid.*, 129.

[60] *Ibid.*, 173, 177.

[61] Gaudé, I, 259: "e gallico idiomate ad latinum transferimus - *traduzimos da língua francesa para o latim*".

da primeira parte da *Breve Dissertação,* apelando, por um lado, para a indivisibilidade de Deus na hipótese spinoziana de identificar Deus com a natureza[62] e assinalando, por outro lado, a impossibilidade de entender e, consequentemente, a incongruência de pensar, uma totalidade capaz de gerar a si mesma.[63] Convincentes ou não tais argumentos,[64] a conclusão de Afonso é clara e taxativa:

"Não admite qualquer gênero de dúvida a existência de um Deus, causa primeira, e criadora do mundo" (cap. 3).[65]

Rechaçado o *materialismo,* negador da dimensão religiosa do ser humano, Afonso não aderiu à postura do filósofo Jorge Berkeley (1685-1753), que procurou justificar essa dimensão religiosa mediante a proposta do *empirismo idealista* ou *imaterialismo.* Ver a apresentação desse filósofo e de sua proposta no volume precedente: V/2, 489-493.

No cap. 3 da segunda parte da *Breve Dissertazione,* Afonso avaliou a proposta berkeliana:

> "O inglês Berkeley se propôs a estabelecer um novo sistema de idealismo, afirmando que todos os homens, céus, montes, cidades, mares, e quantas coisas se apresentem sensíveis no universo, não são corpos, mas sim meras ideias mentais, simples aparências e ilusões. Quanto de discurso vazio e ridículo encerra esse sistema, cada um pode perceber, e não há motivo para cansar empreendendo sua refutação. Apenas gostaria de perguntar a esse grande filósofo: se todos os animais são ideias e ilusões, o senhor, senhor Berkeley, que não deve ser uma ilusão, posto que está sujeito a tantas ilusões, me diga, de onde o senhor tem a sua origem? Saiu do nada? É eterno? Ou, por acaso, é Deus? Mas, se o for, certamente é um Deus bastante mirrado, porque um Deus cheio de ilusões".[66]

---

62 LIGORIO, A. M. de. *La verdad de la fe...*, 129-132. [LIGÓRIO, Afonso. *A Verdade da Fé.* Rio de Janeiro: Centro Dom Bosco, 2019].

63 *Ibid.*, 132-138.

64 Sobre a argumentação de Afonso contra o ateísmo: FRANCHINI, R. *Alfonso Maria de Liguori e la filosofia del Settecento*: GIANNANTONIO, P. (ed.). Alfonso M. de Liguori e la società civile del suo tempo (Florença, 1990) I, 129-134.

65 LIGORIO, A. M. de. *La verdad de la fe...*, 137.

66 LIGORIO, A. M. de. *La verdad de la fe...*, 157.

Nota bibliográfica

- PII, E. *Bayle e la cultura napoletana intorno al 1750:* Pensiero Politico 5 (2001) 509-516.
- LIGUORI, G. de. *Alfonso de' Liguori e la filosofia del suo tempo (Spinoza, Bayle, Hobbes e Locke):* Rivista di Storia della Filosofia 61 (2006) 891-915.
- LIGUORI, G. de. *Spinoza e l'Italia:* Giornaledifilosofia.net / Filosofiaitaliana.it (marzo, 2009).
- BOSTRENGHI, D.; SANTINELLI, C. *Spinoza. Ricerche e prospettive. Per una storia dello spinozismo in Italia* (Nápoles, 2007).

- Afonso e outros filósofos do séc. XVII: T. Hobbes e J. Locke; G. W. von Leibnitz e Ch. Wolff.

Afonso também mediu seu pensamento com o de outros filósofos do séc. XVII. Merecem destaque as referências afonsianas aos posicionamentos religiosos dos ingleses T. Hobbes (1588-1697) e J. Locke (1632-1704). Ver a apresentação desses filósofos em volume anterior: V/1, 309-316 (sobre T. Hobbes), 317-322 (sobre J. Locke).

No que diz respeito à religião, T. Hobbes participou do círculo de reflexão e influência que girava em torno de Paolo Sarpi, o servita italiano fugido da Inglaterra que escreveria uma história crítica do Concílio de Trento. Hobbes falou de Deus, de exegese bíblica e da relação entre religião e política. Aceitou um "natural religioso", mas sem assumir, em sua concepção filosófica-política, a existência e função da religião positiva ou revelada.

J. Locke estava convencido de que ninguém tem a posse da verdade absoluta, pois o conhecimento é limitado. Aplicou essa convicção ao fato religioso, estabelecendo clara delimitação (e até separação) entre a ordem política e a ordem religiosa. Sendo assim, "tanto Locke, quanto seu contemporâneo, Spinoza, estabelecem as bases de um processo de secularização religiosa que se estende até hoje e, segundo o qual, a fé é um assunto privado, devendo separar-se o privado do público, ou a religião da política".[67]

Para Afonso, cujo conhecimento dos citados filósofos ingleses devia ser bastante sumário e por textos indiretos, tanto T. Hobbes, quanto J. Locke, são tidos como filósofos deístas que negam a religião revelada. Contudo, não fala explicitamente deles nas *Riflessioni sulla verità della divina Rivelazione contro le principali opposizioni dei deisti* (1773), mas o faz na segunda parte da *Breve Dissertazione* (1756), no cap. 3 sobre "os erros, ensinados por alguns, contra a materialidade do corpo e a espiritualidade da alma."[68]

Segundo Afonso, tanto J. Locke, quanto, sobretudo, T. Hobbes, negam a existência da alma e reduzem a condição humana à de "matéria pensante". Esses filósofos tiraram as consequências do sistema de B. Spinoza. Para Spinoza, "o mundo não é outra coisa que substância material, passiva enquanto tem extensão, ativa enquanto possuiu pensamento, acrescentando que todas as coisas sensíveis são modificações da matéria passiva extensa, enquanto todos os raciocínios são modificações da matéria ativa pensadora".[69] Coerente com as bases filosóficas de Spinoza, T. Hobbes formulou a proposta de um *materialismo gnosiológico.*

Segundo Afonso, "o filósofo J. Locke não andou muito distante desse erro pois, de uma maneira capciosa, para dizer pouco, colocou em dúvida se o pensar e o discorrer são atos que convêm à matéria: 'Nós, diz ele, nunca seremos capazes de julgar se um ser puramente material pode pensar ou não'. Com a opinião de Locke somou-se, mais tarde, a de Voltaire (...). Contudo, o chefe do falso sistema da matéria pensadora foi o ímpio Tomás Hobbes".[70]

> Esse materialismo gnosiológico recebeu forte rejeição da parte de Afonso. Argumentou contra o "ímpio" T. Hobbes e seus seguidores: para fazer um juízo é preciso conceber diversas ideias ao mesmo

---

[67] CAMPS, V. *Breve historia de la ética* (Barcelona, 2013) 189.

[68] LIGORIO, A. M. de. *La verdad de la fe...*, 157-163.

[69] LIGORIO, A. M. de. *La verdad de la fe...*, 158.

[70] LIGORIO, A. M. de. *La verdad de la fe...*, 158-159.

tempo e para fazer um raciocínio é preciso unir, ao mesmo tempo, diversos juízos. Pois bem, como podem essas diversas ideias e esses diversos juízos serem concebidos ao mesmo tempo e se unirem em uma substância material?[71]

Como é facilmente compreensível, na continuação dessa apresentação dos "erros" desses filósofos, Afonso se ocupa em provar, tanto a existência da dimensão espiritual (alma) na condição humana,[72] quanto sua imortalidade (da alma).[73]

Na minha opinião, talvez sejam essas passagens sobre a dimensão (propriamente) corporal e sobre a dimensão (propriamente) espiritual da condição humana as mais originais, mais valiosas e de maior atualidade na exposição afonsiana quanto à possibilidade de abertura do ser humano à dimensão religiosa.

Entre os filósofos de orientação deísta, Afonso também colocou G. W. von Leibniz (1646-1716) e Ch. Wolff (1679-1754). Ver a apresentação desses filósofos em volume precedente: V/1, 379-389 (sobre G. W. von Leibniz), 390-391 (sobre Ch. Wolff).

Enquanto Locke e Hobbes reduzem a condição humana à materialidade, Leibniz e Wolff caem no erro de espiritualizar excessivamente o corpo.

Sobre os dois filósofos, Liguori afirma, no cap. 3 da segunda parte da *Breve Dissertação*: "Outros, como Leibniz e Wolff afirmaram em seus devaneios que as substâncias que integram cada corpo (chamadas por eles de *mônadas*) são indivisíveis e, por conseguinte, imateriais (...). Respondemos a isso dizendo que, se fossem imateriais, não poderiam constituir um corpo material, tal como o constituem na atualidade; pois uma coisa imaterial não pode fornecer a matéria da qual carece".[74]

---

71 Ver os comentários de: FRANCHINI, R. *Alfonso Maria de Liguori...*, I, 136-137.
72 LIGORIO, A. M. de. *La verdad de la fe...*, 159-163.
73 LIGORIO, A. M. de. *La verdad de la fe...*, 163-168.
74 LIGORIO, A. M. de. *La verdad de la fe...*, 157-158.

Nota bibliográfica

- LIGUORI, G. de. *Alfonso de' Liguori e la filosofia del suo tempo (Spinoza, Bayle, Hobbes e Locke):* Rivista di Storia della Filosofia 61 (2006) 891-915.

- Afonso e os filósofos franceses Rousseau e Montesquieu

Outro brilhante filósofo que a apologética católica do séc. XVIII precisou enfrentar foi J. J. Rousseau (1712-1778) que, sem negar a dimensão religiosa, advogava uma espécie de deísmo sentimental. O filósofo genebrino se opunha a aceitar uma só religião e, mais concretamente, a religião cristã. Ver a ampla apresentação que fizemos do pensamento desse filósofo em volume precedente, considerando-o "pai da modernidade política": V/2, 543-566.

J. J. Rousseau foi conhecido e teve êxito na Itália.[75] Esse conhecimento e, em certa medida, apreço, devem ter sido compartilhados pela intelectualidade napolitana, sobretudo a civil, mas sem descartar a eclesiástica. Um dado do epistolário afonsiano o corrobora.

> "Com algo de zombaria e muito de pena"[76], escreveu Afonso: "o livreiro Moschini tem em sua livraria os volumes da *Theologia Moralis* e do *Homo Apostolicus*, dos que vende um exemplar uma vez ou outra. Se fossem as obras de Rousseau e de Voltaire, há muito tempo teriam sido despachadas! Que Deus nos ajude!"[77]

Afonso conheceu com exatidão a posição de Rousseau sobre a religião. Chama a atenção que recorra ao pensamento do "célebre" (em outro lugar: "ímpio") Rousseau[78]nos três capítulos das *Riflessioni sulla verità della divina Rivelazione contro le principali opposizioni dei deisti* (1773).

No primeiro capítulo das *Riflessioni*, recorre ao *Emílio* (no original francês ou tradução italiana) retirando o texto preciso que

---

[75] ROTA, S. *La fortuna di Rousseau in Italia 1750-1815* (Turim, 1961).

[76] Tellería, II, 542, nota 6.

[77] Lettere, III, 471.

[78] LIGORIO, A. M. de. *La verdad de la fe...*, 216 ("célebre"), 230 ("ímpio").

demonstra com perfeição o posicionamento rousseaniano sobre a religião: "A religião, diz, consiste em saber que existe um supremo criador que nos manda ser justos, amar-nos mutuamente, ser fiéis às promessas; consiste, além disso, em saber que, além desta vida, existe outra na qual esse ser supremo será remunerador dos bons e castigador dos maus." E acrescenta depois: "Eis aí a única e verdadeira religião não sujeita ao fanatismo (entende por fanatismo a revelação), eu não conheço qualquer outra fora desta". Prossegue em seguida: "Deixai de lado os dogmas misteriosos e as doutrinas caprichosas, aptas a tornar os homens insensatos, e não, mais virtuosos'".[79]

No segundo capítulo da mesma obra, Afonso descobre profunda contradição na consideração de Rousseau (no *Emílio* e no tratado denominado *A Carta*) sobre a doutrina evangélica. De um lado, o filósofo diz: "confesso que a santidade do Evangelho me fala ao coração"; mas, por outro, sustenta que "o Evangelho tem tão sublime caráter de verdade que torna impossível sua imitação". Acrescenta Liguori: esta contradição "faz formar o devido conceito desse mal teólogo moderno, tido em tão grande estima por certos amigos de novas doutrinas relacionadas com a fé".[80]

No terceiro capítulo das citadas *Riflessioni*, Afonso enfrenta o ponto mais radical e crítico da postura de Rousseau sobre a religião cristã, ou seja, o que Liguori chama "o dogma evangélico de que *fora da Igreja não há salvação*". Para o filósofo, essa afirmação é uma forma de *intolerância* que, segundo o mesmo Rousseau, constitui "dogma horroroso que arma o homem contra o homem e o torna inimigo do gênero humano".[81]

Em resposta a essa objeção rousseauniana, Afonso introduz um denso, e tenso, discurso sobre a tolerância (e intolerância) religiosa e a dinâmica bélica inerente ao fenômeno religioso. Essas poucas páginas constituem um dos conjuntos afonsianos de maior

---

[79] LIGORIO, A. M. de. *La verdad de la fe…*, 192-193.
[80] LIGORIO, A. M. de. *La verdad de la fe…*, 216.
[81] LIGORIO, A. M. de. *La verdad de la fe…*, 224.

significação intelectual, já que abordam questões de sempre e, por isso, também de grande atualidade.

Na frustrada carta que Afonso escreveu a Voltaire, mas não chegou a seu destinatário por basear-se em falso rumor acerca da conversão do citado filósofo,[82] Liguori provavelmente pensa em Rousseau quando pede a Voltaire que, agora convertido, defenda a fé contra "um escritor *recente* [destaque meu] que infectou os dogmas da fé com grave detrimento para a fé dos jovens".[83]

Frente à postura de Afonso diante de Rousseau, fundamentalmente negativa, contrasta sua atitude, muito mais positiva, quando se refere a Montesquieu (Charles-Louis de Secondat) (1689-1755). Ver a exposição que fizemos sobre esse sociólogo e politólogo em volume precedente: V/2, 529-541.

Em duas ocasiões Afonso alude a Montesquieu nomeando-o "autor do *Espírito das leis*". No cap. 2 das *Riflessioni,* transmite as palavras do sociólogo francês: "Que maravilha (afirma o autor do *Espírito das leis*) a religião cristã, que aparenta não ter outro objetivo fora da felicidade na outra vida, nos proporcionar a felicidade mesmo na presente!"[84] Citação que Afonso volta a repetir ("gostaria de repetir nessa passagem") no cap. 3 das citadas *Riflessioni,*[85] embora lançando ao politólogo e historiador a seguinte pergunta:

> "Causa espanto que tal autor [Montesquieu] venha confessar essa máxima do Evangelho, ao passo que em suas obras, *lib. 24, parte 10,* diz que os estoicos foram puros ateus; e depois, lamenta-se que seu desaparecimento tenha sido uma calamidade para o gênero humano. Logo, então, foi uma desgraça para o gênero humano a extinção dos ateus?"[86]

---

[82] Rey-Mermet, 679-680.
[83] Lettere, II, 482.
[84] LIGORIO, A. M. de. *La verdad de la fe…*, 213.
[85] LIGORIO, A. M. de. *La verdad de la fe…*, 226-227.
[86] LIGORIO, A. M. de. *La verdad de la fe…*, 227.

- Afonso e o deísta Matthew Tindal

Como trataremos mais abaixo, neste mesmo capítulo, Afonso considerou Voltaire como o máximo perigo para o catolicismo de sua época; considerava-o sustentáculo filosófico do deísmo, mas, também, crítico mordaz do catolicismo.

Contudo, em termos de *adversários* filosóficos da religião, positiva ou revelada, Afonso acertou em cheio ao eleger como máximos representantes do deísmo, Rousseau, como acabamos de comentar, e o filósofo inglês Matthew Tindal (1657-1733). São os dois autores que apresenta no início de seu tratado contra os deístas: *Riflessioni sulla verità della divina rivelazione contro le principali opposizioni dei deisti* (1773). Enquanto confronta Rousseau em três capítulos das *Riflessioni*, citando-o quase uma dezena de vezes, refere-se a M. Tindal apenas uma única vez, no primeiro capítulo.

M. Tindal[87] foi professor na Universidade de Oxford e fez parte do elevado número dos deístas britânicos de sua época. Sua obra representativa, nesse aspecto, é: *Christianity as Old as the Creation or the Gospel a Republication of the Religion of Nature* (Londres, 1730, 1733[4]). O livro foi logo traduzido para o alemão (1741) e tornou-se a bíblia do deísmo, desse deísmo que inspirou Voltaire e demais *philosophes* franceses e os líderes da Revolução Norte-Americana: T. Jefferson, T. Paine, E. Alien, G. Washington.[88]

Afonso se refere ao "inglês" Tindal como exemplo de redução de todo fenômeno religioso, incluída a religião cristã, ao núcleo moral da religião natural: "não ofende a ninguém, sê honesto, leal, e serás santo".[89]

Percebe-se com facilidade a linha de conexão ou, ao menos, de continuidade, que vai de J. Locke (*A racionalidade do cristianismo*, 1696) até M. Tindal. Um outro nome que Afonso cita na Introdu-

---

[87] Na edição de Marietti, t. 8. *Opere dommatiche*, p. 471, se lê: Tindall. Rey-Mermet, 618, também escreve: Tindall.

[88] LALOR, St. *Matthew Tindal, Freethinker. An Eighteenth-Century Assault on Religion* (Londres, 2006).

[89] LIGORIO, A. M. de. *La verdad de la fe...*, 193.

ção de sua *Breve Dissertação*, mas que depois silencia, é John Toland (1670-1722) com o seu *Cristianismo sem mistérios* (1696), clássica exposição do deísmo[90] e sucesso europeu de vendas em sua época (de 1696 a 1760 teve, ao menos, 54 refutações). Ver a apresentação desse pensador em volume precedente: V/2, 614-615.

Não há evidências de Afonso ter lido em inglês os textos dos filósofos citados: J. Locke, T. Hobbes, J. Toland, M. Tindal.[91] Nem, sequer, podemos assegurar que tenha lido as obras desses autores em tradução italiana (e original latino, no caso de T. Hobbes). O mais provável é ter usado os textos na medida em que os encontrava em obras expositivas de caráter apologético ou filosófico.

Em todo caso, há um dado a levar em conta e ressaltar: a presença de elevado número de *deístas britânicos* no confronto que Afonso manteve com essa postura. O *deísmo* foi posição muito difundida no mundo britânico desde a metade do séc. XVII. Entre os filósofos que Afonso cita no início de sua *Breve Dissertação*,[92] descartados B. Spinoza e P. Bayle, os demais se dividem entre França (Montaigne, Voltaire, Charles de Saint-Évrement) e, em maior número, Grã-Bretanha (T. Hobbes, A. Collins, J. Toland, Conde de Shaftesbury, J. Locke, T. Woolston, M. Tindal).

Tal predomínio de deístas britânicos na confrontação filosófica de Afonso com a filosofia de sua época foi ressaltado em brilhante e criativa incursão na teologia afonsiana:

- SWANSTON, H. F. G. *Celebrating Eternity Now. A Study in the Theology of St. Alphonsus de Liguori (1696-1787)*, (Chawton, Hampshire, UK, 1995) *passim*, especialmente, p. 198-205.

---

[90] LOUGHTON, K. *John Toland: "Christianity not Mysterious"*: COURT, J. M. (ed.). Biblical Interpretation. The Meaning of Scripture - Past and Present (Londres - Nova York, 2003) 125-139.

[91] SWANSTON, H. F. G. *Celebrating Eternity Now. A Study in the Theology of St Alphonsus de Liguori (1696-1787)* (Chawton, Hampshire, UK, 1995) 7.

[92] LIGORIO, A. M. de. *La verdad de la fe...*, 118.

- Afonso e os *philosophes* da *Encyclopédie*

A *Encyclopédie*, projeto realizado entre 1751 e 1772, com 17 volumes de texto (aos quais devemos acrescentar os 11 volumes de lâminas), foi o grande terremoto cultural do séc. XVIII. Muitos dos principais artigos (um total de 72.000 artigos compunham a enciclopédia) eram abertamente hostis ao cristianismo e à Igreja católica. Ver a apresentação que fizemos em volume precedente: V/2, 567-575.

Os *philosophes* franceses do séc. XVIII, muitos dos quais vinculados ao projeto enciclopedista, foram os grandes agitadores da questão religiosa na Europa e, mais especialmente, nos países do sul da Europa. Contam-se entre eles: D. Diderot (1713-1784), diretor da Enciclopédia junto com J. Le Rond d'Alembert (1717-1783), P. H. Thiery, barão de Holbach (1723-1789); M. J. A. Nicolas de Caritat, marquês de Condorcet (1743-1794); e, sobretudo, Voltaire, que destacaremos em seguida. Ver a apresentação dos *philosophes* em volume precedente: V/2, 577-594.

Afonso tomou todos esses filósofos em conjunto e os enfrentou dialeticamente. A uns rejeitou por serem ateus; a outros, a maioria, por serem deístas.

Nota bibliográfica sobre a influência da Encyclopédie na Italia

- VENTURI, F. *L'Encyclopédie et son rayonnement en Italie*: Cahiers de l'Association Internationale des Études Françaises n. 3-4-5 (1953) 11-17.
- ROSA, M. *Riformatori e ribelli nel 700 religioso italiano* (Bari, 1969).
- ROSA, M. *Encyclopédie, Lumières et Tradition au 18e. siècle en Italie*: Dixhuitième siècle 4 (1972) 109-168.

- Preocupação de Afonso em combater as críticas antirreligiosas de Voltaire.

Se um nome foi obsessão nos ambientes católicos do séc. XVIII, esse nome foi Voltaire, que representou um pesadelo para a fé cristã. Também o foi para Afonso.

Voltaire (François-Marie Arouet) (1694-1778) satirizou com mordacidade as ideias religiosas em uma longa cascata de folhetos, novelas e escritos históricos: "No século XVIII, ninguém encarnou como ele a perseguição livresca ao pensamento católico. Ainda hoje [escreve em 1940, mas segue sendo válido no essencial], Voltaire é um símbolo que perdurará. Sua agilidade de espírito, fecundidade, longevidade e o dom, tão francês, de granjear benévolas acolhidas, fizeram sua posição privilegiada".[93]

Ver a exposição sobre esse filósofo e escritor em volume precedente: V/2, 595-605.

Afonso conheceu a posição de Voltaire, sobretudo, através dos escritos de um dos maiores antivoltaireanos franceses, o jesuíta Claudio Francisco Nonnotte (1711-1793) - vamos apresentá-lo no próximo capítulo enquanto apologista e na última parte do presente volume por sua relação com Afonso.

O escrito de Nonnote, *Erreurs de Voltaire,* teve tradução italiana em Florença (1773) e Veneza (1774-1778). A tradução italiana do *Dictionnaire philosophique de la religión* foi publicada, primeiramente, em Florença (1773-1776), mas Afonso pode manusear a primeira edição napolitana: *Dizionario filosofico della religione, dove si stabiliscono tutti i punti della religione attaccati dagl'increduli, e si risponde a tutte le loro obbiezioni,* opera dell'Autore degli Errori di Voltaire. Prima edizione napoletana, 4 vol. (Nápoles, 1777).

> Aos 82 anos, em carta ao abade Nonnotte, jesuíta da supressa Companhia de Jesus na França, Afonso escreve: "Retirado a uma casa de nossa Congregação, não tenho, nesses últimos dias de minha vida, mais consolação que a leitura dos preciosos livros que escrevestes contra Voltaire (...). Tenho-os continuamente diante de meus olhos e os chamo de livros de ouro, já que, em cada capítulo, encontro a sábia interpretação das máximas da Fé e, também, clara e contundente repostas às obras infames que Voltaire e sequazes encheram com suas heresias, calúnias e contradições".[94]

---

[93] BAYÓN, R. *Cómo escribió Alfonso de Ligorio* (Madri, 1940) 36.

[94] Lettere, II, 473.

Para Afonso, Voltaire, além de crítico mordaz da religião e, mais concretamente, do cristianismo, era o máximo representante do deísmo, de modo que "nada teve tão entranhado na alma quanto o combate a Voltaire".[95]

Contudo, apesar de várias interferências da figura de Voltaire em sua biografia,[96] Afonso não foi pródigo, nos escritos que comentamos no presente capítulo, em referências expressas ao filósofo francês. No cap. 2 das *Riflessioni* há uma referência explícita à negação da imortalidade da alma por parte de Voltaire.

> "Voltaire, como se depreende de seus escritos, não admite [a imortalidade da alma], pois diz: a alma é uma substância idêntica à do corpo, que se dissolve com a morte, quando o corpo se corrompe".[97]

Nota bibliográfica sobre a presença de Voltaire na Itália

- BOUVY, E. *Voltaire et l'Italie* (Paris, 1898).
- MARTINO, P. *Un réquisitoire contre Voltaire (1746):* Revue d' Histoire Littéraire de la France oct./déc. (1928) 563-567.
- GUGLIELMETTI, M. *Voltaire in Italia*: Micromega 1-2 (1995) 191-216.
- MACE, L. *L'édition clandestine dans la Toscane des réformes: le cas de Voltaire:* La Lettre clandestine [Paris] 7 (1998) 237-257.
- ROTA, S. [1926-2001], *Montesquieu e Voltaire. Due studi.* A cura di F. Arato (Módena, 2016).

- Refutação expressa e direta do livro *De l'Esprit,* de Helvétius

Como assinalamos na primeira parte do presente capítulo, Afonso enfrentou diretamente a obra de Helvétius em um anexo à *Verità della Fede.* Fez isso no escrito:

95 BAYÓN, R. *Cómo escribió Alfonso...*, 36.
96 Tellería, II, 556-558; Rey-Mermet, 679-680.
97 LIGORIO, A. M. de. *La verdad de la fe...*, 208.

- *Confutazione del libro francese intitolato "Dello Spirito"* (Nápoles, 1767).[98]

Sobre o significado histórico de Helvétius (Claudio Adriano Helvécio) (1715-1771) remetemos ao que foi exposto em volume precedente (V/2, 586-588). Sua obra mais representativa é, de fato, *Sobre o Espírito*, publicada em Paris, em 1758.[99] O livro foi condenado pela faculdade de teologia da Sorbonne e sua venda proibida pelo Conselho de Estado francês. Em Paris, o livro foi lançado à fogueira pública no ano seguinte à sua publicação, por ser considerado afronta à moral pública.

Na Itália, e mais concretamente, em Nápoles, o livro causou grande agitação entre a intelectualidade, tanto civil, quanto eclesiástica. Compreende-se que o Papa Clemente XIII, mediante um *Breve* especial de 31 de janeiro de 1759, tenha advertido a todos os católicos possuidores de tal obra que deveriam mandar queimá-la por um sacerdote ou, do contrário, seriam excomungados.

O leitor moderno não pode avaliar o efeito que o livro produziu no momento de sua publicação. "Desde o início, os estragos do livro foram incalculáveis, sem que pudessem evitá-los, nem a desaprovação da Sorbonne, a fogueira do carrasco, a condenação do arcebispo ou as censuras da Santa Sé. Nem aos bispos, Roma concedia a autorização para lê-lo".[100]

A obra é bem extensa, composta por uma série de capítulos muito parecidos entre si quanto ao conteúdo. "Ao leitor de hoje, e ao estudioso do pensamento dos *philosophes*, esse tratado de Helvétius, situado em seu tempo, não parece, nem particularmente original, nem grandemente escandaloso".[101]

---

98 De Meulemeester, I, 135.

99 Há uma tradução recente em espanhol, com introdução ("epílogo") e notas: HELVÉTIUS, C. H. *Del Espíritu*. Edición, traducción y epílogo de J. M. Bermudo (Pamplona, 2013). [= HELVÉTIUS, Claude-Adrien. Do Espírito. In: *Coleção Os Pensadores*, vol. XXVI. São Paulo: Abril, 1973. p. 173-328. Trad. Nelson Aguiar].

100 Tellería, II, 328.

101 ALFIERI, A. *La critica a Helvétius*: DE SPIRITO, A. (ed.). La figura e l'opera di Alfonso de Liguori nel Sannio (Milão, 1999) 243.

Causa admiração Afonso, depois de ter insinuado sem êxito (1765) a seu oponente, Cipriano Aristásio, que dirigisse seu afã crítico contra a obra de Helvétius, ter se disposto, ele mesmo, a dar resposta a partir da fé cristã ao escrito do *philosophe* francês. Só por essa decisão já mereceria ser lembrado e elogiado.

Mas, antes de refutar a obra, precisava lê-la. Nem mesmo aos bispos isso era permitido sem autorização especial da Santa Sé.

> Em 9 de agosto de 1748, o cardeal Spinelli encaminhou à romana Congregação do *Index* uma petição de Afonso para ler e possuir livros proibidos, petição e licença que ele foi renovando. Quando já era bispo, em 1762, Afonso renovou a mesma petição, e em 24 de maio desse mesmo ano, a Congregação do *Index* lhe outorgou a permissão, mas com a seguinte restrição: "Excetuada, desta licença, o livro intitulado: *De l'Esprit*".[102]

Em 23 de abril de 1766, Afonso escreveu uma petição para obter a licença especial para ler o livro de Helvétius, que pretendia refutar. Valeu-se, na ocasião, da mediação de seu amigo, o cardeal Torregiani, Secretário de Estado de Clemente XIII. Então escreveu ao Papa: "estando para terminar uma obra de muita glória para Deus contra os erros modernos dos materialistas, etc, necessito ler certo livro intitulado *O Espírito* (pequeno no tamanho, mas repleto dos erros indicados) para responder às falsas razões e sofismas que contém: livro este, que anda de mão em mão entre a multidão. Já pedi a permissão para lê-lo, mas o secretário do *Index* respondeu que precisa da permissão direta de Vossa Santidade".[103] No dia 6 de maio, do mesmo ano de 1766, o cardeal Torregiani enviou a licença.

A refutação de Afonso é um escrito curto (umas vinte páginas na edição de Bassano, 1767). Somando-se à opinião generalizada de seu momento histórico, Afonso começa a refutação com uma declaração: "entre outros livros venenosos que apareceram em nossos dias, pode-se afirmar que o de Helvétius é o mais pestilencial, já que contém quase todos os erros dos outros livros".

---

[102] Lettere, I, 471.

[103] Analecta C.SS.R. XII (1933) 80-81. O original da carta se encontra nos *Archi. Secret. Vaticano - bispos*, t. 284, folio 77. Ver: BAYÓN, R. *Cómo escribió Alfonso...*, 30.

Entre os muitos erros que Afonso assinala na obra, interessa-lhe rebater duas afirmações principais:[104]

1. Que a sensibilidade física seja a causa que produz os pensamentos.
2. Que o prazer e o interesse pessoal sejam a base da moral.

Os parágrafos 2-6 do texto afonsiano são dedicados a rebater o *sensismo* (ou sensualismo), teoria sustentada por Helvétius.[105] Os parágrafos 7-18 refutam a afirmação helvetiana de que o prazer e o interesse pessoal são os princípios básicos do comportamento moral.[106]

Afonso estigmatizou o autor como um dos "mais ímpios que já existiram entre os antigos e modernos" e pediu a intervenção da autoridade civil para que "a obra seja expressamente condenada em nosso Reino por nosso piedosíssimo monarca", seguindo o exemplo do que havia acontecido em Paris e Roma.

Não se pode negar que "Afonso teve a capacidade de perceber o que o sistema de Helvétius tinha de peculiar, aquele *quid* que o tornava diferente dos outros autores iluministas".[107] No entanto, já é mais discutível a afirmação de que "Afonso, sem ser filósofo, foi capaz de divisar as consequências políticas e sociais do pensamento helvetiano, com a mesma lucidez de um eminente historiador da filosofia [E. Cassirer]".[108]

Nota bibliográfica

Sobre a difusão da obra e do pensamento de Helvétius na Itália

- GARIN, E. *Helvétius e l'Italia nel Settecento*: Rivista critica di storia della filosofia (1971) 207-213.

---

104 De Meulemeester, I, 135. Ver: Tellería, II, 327-328.

105 ALFIERI, A. *La critica a Helvetius*..., 245-248.

106 ALFIERI, A. *La critica a Helvetius*..., 249-253.

107 ALFIERI, A. *La critica a Helvetius*..., 252.

108 ALFIERI, A. *La critica a Helvetius*..., 252-253. Cita: CASSIRER, E. *La filosofia dell'illuminismo* (Florença, 1973) 47-48. [CASSIRER, Ernst. *A filosofia do iluminismo*. Campinas: UNICAMP, 1992. Trad.: Álvaro Cabral.].

- ROGGERONE, G. A. *Controilluminismo. Saggio su La Mettrie ed Helvétius*, 2 vol. (Lecce, 1975) II, 31-43.
- PRANDI, A. Religiosità e cultura nel '700 italiano. I predicatori del secolo XVIII e gli "spiriti forti" (Bolonha, 1966) 111-136.

É de notar que nenhum dos três autores alude à "confutação" feita por Afonso do pensamento de Helvétius, tal como anota, lamentando o silêncio: ALFIERI, S. *La crítica a Helvétius*: DE SPIRITO, A. (ed.). La figura e l'opera di Alfonso de Liguori nel Sannio (Milão, 1999) 243, nota 5.

Sobre a refutação de Afonso

- ALFIERI, S. *La crítica a Helvétius*: DE SPIRITO, A. (ed.). La figura e l'opera di Alfonso de Liguori nel Sannio (Milão, 1999), 241-263.

9.3.3 Considerações acerca do pensamento de Afonso sobre a filosofia moderna

Atualmente, é difícil, para não dizer impossível, emitir juízo geral, menos ainda, taxativo, sobre o significado do pensamento afonsiano a respeito da filosofia moderna. Na espera de estudos monográficos sobre aspectos concretos e aproximações sistemáticas sobre o tema em geral, atrevemo-nos a oferecer as seguintes considerações.

- Sobre o acesso de Afonso aos textos dos filósofos

Evidentemente, no acesso aos textos dos filósofos modernos Afonso não teve as vantagens que temos hoje em dia, em seu idioma original ou em traduções suficientemente confiáveis.

À precariedade da época, relativa ao acesso aos escritos dos novos autores, deve ser somada a carência de estudos sobre essa faceta da biografia intelectual afonsiana. No atual estado das pesquisas, não é possível responder se, para a composição de suas obras, Afonso leu diretamente os textos dos filósofos ou os encontrou em fontes secundárias.

Porém, alguns dados não podem ser negados. Embora muitas obras dos filósofos modernos estivessem inseridas no *Index* dos livros proibidos, fato que dificultava a leitura, Afonso obteve e renovava a permissão para lê-los. Quando se encontrou com uma proibição especial, como aconteceu no caso do livro *De l'Esprit* de Helvetius, pediu e obteve permissão especial.

Afonso teria lido todas ou, ao menos, as principais obras dos filósofos com os quais se confrontou? Há comprovação sobre a leitura de algumas obras, ou de parte delas. Além da citada obra de Helvetius, seguramente se pode crer que Afonso leu o *Dicionário histórico e crítico* de P. Bayle, o *Emílio* (e outras obras) de Rousseau e passagens da *Ética* de Spinoza, quer no próprio texto spinoziano, quer transmitidas em outra fonte (seguramente, leu textos da *Ética* spinoziana no verbete correspondente do *Dicionário* de P. Bayle).

Teria lido essas obras em seu idioma original ou em tradução italiana? Pelos dados expostos no presente capítulo, não se pode duvidar de que Afonso tenha lido o *Dicionário* de P. Bayle em francês. É possível duvidar se leu em francês ou em tradução o *Emílio* de Rousseau. Em carta a Remondini, Afonso comunica a seu editor que está compondo um livro contra os deístas (serão as *Riflessioni sulla verità della divina Rivelazione contro le principali opposizioni dei deisti*, 1773) e pondera: "custou-me seis meses de fadiga e esquadrinhei muitos livros franceses e italianos para compô-lo".[109] Os livros franceses estariam na língua original ou em tradução italiana?

A aproximação de Afonso aos outros textos dos filósofos modernos precisou ser através de fontes secundárias. Provavelmente, acessou os textos de Spinoza pela apresentação do pensamento spinoziano feita pelo literato florentino Lorenzo Magalotti. Para o restante dos escritos filosóficos, Afonso dispôs de fontes secundá-

[109] Lettere, III, 439.

rias confiáveis. Como tais, devem ser considerados os escritos de Antonino Vaisecchi e de Tomás Vicente Moniglia.

Nas afirmações precedentes procurei concentrar-me mais no mínimo seguro que no máximo provável. Em todo caso, creio que se pode afirmar que Afonso se serviu de fontes secundárias (às vezes, terciárias) seguras; daí estarmos convencidos de que ele pode chegar ao pensamento real dos autores ou, ao menos, dos textos com os quais se confrontava.

- Sobre a compreensão de Afonso acerca do pensamento dos filósofos modernos.

Sabemos que Afonso tinha uma mente penetrante e esclarecida. Não se pode duvidar de sua capacidade de aplicar essa mente aos temas filosóficos. Afonso também possuía a qualidade de expressar com clareza o que havia entendido com precisão. Sendo assim, é difícil duvidar da exata compreensão dos textos filosóficos modernos por parte de Afonso. Além disso, os conhecimentos que hoje possuímos dos referidos textos servem de contraste para avaliar a exposição de Afonso e, no mesmo contraste, a compreensão afonsiana alcança nível suficiente de objetividade.

Porém, há nele algumas opções *prévias* que funcionam como fonte de dificuldade para a compreensão objetiva e exata dos textos filosóficos. Anoto apenas duas:

- O afã de Afonso em ser entendido por *todos*, objetivo, evidentemente, muito louvável, mas que, com frequência, impede de expor com toda a precisão, com toda sua complexidade e, às vezes, com suas inevitáveis contradições, um determinado tema filosófico.
- A preocupação, não tanto em "compreender filosoficamente" a questão, quanto em alcançar o objetivo meta-interpretativo, ou seja, *demonstrar* a coerência ou incoerência da afirmação filosófica com a doutrina da fé cristã.

A opção por uma apresentação adequada a *todos*, e por mostrar a *coerência* ou *incoerência* com a fé, faz com que a compreensão afonsiana da filosofia moderna não alcance o nível exigido de uma apresentação acadêmica e, às vezes, nem sequer, da cultura filosófica média de hoje em dia.

A reflexão filosófica afonsiana está limitada por sua condição de obra de divulgação e pesa sobre ela o tom único "que pesa um pouco sobre toda a vasta produção do escritor".[110]

De tal modo as formas de argumentar de Afonso se deixam guiar, em grande medida, pelo *sentido comum*, que não parece alcançar o nível do *sentido filosófico*. Anotemos duas passagens.

> A primeira, encontra-se no primeiro capítulo da primeira parte da *Breve Dissertazione*, onde alude a quatro "absurdos" em que cai uma postura intelectual que nega a existência de uma primeira causa iniciadora de tudo, para terminar com a pergunta teórica: "Quando contemplo a estrutura de um casebre devo reconhecer que é obra de um ser dotado de razão, enquanto, vendo a estrutura do mundo, deveria pensar que é obra do acaso ou de uma mão não guiada pela inteligência?"[111]
>
> A segunda passagem já assinalamos mais acima e contém a argumentação *ad hominem* com que Afonso brinda G. Berkeley: "Apenas gostaria de perguntar a esse grande filósofo: se todos os animais são ideias e ilusões, o senhor, senhor Berkeley, que não deve ser uma ilusão, posto que está sujeito a tantas ilusões, me diga, de onde o senhor tem a sua origem? Saiu do nada? É eterno? Ou, por acaso, é Deus? Mas, se for, é certamente um Deus bastante mirrado, porque é um Deus cheio de ilusões."[112]

Afonso emprega os raciocínios pertinentes para justificar a revelação e existência da Sagrada Escritura e para argumentar a favor da superioridade do cristianismo sobre as demais religiões. Mas, nas argumentações de caráter filosófico não alcança, em todas as ocasiões, o nível técnico exigido.

---

110 GETTO, G. *Sant'Alfonso de Liguori* (Milão, 1945) 215.

111 LIGORIO, A. M. de. *La verdad de la fe*...121-128 (todo o primeiro capítulo), 128 (texto citado). [= LIGÓRIO, Afonso. *A Verdade da Fé*. Rio de Janeiro: Centro Dom Bosco, 2019].

112 LIGORIO, A. M. de. *La verdad de la fe*... 157.

- Sobre a avaliação de Afonso a respeito da filosofia moderna

Afonso examinou o pensamento filosófico desde uma posição de clara afirmação da fé. Desde essa perspectiva ou ponto de vista, vê duas falhas fundamentais nas filosofias modernas:

- A *negação de Deus ou ateísmo*, proveniente da opção filosófica *materialista*. Essa concepção materialista considera a matéria como eterna e incriada; consequentemente, não aceita a criação, que supõe limitação no mundo material. Os que sustentam essa forma de pensar são os *ateístas*. O conceito de *ateísmo* é aplicado, expressamente, ao pensamento filosófico de Spinoza. O raciocínio que Afonso opõe se baseia na prévia aceitação da fé em um Deus criador.
- *A negação da religião positiva ou revelada.* Afonso sabe que todos os sistemas enquadrados nesse grupo têm algo em comum: aceitam a existência de Deus, mas negam, ao mesmo tempo, toda revelação positiva, afirmando que, além de ser impossível, é inútil. No fundo, estão sendo negadas a historicidade da religião e a relação pessoal de Deus com o ser humano. Os que defendem essa posição são tidos por *deístas*. Afonso emprega os raciocínios pertinentes para justificar a revelação e a existência da Sagrada Escritura e para argumentar a favor da superioridade do cristianismo frente às demais religiões.

Portanto, Afonso viu na filosofia moderna um perigo para a religião. Sua impressão diante das posturas filosóficas, no que estas tinham de radicais, foi a de temor. Olhando para trás, viu um mundo inteiro que desmoronava. Esse é o flanco da alma de Afonso: temeroso pelo mundo que perece e pouco à vontade com a novidade que está sendo ofertada.

Coerente com essa impressão-avaliação, a atitude de Afonso concretizou-se em fincar o pé, rejeitando em bloco e na raiz o pensamento filosófico justificador da mudança de cenário ideológico: passagem do antigo regime (*ancien régime*) para a nova ordem de ideias, de ideais e de práticas (*les lumières*).

A estratégia global de Afonso consistiu em "tratar de reconstruir o *ethos* cristão tradicional, transformando-o, tanto quanto o requeresse a situação, e defendendo-o dos assaltos de um pensamento que avançava, irresistivelmente, para a proclamação de uma liberdade que parecia querer destruir toda a ordem e estabilidade".[113]

Afonso não fez nenhuma concessão aos filósofos modernos. De Descartes a Locke, passando por Spinoza, Bayle e Hobbes; de J. J. Rousseau a Voltaire, atravessando todos os filósofos das *Lumières* francesas: Afonso não salva ninguém. São chamativas as críticas a Spinoza, considerado um "místico" por determinada corrente atual.

> "Afonso não concede nada, nem ao cartesianismo, nem ao empirismo, nem aos fundadores, nem aos divulgadores; de Descartes a Locke, sem nomear os devotos Pascal e Malebranche; de Hobbes a seus precursores e seguidores, alcançando o, nada respeitoso, Voltaire, tudo é uma verdadeira hecatombe. Não se salva ninguém, principalmente, porque a filosofia do *Settecento* é combatida por Afonso M. de Liguori em suas próprias origens (...). Sim, a operação que Santo Afonso realiza é peremptoriamente destrutiva. É, sobretudo, uma defesa, talvez legítima, mesmo no nível mais tecnicamente filosófico, mas, 'excessiva'; além disso, no próprio ímpeto da luta é obrigado a fazer amplo uso, precisamente, daquele instrumento racional contra o qual sentia o dever de descer ao terreno da confrontação".[114]

A última afirmação leva seu autor a sustentar que Afonso, em seu afã apologético contra o racionalismo filosófico, se converte, ele mesmo, em racionalista, cortando os possíveis brotos de misticismo a que deveria levar sua almejada defesa da fé religiosa. Desse modo se verifica uma lei válida para qualquer disputa ideológica: descer ao terreno do adversário traz consigo, inevitavelmente, ser influenciado pela postura contrária.

---

113 LISSA, G. *Tra innovazione e tradizione...*, 185.
114 FRANCHINI, R. *Alfonso Maria de Liguori...*, I, 128.

- Comparação com outras avaliações da época

Em comparação com outros apologistas eclesiásticos de sua época, a aproximação de Afonso com a filosofia moderna apresenta traços peculiares:[115]

- Não utiliza metodologia acadêmica ou desenvolvida, como a adotada por outros autores de maior impostação sistemática (e de maior amplitude no tratamento) como Concina, Moniglia, Valsecchi.
- Examina os textos que pode controlar pessoalmente; sobre os demais, faz um elenco e remete o leitor à comprovação por si mesmo.
- Tendo os olhos fixos na função prática da exposição, pensa nos sacerdotes, sobretudo, nos confessores, e em alguns seculares cultos que se servirão de seus escritos.

Com esses objetivos diante de si, é fácil compreender a diferença da aproximação afonsiana à filosofia moderna quando comparada com aquela adotada por seu contemporâneo, A. Genovesi, embora este também se mova no âmbito da ortodoxia católica.[116]

- Balanço

Como aconteceu, de modo geral, com os teólogos de seu tempo, Afonso não se deu conta da mudança de época que o pensamento filosófico tinha iniciado, já no séc. XVII, e buscava consolidar no séc. XVIII. Se houvesse essa consciência da mudança irreversível no pensamento filosófico ocidental, "sua perspectiva teria mudado radicalmente. Mas, então, os estímulos que seu indubitável gênio especulativo recebeu na confrontação não teriam existido e, assim, também teriam se perdido seus interessantes escritos, rápidos e vivos, que hão de ocupar lugar na ensaística do *Settecento*".[117]

---

[115] LIGUORI, G. *L'ateo smascherato. Immagini dell'ateismo e del materialismo nell'apologetica cattolica da Cartesio a Kant* (Milão, 2009) 111-112.

[116] LIGUORI, G. *L'ateo smascherato...* 113-125: "Alfonso e Genovesi di fronte al problema dell'ateismo e della filosofia cartesiana".

[117] LIGUORI, G. *L'ateo smascherato...* 138.

Partindo da precedente afirmação geral, R. de Maio adota postura bastante crítica quanto ao posicionamento de Afonso diante dos ideais da Modernidade, sobretudo, da Modernidade filosófica.[118] Segundo este autor, em certos aspectos, Afonso "constitui um dos maiores antagonistas do Iluminismo"[119], já que viu o mundo moderno como nuvem de tempestade, como o fim daquele mundo cultural onde a fé podia ser vivida sem perigo para os fundamentos em que se apoiava.

Sem chegar aos mesmos extremos interpretativos, com certeza Afonso não foi a mente adequada para captar o significado profundo da variação histórica e dar-lhe orientação válida desde a visão cristã da realidade. Não foi o filósofo da Modernidade, tal como tinha sido o promotor de uma formulação da moral cristã adaptada às condições do povo cristão do seu tempo.

Contudo, não se pode desmerecer o fato de Afonso ter tentado. Em sua época era quase impensável entabular confrontação - não digo diálogo, por ser algo ainda mais impensável - com os que negavam a religião. No máximo, estabelecia-se confrontação teológica com os hereges e dissidentes cristãos. Afonso deu um passo para a confrontação com os não crentes e quis que essa confrontação fizesse parte da formação teológica dos missionários de sua Congregação.

> "Na sociedade cristã do século XVIII, onde a fé era, em princípio, unânime, a controvérsia (viva contra os protestantes) parecia inútil contra os incrédulos. Qual é o seminário, nos anos de 1750, que estudava e criticava autores recentes ou contemporâneos como Spinoza, Hobbes, Locke, Leibniz, Berkeley, Wolff, Rousseau, Voltaire e Montesquieu? Havia um, o seminário dos jovens redentoristas de Pagani, para quem Afonso condensara, sobre esses filósofos, exposições precisas, respostas claras e curtas, demonstrações vigorosas".[120]

---

[118] DE MAIO, R. *Alfonso e la cultura religiosa dell'Illuminismo*: GIANNANTONIO, P. (ed.). Alfonso M. de Liguori e la società civile del suo tempo (Florença, 1990) I, 99-106.

[119] *Ibid.*, I, 103.

[120] Rey-Mermet, 616-617.

9.3.4 Complemento bibliográfico

- GREGORIO, O. *Brani apologetici inediti di San'Alfonso*. SH 13 (1965) 85-97.
- FRANCHINI, R. *Alfonso Maria de Liguori e la filosofia del Settecento*: GIANNANTONIO, P. (ed.). Alfonso M. de Liguori e la società civile del suo tempo (Florença, 1990) I, 129-138.
- LISSA, G. *Alfonso e l'illuminismo*: GIANNANTONIO, P. (ed.). Alfonso M. De Liguori e la civiltà letteraria del Settecento (Città di Castello, 1999) 233-267.
- LIGUORI, G. de. *Alfonso de' Liguori e la filosofia del suo tempo (Spinoza, Bayle, Hobbes e Locke)*: Rivista di Storia della Filosofia 61 (2006) 891-915.
- LIGUORI, G. de. *L'ateo smascherato. Immagini dell'ateismo e del materialismo nell'apologetica cattolica da Cartesio a Kant* (Milão 2009) 97-112: "Alfonso de Liguori e le controversie sui libri proibiti nel XVIII secolo".
- LIGUORI, G. de. *La metamorfosi del linguaggio nella controversistica e nella pratica missionaria de Alfonso de' Liguori:* BORGHERO, C.; LORETELLI, R. (ed.). Le metamorfosi dei linguaggi nel Settecento (Roma, 2011) 195-202.

9.4 A APOLOGÉTICA AFONSIANA

O presente capítulo está em estreita relação com o tema desenvolvido no capítulo anterior, até o ponto de formarem uma unidade temática, já que, se Afonso incursionou no campo da filosofia moderna, o fez com objetivo apologético. Portanto, neste capítulo, faremos referência aos mesmos escritos já considerados no precedente.

Antes da análise do pensamento afonsiano, oferecemos rápida descrição sobre a situação da apologética no século XVIII.

9.4.1 A apologética no século XVIII

- Visão de conjunto

Em volume anterior (V/2, 81-89) anotamos que o horizonte teológico do séc. XVIII foi claramente pobre e o período teológico de 1660-1760 é considerado uma "época de epígonos", segundo expressão do historiador da teologia, o dominicano alemão, M. Grabmann.

Contudo, há duas exceções caracterizadas como *novidades*. Por um lado, desenvolve-se a *teologia espiritual*. Por outro, começa a configuração dos tratados *De religione* (justificação da religião sobre a prova da existência de Deus) e *De vera religione* (justificação da religião cristã), acrescentando como referência que, dentro das opções cristãs, a Igreja Católica é a verdadeira. Esses três tratados constituem a base da disciplina teológica da Apologética.

No contexto do catolicismo, **João Luís Vives** (1493-1540) escreveu aquela que pode ser considerada a primeira apologia do cristianismo no período moderno: *De veritate fidei christianae* (1543; em espanhol: Valença, 2010). No mundo protestante, **Hugo Grocio** (1583-1645) compôs o tratado *A verdade da religião cristã* (em holandês, 1621; traduzida ao latim pelo próprio autor, 1627), tida por alguns autores como a primeira apologia moderna.

Na época moderna, a teologia protestante do continente continuou cultivando essa orientação temática. Também o fez a teologia anglicana, onde encontramos formulações apologéticas de grande valor, como a de **Samuel Clarke** (1675-1729), com suas obras *Demonstração do ser e os atributos de Deus* (1705) e *As imutáveis obrigações da religião natural e a verdade e certeza da revelação cristã* (1706); e, sobretudo, a de **José Butler** (1692-1752), bispo de Bristol em 1738, e de Durham em 1750, com sua *A analogia da religião, natural e revelada, com a constituição e curso da natureza* (1736). Ver a apresentação desses dois intelectuais ingleses em volume precedente: V/2, 484-487 (S. Clarke), 487-489 (J. Butler).

Não esquecer que foi no Reino Unido onde se radicalizou a opção deísta, sobretudo, na pena de John Locke (1632-1704) com seu *Ensaio sobre o entendimento humano* (1689) e de Mateo Tindal (1657-1733) com seu *Cristianismo, tão antigo quanto o mundo* (1730).

Além disso, na segunda metade do séc. XVIII, vários teólogos anglicanos responderam às colocações radicais de David Hume (1711-1776): **Guilherme Adams** (1707-1789), com o *Ensaio em resposta ao ensaio sobre os milagres, do senhor Hume* (1752); **Jorge Campell** (1719-1791), com a *Dissertação sobre os milagres* (1783); **João Douglas** (1721-1807), com o *Critério ou exame dos milagres*, e, sobretudo, **Guillermo Paley** (1743-1805), com *Princípios da filosofia moral e política* (1785), *Horae paulinae* (1790) e *Análise dos indícios do cristianismo* (1794). Ver a referência histórica sobre G. Paley em volume precedente: V/2, 496.

No âmbito católico, o séc. XVII francês tinha apresentado duas memoráveis apologias do cristianismo: a de J. B. Bossuet (1627-1704) em seu *Discours sur l'histoire universelle* (1681); e a de B. Pascal (1623-1662) com seus *Pensées* (1669). O francês, de origem irlandesa, **Lúcio José Hooke** (1716-1796) fez uma contribuição valiosa no séc. XVIII: *Religionis naturalis et revelatae principia* (1752-1754; Veneza, 1763, em 2 vol.).

Seguindo o modelo de Hooke, no séc. XVIII surgiram propostas apologéticas nos centros teológicos do mundo germânico e do Império austríaco, como as dos beneditinos **Martin Gerbert** (1720-1793) e **Benedicto Stattler** (1728-1797) e a do dominicano italiano, professor na Universidade de Viena, **Pedro Maria Gazzaniga** (1722-1799). No mundo germânico, também devemos contar o apologista jesuíta austríaco, **Vito Pichler** (1670-1736), com seu *Cursus theologiae polemicae universae* (1713).

Não faltaram apologistas no âmbito cultural ibérico. Entre eles: o cisterciense, **Antônio José Rodríguez** († 1778); o jerônimo, **Fernando de Ceballos y Mier** († 1802); o oratoriano português, **Teodoro de Almeida** († 1802).[121]

---

[121] Sobre os apologistas espanhóis posteriores: GARCÍA Y GARCÍA DE CASTRO, R. *Los apologistas españoles (1830-1930)* (Madri, 1930).

Além de L. J. Hooke, surgiram na França apologistas que enfrentaram corajosamente as novas filosofias ateístas e deístas do Iluminismo. Nesse grupo, devem ser colocados: o beneditino, **Francisco Lamy** (1636-1711), com sua *O infiel levado à religião mediante a razão* (Paris, 1710); o oratoriano, **Claudio Francisco Alexandre Houtteville** (1686-1742), com *A verdade da religião cristã demonstrada pelos fatos* (Paris, 1722); o jesuíta, **Claudio Buffier** (1661-1737), com sua *Exposição das provas mais claras da verdadeira religião* (1732); o prolífico escritor, **Nicolás Silvestre Bergier** (1718-1790), que enfrentou Rousseau (*O deísmo refutado por si mesmo*, 1765), Fréret (*A certeza das provas do cristianismo*, 1767) e o barão d'Holbach (*Exame do materialismo*, 1771), e que compôs uma obra de sistematização em seu *Tratado histórico e dogmático sobre a verdadeira religião* (1780, dois volumes).

Destacamos a figura do jesuíta **Claudio Francisco Nonnotte** (1711-1793) pela ampla repercussão de seus escritos na Europa e pela relação que Afonso de Liguori manteve com ele.

C. F. Nonnotte nasceu em Besançon, entrou na Companhia de Jesus aos 19 anos e se dedicou à pregação (Amiens, Versailles, Turim, etc). Depois da supressão da Companhia de Jesus na França (1764), retornou a Besançon, onde faleceu. O mais destacado de sua atividade foi o trabalho de controversista, sobretudo, em resposta aos escritos de Voltaire.

Entre suas obras, sobressaem duas:

- NONNOTTE, C. F. *Erreurs de Voltaire*, 2 volumes (Avinhão, 1762, 1767^3; com edições posteriores: Lyon, 1770^5). Nesta obra, Nonnotte "indica, com moderação e cortesia, aqueles pontos nos quais Voltaire tergiversa sobre os fatos da história".[122]
- NONNOTTE, C. F. *Dictionnaire Philosophique de la Religion: où l'on établit tous les points de la religion, attaqués par les incrédules*, 4 vol. (Avinhão, 1772; Lyon, 1773; com edições posteriores).

[122] DULLES, A. *La historia de la Apologética. Encuentros y desencuentros entre la razón y la fe* (Madri, 2016) 233.

Esses escritos de Nonnotte tiveram ampla circulação nos ambientes intelectuais da Europa, sobretudo, religiosos. Foram traduzidos para o italiano, alemão, polonês, português, espanhol.

Tradução espanhola:

- NONNOTTE, C. F. *Los errores históricos y dogmáticos de Voltaire* (Madri, 1771-1772). Inclui o *Breve* do Papa Clemente XIII (assinado em 7 de abril de 1768) ao autor por motivo da publicação do livro. Quando do anúncio do segundo livro *(Diccionário anti-filosófico)* disse o Papa: "Não poderás fazer um serviço mais importante para a Religião que combater o dito livro *[Dicionário Filosófico*, de Voltaire], composto unicamente para sufocar (sic) nos corações todos os sentimentos de Religião e piedade" (p. VII).
- NONNOTTE, C. F. *Diccionario anti-filosófico, o comentario y correctivo del "Diccionario filosófico" de Voltaire, y de otros libros que han salido a luz en estos últimos tempos contra el cristianismo* (Madri, 1793): 3 pequenos tomos de umas 300 páginas cada um (I: 320) (II: 304) (III: 235).

Entre os artigos desse *Diccionario*:

a) Sobre o materialismo: *Alma* (I, 23-25); *Corpo* (I, 187: não é o princípio dos nossos pensamentos); *Espiritualidade da alma: provas dessa verdade* (I, 242-243); *Imaterialidade da alma* (II, 51-53); *Imortalidade da alma* (II, 54- 67); *Materialismo* (II, 146-147).
b) Sobre o ateísmo: *Ateístas* (I, 68-78); *Deus: existência e atributos* (I, 220-225).
c) Sobre o deísmo: *Deístas* (1,196-206); *Razão* (III, 25-28: seu uso em matéria de religião); *Revelação* (III, 72-76); *Religião* (III, 28-45).
d) Sobre determinados filósofos; *Descartes:* o fundador da boa Metafísica (I, 211-214); apologia de *Pascal* (II, 246-251); *Spinoza* e seu monstruoso sistema (111, 131-132: "um ateísta de profissão"); contra *Diderot* (I, 215-220); contra *Juliano Offray de La Metrie* (II, 169-178); *João Tolando* (III, 149-167: longo artigo).

e) Sobre a *Enciclopédia* (I, 232-238): "Nesse depósito de ciência [não há] senão roubos, plágios e máximas atrevidas contra a Religião e contra o Estado" (p. 233).

f) Sobre *Voltaire* (III, 200-229): "Não satisfeito com a glória de ser o gênio mais universal e o mais elegante escritor de sua nação, pretendeu, desde bem jovem, a infeliz reputação de incrédulo" (p. 200). "Tal é, não obstante, o homem que chegou a ser ídolo da maior parte de sua nação, e a quem incensou até os últimos dias de sua vida, e tanto, que não temeu o ridículo de coroá-lo em teatro público, e decretar--lhe as honras ["horrores", diz a edição que utilizo: Madri, 1793, p. 228] da apoteose" (p. 228).

g) Sobre a *moral: Moral do Evangelho* (I, 260-264: a mais perfeita); *Moral de Moisés* (II, 231-336); *Lei natural:* "Deus a imprimiu nos corações" (II, 108-112); *Origem do mal* (I, 93-101); *Virtude:* insuficiência de seu tratamento na filosofia (III, 197-200); *Suicídio* (III, 133-136: contra); *Teatro* (III, 136-143: condenação); *Luxo* (II, 126-129: danos); *Liberdade* (II,112-118); *Tolerância* (III, 167-182); *Liberdade de pensar* (II, 118-122: que limites devem ser impostos?).

C. F. Nonnotte também escreveu uma obra sobre o uso do dinheiro: NONNOTTE, C. F. *L'emploi de l'argent* (Avinhão, 1787), traduzida ao italiano por Maffei.

Embora seja apenas no séc. XIX que o tratado de Apologética receberá configuração, já "desde meados do século XVII ao XVIII a apologética formula questões centrais de tipo racional a serem afrontadas por qualquer defesa da fé cristã".[123]

> "Ao longo do século XVIII aparecem numerosos livros sobre 'a verdade da religião cristã'. Não respondem sempre a motivos apologéticos contra os novos filósofos, mas a uma intenção de confirmar os fiéis (...). A preocupação com os fundamentos da fé surge do interior da própria crença. A teologia fundamental é a expressão mais patente de que a razão não pode ser marginalizada em nenhum mo-

[123] GONZÁLEZ MONTES, A. *Fundamentación de la fe* (Salamanca, 1994) 237.

mento. Além disso, um diálogo com os fiéis de outras religiões só é possível argumentando sobre a base da comum racionalidade. O cristianismo praticou esse método em todos os tempos para atrair pagãos, politeístas e, inclusive, judeus e maometanos".[124]

Portanto, é patente a ampla presença do interesse apologético no panorama teológico, tanto católico, quanto protestante, do séc. XVIII. "No século XVIII, o século dos enciclopedistas, os apologistas são uma legião. Embora a qualidade não corresponda à quantidade e a genialidade nem sempre acompanhe seu pensamento, os defensores da fé cristã não deixaram de construir uma obra séria e sólida".[125]

Remetendo, para mais detalhes, às valiosas sínteses disponíveis sobre a história geral da Apologética e, mais concretamente, sobre a história da Apologética no séc. XVIII (ver a nota bibliográfica apresentada no final da presente seção), centramos, agora, a consideração sobre os mais destacados apologistas italianos, dos quais Afonso, sem dúvida, teve conhecimento e, com algumas obras, confrontou seu pensamento.

- Apologistas italianos no séc. XVIII

Um dado histórico se impõe como ponto de partida. "Os católicos italianos do século XVIII observavam com aterrada inquietude as marés do deísmo e do ateísmo invadindo Inglaterra e França. Já alertados por seus predecessores do séc. XVII a aborrecer as heresias luterana e calvinista, os apologistas italianos consideravam os novos erros consequência natural e inevitável do princípio protestante do livre exame. A fé, na opinião deles, dependia em grande medida da autoridade viva da Igreja e, em especial, do Papa".[126]

---

[124] SÁNCHEZ-BLANCO, F. *La Ilustración y la unidad cultural europea* (Madri - Sevilha, 2013) 163.
[125] LE BACHELET, X. M. *Apologétique. Apologie*: D'ALES, A. (ed.). Dictionnaire Apologétique de la Foi Catholique, I (Paris, 1914) 211-212.
[126] DULLES, A. *La historia de la apologética*..., 233.

Essa tendência generalizada de centralizar a apologética na autoridade segura da Igreja e de se opor a todas as novidades contrárias à fé recebida vai ser o denominador comum da série de apologistas italianos que assinalamos na continuação.

Ainda ancorado no séc. XVII, **Paulo Segneri,** *senior* (1624-1699) escreveu um tratado apologético com o título *L'incredulo senza scusa* (Veneza, 1690).

Nesse mesmo ano de 1690, o literato e cientista, **Lorenzo Magalotti** (1637-1712) publicou, também em Veneza, as *Lettere familiari* [parte I] *contro l'ateismo.*[127] Essas cartas terão grande influência na reflexão apologética dos eclesiásticos, concretamente, na de Afonso de Liguori. Sobre L. Magalotti se dizia que tinha conhecido B. Spinoza pessoalmente.

O cardeal dominicano, **Vicente Luís Gotti** (1664-1724), publicou *La vera Chiesa di Gesù Cristo dimostrata dai segni e dai dogmi contro i due Libri di Giacomo Picenino* (Bolonha, 1719). Foi dito que essa obra "marca um ponto no desenvolvimento da apologética da Igreja".[128]

Tomás Vicente Moniglia (1686-1767), nasceu em Florença e ingressou no convento dominicano de São Marcos da mesma cidade (1702), com uma longa estadia no Reino Unido (1709-1712) onde travou conhecimento com as novas propostas filosóficas. Professor de Sagrada Escritura e história da Igreja na Universidade de Pádua (1741), compôs importantes obras de caráter apologético: *Dissertazione contro i materialisti ed altri increduli,* 2 vol. (Pádua, 1750); *Osservazioni critico-filosofiche contro i materialisti divise in due trattati* (Lucca, 1760).[129] Esse autor é uma das fontes dos escritos apologéticos de Afonso de Liguori.

---

[127] PRETI, C.; MATT, L. *Magalotti, Lorenzo*: Dizionario Biografico degli Italiani 67 (2006) s. v.

[128] DULLES, A. *La historia de la apologética...*, 234.

[129] TABACCHI, S. *Moniglia, Vincenzo Tommaso*: Dizionario Biografico degli Italiani 75 (2011) s. v.

Daniel Concina (1687-1756), também dominicano, escreveu: *Della Religione rivelata contro gli ateisti, deisti, materialisti e indifferentisti,* 2 vol. (Veneza, 1754).

O acérrimo defensor de D. Concina, e também frade dominicano, **Vicente Domingos Fassini** (1738-1787), "personalidade complexa e dificilmente enquadrável"[130], professor, no final de sua vida, na Universidade de Pisa (1772), defendeu a concepção católica da Bíblia frente aos protestantes e polemizou com o francês N. Fréret: *De apostolica origine Evangeliorum Ecclesiae catholicae liber singularis erga Nicolaum Freretum* (Livorno, 1775).[131]

Inácio da Cruz (1717-1784), insigne orador agostiniano e muito amigo de Tanucci[132], foi autor de dois tratados latinos sobre apologética, doutos e bem documentados: *Revelatae religionis vindiciae* (Nápoles, 1772) e *De veritate religionis Christianae,* 2 vol. (Nápoles, 1776).[133]

O sacerdote e membro da *Arcadia* (Roma), **Nicolás Spedalieri** (1740-1795), criticou Fréret: *Analisi dell'Esame critico del signor Nicola Fréret sulle prove del cristianesimo* (Roma, 1778); e defendeu a função social do cristianismo: *Raggionamento sulla influenza della religione cristiana nella società* (Roma, 1779).

Em volume precedente (V/2, 919-921), apresentamos a figura intelectual de **Giacinto Sigismondo Gerdil** (1718-1802), clérigo barnabita, savoiano de nascimento, turinês como professor, romano como eclesiástico de prestígio (bispo, cardeal), candidato, sem êxito, ao sólio pontifício no conclave de 1800.

Entre suas muitas obras - suas *Opera omnia* alcançam a cifra de 20 volumes in-4º na edição de Roma, 1806-1821 - encontram-se escritos de confrontação com o *Emílio* de Rousseau: *Réflexions sur la*

---

130 STELLA, P. *Il giansenismo in Italia. Collezione di documenti,* I/2 (Zurique, 1970) 55 ss.

131 FANTAPPIÈ, C. *Fassini, Vincenzo Domenico*: Dizionario Biografico degli Italiani 45 (1995) s. v.

132 VENEZIANI, S. *Ignazio della Croce*: Dizionario Biografico degli Italiani 62 (2004) s. v.

133 BARBA, E. *Ignazio della Croce* (Roma, 1944). Sobre essa obra, Tellería, II, 334, nota 65, diz: "Tese doutoral em que se fala da apologética dentro e fora da Itália sem fazer menção ao nome de Afonso, contemporâneo e conterrâneo do agostiniano".

théorie et la pratique de l'éducation contre les principes de J. J. Rousseau (1765); e em defesa de Malebranche sobre a imortalidade da alma contra Locke: *L'immortalité de l'àme démonstrée contre Locke et en défense du R. Malebranche contre ce philosophe.*

Merece destaque a importância de seu pensamento filosófico em oposição aos pressupostos do deísmo e do materialismo. Tal é a orientação apologética de sua *Introduzione allo studio della Religione,* obra publicada no 1.1 *Delle opere dell'Emminentissimo Sig. Cardinale Giacinto Sigismondo Gerdil* (Bolonha, 1784).[134]

> "Embora Gerdil seja diferente da maioria dos apologistas italianos de seu século por motivo de sua atitude positiva em relação aos desenvolvimentos filosóficos modernos, assemelha-se a eles em suas tendências infalibilistas e na apatia com o protestantismo. Os apologistas católicos do século XVIII não tomaram, em nenhum país, participação ativa no desenvolvimento criativo de novas formas de pensamento, como estavam fazendo os anglicanos na Inglaterra e os luteranos na Alemanha".[135]

Ao lado de G. S. Gerdil e, talvez, alguns passos à frente, é preciso situar aquele que, talvez, seja o maior apologista italiano do séc. XVIII, o dominicano **Antonio Valsecchi** (1708-1791). Com 17 anos, entrou no convento dominicano de Veneza, tendo como instrutor o teólogo moralista Fulgêncio Cuniliati. Ordenado sacerdote, dedicou-se ao ministério da pregação, em cujo exercício alcançou grande prestígio. Alguns textos de suas pregações quaresmais foram publicados um ano depois de sua morte: *Prediche Quaresimali* (1792).[136] Em 1758, passou para a Universidade de Pádua como professor de teologia. Exerceu o magistério durante 33 anos, tornando-se pessoa muito ativa na cultura italiana de seu tempo.[137]

---

134 GNEMMI, A. *L'apologia razionale religiosa, fondamento parmenideo e affermazione di Dio nel contributo di Giacinto Sigismondo Gerdil* (Pádua, 1971); VALABREGA, E. *Gerdil e la lotta alla cultura dei Lumi*: Barnabiti Studi 18 (2001) 135-161.

135 DULLES, A. *La historia de la apologética...*, 235.

136 PETRUZZI, P. *La predicazione quaresimale di Antonino Valsecchi, o. p. (1708-1791)*: VÁRIOS. La predicazione in Italia dopo il concilio di Trento, tra Cinque e Settecento (Nápoles, 1996) 391-419.

137 FERRARI, G. B. *Laudatio in funere F. Antonino Valsecchi* (Patavii = Pádua, 1791).

A. Valsecchi destacou-se, de modo especial, no campo teológico da apologética, chegando a ganhar fama de um dos mais insignes apologistas do cristianismo. Primeiro, publicou sua obra em italiano: *Dei Fondamenti della Religione e dei Fonti dell'Empietà,* 3 vol. (Veneza, 1764- 1765). Depois, o livro foi publicado em latim (tradução do sacerdote paduano Luís Guerra, com expressa licença do autor): De *fundamento religionis et de fundamentis impietatis* (Veneza, 1767), adquirindo, então, maior difusão. Houve outras edições durante a vida do autor, como as de: Veneza, 1770^2; Nápoles, 1776; Pádua, 1767-1768; etc.

A obra apologética de A. Valsecchi se situa "dentro do padrão essencial da apologética de Hooke, modelo para muitos outros tratados escolásticos".[138] Contudo, também contém orientações e conteúdos originais do próprio autor. Um deles, entre outros vários, é a confrontação com a proposta de Rousseau acerca da religião civil. Frente à postura do genebrino, para quem não há uma religião melhor que a outra, e para quem uma religião concreta não é um todo coerente e, consequentemente, é possível admitir mudanças, o apologista dominicano sustenta a distância entre *tolerância civil* e *tolerância teológica.* No terreno da fé, não se pode conceder valor a dogmas diferentes dos próprios dogmas da fé (essa postura seria *tolerância teológica*), enquanto no âmbito civil é preciso defender a convivência pacífica e respeitosa das diversas religiões (aceitação da *tolerância civil*).

> Afonso de Liguori teve em grande estima a obra apologética de A. Valsecchi. Também soube se servir dela para a composição de seus próprios escritos nessa área teológica. Em carta dirigida a Remondini, expressa-se assim: "Suplico novamente que adquira para mim, na livraria Manfré, o quanto antes possível, a obra do Pe. Valsecchi (...). Já tenho quase terminado meu livro contra os materialistas e deístas, mas não posso começar a impressão sem antes ter lido a obra da casa Manfré.[139]

[138] DULLES, A. *La historia de la apologética...*, 237.

[139] Lettere, III, 280.

Com o panorama descrito sobre o cultivo da apologética na Itália, bem como, o normal intercâmbio de ideias entre as diferentes regiões italianas, cremos ser necessário matizar a afirmação de R. de Maio, para quem a apologética teve caráter local em Nápoles: "Diferentemente do regalismo e das doutrinas jurídicas, durante todo o *Settecento* a Apologética, como todas as ciências eclesiásticas, foi uma ciência provincial em Nápoles, se não, precisamente, local".[140]

- Apreciação global sobre a Apologética do séc. XVIII

Em termos gerais, podemos dizer que os apologistas católicos do séc. XVIII continuam enquadrados na noção tradicional de fé (crença baseada na autoridade) e na compreensão tradicional da credibilidade correspondente à fé. Embora a maior parte esteja convencida da possibilidade de partir da razão para justificar e provar a existência de Deus (existência da religião) e da revelação (existência da religião revelada), a demonstração que fazem, tomada em conjunto, não vai além do próprio fato da revelação, que comprovam no terreno histórico e usando, principalmente, critério externos.

Na apreciação de um especialista da história do saber teológico apologético - permita o leitor, em razão de seu valor, alongar a citação -,

> "no primeiro período moderno, a apologética adota forma muito diferente da que tivera nos séculos anteriores. Para os Santos Padres, consistia em debate sobre os prós e contras do paganismo, judaísmo e cristianismo. Para os teólogos medievais, a apologética era uma contenda entre as três grandes religiões monoteístas - judaísmo, cristianismo e islamismo - que apelavam a uma revelação histórica. Depois do Renascimento, contudo, a apologética precisou responder aos pensadores que rejeitavam totalmente a revelação e, em alguns casos, negavam a existência ou cognoscibilidade de Deus. Pela primeira vez na história, a ortodoxia cristã sentiu-se obrigada a demonstrar a existência de Deus e a possibilidade e o fato da revela-

140 DE MAIO, R. *Società e vita religiosa a Napoli nell'età moderna (1655-1799)* (Nápoles, 1971) 310. Ver: *Ibid.*, 263-264. Também: Lettere, III, 407.

ção. Ao fazê-lo, às vezes, concedia muito aos seus adversários deístas, dando a impressão de que a razão desassistida seria capaz de erigir uma religião natural satisfatória que, em muitos aspectos, duplicava o cristianismo. Esses anos não deram à luz nenhuma síntese apologética grandiosa comparável às de Santo Agostinho e Santo Tomás (...). Por mais devotos da razão natural que fossem, os apologistas desse período eram muito superficiais em filosofia para alcançar uma visão elevada e compreensiva da realidade comparável à de Santo Agostinho e Santo Tomás. Em parte, como consequência das fraquezas já apontadas, a iniciativa nesse período não coube então ao lado dos protagonistas da causa cristã, mas, principalmente, ao lado dos adversários (...). Do lado positivo, cabe apontar o progresso na linha da sistematização (...). Em combinação com outras perspectivas, essa apologética escolástica acabará sendo introduzida na doutrina oficial da Igreja e, de maneira destacada, no Concílio Vaticano I (...). Em parte, pelos ataques de adversários como Spinoza e Reimarus, a crítica bíblica moderna começará a se desenvolver nos finais do séc. XVII e começos do XVIII (...). Em resumo, os séculos levados em conta nesse capítulo [séculos XVII e XVIII] são de transição. A apologética está começando a se reorientar, quase com relutância, para os problemas e formas de pensamento da mente moderna e, dessa maneira, preparando futuros caminhos".[141]

Apreciação, ainda mais minimalista, sustentou, no começo do séc. XX, o autor do correspondente artigo no *Dictionnaire de Théologie Catholique*. Usando imagens da estratégia militar, afirma: "o exército católico contou com grande número de combatentes no séc. XVIII, aos quais não faltou, nem a coragem, nem a ciência, mas venceram muito mais escaramuças que batalhas, já que suas armas eram, muito frequentemente, velhas; se não foram desalojados de suas posições, tampouco alcançaram mais que escassas vitórias indiscutidas e definitivas. Em uma palavra, a apologética foi abundante, mas, no geral, medíocre".[142]

[141] DULLES, A. *La historia de la apologética...*, 238-240.
[142] MAISONNEUVE, L. *Apologétique. XVIIIe. siècle*: DTC, I/1 (Paris, 1909) 1553.

Nota bibliográfica

Sobre a história geral da Apologética

- ZOCKLER, O. *Geschichte der Apologie des Christentums* (Gütersloh, 1907).
- MAISONNEUVE, L. *Apologétique. Histoire*: Dictionnaire de Théologie Catholique 1/1 (Paris, 1909) 1533-1572.
- LE BACHELET, X. M. *Apologétique. Apologie*: D'ALES, A. (ed.). Dictionnaire Apologétique de la Foi Catholique, I (Paris, 1914) 190-251.
- DULLES, A. *La historia de la apologética. Encuentros y desencuentros entre la razón y la fe* (Madri, 2016), obra publicada pela primeira vez em 1971 e atualizada em 2004 (Estados Unidos). Com seleta e organizada bibliografia nas p. XXXIX-LVIII.

Sobre a Apologética no séc. XVIII

- MAISONNEUVE, L. *Apologétique. Histoire*: Dictionnaire de Théologie Catholique 1/1 (Paris, 1909) cc. 1543-1553.
- LE BACHELET, X. M. *Apologétique. Apologie*: D'ALES, A. (ed.). Dictionnaire Apologétique de la Foi Catholique, I (Paris, 1914) cc. 211-215.
- DULLES, A. *La historia de la apologética. Encuentros y desencuentros entre la razón y la fe* (Madri, 2016) p. 204-240.
- DE VIZMANOS, F. B. *La apologética de los escolásticos postridentinos:* Estudios Eclesiásticos 13 (1934) 418-446.
- PRANDI, A. *Cristianesimo offeso e difeso. Deismo e apologetica cristiana nel secondo Settecento* (Bolonha, 1975).
- EICHER, P. *Offenbarung: Prinzip neuzeitlicher Theologie* (Munique, 1977) 87-108.
- HEINZ, G. *Divinam christianae religionis originem probare: Untersuchung zur Entstehung des fundamental-theologischen offenbarungstraktates der katholischen Schultheologie* (Mogúncia, 1984) 142-268.

- RUGGIERI, G. *L'apologia cattolica in epoca moderna:* Enciclopedia di teologia fondamentale, I (Gênova, 1987) 306-309.
- GONZÁLEZ MONTES, A. *Fundamentación de la fe* (Salamanca, 1994): Sobre os séc. XVII-XVIII: "El proyecto de fundamentación de la apologética clásica y sus límites", p. 223-258. Sobre o séc. XIX: "Contexto histórico de la apologética como disciplina de defensa y fundamentación en el siglo XIX", p. 258-268.
- LIGUORI, G. de. *L'ateo smascherato. Immagini dell'ateismo e del materialismo nell'apologetica cattolica da Cartesio a Kant* (Milão, 2009).

9.4.2 A Apologética Afonsiana

- Os escritos afonsianos sobre apologética

Como já anotamos, os escritos afonsianos sobre a Apologética são os mesmos analisados no capítulo precedente:

- *Breve Dissertazione contro gli errori de' moderni increduli oggidì nominati materialisti e deisti* (Nápoles, 1756).
- *Verità della Fede contro i Materialisti che negano l'esistenza di Dio, i Deisti che negano la religione rivelata, ed i Settari che negano la Chiesa cattolica essere l'unica vera* (Nápoles, 1767, 1777; Bassano, 1767, 1778).
- *Riflessioni sulla verità della divina Rivelazione contro le principali opposizioni dei deisti* (Nápoles, 1773; Bassano, 1774).

A esses escritos é necessário acrescentar o tratado sobre a doutrina dogmática do Concílio de Trento, *Opera Dogmatica contra gli eretici pretesi riformati* (Nápoles, 1769; Veneza, 1770), obra que será abordada no cap. 4 da seção 14.

No conjunto de escritos afonsianos, sobressai *Verità della Fede,* escrito que assume o conteúdo da *Breve Dissertazione.* Por outro lado, o terceiro escrito - as *Riflessioni sulla verità della divina Rivelazione* - também repete algo já tratado na *Verità della Fede.* Esta é, portanto, a obra em que Afonso sistematizou seu pensamento apologético. "A *Verdade de Fé* coroava tentativas precedentes, refundindo-as e dando-lhes fisionomia própria, fundamentando e colorindo suas partes com vivas pinceladas de amor à Igreja".[143]

O escrito, além de responder aos argumentos ateus e deístas, abre a perspectiva, como o próprio texto indica (*ed i Settari che negano la Chiesa cattolica essere l'unica vera* – e os sectários que negam que a Igreja Católica é a única verdadeira) ao horizonte da verdadeira Igreja.

Sendo assim, giram ou se reagrupam em torno da *Verità della Fede* os demais escritos afonsianos de mesma temática, constituindo um tratado completo de apologética. Esse escrito é "a *obra-prima* apologética de Santo Afonso".[144] Ao aceitarmos tal avaliação, não deixamos de reconhecer que o escrito participa da pobreza intelectual, concretamente, filosófica, que era a condição comum entre os apologistas de seu tempo.[145]

- Síntese da apologética afonsiana

Acabamos de afirmar que Afonso sistematizou sua visão apologética na obra *A Verdade da Fé*. "Esta foi sua obra máxima de apologista".[146]

---

143 Tellería, II, 332.

144 TOGLIA, V. *S. Alfonso apologeta*: VÁRIOS. Sant'Alfonso de Liguori. Contributi bio-bibliografici (Bréscia, 1940) 185.

145 Um autor, que sublinha tal carência, tanto na apologética de Afonso, quanto nos tratadistas de seu tempo e espaço, parece exagerar ao extrapolar essa condição para todos os escritos afonsianos: "Na essencial preocupação prática está a razão da pobreza desta obra apologética [*Verità della Fede*] (valiosa, no entanto, dentro dos limites de tratado de divulgação) e daquela monotonia que pesa um pouco sobre toda a vasta produção do escritor. Sim, já foi dito sobre sua apologética, que faltava na Itália um clima cultural capaz de estimular a polêmica, mas, na realidade, trata-se mais de um defeito inerente a todas as obras de Liguori e próprio da sua personalidade" (GETTO, G. *Sant' Alfonso de Liguori* [Milão, 1945] 214-215).

146 Tellería, II, 330.

Em 1785, escrevia a Remondini: "trabalho na composição de um livro contra o ateísmo e o deísmo, erros atualmente em voga pois, nem os calvinistas ingleses, nem os jansenistas franceses, são, realmente, jansenistas ou calvinistas, mas ateus e deístas, e publicam uma torrente contínua de livros corrosivos sobre essa matéria que, em Nápoles, até as mulheres procuram e devoram, pervertendo-se inúmeras almas com a sua leitura".[147]

A composição da obra ocupou Afonso durante dois anos. Livros para consultar tinha em abundância, embora os achasse obscuros: "li muitos autores, mas todos muito obscuros".[148] Por seu epistolário passam vários autores consultados, com as respectivas obras: o dominicano veneziano, Antônio Valsecchi, o também dominicano e professor em Pádua, Tomás Vicente Moniglia, o professor da Sorbonne, Joseph Hooke, e outros apologistas, sem faltar a citação de Antônio Genovesi.

O objetivo de Afonso era a clareza: "Meu lema se resume em expor, com tal clareza a matéria, que todos a entendam, e nisso me dizem que minhas obras possuem algum mérito, porque desenrolam com limpidez as questões mais abstrusas".[149]

E, realmente, organizou um esquema de apologética sumamente claro. É reconhecido no Afonso apologista, principalmente, o valor de seu *esquema*.

Liguori formulou a apologética em três momentos.

- Prova da existência de Deus (e da religião) em confronto com os materialistas e ateus (*ateístas*, se dizia então).
- Prova da existência e coerência da revelação ou da religião positiva em confronto com deístas.
- Prova da veracidade da doutrina sustentada pela Igreja Católica em confronto com as posturas de outras confissões cristãs (os chamados *hereges*).

---

147 Lettere, III, 273.
148 Lettere, III, 279.
149 Lettere, III, 281.

Esse terceiro momento de sua prova apologética foi exposto, de forma autônoma, na *Opera Dogmatica contra gli eretici pretesi riformati* (Nápoles, 1769; Veneza, 1770), que comentaremos no cap. 4 da seção 14.

Além de provar a coerência da religião, possibilidade da revelação positiva e realização perfeita da revelação cristã na Igreja Católica, Afonso pretende tornar o cristianismo plausível para o homem moderno. Para tanto, toca as duas cordas mais sensíveis na estimativa moderna: a *felicidade* de todo indivíduo e a *tranquilidade* da sociedade em seu conjunto. Dos três capítulos que se compõe o escrito *Riflessioni sulla verità della divina Rivelazione contro le principali opposizioni dei deisti* (1773), um é dedicado a provar que "a revelação divina é necessária e nada oposta à razão" e os outros dois a convencer que "a revelação divina não se opõe à felicidade do indivíduo" (cap. 2) e "a revelação divina não se opõe à tranquilidade pública".[150]

- Avaliação histórica da apologética afonsiana

Da perspectiva da historiografia civil do séc. XVIII, reconhece-se a importância da figura de Afonso citando-o, ao lado de G. S. Gerdil, como representante da orientação apologética do pensamento apologético italiano.[151] Da nossa parte, também incluiríamos A. Valsecchi nesse pelotão inicial.

Mesmo o mundo do pensamento reconhece a Afonso a condição de apologista, dando-lhe lugar no desenvolvimento histórico dessa disciplina teológica.[152]

---

[150] Citado, originalmente, pela tradução espanhola de 1847: LIGORIO, A. M. de. *La verdad de la fe, evidenciada por los caracteres de su credibilidad.* Traduzida ao espanhol pelo presbítero D. Julián González de Soto. Acrescentados dois opúsculos [*Breve Disertación* y *Reflexiones sobre la verdad de la Revelación divina*] e *Disertaciones teológico-morales acerca de la vida eterna* (Madri-Barcelona, 1847) 208-223 ("La revelación divina no se opone a la felicidad del individuo"); 224-237 ("La revelación divina no se opone a la pública tranquilidad"). [= LIGÓRIO, Afonso. *A Verdade da Fé.* Rio de Janeiro: Centro Dom Bosco, 2019].

[151] SÁNCHEZ-BLANCO, F. *La Ilustración*..., 163.

[152] LE BACHELET, X. M. Apologétique. Apologie..., 212.

Segundo R. Tellería, com *A Verdade da Fé,* Afonso "ocupou um lugar próprio na galeria dos apologistas de seu século e não faltaram historiadores que lhe fizeram justiça sobre esse ponto (...). Entre os apologistas italianos daquele século, Afonso ostenta características próprias e as mantém com maior destaque frente aos que, principalmente em Nápoles, poderiam disputar com ele a primazia nesse terreno, como Inácio da Cruz".[153]

A obra de Afonso deve ser avaliada nos limites da apologética do *Settecento* italiano. "Comparada com os grandes escritores do século XVI francês, com os *Pensamentos* de um Pascal ou com as páginas de um Bossuet, a *Verdade da Fé* de Afonso causaria desilusão ao leitor".[154] Mas, se for comparada com os abundantes escritos apologéticos do *Settecento* italiano, compreendendo, entre eles, os de Gerdil e Valsecchi, Afonso merece formar parte do grupo.

Afonso "deu poderoso impulso à sistematização da Apologética como disciplina autônoma e matéria de ensino nas escolas teológicas".[155] Considerada em seu esquema, em seu conteúdo e em sua orientação[156], a obra afonsiana *Verdade da Fé* foi importante para organizar o volumoso material apologético existente, mais tarde, sistematizado nos dois tratados *De vera Religione* e *De Ecclesia Christi.*

> "Em *Verità della Fede* Afonso combate, de forma breve e clara, a incredulidade do *Settecento* e, por isso, é o grande médico de seu século".[157] Essa obra "contém, em síntese, os argumentos tradicionais para a defesa integral da Revelação e é a primeira *Summa Apologetica* escrita por um Doutor da Igreja Universal".[158]

Na avaliação de R. Tellería, "a base da obra é constituída pelo acervo tradicional acumulado pelos apologistas anteriores e contemporâneos. O santo não pretendeu originalidade, não poderia

[153] Tellería, II, 334.

[154] Tellería, II, 330.

[155] TOGLIA, V. *S. Alfonso apologeta...*, 184-185.

[156] Assim o faz: TOGLIA, V. *S. Alfonso apologeta...* 185-204 ("sistemazione e metodo"), 204-226 ("contenuto dottrinale"), 226-238 ("carattere").

[157] TOGLIA, V. *S. Alfonso apologeta...* 238.

[158] TOGLIA, V. *S. Alfonso apologeta...* 238.

encontrá-la em sua base, nem seria útil para doutrinar melhor o povo. As sutilezas dialéticas, argumentações de alta metafísica e erudição peregrina não igualavam a eficácia que, sobre os leitores bem-dispostos, exerciam os arroubos do coração, as chamadas à consciência, o alento da oração inicial à Maria, planando sobre a fé adormecida do leitor. Mesmo os que recentemente [foi publicado em 1950] discutiram os traços geniais do livro, reconhecem seus merecimentos, não apenas pastorais, mas de 'alta divulgação científica' e, inclusive, intuições originais ao explicar a função da oração na gênese do ato de fé".[159]

Pelo que foi dito, nos parece minimalista a avaliação de Londoño sobre a condição de apologista na figura teológica de Afonso:

> "Digamos uma palavra sobre Santo Afonso apologista:
> - Foi uma atividade tardia em sua vida.
> - Não tinha preparação para tal atividade.
> - Valeu-se dos melhores apologistas da época e seguiu o mesmo tom".[160]

Consideramos mais exata a avaliação da apologética afonsiana encontrada em uma das melhores sínteses históricas sobre essa disciplina da teologia católica. Embora um pouco extensa, vamos reproduzi-la:

> "Uma das apologias mais populares, e típicas do período, foi *A Verdade da Fé*, do redentorista [por que não "fundador" dos redentoristas?] italiano, Santo Afonso Maria de Ligório (1696-1787), uma obra em que o autor recapitula os principais pontos de dois de seus tratados anteriores contra a heresia e descrença modernas. O livro consta de três partes principais: a primeira, contra os ateus e materialistas, demonstra a existência de Deus e a dimensão espiritual da alma humana. A segunda parte, com um breve capítulo a modo de prefácio sobre a necessidade da revelação, expõe os argumentos

[159] Tellería, II, 332, com as correspondentes citações.

[160] LONDOÑO, N. *Se entregó por nosotros. Teología de la Pasión de Cristo en san Alfonso de Liguori* (Roma, 1997) 39.

costumeiros, baseados nos milagres e nas profecias para demonstrar, principalmente contra os deístas, o fato da revelação cristã. Essa parte encerra com uma série de capítulos sobre a divina providência, imortalidade da alma e recompensas e castigos do futuro. A terceira parte, dirigida especialmente contra os protestantes, procura demonstrar que somente a Igreja Católica de Roma é legítima, tal como se pode ver a partir de sua continuidade histórica com a Igreja apostólica e a continuidade dos milagres em seu seio (incluída a liquefação do sangue de São Genaro). As igrejas protestantes são descartadas como falsas, pois seus fundadores não tinham nenhuma missão divina e careciam de regra de fé estável. No capítulo final, Afonso adota postura firme a favor da infalibilidade papal, estabelecida como dogma um século mais tarde".[161]

A partir da descrição dos traços apologéticos da teologia católica no séc. XVIII, tal como apresentados na primeira parte deste capítulo, é possível deduzir que faltou um gênio teológico capaz de assumir a profunda mudança de pensamento da época moderna e dar-lhe a plenitude que necessitava e era possível desde a fé, segundo o axioma patrístico "nihil redemptum nisi assumptum" e "nihil assumptum nisi redemptum - nada foi redimido que não tenha sido assumido - nada foi assumido que não tenha sido redimido".

Ao lado da precedente afirmação, gostaríamos de poder dizer que esse gênio se encontrou na resposta afonsiana à filosofia moderna. Mas a objetividade histórica nos impede de fazê-lo, embora tenha chegado muito próximo disso o biógrafo R. Tellería, levado por seu carinho filial por Afonso.[162]

---

[161] DULLES, A. *La historia de la apologética...*, 234.

[162] Tellería, I, 532: "Se, do lado católico, não havia sido valorizada a presença de um gênio intelectual que enfocou com luz superior os problemas do dia [remete à enciclopédia *Christus* (Paris, 1912) 939, dirigida por J. Huby], reconhece-se a Afonso, pelo conjunto de sua obra e por sua santidade excepcional, a primazia por direito".

9.4.3 Complemento bibliográfico

- Sobre o uso (e "abuso") histórico da obra apologética afonsiana.

O motivo fundamental pelo qual Afonso de Liguori foi proclamado doutor da Igreja (1871) foi sua contribuição à Teologia Moral, sem deixar de reconhecer seus méritos no campo da espiritualidade e pastoral. Motivos concomitantes a essas razões foram a postura afonsiana em favor do papado e sua atitude crítica frente às filosofias iluministas. Se o motivo fundamental selava e garantia a mudança da moral católica para posições mais benignas, os motivos concomitantes ajudavam a Igreja de fins do séc. XIX na luta contra os inimigos externos, e alguns internos, que minavam seu poder doutrinal.

Se a Igreja oficial usava a herança afonsiana para se defender dos ataques das ideologias, autoproclamadas progressistas, isso se deveu à opinião de existir, no pensamento afonsiano, uma rejeição à filosofia moderna ou iluminista.

Essa é a posição sustentada por R. de Maio, talvez com a finalidade de provocar reflexão e confrontação e, assim, uma nova síntese sobre o tema. A citada postura do historiador italiano assume reservas do séc. XIX, como as de Harnack, Rosmini e Manzoni, sobre os posicionamentos afonsianos.

Nota bibliográfica sobre a apologética afonsiana

- MEFFERT, F. *Der heilige Alfons von Liguori der Kirchenlehrer und Apologet des XVIII. Jahrhunderts* (Mogúncia, 1901).
- WEISS, O. *Alphonse de Liguori et la théologie allemande du XIX siècle*: VÁRIOS. Alphonse de Liguori, Pasteur et Docteur (Paris, 1987) considera F. Meffert como "um dos melhores conhecedores da teologia afonsiana" (p. 209). Nessa obra, merecedora do prêmio de melhor ensaio sobre a atividade

literária de Liguori (Würzburg, 1890), "o autor [F. Meffert] considera Afonso, tanto como teólogo moralista e dogmático, quanto como apologista. Não leva em consideração as obras ascéticas, por considerá-las escritos de orientação popular (p. 209, nota 108).

- OTERO, C. *La apologética de San Alfonso:* El Perpetuo Socorro 23 (1921) 346-354; 24 (1922) 21-23.
- TOGLIA, V. S. *Alfonso apologeta*: VÁRIOS. Sant'Alfonso de Liguori. Contributi bio-bibliografici (Bréscia, 1940) 183-238. Este estudo foi trabalho pioneiro frente ao silêncio da historiografia afonsiana precedente; continua sendo obra de referência.
- FRANCHINI, R. *Alfonso María de Liguori e la filosofía del Settecento*: GIANNANTONIO, P. (ed.). Alfonso M. de Liguori e la società civile del suo tempo (Florença, 1990) 1, 129-138.

DÉCIMA SEÇÃO

O *Jurisdicionalismo* napolitano e Afonso de Liguori

10.1 INTRODUÇÃO

10.1.1 Introdução temática

- Um fato permanente

A relação do poder político com a Igreja, e desta com as instâncias sociais e políticas, constitui uma das chaves decisivas para conhecer, interpretar e expor a situação do fato cristão - e, também, do pensamento teológico - em determinado momento da história.

A afirmação é válida para a questão do catolicismo no *Mezzogiorno* italiano e, mais concretamente, no Reino de Nápoles. Catolicismo e poder político se cruzam e entrelaçam conjuntamente, se amam e se odeiam: tudo isso aconteceu ao longo do maravilhoso tecido que é a relação entre catolicismo e a vida sociopolítica na Itália, mais especificamente, em seu atraente sul. No fundo, era a forma de relação entre os dois poderes (as "duas espadas") estabelecida pela bula *Unam Sanctam* (1302) de Bonifácio VIII.

Uma boa síntese da rica trajetória eclesiástico-política no *Mezzogiorno* italiano pode ser conferida naquela que é considerada a enciclopédia canônica sobre essa região importante da Itália:

- MASCILLI MIGLIORINI, L. *Chiesa e Stato:* GALASSO, G; ROMEO, R. (ed.). Storia del Mezzogiorno. IX. Aspetti e problemi del Medioevo e dell'età moderna - 2° (Nápoles, 1993) 311-342.

- Variação no século XVIII

No séc. XVIII houve, em toda a Europa, uma *variação* importante na maneira de entender e realizar as relações do poder político com o poder eclesiástico. Haviam terminado as guerras de religião com a assinatura da Paz de Westfália (1648) e estavam consolidados os Estados confessionais, tanto na geografia da Reforma, quanto no âmbito do Catolicismo. Agora, no século do Iluminismo, surgiam *novas ideias* a partir do pensamento filosófico sobre a política e apareciam *novas práticas* dos governantes, que continuavam sendo, e agindo, como católicos (ou protestantes), mas, também, queriam aderir aos ideais políticos da razão iluminista e buscar a maior felicidade possível para os cidadãos.

Simplificando as coisas, a Igreja representava a velha ordem de ideias e práticas e o Estado tentava aderir às ideias e práticas defendidas pela razão política iluminista. O choque entre os dois poderes, eclesiástico e político, foi, historicamente, inevitável.

Houve, na Europa, diversas formulações dessa tensão histórica entre a Igreja e o Estado:

- Na França, foi denominada *galicanismo.*
- Na Espanha, foi conhecida como *regalismo.*
- No Império Habsburgo, foi justificada através do *febronianismo.*

De uma maneira ou de outra, com uma justificativa ou outra, no séc. XVIII "os Estados sacodem o jugo de uma Roma que, por longo tempo, os mantivera sob sua tutela".[1]

Em volume anterior desta História da Teologia Moral (V/2, 69-80; 173-183) tomamos nota do novo modo de formular a relação

[1] Rey-Mermet, 445.

entre poder político e poder religioso e das implicações que supôs para as posições teológicas, concretamente, em nosso caso, para as posições teológico-morais.

- Peculiaridade no Reino de Nápoles

Sobre a Itália repercutem as orientações indicadas. Não em vão, a realidade italiana serve de caixa de ressonância do vai e vem da história europeia. Fixando o olhar no Reino de Nápoles, é preciso considerar, também aqui, uma profunda tensão entre poder político e poder religioso.

Tal tensão tem algumas conotações peculiares:

- O poder religioso está representado, fundamentalmente, pela *Cúria romana*. Daí que a tensão do poder político frente ao poder religioso seja denominada *anticurialista*. Não se nega, nem o significado, nem a função do papado. Tampouco, se põe em questão a função da Sé Apostólica. O que entra em questão - e, muitas vezes, em conflito - é a intervenção da Cúria romana em assuntos dos súditos do Estado, mesmo que sejam ou tenham aparência de religiosos.
- O poder político, nessas questões, é a *Monarquia católica*: seja na forma de vice-reinado, seja em configuração independente, ainda que subordinada a uma família, nesse caso, à linha dos Bourbon espanhóis.

No cap. 5 desta seção vamos expor a estrutura concreta adotada pelos dialogantes: o Rei, o Conselho, o Ministro de Assuntos religiosos, a Cúria do Capelão-Mor, o Tribunal Misto.

- O campo de tensão dos dois poderes indicados, político e eclesiástico, é a *jurisdição* sobre realidades pessoais e sociais (econômicas, matrimoniais, religiosas, etc) submetidas à *legislação,* tanto civil, quanto canônica. Em Nápoles, funcionavam 7 tribunais eclesiásticos.

O que estava em jogo era a imunidade (sobretudo, fiscal; mas, também, a jurisdicional-penal) da Igreja católica e dos eclesiásticos.[2] Ainda entrava no litígio a criação do tribunal (civil) da Inquisição, bem como, a justificação dos "direitos divinos" da Santa Sé à investidura do Reino.

Levando em conta os parâmetros teóricos indicados, compreende-se que a caracterização fundamental dessa nova forma de relação entre o poder político e o poder religioso seja expressa mediante a categoria do *jurisdicionalismo.*[3]

No entanto, esse jurisdicionalismo não vem sozinho; está acompanhado e apoiado por:

a) As novas ideias filosóficas: o *filosofismo,* de procedência francesa, é o contexto teórico em que convém situar a opção política do jurisdicionalismo.
b) As correntes ideológico-práticas: o *jansenismo,* com sua insistência em enfraquecer o poder central da Igreja e aumentar o poder episcopal, mais próximo, somado ao *antijesuitismo,* se convertem em companheiros de viagem do jurisdicionalismo.
c) Os *Escritórios de Direito,* que em fins do séc. XVII e na primeira parte do séc. XVIII viveram sua idade de ouro em Nápoles, propiciaram argumentos a favor do poder régio frente ao poder da Cúria romana. "A vibração política [desses intelectuais e especialistas do direito] se concreti-

---

2 Tellería, I, 21-22: "Ao longo dos séculos, a Cúria de Roma tinha criado interesses de variada índole em Nápoles e reforçado sua influência ao abrigo da tradição. Com o novo regime [dependência de Viena], a tendência era a revisão de tal estado de coisas. Mas, muitas vezes, de ambos os lados os litigantes eram autênticos napolitanos e vestiam o hábito eclesiástico, embora - sobretudo, em Nápoles - permaneciam na penumbra e prestavam armas aos seculares, cujos olhos haviam brilhado com o vislumbre da independência nacional e da luta contra as estrapolações da Cúria romana (...). De algumas reclamações iniciais, como a residência e nacionalidade dos beneficiários, os obstinados tinham passado ao questionamento das prerrogativas da Sé Apostólica, com o que, em última análise, comprometiam o lado bom de sua própria causa".

3 DE MAIO, R. *Società e vita religiosa a Napoli nell'età moderna (1656-1799)* (Nápoles, 1971) 88-91: "Sul giurisdizionalismo".

zou em colocar a toga a serviço do jurisdicionalismo imperial e contra a cúria de Roma."[4]

- Balanço

Costuma-se afirmar que Nápoles não produziu nenhum Febrônio, ou qualquer obra semelhante à sua *De statu Ecclesiae deque legitima potestate Romani pontificis liber singularis ad reuniendos dissidentes in religione compositus - Sobre o estado da Igreja e do legítimo poder do Pontífice Romano, livro único, composto para reunir os cristãos dissidentes na religião.* Tampouco, foi criado em Nápoles um sistema de controle dos ministros e das manifestações da religião por parte do Estado, como aconteceu no Império austríaco por obra da imperatriz Maria Teresa e do imperador José II. Mais longe ainda, esteve a tentativa de constituir uma igreja nacional, como tentara o galicanismo.

> Nápoles "não seguiu o modelo reformista eclesiástico-estatal de Maria Teresa. O regalismo bourbônico foi mais moderado, já que, de qualquer modo, sempre buscou o entendimento com o núncio e com a Santa Sé. Por outro lado, a situação dos clérigos do *Mezzogiorno* era muito diferente da austríaca, coisa que não se pode esquecer se quisermos captar a novidade da missão afonsiana".[5]

Mesmo sem esses três exageros, houve em Nápoles um genuíno jurisdicionalismo. Houve uma rica tradição literária de orientação jurisdicionalista, de Pedro Giannone a Constantino Grimaldi. "Com a constituição do reino de Carlos de Bourbon, as leis jurisdicionalistas não foram atenuadas, pelo contrário, foram rigorosamente aplicadas por seu ministro, o toscano, Bernardo Tanucci".[6] Este, foi um severo executor da política jurisdicionalista: luta contra Roma pela abolição dos sinais de vassalagem do Reino à Santa Sé, negociação dos pesados impostos das igrejas locais às Congregações romanas, oposição às chamadas "mãos mortas" e, de maneira especial, oposição à Companhia de Jesus.

---

[4] Tellería, I, 32.

[5] ROSA, G. de. *La figura e l'opera di sant'Alfonso nell'evoluzione storica*: SH 45 (1997) 210.

[6] ROSA, G. de. *La figura e l'opera di sant'Alfonso nell'evoluzione storica*: SH 45 (1997) 209.

10.1.2 Divisão da seção

Na presente seção, nos referimos à realidade histórica do jurisdicionalismo napolitano do séc. XVIII como contexto para entender o significado de Afonso de Liguori e como ideologia com a qual se confronta o pensamento afonsiano.

A exposição do tema se abre em duas vertentes:

1. A apresentação do jurisdicionalismo napolitano em suas três formas peculiares: jurídica, histórica e política (três primeiros capítulos).
2. A relação de Afonso com esse contexto jurisdicionalista (capítulo quarto).

Acrescentamos um capítulo para apresentar o pensamento afonsiano sobre a relação entre religião e vida política.

Estes são, portanto, os conteúdos dos cinco capítulos que integram a presente seção:

10.2 O jurisdicionalismo jurídico.

10.3 O jurisdicionalismo histórico.

10.4 O jurisdicionalismo político.

10.5 Relação de Afonso de Liguori com o jurisdicionalismo.

10.6 Pensamento afonsiano sobre a relação entre religião e vida política.

10.1.3 Bibliografia geral

Elencamos, nesse momento, os estudos mais representativos referentes ao jurisdicionalismo italiano e, mais concretamente, ao napolitano. A divisão em conjuntos não se baseia em estritas precisões do conteúdo, tendo, muito mais, uma função prática.

Sobre a relação entre política e religião no Reino de Nápoles (e, em geral, na Itália) no séc. XVIII: pensamento e prática.

- JEMOLO, A. C. [1890-1981]. *Stato e Chiesa negli scrittori politici italiani del Seicento e del Settecento* (Milão-Turim-Roma, 1914). Há uma edição posterior, a cargo de F. Margiotta-Broglio (Nápoles, 1972).

Nesse livro, pioneiro sobre o conjunto da situação italiana, são analisadas "as doutrinas que, a respeito das relações entre o Estado e a Igreja, foram sendo elaboradas no *Seicento* e no *Settecento* por obra de nossos escritores políticos, com a intenção de opor à doutrina dos canonistas as razões da soberania civil e dos direitos dos príncipes" (p. 1).

O autor sintetiza as ideias dos escritores políticos italianos dos séc. XVII-XVIII em três grandes capítulos:

- *Soberania do Estado e concentração de todo o poder no rei* (p. 33-62). A primeira parte da afirmação se apoiava sobre as ideias políticas do Iluminismo. A segunda parte - concentração de todo o poder no rei - era a consequência do absolutismo monárquico. "Assim, com essa vigorosa concentração de todo poder e de toda força no rei, cobrindo de uma auréola de religião todo ato do soberano, designando a obediência à lei como obediência à expressa vontade de Deus, os jurisdicionalistas preparavam o Estado para as lutas contra o poder eclesiástico" (p. 62).
- *Concepção de Igreja* (p. 63-80). Sem negar a origem divina da Igreja e de seus ministros (e respeitando sua constituição interna), os escritores políticos foram propondo e justificando a ideia de Igreja "como associação privada dentro do Estado soberano" (p. 91).
- *Relações entre o Estado e a Igreja* (p. 92-297). Atribuindo ao Estado o direito e dever de vigilância sobre a atuação externa da Igreja (p. 92-115), os escritores políticos traçam as regras desse exercício do Estado em relação às realidades eclesiais: imunidade do clero, normas sobre a vida dos religiosos, tolerância religiosa, etc. (p. 127-297).

Exposto o pensamento dos jurisdicionalistas, o autor da síntese não deixa de apresentar avaliação sumária das orientações expostas aludindo, de passagem, à implantação dessas doutrinas nas realidades políticas italianas (298-320).

Também:

- DE RUGGIERO, G. *Il pensiero politico meridionale nei secoli XVIII e XIX* (Bari, 1954).
- CHIOSI, E. *Lo spirito del secolo. Politica e religione a Napoli nell'età dell'illuminismo* (Nápoles, 1992).
- ROSA, M. *La contrastata Ragione. Riforme e religione nell'Italia del Settecento* (Roma, 2009).

Sobre o jurisdicionalismo italiano no séc. XVIII

- SAVIO, R. *Dottrina e azione dei giurisdizionalisti del secolo XVIII*: Archivio Veneto 88 (1958) 8-40.
- CASERTA, M. *Dal giurisdizionalismo al liberalismo. Un secolo di travaglio della coscienza religiosa in Italia (1748-1848)* (Nápoles, 1969).
- AJELLO, R. *Arcana juris. Diritto e politica nel Settecento italiano* (Nápoles, 1976).
- ROSA, M. *Politica ecclesiastica e riformismo religioso in Italia alla fine dell'antico regime*: MENOZZI, D. (ed.). Chiesa italiana e rivoluzione francese (Bolonha, 1990) 17-45.
- EDICATI, D.; TANZANI, L. (ed.). *La prassi del giurisdizionalismo negli Stati italiani. Premesse, ricerche, discussioni* (Ariccia, 2015). Ver, especialmente: EDICATI, D. "Per un nuovo approccio storiografico al tema del giurisdizionalismo", p. 11-28; FANTAPPIÉ, C. "Giurisdizionalismo", p. 305-322.

Sobre o jurisdicionalismo napolitano no séc. XVIII

- PAPA, E. *Aspetti della politica ecclesiastica napoletana durante la Reggenza (1759-1767):* Aloisiana 12 (1961) 245-386.
- AJELLO, R. *Il problema della riforma giudiziaria e legislativa nel Regno di Napoli durante la prima metà del sec. XVIII,* 2 vol. (Nápoles, 1961).

- MELPIGNANO, A. *L'anticurialismo napoletano sotto Carlo III di Borbone* (Roma, 1965).
- SCADUTO, F. *Stato e Chiesa nel regno delle Due Sicilie,* 2 vol. (Palermo, 1969).
- ROSA, M. *Politica concordataria, giurisdizionalismo e organizzazione ecclesiastica del regno di Napoli sotto Carlo di Borbone*: ROSA, M. Riformatori e ribelli nel '700 religioso italiano (Bari, 1969) 119-163 = Critica Storica 4 (1967) 494-539.
- ROSA, M. *Giurisdizionalismo borbonico a Napoli nella seconda metà del Settecento*: Società e Storia 14 (1991) n. 52, 53-76.
- LAURO, A. *Il giurisdizionalismo pre-giannoniano nel Regno di Napoli. Problemi e bibliografia (1563-1723)* (Roma, 1974).
- RAO, A. *Il riformismo borbonico a Napoli*: VÁRIOS. Il secolo dei lumi e delle riforme (Milão, 1989) 215-290.
- IMBRUGLIA, G. *Jansenist Jurisdictionalism and Enlightenment: two Ways of Thinking politics in Mid-Eighteenth Century Naples*: CUTTICA, C.; BURGESS, G. (ed.). Monarchism and Absolutism in Early Modern Europe (Londres, 2011) 101-116.

Sobre o jurisdicionalismo
(regalismo, galicanismo) em geral

- MARTIN, V. *Le gallicanisme politique et le clergé de France* (Paris, 1929).
- GISMONDI, P. *Regalismo*: EC, X (1953) 631-632.

10.2 O JURISDICIONALISMO JURÍDICO EM NÁPOLES.

O jurisdicionalismo napolitano foi promovido ou, ao menos, apoiado, por um conjunto de juristas que floresceu, em fins do séc. XVII e começos do séc. XVIII, na etapa histórica do vice-reinado espanhol.[7] Por motivo de espaço, nos limitamos a dar seus nomes

[7] Faz uma apresentação dessas pessoas: GIANNONE, P. *Storia civile del regno di Napoli* [1723], vol. 5 (Milão, 1847) 391-397: "Stato della nostra giurisprudenza e dell'altre discipline che fiorirono fra noi nella fine del secolo XVII insino a questi ultimi tempi".

com alguns dados essenciais, destacando a figura de Nicolás Caravita. Referimo-nos também a Domingos Aulisio, por sua importância no campo do direito, embora não tenha tido grandes implicações na corrente jurisdicionalista.

10.2.1 Juristas da segunda metade do século XVII

- Francisco d'Andrea (1625-1698)

Nasceu em Ravello e faleceu em Candela (Foggia).[8] Exerceu diversos cargos públicos, de caráter jurídico, desde os quais denunciou a corrupção dos "oficiais"; estudou medidas eficazes para o fisco e reforma administrativa. Suas propostas, segundo a moda europeia de orientação mercantilista, não tiveram aceitação devido à hostilidade de uma grande parte da aristocracia.[9]

É considerado o primeiro da fila dos intelectuais que procuraram renovar a cultura italiana da segunda metade do séc. XVII, sobretudo, desde os Escritórios Jurídicos.[10]

> "Todo o movimento iluminista em Nápoles nasceu, principalmente, do grande advogado que foi Francisco de Andrea (1625-1698). Espírito universal e vivo, fez saltar todas as rotinas e retroceder todos os limites em literatura, ciências, filosofia, história e, primeiro, evidentemente, no terreno do direito, que era o seu próprio. Fez escola, sobretudo, no mundo do foro e das leis. Mais que em outras áreas, ali

---

8 MAZZACANE, A. *D'Andrea, Francesco*: Dizionario Biografico degli italiani 32 (Roma, 1987) 523-536. Também: CORTESE, N. *I ricordi di un avvocato napoletano del Seicento, Francesco d'Andrea* (Nápoles, 1923); COLAPIETRA, R. *L'amabile fierezza di Francesco d'Andrea. Il Seicento napoletano nel carteggio con Gian Andrea Doria* (Milão, 1981). Também: D'ANDREA, F. *Avvertimenti ai nipoti.* A cura di L. Ascione (Nápoles, 1990), com estudo de CAPONE, S. *Francesco d'Andrea e il rinnovamento culturale del Seicento a Napoli (in occasione del rinvenimento di un manoscritto sconosciuto degli "Avvertimenti ai nipoti").*

9 ASCIONE, I. *Il governo della prassi. L'esperienza ministeriale di Francesco d'Andrea* (Nápoles,1994).

10 DE GIOVANNI, B. *Filosofia e diritto in F. d'Andrea. Contributo alla storia del previchismo* (Milão, 1958); MASTELLONE, S. *Franceso d'Andrea politico e giurista (1648-1698). L'ascesa del ceto civile* (Florença, 1969).

se encontravam homens apaixonados por línguas, história, ciências, literatura, filosofia, política e livros estrangeiros: franceses, alemães, holandeses".[11]

- Amado Danio (1619-1705)

Nasceu em Saponara (atual Grumento Nova), província de Potenza, em uma rica família aristocrática.[12] Fez estudos jurídicos, embora seus interesses culturais estivessem na literatura clássica. Desempenhou cargos relacionados com a jurisprudência e foi juiz da *Gran Corte della Vicaria*. Em junho de 1690, passou a conselheiro real, posto deixado por Francisco de Andrea. Opôs-se ao direito feudal da Santa Sé em relação ao Reino de Nápoles.

Depois das prisões abusivas no famoso processo contra os "ateístas", escreveu contra os excessos da Inquisição, mas justificou a existência do referido tribunal. Frequentou o círculo intelectual de José Valletta e deu aulas de história eclesiástica a Constantino Grimaldi. Faleceu em Nápoles, em 1705.

- Pedro Fusco (1638-1703)

Nasceu em Cuccaro (Salerno).[13] Estudou direito na Universidade de Nápoles, conseguindo o doutorado em 1662. Em seguida, ingressou na carreira forense, onde alcançou notável êxito. Amigo de José Valletta, a quem imitou formando uma biblioteca pessoal de uns oito mil volumes com temática jurídica.

P. Fusco foi um dos maiores representantes da cultura civil de sua época e, também, um dos mais implicados no processo contra os "ateístas", desenvolvido em Nápoles, de 1688 a 1697. Integrante da *Deputazione perpetua per le cose pertinenti al Santo Ufficio,* foi eleito, junto com Mario Loffredo, para entabular diálogo com Roma;

---

11 Rey-Mermet, 60.

12 CASSANI, C. *Danio, Amato*: Dizionario Biografico degli Italiani 32 (1986) s. v.

13 CAMPANELLI, M. *De Fusco, Pietro*: Dizionario Biografico degli Italiani 36 (1988) s. v.

com tal objetivo, dirigiu-se à Cidade Eterna, onde foi recebido pelo Papa (28 de agosto de 1694). Mais tarde, abandonou a *Deputazione* e ele, que havia sido fervoroso opositor do Santo Ofício, chegou a defender sua legitimidade para publicar, em Nápoles, os editos de fé concernentes a casos jurídicos particulares, reconhecidamente, de competência dos bispos.

- **José Valleta** (1648-1714)

Foi jurisconsulto e literato de grande prestígio nas duas áreas culturais indicadas.[14] Escreveu: *Lettere in difesa della moderna filosofia* (1723) e *Istoria filosofica* (1716), aderindo à filosofia de Bacon e opondo-se, com firmeza, às posições mecanicistas de T. Hobbes e de B. Spinoza. Pode ser considerado, de certa maneira, o precursor da filosofia de Vico.

Foi firme opositor da instituição da Inquisição (escreveu um tratado *Del Sant'Ufficio*, sem data). Dirigiu-se, pessoalmente, ao Papa Inocêncio XII para que não fosse introduzido em Nápoles esse tribunal. Opôs-se à perseguição dos hereges, à pena de morte e à tortura.

J. Valletta chegou a possuir uma biblioteca com 18.000 volumes, a mais esplêndida que um particular possuía em sua época.[15]

10.2.2 Juristas nos inícios do século XVIII

- **Serafim Biscardi** (1643-1711)

Nasceu em Altomonte (Cosenza), estudou com os jesuítas em Nápoles, em cuja universidade cursou direito, doutorando-se nessa disciplina (1664).[16] Foi discípulo de F. d'Andrea e mestre de Caetano Argento. Ocupou cargos políticos durante o vice-reinado espa-

---

14 COMPARATO, V. I. *Giuseppe Valletta e le sue opere. Un intellettuale napoletano della fine del Seicento* (Nápoles, 1970).

15 Dizionario Biografico Universale, vol. V (Florença, 1840) 491.

16 RICUPERATI, G. *Biscardi, Serafino*: Dizionario Biografico degli Italiani 10 (1968) s. v.

nhol: fiscal (1695) e, depois, presidente (1698) da *Regia Camera della Sommaria*. Quando da chegada dos austríacos, foi destituído e declarado rebelde por ter sustentado a causa de Felipe V (de Anjou).

Defendeu, em dois de seus escritos, os direitos do Fisco Régio, sobre as taxas das igrejas que possuíam terras enfeudadas. Interpretou o direito natural (Grocio, Puffendorf), não apenas em chave individual, mas, também, com implicações para a vida política.[17]

Foi um dos protagonistas da luta contra a Cúria romana em resposta ao processo da Inquisição romana contra os *ateisti*. Enfrentou algumas dificuldades na época do vice-reinado austríaco. Faleceu em Nápoles, em 1711.

- Caetano Argento (1661-1730)

Nasceu em Cosenza, onde cursou os primeiros estudos e em cuja intensa vida intelectual participou em seus anos juvenis.[18] Partiu para Nápoles, não antes de 1679-1680. Foi discípulo de S. Biscardi, que facilitou sua entrada nos círculos jurídicos e sociais. Supria, com grande cultura jurídica, seus nulos dotes oratórios.

Exerceu cargos públicos durante o vice-reinado austríaco. Foi o árbitro da guerra contra a Cúria, levada a cabo pelo imperador Carlos VI contra o Papa Clemente XI. Negou a dependência feudal do Reino de Nápoles em relação à Santa Sé.

Junto com N. Caravita, desenhou (1714) um vasto programa de reforma universitária, posto em prática mais tarde (1730). Escreveu *De re beneficiaria* (1709), comentário à pragmática de 1708 que proibia as rendas e benefícios eclesiásticos destinados a estrangeiros (romanos). A partir de seus textos de *consultas* e *dissertações,* é possível conhecer seu pensamento jurídico e político.[19] Faleceu em Nápoles, em 1730.

---

[17] LUONGO, D. *Serafino Biscardi. Mediazione ministeriale e ideologia economica.* Apresentação de R. Ajello (Nápoles, 1993).

[18] GENCARELLI, E. *Argento, Gaetano*: Dizionario Biografico degli Italiani 4 (1962) s. v.

[19] PERSICO, T. *Le dottrine politiche di Gaetano Argento*: Atti dell'Accademia Pontaniana 52 (1922) 68-86.

- Domingos Aulisio (1639-1717)

Nasceu em Nápoles, onde fez seus estudos.[20] De gênio vivo e temperamento versátil, adquiriu grande cultura, até o ponto de G. Vico chamá-lo de "homem universal das línguas e das ciências". Com efeito, dominava muitas línguas, mortas e vivas (entre estas, o francês e o espanhol), e possuía conhecimentos de arqueologia, matemática, história, numismática, medicina, etc. Especializou-se em matérias jurídicas e exerceu a advocacia por breve período para se dedicar, mais tarde, ao ensino do direito, privado e público. Escreveu várias obras, entre as quais: *Commentarius juris civilis, Dell'architettura civile e militare,* e *Della poetica.*

Criou um centro de estudos privado em sua casa que era frequentado por uns 200 jovens; mais tarde (1675), foi nomeado professor extraordinário de *Instituições Civis* na Universidade de Nápoles. Em 1682, foi-lhe confiada a cátedra de *Instituições Canônicas* e, em 1689, a de *Texto, glosa* e *Bartolo.* Finalmente, ganhou a cátedra em concurso, e conservou-a com grande prestígio até sua morte, que o encontrou em Nápoles, em 29 de janeiro de 1717.

D. Aulisio manteve relação com Caetano Argento, Giambattista Vico e outros intelectuais do momento. Mas foi surdo ao espírito de renovação filosófica e, em geral, cultural, que estava surgindo na Nápoles de fins do séc. XVII. Quase não publicou em vida. Suas obras importantes sobre temas jurídicos apareceram depois de sua morte.

Teve muitos discípulos e admiradores, entre os quais, convém nomear **Nicolás Capasso** (1671-1745), seu sucessor na cátedra de Direito civil na universidade partenopeia e membro da academia de *Medinacoeli*; dele se conservam, na Biblioteca Nacional de Nápoles, dois manuscritos de orientação jurisdicionalista: *Se la ragion di stato possa derogare alla lege naturale* e *Ragionamento intorno al Tribunale dell'inquisizione, nel quale si dimostra con quanta ragione i napoletani si siano opposti ai tentativi degli ecclesiastici di introdurlo nel Regno di Napoli.*

---

[20] LIOTA, F. *Aulisio, Domenico*: Dizionario Biografico degli Italiani 4 (1962) 584-587.

No entanto, o discípulo mais singular de D. Aulisio foi Pedro Giannone. Pela relação com Giannone, pensou-se que D. Aulisio tivesse sido representante autorizado do movimento anticurialista e jurisdicionalista que dominava Nápoles naquele momento, mas seus escritos não oferecem suficiente fundamento para sustentar essa afirmação. Sendo assim, aparece ainda com maior originalidade a postura de Giannone.

10.2.3 Nicolás Caravita (1647-1717)

Nasceu em Nápoles, nos limites da paróquia *Santa Maria dei Vergini*, em uma família da nobreza, originária da Espanha. Doutorou-se em direito (1665) e, também, estudou literatura, grego, matemática e filosofia, sobretudo, a filosofia cartesiana. Foi presidente da *Regia Camera*.[21]

Por encargo, escreveu contra a aplicação de um edito pontifício de 1 de fevereiro de 1695 sobre os procedimentos da Inquisição: *Ragioni a pro' della fedelissima città e Regno di Napoli contr'al procedimento straordinario nelle cause del Sant' Officio* (Nápoles, 1709).

Um escrito anônimo acusou N. Caravita de heresia e ateísmo: *Turris fortitudinis propugnata a filiis lucis adversus filios tenebrarum* (fevereiro de 1696). Da sua parte, o jesuíta **João Batista de Benedictis** (1622-1706) identificou N. Caravita, juntamente com G. Valla, como os maiores representantes da oposição à Inquisição. Com o pseudônimo de Benedetto Aletino, esse jesuíta publicou, em Nápoles, umas *Lettere apologetiche in difesa della teologia scholastica e della filosofia peripatetica* (Nápoles, 1694).

N. Caravita protegeu G. Vico e animou-o a concorrer à cátedra de retórica. Instituiu, em sua casa (1698), uma Academia ou centro de reuniões, das quais participavam, além de G. Vico e P. Giannone, outros intelectuais como Caetano Argento, Luís Perrone (com quem Afonso praticou enquanto aprendiz), Constantino Grimaldi, Paulo Matias Doria e outros ilustres literatos e juristas.

---

21 FODALE, S. *Caravita, Nicolò*: Dizionario Biografico degli Italiani 19 (1976) 676-679.

Paulo Matias Doria (1667-1741) nasceu em Gênova e se instalou em Nápoles a partir de 1690.[22] Após uma etapa frívola, dedicou-se à especulação filosófica com orientação cartesiana e gassendista. Essas orientações, com o apoio e emergência da vida civil frente ao predomínio dos poderes político e eclesiástico, apareceram em seu livro *Vita civile e l'educazione del principe* (com falso local de impressão em Frankfurt e sem data, mas, de fato: Nápoles, 1709).[23]

- Constantino Grimaldi (1667-1750)

Nasceu em Cava de' Tirreni, em uma nobre família local de origem genovesa.[24] Teve ampla formação literária e alcançou profunda iniciação à filosofia moderna (especialmente, de Descartes). Participou da *Accademia degli Investiganti,* à qual também pertenciam F. d'Andrea e J. Valletta. Publicou três *Risposte* (1699, 1702, 1703) às mencionadas *Lettere apologetiche* do jesuíta João Batista de Benedictis em defesa da teologia escolástica. C. Grimaldi defendeu o direito do Fisco Real sobre as rendas eclesiásticas: *Considerazioni teologico-politiche fatte a pro degli editti di S. Maestà cattolica intorno alle rendite ecclesiastiche del Regno di Napoli,* 2 vol. (Nápoles, 1768-1809). Escreveu um relatório sobre sua própria vida e obra: *Istoria dei libri di don Costantino Grimaldi. Scritta da lui medesimo.*

O jovem advogado Afonso participou da academia de N. Caravita. Sobre esses estudiosos, que se reuniam na casa de N. Caravita, no Largo Donnaregina, atrás da catedral partenopeia, afirma um recente biógrafo de Afonso:

> "Grandes nomes. Grandes cristãos desgarrados: tão cheios de fé, quanto anticurialistas militantes. Foi dramático o recente combate desses homens contra as usurpações do clero e a favor da autonomia de Estado; a favor da verdadeira liberdade da Igreja frente suas riquezas e seu

---

22 ROVITO, P. *Doria, Paolo Mattia*: Dizionario Biografico degli Italiani 41 (1992) s. v.

23 VIDAL, E. *Il Pensiero Civile di Paolo Mattia Doria negli Scritti Inediti* (Milão, 1953); VÁRIOS. *Paolo Mattia Doria fra rinnovamento e tradizione* (Galatina, 1985).

24 GRIMALDI, C. *Memorie di un anticurialista del Settecento,* a cura di V. I. Comparato (Florença, 1964). Ver: COMPARATO, V. I. *Ragione e fede nelle "Discussioni storiche, teologiche e filosofiche" di Costantino Grimaldi*: COMPARATO, V. I. Saggi e ricerche sul Settecento (Nápoles, 1968) 48-93.

poder. Golpe após golpe, entre 1707 e 1710, escreve contra a soberania política do Papa em Nápoles, contra as concessões ao estrangeiro das rendas eclesiásticas do reino, contra a amortização da Igreja, que mantém congelada a terceira parte da propriedade nacional; contra um escandaloso direito de asilo, que faz dos lugares santos guarida paradisíaca para malfeitores e suas prostitutas. E, golpe após golpe, N. Caravita, Riccardi, Argento, Grimaldi, foram postos no *Index* e lhes foi prometido o inferno dos canonistas napolitanos que aspiravam à mitra".[25]

Caravita, em 1698, convenceu o vice-rei, Luís de La Cerda, a institucionalizar as reuniões que tinham lugar em sua casa. Levadas ao palácio real, essas reuniões deram lugar à *Academia Palatina*. Em 1701, defendeu Nicolás Capasso, professor de direito na universidade, contra os jesuítas que queriam impedi-lo de dar aulas particulares em uma casa anexa ao colégio da Companhia de Jesus.

Nos últimos anos do vice-reinado espanhol, N. Caravita participou dos assuntos públicos e obteve cargos oficiais que, por sua vez, foram revogados quando da chegada dos austríacos (1707). Contudo, a reconciliação com a nova situação política veio logo. Contribuiu para isso a publicação, sob anonimato e editada em local fictício (Alithopoli), embora realmente fosse em Nápoles, do significativo livro *Nullum ius Romani Pontificis Maximi in Regnum Neapolitanum dissertatio historico-juridica* (1707).

A obra defendia o princípio da independência do Reino de Nápoles em relação à Sé Apostólica sobre a base das doutrinas jusnaturalistas, já que o Papado não tinha adquirido a soberania do Reino partenopeu por nenhum dos títulos justificáveis *iure gentium et naturae*: ou seja, nem por direito de guerra, nem por sucessão, nem por eleição. Outros títulos que pudessem ser invocados seriam irrelevantes desde o ponto de vista jurídico.[26] Tenha-se presente que, de fato, o imperador Carlos VI não tinha recebido a investidura pontifícia do Reino de Nápoles.

---

25 Rey-Mermet, 96.

26 FODALE, S. *Nicolò Caravita e la negazione dei diritti pontifici sul Regno di Napoli*: Annali di storia del diritto 10-11 (1966-1967) 241-315.

Roma colocou no *Index* de livros proibidos, tanto as *Ragioni* (17 de fevereiro de 1710), quanto o *Nullum ius* (15 de janeiro de 1714) de Caravita. Do lado oposto, surgiram defensores do jurista napolitano: A. Riccardi (que, sob o pseudônimo de R. Serra d'Isca havia publicado *Le Ragioni del Regno di Napoli nella causa dei suoi benefizi* [Nápoles, 1708]), C. Grimaldi, C. Argento, etc.[27]

O *Nullum ius* foi reeditado em Nápoles, em 1788, e traduzido ao italiano em 1790, por Eleonora Fonseca Pimentel, por ocasião da supressão do tributo da *hacanea* que era pago à Santa Sé.

N. Caravita faleceu em Nápoles, em 22 de novembro de 1717, nos limites da paróquia da catedral. Foi enterrado na Congregação da Cruz de Santo Agostinho. Caravita também era membro da Congregação dos Doutores, em São Nicolás da Caridade. É difícil duvidar da sincera religiosidade desse sábio jurista.

10.2.4 Complemento temático e bibliográfico

Desde a segunda metade do séc. XVII, até o último terço do séc. XVIII, houve, em Nápoles, notável aumento da vida cultural e, mais concretamente, da cultura jurídica. Foi nesse contexto que surgiram dois fenômenos dignos de nota:

- De um lado, o fato religioso começou a ser pensado desde a perspectiva da razão humana e da opção por um poder político livre das amarras do poder religioso. Difundiu-se nova cultura baseada no atomismo, gassendismo e cartesianismo, que estimulava a verificação da credibilidade da fé tradicional e, em consequência, minava o monopólio cultural, mantido, em grande medida, pelos eclesiásticos.
- Mas, por outro lado, e como reação ao fenômeno precedente, as forças conservadoras e, mais concretamente, os poderes eclesiásticos vigentes, optaram, não pelo diálogo, mas sim, em termos gerais, pela condenação das ideias e

---

[27] DE MAIO, R. *Società e vita religiosa a Napoli nell'età moderna (1656-1799)* (Nápoles, 1971) 91-95.

práticas emergentes. Entrou em cena o poder inquisitorial, rotulando as novas ideias de "heresias" e, aos que as sustentavam, de "ateus" ou "materialistas". Teve lugar o grande processo da Igreja (1694) contra os chamados *ateisti*.

A discussão sobre esses processos contra os *ateisti*, com a concomitante rejeição dos mesmos, constituiu etapa importante na luta pela defesa da liberdade de pensamento.

Os intelectuais napolitanos do momento, entre eles: P. de Fusco, G. Valletta e S. Biscardi, admitiam os procedimentos instituídos pelos tribunais eclesiásticos ordinários, mas se opunham à intervenção pela "via extraordinária", como era o procedimento da Inquisição ou Santo Ofício.

Em relação a esses fenômenos, após havê-los constatado, oferecemos uma sucinta bibliografia, onde são expostos e analisados:

Sobre o jurisdicionalismo inicial ("pre-giannone")

- LAURO, A. *Il giurisdizionalismo pregiannoniano nel Regno di Napoli. Problema e bibliografia (1563-1723)* (Roma, 1974).

Sobre o tema da inquisição e perseguição dos "ateístas"

- AMABILE, L. *Il Santo Officio della Inquisizione in Napoli,* 2 vol. (Città di Castello, 1892).
- OSBAT, L. *L'Inquisizione a Napoli. Il processo agli ateisti 1688-1697* (Roma, 1974).
- CACCIAPUOTI, F. *Il processo agli ateisti: dalle discussioni teologiche al giurisdizionalismo:* VÁRIOS. Dalla scienza mirabile alla scienza nuova. Napoli e Cartesio (Nápoles, 1997) 149-174.
- LUONGO, D. *La polemica sull'inquisizione nel Preilluminismo napoletano:* EDIGATI, D.; TANZINI, L. (ed.). La prassi del giurisdizionalismo negli Stati italiani. Premesse, ricerche, discussioni (Ariccia, 2015) 147-182.

10.3 PEDRO GIANNONE (1676-1748) APOIO HISTÓRICO AO JURISDICIONALISMO

10.3.1 Apontamento bibliográfico

Pedro Giannone nasceu em 7 de maio de 1676, em Ischitella (perto de Foggia, Nápoles).[28] Recebeu a primeira instrução na casa de seu tio, o advogado Gaetano Argento. Estudou direito na Universidade de Nápoles, doutorando-se em 1698. Exerceu a profissão de advogado, enquanto se dedicava ao estudo da história e participava do ambiente intelectual da Nápoles de então.

Depois de vinte anos de estudo, publicou sua grande obra: *Istoria civile del regno di Napoli,* em 4 vol. (Nápoles, 1723; em sete volumes em 1770; nova edição em Milão, 1823, em 14 volumes).

A obra causou notável impacto, sendo traduzida para o inglês (1729), francês (1738 e 1742) e alemão (1758-1770). Tanto no idioma original, quanto nas traduções, teve muitas edições: "nasceu, assim, a escola 'giannonista'".[29]

O livro tinha méritos de caráter historiográfico, sobretudo, pelo uso de fontes e pela descrição do Reino de Nápoles em sua condição jurídica e moral. No entanto, o mais chamativo foi destacar a perniciosa influência da Igreja e, em especial, da Cúria Romana, no devir histórico do Reino.

Isso foi motivo suficiente para a obra ser inserida imediatamente no *Index* dos livros proibidos (1 de julho de 1723) e para que o autor fosse excomungado, tendo que abandonar Nápoles. Refugiou-se em Viena, onde recebeu pensão da parte do imperador Carlos VI e foi admitido novamente na Igreja. Ao perder a pensão em 1734, Giannone se dirigiu a Veneza. Tentou ganhar as boas graças das autoridades da República veneziana, escrevendo uma *Lettera intorno al dominio del mare,* onde elogiava as conquistas venezianas no mar

[28] GIANNONE, P. *Vita scritta da lui medesimo.* A cura di S. Bertelli (Milão, 1960).

[29] Tellería, I, 60, nota 45.

Adriático. Não conseguiu o que pretendia e precisou sair de Veneza, refugiando-se, desta vez, em Genebra (1735).

Em Genebra, compôs um ensaio radicalmente anticlerical intitulado *Il triregno ossia del regno del cielo, della terra e del papa* (Gênova, 1735). Refugiou-se em uma aldeia da Savóia, mas foi descoberto e preso na fortaleza de Ceva, de onde foi transferido para a Cidadela de Turim, onde faleceu em 17 de março de 1748.

Postumamente, apareceram outras obras suas: *Opere postume* (Lausana, 1760; Veneza, 1768, com nova edição, em dois volumes, em Capolago, 1841). O primeiro volume contém uma *Apologia dell'istoria civile del regno di Napoli;* o segundo, um *Indice generale dell'opera dei tre regni.* As obras completas foram publicadas em cinco volumes (Milão, 1858). Mais tarde, Mancini publicou suas obras póstumas em dois volumes (Turim, 1859), onde aparecem: *Discorsi storici e politici sopra gli annali di Tito Livio* e *La Chiesa sotto il pontificato di Gregorio il Grande.* Giannone escreveu um parecer sobre a reforma da Universidade de Nápoles (Viena, 29 de abril de 1733).[30] A autobiografia de Giannone foi publicada por Pierantoni (Roma, 1890), com novas edições mais recentes (Nápoles, 1905; Turim, 1977; etc).

10.3.2 Discussões em torno da obra de P. Giannone

Giannone é um representante típico do *jurisdicionalismo* ou *regalismo* napolitano. Ainda que, juntamente com as fontes galicanas, utilize autores jansenistas, não parece exato catalogar Giannone no movimento jansenista napolitano.[31]

Na sua *Storia civile del regno di Napoli,* Giannone não só elogia o imperador Carlos VI e o vice-rei, Cardeal Michel Federico d'Altham, mas também expõe, laudatoriamente, o estado da "po-

[30] Publicação do informe em: LUONGO, D. (ed.). *All'alba dell'Illuminismo. Cultura e pubblico studio nella Napoli austriaca* (Nápoles, 1997) 131-179.

[31] Ver, nesse sentido: CACCIATORE, G. S. *Alfonso e il giansenismo* (Florença, 1944) 179-180.

lítica eclesiástica", de tipo jurisdicionalista, fomentada em Nápoles pelos austríacos.[32] Com essa mesma sensibilidade favorável ao jurisdicionalismo, anota os juristas que, desde finais do séc. XVII, vinham defendendo posturas do mesmo tipo.[33] No capítulo precedente, fizemos referência a esses juristas de orientação anticurialista romana.

Enfrentando a postura de P. Giannone, e em resposta direta à *Storia civile del Regno di Napoli,* o jesuíta **José Sanfelice** (1665-1737) publicou em Roma (com local de edição falso: Colônia) um livro intitulado *Riflessioni morali e teologiche sopra l'Storia civile del Regno di Napoli* (1728). A reação do grupo napolitano favorável a Giannone não se fez esperar. Nessa resposta, foram decisivas as atuações de **Biagio Garofalo** (1677-1762), **Constantino Grimaldi** (1667-1750) e **Nicolás Fraggiani** (1686-1763). Foi selecionado do livro do jesuíta Sanfelice um conjunto de proposições consideradas lesivas aos direitos do Estado e entregue ao *Consiglio Collaterale,* que condenou, tanto o livro, quanto o autor, proscrevendo a ambos do Reino (abril de 1729). O *Consiglio Collaterale* foi órgão político e jurisdicional de 1516 a 1735, ano em que Carlos VII o substituiu pela *Real Camera di Santa Chiara.* O texto do decreto de condenação foi redigido por N. Fraggiani.

P. Giannone escreveu (cerca de 1735) uma irônica profissão de fé dirigida ao citado padre jesuíta J. Sanfelice. O texto da profissão de fé circulou, primeiramente, em manuscrito e foi recolhido nas *Opere postume* (data de publicação: 1735; lugar de edição: Palmyra, na realidade, provavelmente, Lucca): *Professione di fede scritta da Pietro Giannone al P. Giuseppe Sanfelice gesuita dimorante in Roma, per la cui santità, fervoroso zelo, e calde esortazioni si è il medesimo convertito a quella credenza, che inculca nelle sue riflessioni morali e teologiche, con i dubbi propostoli intorno alla sua morale.*

---

[32] GIANNONE, P. *Storia civile del regno di Napoli,* vol. 5 (Milão, 1847) 397-405.

[33] GIANNONE, P. *Storia civile del regno di Napoli,* vol. 5, 391-397: "Stato della nostra giurisprudenza e dell'altre discipline che fiorirono fra noi nella fine del secolo XVII insino a questi ultimi tempi".

10.3.3 Complemento bibliográfico

Edição atual das obras de Giannone

- *Opere,* a cura di S. Bertelli (Milão-Nápoles, 1971).
- BERTELLI, S. (ed.). *La Vita di Pietro Giannone,* 2 vol. (Turim, 1977).

Estudos sobre a pessoa e obra de Giannone

- NICOLINI, F. *Gli scritti e la fortuna di Pietro Giannone* (Bari, 1913).
- CARISTIA, C. *Pietro Giannone "giureconsulto" e "politico". Contributo alla storia del giurisdizionalismo italiano* (Milão, 1947).
- MARINI, L. *Pietro Giannone e il giannonismo a Napoli nel Settecento. Lo svolgimento della coscienza politica del ceto intellettuale del Regno* (Bari, 1950).
- MALATO, E. *Introduzione a P. Giannone nel quadro dell'anticurialismo napoletano del Settecento* (Pozzuoli, 1956).
- VIGEZZI, B. *Pietro Giannone riformatore e storico* (Milão, 1961).
- DAUS, H. J. *Selbstverständnis und Menschenbild in den Selbstdarstellungen Giambattista Vicos und Pietro Giannones* (Genebra-Paris, 1962).
- RICUPERATI, G. *L'esperienza civile e religiosa di Pietro Giannone* (Milão-Nápoles, 1970).
- RICUPERATI, G. La *città terrena di Pietro Giannone. Un itinerario tra "crisi della coscienza europea" e Illuminismo radicale* (Florença, 2001).
- RICUPERATI, G. *Nella costellazione del "Triregno". Testi e contesti giannoniani.* Edição de D. Canestri (San Marco in Lamis, 2004).
- AJELLO, R. (ed.). *Pietro Giannone e il suo tempo,* 2 vol. (Nápoles, 1980).
- HOOK, A. *La "Storia civile del Regno di Napoli" di Pietro Giannone, il Giacobinismo e l'illuminismo scozzese*: Ricerche Storiche 28 (1998) 391-402.

10.4 O JURIDICIONALISMO POLÍTICO E ADMINISTRATIVO EM NÁPOLES

O juridicionalismo napolitano teve sua maior manifestação em dois momentos: na curta etapa do vice-reinado austríaco e no longo período bourbônico, com B. Tanucci e seus colaboradores. A esses momentos nos referimos nos três primeiros pontos para assinalar, depois, no último ponto, os canais práticos da atuação jurisdicionalista.

10.4.1 Na etapa do vice-reinado austríaco

Com o vice-reinado austríaco (1707), imprimiu-se uma nova orientação política, e mesmo religiosa, à Academia napolitana que, por sua vez, chegará à plena manifestação teórica com P. Giannone, e prática com B. Tanucci. Era a orientação jurisdicionalista, de posturas antirromanas, ou melhor, anticurialistas.

> "Ao longo dos séculos, a Cúria de Roma tinha criado em Nápoles interesses de índole variada e robustecido sua influência ao amparo da tradição. Com o novo regime, tendia-se à revisão desse estado de coisas. De uma e outra parte, frequentemente, eram autênticos napolitanos os litigantes e vestiam hábito eclesiástico, embora - em Nápoles, sobretudo - permanecessem na penumbra e emprestassem as armas aos seculares, cujos olhos tinham sido ofuscados pela miragem da independência nacional e da luta contra os abusos da Cúria romana".[34]

Na primavera de 1708, um decreto dos Habsburgo sequestrou as rendas dos eclesiásticos residentes fora do Reino de Nápoles, reservando os benefícios eclesiásticos aos nascidos e residentes no Reino. A administração da cidade, através de suas *sedes*, aprovou a medida. Também os juristas se apressaram a defender a pragmática do arquiduque. Fizeram-no, expressamente, A. Riccardi (com o escrito: *Ragioni del regno di Napoli nella causa de' suoi benefici*, s. a. e s.

---

[34] Tellería, I, 21.

l.) e Constantino Grimaldi (com o escrito anônimo: *Considerazioni politico-teologiche,* 1708-1709).

Como reação, Roma fulminou várias penas sem, contudo, atingir o resultado esperado. A reação política foi, todavia, mais severa: uma pragmática do imperador (6 de agosto de 1713) ordenou que todos os rescritos, breves, editos e bulas de Roma deveriam passar pelo *exequatur* real, sob pena de nulidade.

> "A contenda, prolongada por vários anos e estendida à Sicília, seguirá latente ou violenta no restante do século. De algumas reclamações iniciais, como a residência e nacionalidade dos beneficiários, os obstinados tinham passado ao questionamento das prerrogativas da Sé Apostólica, com o que, em última análise, comprometiam o lado bom de sua própria causa".[35]

Durante o reinado dos Bourbon, o credo e as práticas do jurisdicionalismo ganharam maior vigor e seu maior promotor foi Bernardo Tanucci.

10.4.2 Bernardo Tanucci (1698-1783)

Entre todos os colaboradores do rei Carlos, sobressaiu o toscano Bernardo Tanucci, inimigo acérrimo e declarado da maçonaria, dos jesuítas, dos senhores feudais e dos privilégios (e riquezas) da Igreja católica.

> Na casa em que nasceu, em seu povoado natal, Stia (província de Arezzo), é possível ler a seguinte lápide comemorativa: "Aqui nasceu e viveu Bernardo Tanucci, ministro e confidente de Carlos III e Fernando IV de Bourbon, no Reino de Nápoles e Sicília. Político experiente de seu tempo, governou durante 43 anos o Estado com poderio de príncipe e teve voz ativa nos assuntos da Itália e Espanha. Faleceu deixando atrás de si sua família quase na pobreza e muito nome na história".
>
> Sobre o texto dessa lápide, comenta L. Sciascia: "Inscrição verdadeira: quando morreu, grande foi o espanto em toda a Itália por não ter

[35] Tellería, I, 21-22.

acumulado riquezas (...). Mas, para fazer o que fez, para merecer os inimigos que teve, não poderia ter sido de outro modo: seus princípios morais deviam ser sólidos; suas ambições, de transparente idealismo; sua honradez, absoluta".[36]

Tanucci, nascido a 20 de fevereiro de 1698, fez os primeiros estudos com os esculápios de Pisa. Na universidade da mesma cidade, conseguiu o doutorado em direito (1727), dirigindo, em seguida, a cátedra de direito civil e compartilhando o escritório com ilustres advogados de Florença e de Pisa. Nesse ambiente intelectual da Toscana, Tanucci teve oportunidade de se abrir aos ares reformadores da Europa.

Convém recordar, nesse sentido, que foi na Toscana onde tiveram lugar duas edições da *Enciclopédia* de Diderot e de d'Alembert, e que Florença se converteu em centro de estudos dedicados ao pensamento econômico, concretamente, ao pensamento econômico fisiocrático inspirado em F. Quesnay.

Tanucci se inclinou para o partido bourbônico, o que lhe valeu a incorporação (1732) ao serviço do infante Dom Carlos, em Parma: primeiro, como auditor da câmara e, no ano seguinte, como secretário de justiça. Conservou o cargo durante a campanha militar e, em decisão que marcaria definitivamente sua vida, acompanhou Carlos de Bourbon ao seu novo posto em Nápoles.

"Nápoles se converteu na segunda pátria de Tanucci, apesar de, nem seu coração esquecer o torrão natal, nem os napolitanos jamais deixarem de considerá-lo um recém-chegado".[37]

"Sem bom aspecto físico, mesmo perdoando as marcas que uma varíola infantil deixou em suas feições, sem maior atração pelo fausto cortesão e pelas diversões palacianas, Tanucci se adaptou gradualmente à sua nova situação e buscou nela o lugar mais seguro: a barra do manto do soberano, à qual se aferrou com lealdade, nunca desmentida em meio século. O restante deve-se ao seu talento, habilidade e ousadia, força de vontade e laboriosidade infatigável.

---

[36] SCIASCIA, L. *El perfil de Carlos III*: Diario El País (martes 17 de enero de 1989) p. 11.

[37] Tellería, I, 240.

Assim, chegou ao pináculo da fortuna. Contudo, fervia em seu temperamento um fundo de exaltação que não passou despercebido aos seus primeiros observadores".[38]

Nos anos seguintes à sua chegada a Nápoles, Tanucci se converteu na personalidade de maior relevo do Reino. O rei Carlos lhe confiou assuntos de graça e justiça e, três anos mais tarde, as finanças e assuntos eclesiásticos. Em 1759, foi designado membro do Conselho de Regência que governou o Reino após a partida de Carlos para a Espanha. Em 1768, foi nomeado chefe do Conselho de Estado, substituto do Conselho de Regência, exercendo o cargo até 1776.

A avaliação da atuação política de B. Tanucci foi condicionada pelo ponto de vista (pré-julgamento) adotado. Para posturas antirregalistas, como a de M. Menéndez Pelayo:

> "Tanucci era um reformador da cepa dos Pombais, Arandas e Kautniz; na Universidade de Pisa, onde foi catedrático, tinha se distinguido por seu exaltado regalismo e, em Nápoles, enfraqueceu o quanto pode o foro eclesiástico e o direito de asilo; incorporou ao real erário boa parte das rendas eclesiásticas; formou um projeto mais amplo de desamortização que, na época, não chegou a ter efeito, e ajustou com a Santa Sé (aproveitando-se do terror infundido pela entrada das tropas espanholas em 1736) duas concordatas leoninas, destinadas, sobretudo, a restringir a jurisdição do núncio. Não contente com isso, passou por cima do arcebispo de Nápoles, por ter procedido canonicamente contra certos clérigos, e o obrigou a renunciar à mitra".[39]

Diferente dessa apreciação é aquela sustentada pelos favoráveis à corrente regalista. A verdade histórica deve ser procurada superando os preconceitos de ambos os lados. No reino de Nápoles, "a Igreja era ainda poderosa força temporal; firmes as crenças religiosas do povo; os senhores, prepotentes; os camponeses, miseráveis; a administração pública, desorganizada; os códigos, confusos; a cúria, numerosa e corrompida; o povo, escravo de velhos

---

[38] Tellería, I, 240-241.

[39] MENÉNDEZ Y PELAYO, M. *Historia de los Heterodoxos Españoles*, II (Madri, 1967²) 429.

erros, com grandes esperanças no novo rei: necessidade, opinião, gênio do século, interesse do novo soberano, tudo convidava à reforma. Tanucci contribuiu para ela, fiel aos incentivos recebidos do trono, já que alentador das novas atitudes afirmativas do poder real frente aos senhores e à Igreja".[40]

Quanto ao que se refere a suas ideias e práticas religiosas, "de uma religiosidade íntima e sincera", Tanucci não escondeu simpatias aos dissidentes de Utrecht, até o ponto de invocar um concílio que "colocasse na linha, e em seu devido lugar, aqueles romanos que pisoteiam bispos e soberanos" (*metterebbe a dovere e alla dovuta moderazione quei romani che calpestano vescovi e soberani*).[41]

Tanucci manteve correspondência com Carlos III em sua nova fase como rei da Espanha.[42] Nem sempre o rei seguiu os conselhos de seu antigo ministro, mas beneficiou-se de suas informações.

> No que toca ao significado geral da correspondência de Tanucci, merece destaque não haver nela apenas referências à vida pública, mas também dados para o conhecimento de sua vida privada.[43] Na correspondência, além do político de amplos conhecimentos e sensibilidades iluministas, aflora a pessoa de penetrante ironia e de humanismo tendente ao pessimismo.

B. Tanucci foi o máximo responsável pelos comportamentos políticos de caráter jurisdicionalista no que se refere à relação do Reino de Nápoles com a Igreja.

---

[40] ANES, G. *Prólogo. Carlos III y Tanucci*: Carlos III, Cartas a Tanucci (1759-1763) (Madri, 1988) p. XI.

[41] Carta de Tanucci de 27 de dezembro ao rei Carlos: Lettere, 422. Citado por: AMBRASI, S. *Gennaro Maria Sarnelli nella vita religiosa e civile della Napoli del Settecento*: Campania Sacra 27 (1996) 25.

[42] Correspondência de Tanucci: MINCUZZI, R. (ed.). *Lettere di Bernardo Tanucci a Carlo III Borbone (1759-1776)* (Roma, 1969); BARREGA, L. *Il tramonto di Bernardo Tanucci nella corrispondenza con Carlo III di Spagna (1776-1783)* (Palermo, 1976). Sobre a correspondência na etapa napolitana do rei Carlos: D'ADDIO, M. *Carlo di Borbone e Tanucci nell'Epistolario (1726-1752)*: DI PINTO, M. (ed.). I Borbone di Napoli e i Borbone di Spagna, I (Nápoles, 1985) 423-451.

[43] VILLANI, P. *Pubblico e privato nei primi due volumi dell'epistolario tanucciano*: DI PINTO, M. (ed.). I Borbone di Napoli e i Borbone di Spagna, I (Nápoles, 1985) 407-421.

O censo foi apresentado à Sé Apostólica, com pequenas interrupções, até 1787. Em 1788, o Conselho de Estado napolitano, a pedido do ministro de Assuntos Exteriores e do primeiro ministro reformista B. Tanucci, aboliu o censo unilateralmente.

B. Tanucci foi destituído em 1777 e reconduzido pelo inglês John Francis Edward Acton, sob a influência da rainha Maria Carolina. Com boa aposentaria e com o carinho de seu amo, o rei da Espanha, "o marquês, que durante tantos anos havia dominado o reino, foi deixado viver na paz de sua propriedade de São Jorge *a Cremano* os sete últimos anos de sua existência".[44] Faleceu em 26 de abril de 1783.

Nota bibliográfica

- ONNIS ROSA, P. *Tanucci nel motto anticurialista del Settecento*: Nuova Rivista Storica 10 (1926) 328-365.
- VIVIANI DELLA ROBBIA, E. *Bernardo Tanucci ed il suo più importante carteggio,* 2 vol. (Florença, 1942).
- SPINELLI, L. *La politica ecclesiastica di Bernardo Tanucci in tema di provvista dei benefici maggiori:* VÁRIOS. Raccolta di scritti in onore di Arturo Carolo Jemolo (Milão, 1963) I, 1187-1236.
- MINCUZZI, R. *Bernardo Tanucci ministro di Fernando di Borbone* (Bari, 1967). Também: MINCUZZI, R. *Lettere di Bernardo Tanucci a Carlo III di Borbone (1759-1776)* (Roma, 1969).
- RENDA, F. *Il riformismo di Bernardo Tanucci. Le leggi di eversione dell'asse gesuitico (1767-1773)* (Catânia, 1969).
- RENDA, F. *Bernardo Tanucci e i beni dei Gesuiti in Sicilia* (Roma, 1974).
- VÁRIOS. *Bernardo Tanucci e la Toscana* (Florença, 1986). Sobre a política eclesiástica de B. Tanucci: ROSA, M. "Religione e politica ecclesiastica attraverso l'epistolario di Bernardo Tanucci", p. 31-54.

44 Tellería, II, 590.

- AJELLO, R.; D'ADDIO, M. *Bernardo Tanucci statista, letterato, giurista*, 2 vol. (Nápoles, 1988).
- RAO, A. M. *Bernardo Tanucci e il Settecento meridionale*: Quaderni Storici 21 (1986) 323-326.
- VÁRIOS. *Bernardo Tanucci. La Corte, Il Paese, 1730-1780.* Atti del Convegno. Catania 10-12 oct. 1985: Archivio Storico per la Sicilia Orientale [Catânia] 84 (1988) n. 1-2, 5-185.
- ANES, G. *Prólogo. Carlos III y Tanucci:* Carlos III, Cartas a Tanucci (Madri, 1988) p. XI-XXXI.
- ROSA, M. *Bernardo Tanucci lettore di Machiavelli*: ROSA, M. La contrastata Ragione. Riforme e religione nell'Italia del Settecento (Roma, 2009) 73-91.

Junto a B. Tanucci trabalharam na Administração do Reino de Nápoles várias pessoas do direito, da cultura e da própria Igreja, com sensibilidades favoráveis à orientação jurisdicionalista. Nomeamos duas delas como as mais próximas aos assuntos da política eclesiástica.

10.4.3 Colaboradores de Tanucci

- Nicolás Fraggianni (1686-1763)

Nasceu em Barletta (região da Apúlia) em uma família da antiga nobreza local.[45] Formou-se em Nápoles, obtendo o doutorado em direito na universidade napolitana (1711). Participou ativamente do mundo jurídico e intelectual de Nápoles. Após uma curta estadia em Viena, regressou a Nápoles (1714).

N. Fraggianni trabalhou na Administração pública na qualidade de jurista, tanto no período austríaco, quanto na etapa do reino bourbônico independente. Apoiou uma interpretação jurisdicionalista favorável ao poder civil na aplicação das normas das

[45] DI RIENZO, E. *Fraggiani, Niccolò*: Dizionario Biografico degli Italiani 49 (1997) s. v.

concordatas que regiam as relações do poder político com o poder eclesiástico. Daí, poder ser considerado representante do jurisdicionalismo, tanto teórico, quanto prático, na Nápoles do séc. XVIII.

Nota bibliográfica.

- MASELLA, S. *Niccolò Fraggianni e l'illuminismo a Napoli* (Nápoles, 1962).
- DI DONATO, F. *Esperienza e ideologia ministeriale nella crisi dell'Ancien Régime. Niccolò Fraggiani tra diritto, istituzioni e politica (1725-1763)*, 2 vol. (Nápoles, 1966).
- AJELLO, R. *Fraggianni e la parabola della monarchia borbonica*: FRAGGIANNI, N. Lettere a B. Corsini (1739-1746), edição de E. del Curato (Nápoles, 1991) pp. XXI-XXXIX.

- Carlos de Marco (1711-1804)

Nasceu em Brindisi, em 12 de novembro de 1711. O pai faleceu antes de seu nascimento e o menino foi confiado à proteção do tio materno, Iacopo Antônio, de condição burguesa. Carlos estudou direito civil na Universidade de Nápoles, cidade onde exerceu a advocacia. Em seguida, realizou diversos serviços jurídicos em várias cidades do Reino. Ao partir para a Espanha (1759), o rei Carlos nomeou C. de Marco, Secretário de Estado de Graça e Justiça e de Assuntos Eclesiásticos. C. de Marco desempenhou esses dois cargos importantes por mais de trinta anos.

Reconhece-se que desempenhou a função pública com honestidade, eficiência e fidelidade ao soberano e aos interesses do Estado. Isso não impede de reconhecer, também, que foi receptivo às orientações de Giannone, que o levaram a lutar contra os privilégios e intromissões da Igreja no âmbito político. Sensível ao ensinamento moral de A. Genovesi e C. Filangieri, tinha concepção laica do Estado, sendo profundamente religioso, e até piedoso, em seu comportamento pessoal.

Na qualidade de ministro para assuntos eclesiásticos, por suas mãos passaram todas as disposições do Reino contra a política da Cúria romana e contra as entidades e organismos eclesiásticos napolitanos. Às vezes, sua atuação se limitava a dar curso às disposições do rei (ou da rainha, Maria Carolina, influenciada por seu favorito, John Acton), do Conselho de Estado, ou da Junta de Abusos. Mas, também houve situações em que sua pessoa foi referência principal para determinadas ações de tipo intransigente.

Na base dessas posições intransigentes de C. de Marco estava sua adesão ao tardo-jansenismo napolitano. Como aconteceu com outras personalidades, tanto civis, quanto eclesiásticas, a orientação jansenista de C. de Marco tinha caráter prático, de conteúdo mais político que teológico. Esse jansenismo tardio via no cristianismo primitivo a referência para a reforma da Igreja, mais como credo regalista que afirmação teológica.

Com essas posições, apoiou os irmãos Januário e José Cestari, Domingos Forges Davanzati, João Andrés Serrao, Alberto Capobianco e outros representantes do movimento jansenista-jurisdicionalista napolitano.

Depois de muitas ações no âmbito político, devidas aos altos cargos que ocupava, C. de Marco foi deixando esses postos até ficar apenas com a participação no Conselho de Estado (1798). Era a véspera da revolução portadora da República partenopeia (1799). C. de Marco permaneceu em Nápoles, mas manteve-se à margem de qualquer participação política. Não sofreu represálias, já era nonagenário. Faleceu no campo, perto de Nápoles, em 8 de março de 1804.

Nota bibliográfica.

- PANAREO, A. *Il ministro C. de Marco e la politica ecclesiastica napoletana dal 1760 al 1798:* Studi salentini 1 (1956) 66-135.

10.4.4 Os canais práticos do jurisdicionalismo

A administração política dos assuntos eclesiásticos do Reino de Nápoles era conduzida por uma burocracia bem organizada, inserida no sistema administrativo típico das monarquias absolutistas.

- O sistema político-administrativo do Reino de Nápoles

Apresentamos aqui uma descrição sumária do sistema político-administrativo do Reino de Nápoles.[46]

Quando o soberano não residia em Nápoles e estava representado por um vice-rei (desde o início do século XVI até 1734), tal vice-rei era auxiliado por um Conselho Colateral (*la Collaterale*), órgão político-administrativo mais importante do Reino, criado pelo rei Fernando, o católico.[47] Esse órgão foi abolido por um *Conselho de Estado*. Os membros da *Collaterale* ou do *Conselho de Estado* eram auxiliados por dois *secretários* de Estado, um para assuntos do Interior e da Guerra, e outro, para a Justiça. O Conselho de Estado era a mais alta magistratura do Reino, equivalente ao Conselho de Castela, na Espanha.[48]

Dependentes do Conselho de Estado, funcionavam outros órgãos de governo com grande importância. Merecem destaque os seguintes órgãos, com suas respectivas funções:

- No vértice da administração financeira se encontrava a régia *Camera della Sommaria*, encarregada de fazer valer os impostos do Reino. Fazia as vezes de supremo tribunal financeiro do Reino. Tinha o controle dos municípios.
- O *Sacro Consiglio* ou tribunal de *Santa Chiara* era o supremo tribunal de apelação para causas civis ou penais tramitadas

---

[46] ORLANDI, G. *El Reino de Nápoles en el siglo XVIII*: CHIOVARO, F. (ed.). Historia de la Congregación del Santísimo Redentor. I/1. Los Orígenes (1732-1793) (Santafé de Bogotá, 1996) 91. [= CHIOVARO, F. (ed.). *História da Congregação do Santíssimo Redentor*. Volume 1: As Origens (1732-1793). Aparecida: Santuário/Scala, 2019, p. 76].

[47] CAPOGRASSI-BARBINI, M. L. *Note sul Consiglio Collaterale del regno di Napoli*: Samnium 28 (1965) 205-231; 29 (1966) 115-132.

[48] CONDE DE FERNÁN NÚÑEZ. *Vida de Carlos III* [1989], edição fac-símile (Madri, 1988) I, 76.

pelos tribunais inferiores, especialmente, da *Vicaria*. Também julgava, em primeira instância, as causas civis relacionadas aos patrimônios feudais.

- A Grande Corte da *Vicaria* era o tribunal de segunda instância, dividido em assuntos civis e penais. Sua competência estava limitada a causas com valor de até 500 ducados. Era o tribunal de apelação das magistraturas provinciais. A *Vicaria* era presidida por um nobre napolitano com o título de *regente da Vicaria* que também era o chefe de polícia, contando com dezesseis capitães de justiça.

- Gestão dos assuntos eclesiásticos no Reino de Nápoles

Os assuntos eclesiásticos eram controlados por três ministros: a Real Jurisdição, a Cúria do Capelão-Mor e o Tribunal Misto.

- Tarefa principal do primeiro era vigiar para que a autoridade do Rei não fosse ofendida e prejudicada em tais matérias; também lhe cabia dar a permissão de reeditar livros já editados em Nápoles.
- O Capelão-Mor, geralmente investido com a dignidade episcopal, possuía jurisdição ordinária sobre o clero, sobre as tropas, sobre as igrejas régias, castelos, fortalezas e galeras. E isso, nos dois reinos (Nápoles e Sicília). Era e agia como "papa napolitano".[49] O Capelão-Mor "julgava as causas relativas ao régio padroado, examinava os documentos da Santa Sé antes de sua aplicação no reino, escolhia os censores dos livros que iriam ser publicados, apresentava os candidatos às sedes episcopais e aos benefícios de colação régia, presidia o Tribunal Misto, era prefeito da universidade e responsável máximo por toda instrução pública do país."[50]

---

[49] Jones, 450.

[50] GALANTI, G. M. *Nuova descrizione storica e geografica delle Sicilie* (Nápoles, 1786) I, 321. Citado por: ORLANDI, G. *El Reino de Nápoles...*, 92.

A cúria do Capelão-Mor estava mais disposta a acompanhar a política eclesiástica do Reino bourbônico que a Câmara de Santa Chiara.

- O Tribunal Misto vigiava a aplicação da concordata de 1741. Era composto por um presidente, sempre um eclesiástico (normalmente, o Capelão-Mor), e quatro conselheiros: dois eclesiásticos e dois togados.

Em 1767, foi criada a *Junta Suprema de Abusos* para colocar fim aos abusos introduzidos no Reino, também interessando-se pelas matérias eclesiásticas. De fato, no mês seguinte à sua instituição, propôs a supressão dos jesuítas. Daí, Tellería anotar que essa Junta Suprema dos Abusos, "inventada para dar o golpe de misericórdia nos jesuítas e para destruir abusos reais ou imaginários do poder eclesiástico, conservava a fisionomia inquisitória dos primeiros dias, preferindo os procedimentos expeditivos e ditatoriais para alcançar seus objetivos, como bem logo Afonso experimentará".[51]

- Aplicação à Congregação do Santíssimo Redentor

É preciso lembrar que Tanucci, tendo suspeitas sobre a Congregação do Santíssimo Redentor, "transferiu a causa que lhe cabia, da Real Câmara, para a Junta dos Abusos e, provavelmente, a teria atacado e destruído, como solicitava, se, nesse meio tempo, não tivesse caído de seu cargo de ministro".[52]

Estamos nos referindo ao processo levantado pela Barão Sarnelli contra a Congregação do Santíssimo Redentor, conduzido pelo fiscal Fernando de Leon. Como teremos ocasião de tratar, essa causa, não só fez perigar a existência da Congregação, mas também a peculiaridade da Teologia Moral de Afonso. Não em vão, "no alegado do fiscal também se insistia muito no sistema moral de Afonso".[53]

---

[51] Tellería, II, 585.

[52] CROCE, B. *Uomini e cose della vecchia Italia*, II (Bari, 1743) 126. Citado por: ORLANDI, G. *El Reino de Nápoles...*, 93, nota 42.

[53] Tellería, II, 588.

Foi quando, então, voltou a ser ventilada a proposta, já apresentada anos antes pelo Pe. Blasucci, de substituir a *Theologia Moralis* de Afonso por outro manual de sabor menos "jesuítico" e orientação menos "casuística". "Tais projetos ficaram sem efeito, ou foram superados pelos acontecimentos, o mais transcendental dos quais foi a destituição - com todas as honras - intimada pelo rei ao marquês de Tanucci, em um sábado de novembro [1777]".[54]

Também vale a pena recordar, novamente, a atitude do Capelão-Mor, Celestino Galiani, em relação aos redentoristas. Em carta a Tanucci (16 de abril de 1736) julgava os primeiros redentoristas como "sacerdotes simples e melancólicos" que tiravam as esmolas dos "verdadeiros pobres" e se dedicavam a fazer missões, "como se neste reino não existissem religiões [ordens religiosas] dedicadas a esse santo exercício". O juízo aparece modificado em carta ao rei (22 de agosto de 1747), quando afirma: "não se pode negar que o Pe. Liguori, com seus companheiros, se dedicam agora com utilidade e proveito à instrução dos pobres camponeses que vivem nas aldeias mais incultas e dispersas pelos campos, e que a vida dos sacerdotes missionários é muito exemplar". Claro, não deixa de acrescentar: "todas as ordens e congregações, Sacra Majestade, de regulares e sacerdotes seculares, no momento de seu nascimento foram úteis e muito exemplares, mas, pouco depois, passado o primeiro fervor, se converteram em inúteis e muito pesadas para o Estado, sem trazer-lhe nenhum benefício."[55]

10.4.5 Complemento temático: a expulsão dos jesuítas e a rejeição à moral jesuítica

- A expulsão dos jesuítas

A expulsão dos jesuítas do Reino de Nápoles deve ser interpretada no contexto geral europeu de rejeição à Companhia de Jesus.

---

[54] Tellería, II, 588.

[55] Ver as citações em: ORLANDI, G. *El Reino de Nápoles...*, 92, nota 40.

Deve-se a Carlos III a decisão de expulsar os jesuítas dos territórios da monarquia espanhola (1767). Tratava-se de uma medida já adotada pelo rei de Portugal (1759) e a monarquia francesa (entre 1761 e 1764).

No Reino de Nápoles, houve os que, como Carlo del Marco, exigiam um pretexto jurídico para configurar a expulsão como consequência de crime cometido pela Ordem de Santo Inácio, tal como havia sido feito em outros países europeus. Contudo, para Tanucci, era suficiente a constatação de que a Companhia constituía perigo imediato para o Estado. De fato, a Junta Suprema de Abusos deliberou sobre a expulsão dos jesuítas em sessão única e, no dia 20 de novembro de 1767, Fernando IV, há pouco tempo constituído na maioridade, assinou o correspondente decreto. Foram expulsos do Reino de Nápoles 313 jesuítas, supressas sete casas religiosas em Nápoles e a "residência" dos Portici.

Não deixa de ter interesse histórico seguir as decisões adotadas, desde a Administração do Estado, acerca do destino dos bens da supressa Companhia de Jesus (ver bibliografia anexa). Além do mais, não estiveram ausentes interesses de grupo na "repartição" do legado dos jesuítas (igrejas, bens fundacionais, colégios, etc).

Entre outros, convém recordar dois dados, pela implicação que tiveram com a pessoa de Afonso.

- Enquanto responsável pela direção do colégio dos "Chineses", o padre Fatigati recebeu algumas rendas destinadas às missões jesuíticas no Extremo Oriente. O mesmo sacerdote aconselhou que Afonso solicitasse as rendas dos jesuítas destinadas às missões populares.[56] Afonso não o fez.
- Semelhante à atitude do Pe. Fatigati foi a do redentorista Pe. De Paola, que aconselhou conveniente apresentar a candidatura da Congregação do Santíssimo Redentor como novos administradores da igreja jesuíta do *Gesù* em

[56] Tellería, II, 496.

Roma.[57] Foi então que, em resposta ao citado Pe. De Paola, Afonso escreveu aquelas palavras que, às vezes, foram mal interpretadas: temos que ser "humildes, já que um grão de soberba pode nos arruinar, como arruinou os jesuítas".[58] São palavras que só *acidentalmente* se dirigem à Companhia de Jesus, tendo por alvo direto a sede de prestígio institucional do Pe. De Paola.[59]

Nota bibliográfica.

- ONNIS ROSA, P. *L'abolizione della Compagnia di Gesù nel Regno di Napoli*: Rassegna Storica del Risorgimento 15 (1938) 759-822.
- ROBERTAZZI DELLE DONNE, E. *L'espulsione dei Gesuiti dal Regno di Napoli* (Nápoles, 1970).
- RENDA, F. *B. Tanucci e i beni dei gesuiti* (Catânia, 1970).
- AMBRASI, D. *L'espulsione dei Gesuiti dal Regno di Napoli nelle lettere di Bernardo Tanucci a re Carolo III*: Campania Sacra 2 (1971) 211 -250.

- O antijesuitismo e a rejeição à chamada "moral jesuítica"

O complexo fenômeno do antijesuitismo estourou no séc. XVII, perdurou pelo séc. XVIII, e esteve na base da expulsão dos jesuítas e da supressão da Companhia de Jesus (1773).[60]

> "Os governos da Europa iluminista se propuseram a acabar com a Companhia de Jesus por sua defesa incondicional do papado, sua atividade intelectual, poder financeiro e influência política. Certamente, os jesuítas tinham ganhado poderosos inimigos: os Estados (cujos monarcas colocavam em questão o poder político-religioso da Santa Sé), os jansenistas (contrários à sua teologia moral) e os filósofos modernos (com visão livre em relação à autoridade da Igreja

---

57 Jones, 435.

58 Lettere, II, 270.

59 Tellería, II, 497.

60 FABRE, P. A.; MAIRE, C. (ed.). *Les antijésuites. Discours, figures, et lieux de l'antijésuitisme à l'époque moderne* (Rennes, 2011).

e preponderância da razão). Não faltaram, também, as intrigas de certos grupos, inclusive, em Roma".[61]

O decreto papal de extinção da Companhia de Jesus na Igreja se deu com o breve *Dominus ac Redemptor* (21 de julho de 1773). "No mundo, havia uns 23.000 jesuítas, dirigindo 700 colégios".[62]

A operação foi apresentada e justificada como ação dos monarcas católicos em defesa da Igreja, para a qual os jesuítas eram considerados uma ameaça. Mas, o que realmente rejeitavam era a força antirregalista da Companhia.[63] A decisão última coube ao Papa Clemente XIV, em cuja eleição quase tinha sido imposta a condição da supressão da Ordem dos Jesuítas. A dimensão política da decisão foi corroborada pelo fato de o breve de extinção da Ordem vir acompanhado, na mesma época, pela devolução ao poder pontifício do Condado de Benevento (que dependia de Nápoles) e de Avinhão (sob o poder da França).

Um aspecto importante do antijesuitismo - causa e efeito - foi a crítica à moral jesuítica. Em Nápoles, eram conhecidos escritos que, originais em italiano ou traduzidos do francês, se difundiram pela Itália, com o alvo na moral - real ou inventada - dos jesuítas.

O padre jesuíta Georges Pirto (1599-1659), confessor da casa religiosa de Paris, tinha publicado, sob anonimato, uma *Apologie pour les casuistes contre les calumnies des jansénistes* (Paris, 1658-1659; Colônia, 1659). Surgiram cartas de bispos franceses contra esse escrito, que foi colocado no *Index* por decreto de Alexandre VII (22 de agosto de 1659). Essas cartas contrárias, dos bispos franceses, foram traduzidas ao italiano e publicadas em Veneza:

- *Istruzioni Pastorali degli Arcivescovi e Vescovi della Francia in difesa della Morale Evangelica contro l'Apologia de' nuovi Casisti.* Tradotta dalla lingua francese (Veneza, 1760).

---

[61] LARA L.; LARA, M. *Ignacio y la Compañía. Del castillo a la misión* (Madri-México-Buenos Aires-San Juan-Santiago do Chile, 215-237.

[62] LARA L.; LARA, M. *Ignacio y la Compañía...*, 237.

[63] BATTLORI, M. *La expulsión de los jesuitas y el jurisdiccionalismo antirromano: raíces napolitanas y austracistas*: VÁRIOS. Carlos III y la Ilustración (Madri, 1988) 235-245.

A obra foi seguida por outras, com semelhante orientação duramente crítica à moral jesuítica:

- J. M. J. *La dottrina de' Gesuiti posta in confronto di quella de' Gentili* (Lugano, 1760).
- COUDRETTE, C. [1701-1774]. *Idea generale dei Vizi principali dell'istituto dei Gesuiti. Tratta dalle loro Costituzioni.* Esposta da un celebre Consigliere del Parlamento di Parigi (Lugano, 1762).
- *Parallelo della morale de' gentili con quella de' gesuiti.* Traduzione dal Francese di Natale Modotod (Lucca, 1763).

10.5 AFONSO DE LIGUORI E O JURISDICIONALISMO NAPOLITANO

10.5.1 Afonso sofreu os exageros do jurisdicionalismo

Afonso sofreu em sua própria vida os contratempos provenientes do jurisdicionalismo político e administrativo do Reino de Nápoles. O biógrafo R. Tellería anota que "poucos pagarão as consequências [do jurisdicionalismo] como ele [Afonso] ao pôr em marcha o Instituto e guiá-lo durante meio século".[64]

Embora tenha ocorrido durante toda a vida de Afonso, a repercussão foi mais clara em quatro vertentes de seu percurso biográfico:

- *A vertente de escritor.* Afonso precisou enfrentar muitas dificuldades com a exigência da permissão régia para a publicação de livros. Além da censura eclesiástica, o livro precisava passar por uma segunda censura, a de caráter político, de orientação claramente jurisdicionalista no caso napolitano do séc. XVIII. Ao longo do presente volume frequentemente nos referimos às dificuldades de Afonso com a censura régia.

---

[64] Tellería, I, 22.

- *A vertente de fundador.* A fundação de novos institutos religiosos no Reino de Nápoles também precisava da correspondente autorização real. Por outro lado, os documentos da Santa Sé necessitavam do *exequatur* régio para a vigência no Reino. Tudo isso causou notáveis dissabores ao fundador Afonso, chegando ao máximo por ocasião do problema do *Regolamento* (aprovação régia da Congregação), fato que provocou a ira de Roma, expressa mediante a declaração de que as casas do Reino não pertenciam à Congregação (e, trazendo como efeito concomitante, que o fundador morresse fora da Congregação reconhecida por Roma como "oficial").
- *A vertente de moralista.* As dificuldades nessa dupla vertente, de escritor e de fundador, repercutiram sobre a própria obra moral de Afonso, como veremos nos próximos capítulos do presente volume. Em processos sobre a posse de terras, um recurso será relacionar o jurisdiconalismo com o antijesuitismo, denunciando como prova contrária aos direitos da Congregação a condição de *probabilista* (e, consequentemente, de *jesuíta*) do moralista Afonso de Liguori.
- *A vertente de bispo.* Afonso foi bispo de uma diocese de nomeação não controlada pela autoridade política. A diocese de Santa Águeda dos Godos era uma das dioceses chamadas *papalinas,* ou seja, dependentes inteiramente do Papa quanto à designação do bispo. Contudo, o bispo Liguori teve que se sujeitar aos controles do poder político e, provavelmente, foi esse o motivo que o levou a tomar a decisão de não convocar o *sínodo episcopal,* governando através de outros procedimentos fora do controle da administração civil.

A monarquia napolitana favoreceu a nomeação de bispos *de confiança,* alguns dos quais, defensores do episcopalismo napolitano: o dominicano Alberto Maria Capobianco, arcebispo de Reggio Calabria (1767-1792); Andrés Serrao, bispo de Potenza (1783-1799);

José Capecelatro, arcebispo de Taranto (1778-1817); o beneditino I. Ortiz, bispo de Mottola (1766-1791), que assinava "Dei et Regis gratia episcopus - bispo por graça de Deus e do Rei" e não: "Dei et Apostolicae Sedis gratia episcopus - bispo por graça de Deus e da Sé Apostólica".[65] Não faltaram eclesiásticos defendendo o direito do rei a escolher bispos, como sustentava a corte bourbônica.[66] Esses dados explicam a inclinação, no Reino de Nápoles da segunda metade do séc. XVIII, à uma Igreja com tonalidades episcopalistas e nacionalistas.

Evidentemente, não se pode imaginar Afonso a favor de certos projetos de estabelecimento no Reino de Nápoles de uma espécie de "Igreja nacional", se é que tais projetos existiram, como indicam alguns estudos que citamos na continuação:

- SPEDICATO, M. S. *Alfonso Maria de Liguori di fronte al processo di statalizzazione della Chiesa meridionale*: Itinerari di Ricerca Storia 15 (2001) 87-102.
- SPEDICATO, M. *Tra il Papa e il Re. Le diocesi meridionali alla fine dell'antico regime* (Galatina, 2003) 75-99: "Un vescovo di fronte al riformismo borbonico. Alfonso Maria de Liguori tra pastoralità e politica".
- SPEDICATO, M. *L'episcopato alfonsiano tra Chiesa "papalina" e Chiesa nazionale:* Rivista Storica del Sannio 22 (2004) 279-288.
- SPEDICATO, M. *Alfonso de Liguori tra pastoralità e politica:* Segno n. 242 (2003) 59-68.
- CAMPANELLI, M. *Centralismo romano e "policentrismo" periferico. Chiesa e religiosità nella Diocesi di Sant'Alfonso Maria de Liguori (secoli XVI-XVIII)* (Milão, 2003) 84-116 = *L'episcopato di S. Alfonso Maria de Liguori a Santa'Agata dei Goti (1762-1775):* SH 60 (2012) 67-112.

---

[65] ORLANDI, G. *Essere vescovo nel Regno di Napoli nel Settecento*: SH 60 (2012) 213 ss.

[66] CESTARI, G. *Lo spirito della giurisdizione ecclesiastica sulle consagrazioni de' vescovi* (Nápoles, 1788).

10.5.2 Relação de Afonso com dois jurisdicionalistas

- Afonso e Giannone

Afonso de Liguori se confrontou com o Giannone jurisdicionalista, defendendo os direitos e a imunidade dos eclesiásticos. Para isso, buscou obras que apoiassem seu pensamento, como os tratados de G. Antônio Bianchi, *Della potestà e della politica della Chiesa, trattati due contro le nuove opinioni di Pietro Giannone* (Roma, 1745).

R. Tellería refere a relação de Afonso de Liguori com Pedro Gianone:

> "Nos círculos forenses, enquanto Afonso exercia a advocacia, era preparada a *História civil do reino de Nápoles* (1723), de Pedro Giannone, arsenal de todos os politiqueiros do século, com quem Afonso terá que se defrontar (...). A riqueza de informação, a aceitável disposição do conjunto e a clareza de sua exposição, resultam viciadas pelo afã partidarista com que faz convergir, artificiosamente, toda a história napolitana para o centro único de uma luta entre Igreja e Estado: quando pertencem à primeira, os homens desfilam nessas páginas marcados pela maldade; quando pertencem ao segundo, ilustrados com toda linhagem de virtudes; em favor de seu critério histórico vêm os artifícios advocatícios para interpretar, corrigir ou escamotear documentos que não se encaixam em seus preconceitos (...). Sem cair na heresia formal, embora aproximando-se dela em muitos pontos, seu espírito pré-voltairiano e sua inimizade contra as instituições eclesiásticas, forneceram a pauta para o resto do século e deram, em Nápoles, coesão doutrinal aos executores de seu programa reformista. Muito fartamente o experimentará Afonso no curso de seus dias [*Em nota:* Entre os impugnadores da fundação de Pagani se encontrará o advogado Calló, discípulo de Giannone]. De momento, não parece que sobre sua atividade de advogado tenha exercido qualquer influxo este seu colega que, não tendo como conseguir dinheiro e prebendas com seu escritório, preferiu se gabar especulando com a rapacidade do Estado (...). A Providência estava dispondo Afonso para suscitar uma nova Congregação religiosa na mesma época em que Giannone, com sua apaixonada diatribe,

justificava de antemão os latrocínios desarmotizadores [*Em nota:* A má vontade de Giannone contra os mosteiros reaparece sistematicamente em sua obra intitulada *Monaci e beni temporali.* Cf. v. II, p. 665; v. III, p. 364; v. IV, p. 499]".[67]

- Afonso e Tanucci

Como já anotamos mais acima, Tanucci foi um católico sincero, declarado antijansenista, anti-maçom e furibundo anti-jesuíta. Enquanto político, na qualidade de secretário e conselheiro real entre 1735 e 1776, agiu sob os postulados radicais do jurisdicionalismo. Nem todas essas características de Tanucci foram contrárias às posições de Afonso.[68] Se fosse válido apelar para a quantificação matemática nesse contexto, diríamos que a comparação resulta em empate:

- Duas condições, a de antijansenista e a de antimaçom, são compartilhadas por Afonso e Tanucci.
- Enquanto se distanciam nas outras duas condições, ou seja, na de antijesuíta e na de jurisdicionalista.

Sem dúvida alguma, algo os separa: a respectiva avaliação da Companhia de Jesus. Todos sabiam que Afonso era "amigo dos jesuítas"; para todos também era patente a aversão de Tanucci em relação à Companhia de Jesus, cujo desaparecimento constituía um dos objetivos de sua ação política. O ministro sempre suspeitou de Afonso nesse assunto da Companhia de Jesus, sempre viu os redentoristas como jesuítas disfarçados.

Olhando apenas um lado da moeda, pode causar surpresa que Afonso tenha dedicado a Tanucci um livro. Mas a estranheza desaparece se levarmos em conta o outro lado da moeda. Em todo caso, o fato é que Afonso dedicou a Tanucci sua obra *Triunfo da*

---

[67] Tellería, I, 59-60.

[68] Sobre as convergências e divergências entre Afonso e Tanucci, ver: ROSA, G. de. *Sant'Alfonso de' Liguori e Bernardo Tanucci*: ROSA, G. de. Tempo religioso e tempo storico. Saggi e note di storia sociale e religiosa dal Medioevo all'Età contemporanea (Roma, 1987) 205-226.

Igreja ou tratado sobre a *História das heresias.*[69] Sabia que Tanucci "tinha aversão aos livros dos hereges?"[70]

Como indica R. Tellería, a dedicatória foi interpretada de várias maneiras, às vezes, contraditórias. "Do fato [da dedicatória] quiseram deduzir diferentes conclusões: umas, recentemente [escreve em 1950], em favor de Tanucci, a quem o gesto de Afonso teria, mais ou menos, absolvido de seus atropelos eclesiásticos; outras, contra Afonso, cuja iniciativa pareceu pouco digna de um santo quando da discussão da causa de seu doutorado".[71] A juízo do mesmo Tellería,

> "umas e outras [interpretações] são extremas. O texto da discutida dedicatória[72] fica atrás, quanto aos louvores, do uso corrente daquele século, e muito em particular, dos ditirambos que prodigalizaram a Tanucci as penas eclesiásticas [por exemplo, o cônego A. S. Mazzochi e o agostiniano Inácio da Cruz], sobretudo porque, como sugeria o auditor da Nunciatura ao Secretário de Estado, essas felicitações 'penetravam nas fibras sensíveis de seu caráter'. Sem dúvida, como o conhecia, Afonso elogiava no marquês o jurisconsulto e homem de letras (...). Afonso também louvava em Tanucci o leal servidor da monarquia, fato então notório e confirmado pela história, embora tal lealdade, às vezes, tenha chegado às raias do servilismo, e estendia os louvores ao governante íntegro, desinteressado e cuidadoso do bem dos povos: merecimentos que, excetuadas suas injustiças contra a Igreja e a Companhia, a posteridade não deixou de reconhecer".[73]

Muito provavelmente, com a dedicatória de seu livro a Tanucci, Afonso pretendia o apoio do primeiro ministro aos assuntos relacionados com a Congregação, bem como a defesa da fé cristã frente à invasão de livros muito críticos em matéria religiosa. Conseguiu em parte, embora mais o segundo que o primeiro: "De fato, pouco tempo depois, foram promulgadas severas ordenanças contra a introdução de livros proibidos e contra seu simples anúncio nos catálogos".[74]

---

69 Ver os dados em: Tellería, II, 486-488.

70 ROSA, G. de. *La figura e l'opera di sant'Alfonso nell'evoluzione storica*: SH 45 (1997) 209.

71 Tellería, II, 486.

72 Pode ser lido em: Lettere, III, 400-401.

73 Tellería, II, 486-487; Rey-Mermet, 39-41.

74 Tellería, II, 488.

Nota bibliográfica

- TELLERÍA, R. S. *Alfonsus episcopus et marchio Tanucci nomen suum miscent in duobus libris prelo datis*: SH 11 (1963) 143-165.
- DE SPIRITO, A. *Alfonso de Liguori vescovo a forza e moralista geniale* (Roma, 2015) 13-21: "De Liguori, Tanucci e Genovesi", especialmente, p. 13-21.
- MAIORINI, M. G. *Alfonso de Liguori, Tanucci e la "religione" della sovranità*: Rivista Storica del Sannio 22 (2004) 183-238.
- PASCARELLA, G. *Alle origini del conflitto con il Tanucci: la vertenza per Ciorani*. Rivista Storica del Sannio 22 (2004) 239-278.

10.5.3 Afonso e a defesa da autoridade suprema do Papa contra Febrônio

Afonso teve relação de filial e agradecido afeto ao Papa Bento XIV, que aprovou (1749) a Congregação do Santíssimo Redentor e a quem dedicou sua *Theologia Moralis*. Também manteve relações de respeito com os outros Papas de sua época.

Elevando o discurso do dado concreto para o mundo dos princípios, Afonso sustentou e defendeu os princípios vigentes em sua época acerca dos direitos do Papado. Escreveu uma *Dissertação* sobre a infalibilidade pontifícia e sobre a supremacia do Papa frente ao concílio ecumênico. "Por essas duas verdades - declarava aos padres Ferrara e Di Meo - eu daria a vida, porque enfraquecida a autoridade do Papa, se despedaça a própria fé" (segundo as atas do processo ordinário de S. Águeda, III, f. 129).[75]

- Contextualização histórica

Em 1763, apareceu em latim a obra de Johan Nikolaus von Hontheim (1701-1790), bispo auxiliar de Tréveris, que usava o pseudônimo de *Justinus Febronius: De statu Ecclesiae et legitima potestate Romani Pontificis liber singularis ad reuniendos dissidentes in religione christianos compositus* (1763).

[75] Tellería, I, 533.

A doutrina eclesiológica de Febrônio dependia, em grande medida, do *episcopalismo* (e do *conciliarismo*), sustentado pelo canonista (historiador e eclesiólogo) belga Zeger Bernhard van Espen (1646-1728), de quem Tréveris tinha seguido os cursos na universidade de Lovaina (entre 1719 e 1724).

A obra de J. Febrônio foi traduzida rapidamente para o alemão, francês, português, espanhol e italiano. Embora tenha sido condenado de imediato por Roma (5 de fevereiro de 1764), o livro de Febrônio "constituiu o código fundamental da nova concepção político-religiosa, abrindo caminho ao josefinismo e aspirações a uma Igreja nacional que assediaram os espíritos até as primeiras décadas do século XIX".[76]

Contra essa *frente febronianista,* justificação teórica do *josefinismo,* levantaram-se vozes autorizadas. Merece destaque, na Alemanha, a postura crítica do teólogo moralista E. Amort, muito apreciado por Afonso. Na Itália também se opuseram, entre outros, P. Ballerini e o jesuíta F. A. Zaccaria.

Afonso juntou-se a essas vozes, dirigindo sua atenção contra a obra de Febrônio para reivindicar - daí o termo *Vindiciae,* do título do escrito afonsiano - o poder supremo do Papa e a infalibilidade pontifícia.

- Escrito de Afonso

- *Vindiciae pro Suprema Romani Pontificis potestate adversus Justinum Febronium. Opella ab Honorio de Honoriis elucubrata* (s. f. [1768], s. l. [Nápoles], s. e.).[77]

Na obra *Verità della Fede* (1767), Afonso tinha esboçado argumentos acerca do primado do romano pontífice. Por esses mesmos anos, havia recopilado materiais e elaborado uma réplica contra o

---

[76] DIEBOLT, J. *La théologie morale catholique en Allemagne au temps du Philosophisme et de la Restauration, 1750-1850* (Estrasburgo, 1926) 2.

[77] Para as vicissitudes da edição da obra: De Meulemeester, I, 140-141; e, sobretudo: Tellería, II, 335-338.

opúsculo francês intitulado *Réflexions concernant le S. Siège*. Dada a tensa situação suscitada entre a Santa Sé e o Reino de Nápoles por motivo do Monitório de Parma (1768), e que levou à ocupação de Benevento pela autoridade política napolitana, Afonso precisou interromper a impressão do escrito.

Com esses materiais, Afonso retomou ao tema e compôs um escrito. Mudou de oponente: em lugar de enfocar o autor francês, dirigiu suas reflexões críticas contra Febrônio. Do uso do italiano, passou ao emprego do latim. Além disso, realizou algo nada normal nele: assinou o original com o pseudônimo Honorio de Honoris. Com tais cautelas, fez, como de costume, uma impressão limitadíssima em Nápoles (de 8 a 10 exemplares), pensando na edição definitiva de Veneza.

> "Em princípios de agosto de 1768, ao ter nas mãos um desses poucos exemplares, tomando mil precauções rocambolescas, dispunha-se a enviá-lo a Remondini, mas não se atreveu a fazê-lo, aguardando alguma ocasião mais segura. Esta não surgiu; em seu lugar apareceu, em 12 de agosto, um ataque brutal de artrose deformante, retorcendo-lhe o pescoço até fundir o queixo em seu peito".[78]

Com quase plena segurança histórica, é possível afirmar que não houve edição veneziana.[79] Da edição napolitana se conserva um único exemplar, com correções e anotações de Afonso, provavelmente pensadas para a edição definitiva em Veneza, que nunca chegou.[80]

O escrito de Afonso é uma apaixonada defesa do poder supremo do Soberano Pontífice e de sua infalibilidade. "Sem invectivas, mas com golpes secos, sacode contundentemente seu opositor, da primeira até a última linha".[81]

---

[78] RUIZ, D. *Presentación*: San Alfonso María de Ligorio, *Defensa del poder supremo del soberano Pontífice*. Traducción de la edición crítica latina por J. J. Itoiz (Pamplona, 1986) p. III. Mimeografado.

[79] Tellería, II, nota 81: "Até agora, a procura nas bibliotecas e nos catálogos de Remondini não obteve resultados. E é compreensível, pois, muito provavelmente, na época não foi feita mais que a reduzida tiragem da edição napolitana".

[80] Sobre as vicissitudes desse *único* exemplar de uma obra de Afonso, ver os dados expostos com todo detalhe e precisão por: SAMPERS, A. *"Unicum" alfonsianum. Libellus contra Febronii errores, Neapoli 1768 impressus*: SH 11 (1963) 252-256.

[81] Rey-Mermet, 636.

Prova a tese do poder supremo do Papa: pelas Sagradas Escrituras (cap. 1-3); pelos concílios ecumênicos (c. 4); pelo testemunho comum dos Santos Padres (c. 5); pela razão (c. 6). De onde deduz que os bispos não possuem um poder igual ao do Papa (c. 7). Embora todo o texto esteja escrito em confronto direto com Febrônio, Afonso dedica um capítulo específico a responder às objeções de Febrônio contra o poder do Pontífice (c. 8), acusando-o, ao mesmo tempo, de que "afirma muitas coisas que depois não prova; e nós provamos o contrário" (c. 9). Uma *Conclusão* recolhe os resultados do que foi exposto ao longo dos nove capítulos.

O opúsculo não teve reedição durante a vida do autor. Apareceu na coleção das obras completas (Turim, 1827; Monza, 1832; etc.). Em 1869 passou a fazer parte, no original latino e na tradução francesa, do conjunto de textos relacionados com a teologia do Papado e dos concílios, reunidos por J. Jacques com o título *Du Pape et du Concile* (Tournai, 1869). Além desta, há a tradução latina nas *Opera Dogmatica* de Walter (I, 381-459).

Também há uma tradução espanhola, realizada por J. J. Itoiz, com *Apresentação* de D. Ruiz: San Alfonso María de Ligorio, *Defensa del poder supremo del Soberano Pontífice* (Pamplona, 1986), mimeografado.

Esse escrito confirma um Afonso defensor dos direitos do Romano Pontífice. Sua doutrina teve grande influência nas decisões do Concílio Vaticano I (1870), quando foi proclamada a infalibilidade pontifícia. "Sabe-se que *A supremacia do Pontífice Romano defendida dos ataques de Justino Febrônio* foi, sem dúvida, a obra mais lida no Concílio Vaticano I."[82]

Nota bibliográfica

- ROMANO, C. *Delle opere di S. Alfonso. Saggio storico* (Roma, 1896) 361-413: "Il Regalismo e il Primato del Papa".

---

[82] Rey-Mermet, 636.

- P.[ÉREZ] DE GAMARRA, P. *[San Alfonso] El Defensor de la Iglesia*: El Perpetuo Socorro 10 (1908) 360-365.
- RICCI, V. *S. Alfonso e il Papa*: V. RICCI (ed.). Alfonso M. de Liguori, maestro di vita spirituale (Milão, 1998) 41-47.

10.5.4 Anotação complementar

Ao longo do presente capítulo, insistimos nos aspectos de confronto de Afonso com o jurisdicionalismo napolitano. Se isso provocar no leitor a tentação de criar uma imagem de Afonso com traços exageradamente curialistas (a favor da Cúria romana), convém recordar o que já foi sublinhado quando expusemos a formação jurídica de Afonso.

Afonso participou das reuniões, em nada pró-curialistas, mas, muito mais, de orientação favorável a um sadio jurisdicionalismo jurídico, mantidas e lideradas por Nicolás Caravita, uma das eminências intelectuais mais respeitável e respeitada na Nápoles daquela época.[83]

Os encontros, bem como sua formação jurídica, propiciaram a Afonso uma mentalidade e postura críticas diante das intromissões indevidas da Cúria romana em âmbitos pertencentes ao poder político. Não consta que Afonso tenha pretendido, em nenhum momento, justificar isenções fiscais de possessões no Reino de Nápoles, cujos titulares eram eclesiásticos residentes fora do Reino, na Cúria romana ou em outro lugar.

Afonso não foi um fanático antijurisdicionalista. Pode-se afirmar que, sendo defensor da constituição teológica do Romano Pontífice, não se desviou por uma defesa acrítica e a-histórica da Cúria romana. Até o ponto de ser possível sustentar que, apesar de não ser anticurialista, Afonso defendeu, em certo sentido, um sadio jurisdicionalismo.

---

[83] Cacciatore, 181-182.

10.6. ENTRE A PASTORAL E A POLÍTICA ORIENTAÇÕES DE AFONSO

A alguns estudiosos do pensamento afonsiano pode chamar a atenção a segunda afirmação do seguinte texto: "A pastoralidade, em seu sentido de governo das almas, e a política, em sua acepção mais ampla de governo da nação, aparecem, na cultura predominante do *Settecento* europeu e meridional, como termos antitéticos, irreconciliáveis e a serem mantidos rigorosamente separados. Ao contrário, na visão de Afonso Maria de Liguori, estes dois termos são inseparáveis e se integram para assegurar um desenvolvimento harmônico da sociedade".[84]

É óbvio que a última afirmação é plenamente aceitável quando compreendida no sentido de que Afonso tinha consciência da importância do contexto político e das instituições sociais para alcançar o objetivo da pastoral: a realização da salvação cristã. Concepção e prática afonsianas da pastoral não estão situadas em universo abstrato, à margem das condições reais da vida. Pelo contrário, a dimensão cristã da existência humana, tanto individual, quanto social, está implicada nas condições culturais, econômicas e políticas de seu momento histórico concreto.

> "Toda a vida e obra do fundador dos Redentoristas mostram a tomada de consciência acerca da importância do contexto político e institucional em que se desenvolve a tarefa pastoral (com a finalidade espiritual e transcendente da salvação das almas)."[85]

No entanto, a afirmação requer explicação quando pretende significar que a ação pastoral e a ação política, na prática e no pensamento de Afonso, vão necessariamente unidas. Nós nos propusemos a analisar a questão, apresentando algumas perspectivas de compreensão no comentário de um escrito afonsiano específico.

---

[84] SPEDICATO, M. *Alfonso de Liguori tra pastoralità e politica*: Segno 29 (2003) n. 242, 59.

[85] SPEDICATO, M. *Alfonso de Liguori tra pastoralità e politica*: Segno 29 (2003) n. 242, 59.

10.6.1 O escrito afonsiano

Estes são os créditos editoriais do escrito afonsiano:

- *La fedeltà de' vassalli verso Dio li rende anche fedeli al loro principe* (Nápoles, 1777).[86]

Afonso tinha 81 anos quando a obra, de umas 40 páginas, apareceu em Nápoles. Faltavam 12 anos para a Revolução Francesa. Nessa ocasião, Afonso não enfrentou dificuldades com os censores: nem com o censor eclesiástico, o professor de teologia Vicente de Maio, nem com o censor régio, o cônego José Simioli.

O autor não viu sua obra editada em Veneza, porém, pode vê-la traduzida ao francês no ano seguinte da publicação em Nápoles.

A tradução francesa foi realizada pelo cônego belga Enrique Hennequin (de Lieja), eclesiástico que tinha conhecido Afonso em Roma e feito propaganda do livro *Visitas ao Santíssimo* na Bélgica.

A impressão da tradução francesa foi realizada em Nápoles e, em seguida, montado um escritório de difusão (gratuita) da obra. Afonso enviou-a aos chefes dos Estados italianos. O mesmo E. Hennequin se encarregou de fazer chegar essa dissertação aos reis da Espanha, Portugal e Sardenha, bem como, à imperatriz Maria Teresa e aos príncipes eleitores de Colônia e Tréveris. Da sua parte, o cardeal Castelli distribuiu o livro a todos os embaixadores das potências representadas em Roma para que o fizessem chegar a seus respectivos soberanos.[87]

Não conhecemos o conteúdo das respostas, se houve, dado que não foi conservada nenhuma carta a respeito.[88] Segundo Tellería, "ignora-se a reação que despertou essa mensagem no real palácio de Nápoles e na corte, cuja dissipação provocava comentários pouco favoráveis do povo".[89]

---

[86] De Meulemeester, I, 170; Ferrero-Boland, 532.

[87] De Meulemeester, I, 170. Também: Tellería, II, 552-553.

[88] ROMANO, C. M. *Delle opere di S. Alfonso Maria de Liguori. Saggio storico* (Roma, 1896) 409, diz que Afonso, "seguindo sua costumeira humildade, destruiu todas as cartas sobre tal acontecimento".

[89] Tellería, II, 552.

Embora durante a vida do autor a obra não tenha tido reedições, chama a atenção o fato das muitas edições na Itália ao longo do século XIX: Turim, 1827 e 1831; Monza, 1832; Veneza, 1836; Nápoles, 1843, 1846, 1853, 1871. Há uma edição recente devida a N. Fasullo:

- A. de Liguori, *La fedeltà de' vasalli*. Edizione a cura di N. Fasullo. Com uma nota de A. Mastropalao (Palermo, 2003).

10.6.2 O conteúdo da obra

A obra de Afonso não tem nada a ver com o gênero literário do *tratado político* dos séc. XVII-XVIII, do qual existem exemplos de alta significação histórica: *Tractatus theologicus-politicus* (1670), de B. Spinoza; *Dois ensaios sobre o governo civil* (1690), de J. Locke; *A paz perpétua* (1795), de I. Kant. O escrito de Afonso, mais que aos tratados políticos, pertence ao gênero literário dos *conselhos aos príncipes*.

Com efeito, ainda que no título figurem em primeiro lugar os cidadãos (*vassali*), o opúsculo escrito por Afonso tinha como destinatários os soberanos (*principi*). Procurava convencê-los sobre uma afirmação básica e geral: se quisessem salvaguardar seus direitos e a permanência de sua coroa, deviam defender os direitos da religião e, consequentemente, reprimir os hereges e proscrever a imprensa ímpia. Algumas das palavras do autor parecem prever os importantes acontecimentos políticos que se aproximavam. Com efeito,

> "doze anos antes da Revolução, o quase cego de Nocera sente tremerem tronos e altares. Vê que os monarcas quebrantam a Igreja e a fé e, desse modo, serram o galho em que estão sentados. Quem não teme a Deus, não teme o Estado. Lança um grito de alarme aos príncipes".[90]

A tese de Afonso está bem formulada no próprio título da obra e é repetida no começo do escrito. Título: "A fidelidade dos vassalos para com Deus os torna também fiéis a seus soberanos".

[90] Rey-Mermet, 698.

Começo: "Promovendo os bons costumes, são promovidos, também, a paz comum dos cidadãos e, consequentemente, o bem de todo o Estado".

Ou seja, promover a religião e a moral *é útil* para a tranquilidade e estabilidade do Estado. Naturalmente, trata-se do *Antigo Regime*, em uma etapa anterior à Revolução Francesa e em contexto de monarquia absolutista onde o rei era quase tudo e onde os sujeitos eram *vassalos* (e não *cidadãos*).

A equação: bons cristãos = bons vassalos, conduz a uma clara conclusão: é necessário promover a religião e a moral entre os súditos. Isto, além de obrigação moral de todo príncipe, também é algo exigido para a manutenção da situação. Naturalmente, da situação do *Antigo Regime*. Daí o biógrafo R. Tellería ter afirmado que o livro era uma "voz de alerta que Afonso dava aos monarcas" [do Antigo Regime], acrescentando, claro, que essa voz "nascia de seu coração apostólico" [já que buscava a prática da religião e da moral].[91]

O tom do escrito é de caráter expositivo; não coincide com a polêmica. A argumentação de Afonso é, fundamentalmente, de caráter teórico. Mas também apela aos exemplos de reis que souberam se ater à orientação proposta na obra.

Esta, se compõe de três partes:

1. Na primeira, justifica a equação: bons cristãos = bons cidadãos. Afonso considera básica, a esse respeito, a dupla afirmação de Paulo na Carta aos Romanos: os soberanos são "ministros de Deus" (*Rm* 13, 21); logo, "é preciso obedecer-lhes, não só por medo, mas também por causa da consciência" (*Rm* 13, 5).
2. Na segunda parte, são assinalados os meios pelos quais é necessário que a autoridade do soberano atue a fim de promover os bons costumes e a prática da religião e indicadas normas às quais devem se ater os soberanos em sua atuação.

[91] Rey-Mermet, 698.

Entre os *nove meios* assinalados, contam-se:

Dar cargos aos que, além da competência, tenham a virtude comprovada; escolher como ministros os que sejam "não apenas exatos na administração da justiça, mas também tenham o temor de Deus"; para os cargos eclesiásticos devem ser designados "os sujeitos mais dignos" e "as pensões eclesiásticas devem ser aos que tiverem trabalhado mais pela Igreja".

Quando Afonso pede que o primeiro ministro seja escolhido entre os três nomes sugeridos pelo Conselho Supremo, "não é de todo errado supor que, nas entrelinhas, Afonso tivesse a intenção de sugerir à Corte de Nápoles não repetir os mesmos erros cometidos pelo Ministro Tanucci, removido há pouco do cargo, depois de mais de quarenta anos".[92]

Quanto às normas que devem dirigir a atuação do soberano, Afonso compôs um decálogo simples, onde anota atitudes de caráter geral (não se deixar guiar pela adulação, nem pela paixão, nem pela parcialidade) e orientações mais concretas: escolher conselheiros sábios e de consciência reta, etc.

3. Na terceira parte, apela ao exemplo de alguns soberanos que souberam praticar o que o escrito propõe: o imperador Constantino; São Luís, rei da França; Santo Estêvão, rei da Hungria; Etelberto, rei da Inglaterra (aqui vem o lamento afonsiano: 'Ó Inglaterra, quem não choraria de pena ao considerar aquela que, no passado, foi a terra dos anjos, como éreis chamada, e esta que agora sois!"; o grande Luís XIV, rei da França, do qual Afonso, unindo-se ao parecer de L. A. Muratori, louva a revogação do Edito de Nantes; o sereníssimo Carlos Emanuel, da Real Casa de Savóia, de quem louva a colaboração religiosa com Francisco de Sales.

Para a exposição dos dados históricos, Afonso se baseia nos historiadores que costumava ter à mão: o cardeal Orsi, Noel Alexandre, o cardeal Barônio e Fleury. O biógrafo espanhol R. Tellería

---

92 GIGLIO, R. *A proposito di un trattatello di Alfonso M. de Liguori poco noto: "La fedeltà dei vasalli verso Dio li rende fedeli anche al loro principe"*: GIANNANTONIO, P. (ed.). Alfonso M. de Liguori e la società civile del suo tempo (Florença, 1990) I, 293-294.

estranha que Afonso não tenha invocado o exemplo do rei espanhol São Fernando: "Estranha um pouco que tenha omitido São Fernando (1201-1252), especialmente, por ser o padroeiro do rei de Nápoles. Quem sabe, preferiu citar apenas os reis santos incorporados ao calendário universal".[93]

> Essa terceira parte "é a mais fraca, a menos convincente. É expressão de uma cultura eclesiástica ingênua e reacionária. Causa admiração o fato de, por alguma maneira, tê-la feito sua um homem como Afonso de Liguori, entre os mais eminentes da época e, certamente, não carente de formação. Apresenta fatos e personagens um pouco estranhos, quase irreais e até escandalosos, para os quais não poupa elogios, hoje impensáveis, como a "singular homenagem" ao francês Luís XIV que 'no ano de 1685 revogou o edito de Nantes do ano 1396' [os impressores trocaram erroneamente a data correta, 1598]."[94]

Por vezes, a obra desce a aplicações concretas. No último dos nove meios mencionados, o autor assinala que corresponde aos reis vigiar para que os superiores religiosos obriguem seus súditos ao cumprimento de suas regras.

Mas não chega a cair em concessões próximas ao *jurisdicionalismo*, justificando ou aprovando intervenções diretas da autoridade civil em questões diretamente religiosas.

Entre a frondosidade e a folhagem da teologia política do Antigo Regime há, na obra de Afonso, alguns fracos ramos vivos que chamam a atenção como "antecipação" de novos rumos e de valores genuinamente cristãos. Como a passagem em que Afonso, distanciando-se dos heróis que tinha posto como modelos, "preconiza - será possível? - a liberdade religiosa, esse 'delírio' que condenarão Gregório XVI (*Mirari vos*, 1832) e Pio IX (Syllabus, 1864)":[95]

> "não convém usar a força para induzir os súditos a abraçarem a verdadeira fé. A força foi, um tempo, o meio com o qual os tiranos

[93] Tellería, II, nota 49.
[94] FASULLO, N. *Alfonso de Liguori: l'estraneità cristiana al potere*: LIGUORI, A. de. La fedeltà de' vassalli (Palermo, 2003) 25.
[95] Rey-Mermet, 698.

obrigavam os homens a crerem no que não deviam crer, como eram as idolatrias. Deus *nullum ad se trahit invitum* [não atrai ninguém a si contra a vontade]: ele quer que nós o adoremos com um coração livre, não forçado". (III, 2).

10.6.3 Avaliação

Além dos biógrafos, R. Tellería e T. Rey-Mermet, há estudiosos, como o citado editor da obra afonsiana, N. Fasullo, que olham a obra de Afonso, não só com simpatia, mas percebendo nela conteúdos valiosos e até novidades. M. Spedicato considera o escrito "a obra política fundamental da riquíssima e variada produção literária de Afonso".[96]

De orientação mais crítica e, a nosso ver, com maior exatidão objetiva, são as considerações de A. de Spirito.[97] Anos atrás, O. Gregorio disse que o ancião Afonso ditou esse opúsculo "com audácia anti-iluminista".[98] A essa audácia anti-iluminista pertencem, entre outras propostas de Afonso, as seguintes recomendações:

- Proibir "com rigor a entrada no Reino de livros infectados por doutrinas envenenadas" (I, 9).
- Manter os Reinos limpos de gente de má doutrina (*ibidem*). Na época de Afonso eram tidas por "gente de má doutrina" também as pessoas pertencentes às confissões cristãs não católicas.

Por terem agido conforme a segunda recomendação, são louvados por Afonso, o rei da França, Luís XIV, e o duque de Savóia, Carlos Emanuel (III, 5 e 6).

Já dissemos que a obra política de Afonso, como reconhece e assinala N. Fasullo, não contém nada próximo ao pensamento político moderno (como Spinoza, Locke ou Kant).[99]

---

96 SPEDICATO, M. *Alfonso de Liguori tra pastoralità e politica...*, 67.
97 DE SPIRITO, A. *Alfonso de Liguori vescovo a forza e moralista geniale* (Roma, 2015) 72-78.
98 GREGORIO, O. *Le camerette di sant'Alfonso nel collegio di Pagani*: SH 18 (1970) 119.
99 FASULLO, N. *Alfonso de Liguori...*, 9.

Além disso – o que é mais chamativo – sua extensa obra moral, não apenas não traz um tratado completo de moral política, mas, ainda, "nenhuma página de sua grande obra, a *Theologia Moralis* (1748-1785) é dedicada à política".[100]

Sirva de anotação final essa constatação do biógrafo Rey-Mermet: "Se ela não mudou o rumo da história, a Fidelidade dos súditos testemunha, ao menos, que o velho bispo estava imbuído de um zelo universal que não podia entorpecer".[101]

10.6.4 Complemento bibliográfico

- GIL, M. *[San Alfonso] El leal vasallo:* El Perpetuo Socorro 10 (1908) 366-371.
- GIGLIO, R. *A proposito di un trattatello di Alfonso M. de Liguori poco noto: "La fedeltà dei vassalli verso Dio li rende fedeli anche al loro principe*: GIANNANTONIO, P. (ed.). Alfonso M. de Liguori e la società civile del suo tempo (Florença, 1990) I, 287-294.
- SPEDICATO, M. *Alfonso de Liguori tra pastoralità e politica*: Segno n. 242 (2003) 59-68.
- FASULLO, N. *Alfonso de Liguori: l'estraneità cristiana al potere*: LIGUORI, A. de. La fedeltà de' vassalli (Palermo, 2003) 7-33.
- DE SPIRITO, A. *Alfonso de Liguori vescovo a forza e moralista geniale* (Roma, 2015) 72-78.

---

[100] FASULLO, N. *Alfonso de Liguori...*, 19.
[101] Rey-Mermet, 679.

DÉCIMA PRIMEIRA SEÇÃO

O Jansenismo tardio do séc. XVIII e a resposta de Afonso de Liguori

11.1 INTRODUÇÃO

11.1.1 Orientação temática

O jansenismo constituiu, ao longo de dois séculos (séc. XVII-XVIII), um amplo e profundo fenômeno na Igreja católica. Entre seus vários significados, convém destacar os três principais:

- A vertente *teológica*, concretizada na doutrina sobre a interação entre a graça e a liberdade no comportamento do cristão, tendo como pano de fundo os escritos de Agostinho de Hipona sobre o tema.
- A vertente *eclesial*, verificada nas propostas de reforma na vida cristã e, mais especialmente, nas instituições eclesiásticas.
- A vertente *política*, na medida em que as reformas da Igreja conduziam às inovações na proposta teórica e na realização prática das relações do poder político com o poder eclesiástico.

As três vertentes anotadas traziam consigo outras derivações, tanto teológicas, quanto práticas, entre as quais, não é a menor a orientação do jansenismo para posturas morais de *caráter rigorista*, frontalmente contrárias às propostas probabilistas dos moralistas jesuítas. De onde se deduz que é difícil entender o jansenismo sem levar em conta seu inevitável confronto com o *jesuitismo*.

Tendo presente essa densidade de significados e sabendo que o fenômeno histórico se diversificou no tempo (durante os séculos) e no espaço (segundo as condições sócio-culturais-políticas dos diversos países da Europa e América), é difícil, para não dizer, impossível, escrever uma história unitária do jansenismo; no máximo, podem ser traçados diversos relatos dos vários *jansenismos*.[1]

Mas, mesmo contando com essa diversidade e riqueza de perspectivas, o jansenismo é chave hermenêutica para compreender um fragmento eclesial do catolicismo moderno.

> No jansenismo "temos, portanto, um movimento de reforma intraeclesial com forte presença de leigos intelectuais, desejo de voltar à austeridade primitiva, interesse pelos Santos Padres da Igreja, especialmente por Santo Agostinho, desconfiança do centralismo: seja do rei ou do pontífice, animosidade para com as ordens religiosas, menosprezo da religiosidade popular: pomposa e um tanto supersticiosa como era, e uma atitude pessimista diante da natureza humana decaída. Tudo foi se mesclando, cada vez mais, com vários interesses, sobretudo, políticos, até se confundir, muitas vezes, com outros movimentos heterodoxos da época".[2]

O *jansenismo* (e sua inevitável luta contra o *jesuitismo*) foi um fenômeno tipicamente francês. Nasceu e se desenvolveu na França, com derivações para os Países Baixos, tanto os do sul, quanto, sobretudo, os do norte. Seu âmbito histórico próprio foi o séc. XVII. O jansenista-tipo se verifica, de forma eminente, nos jansenistas franceses do séc. XVII,[3] como foi analisado no volume precedente, onde lhe dedicamos uma longa seção (V/1, 801-914).

Continuou existindo jansenismo no séc. XVIII? Continuou tendo relação com o discurso teológico-moral?

---

1 Ver, nesse sentido: COTRET, M. *Histoire du jansénisme* (Paris, 2016).

2 LONDOÑO, N. *Se entregó por nosotros. Teología de la Pasión de Cristo en san Alfonso de Liguori* (Roma, 1997) 34-35.

3 TOLLEMACHE, M. *Los jansenistas franceses. Fidelis usque ad mortem* (Buenos Aires, 2014).

O jansenismo continuou influenciando na França (e nos Países Baixos), embora em menor medida, se comparado ao século precedente. Teve influência, sobretudo, nos países do sul da Europa: Itália, Espanha, Portugal. Por sua situação espacial e temporal, é normal que esse jansenismo do sul europeu estivesse vinculado às posturas regalistas e iluministas.

A moral do séc. XVIII esteve condicionada pela força, ainda projetada, pelo rigorismo jansenista do séc. XVII. Apesar de todas as condenações que sofreu, o jansenismo, disfarçado de tuciorismo no séc. XVIII (e, às vezes, de probabiliorismo) e com pretensões de maior evangelismo, continuou dominando o campo da moral católica. O sinal mais claro desse predomínio foi a supressão da Companhia de Jesus, decretada por Clemente XIV (21 de julho de 1773). Chegou-se mesmo a falar na supressão da Ordem dominicana (10 de julho de 1786) que, apesar de estar estreitamente vinculada ao probabiliorismo, era vista como continuadora do jesuitismo pelo movimento, então hegemônico, do augustinismo radical.[4]

O jansenismo é um dos principais *contextos ideológicos* em que precisa ser situada a figura de Afonso e com o qual se confronta. Toda sua atuação pastoral e todo seu pensamento, sobretudo, o de caráter teológico-moral, não podem ser compreendidos adequadamente se não forem situados em correlação com o jansenismo tardio da Igreja em geral e, mais concretamente, da Igreja no Reino de Nápoles.

Na presente seção, apresentamos as variadas formas de jansenismo tardio, ou de segundo jansenismo, em função de sua repercussão para as questões de Teologia Moral católica em geral e, mais concretamente, para a compreensão do pensamento teológico-moral afonsiano. O leitor entenderá a necessidade da importância e maior extensão expositiva que damos ao jansenismo italiano e, ainda maior, ao jansenismo do *Settecento* napolitano.

---

4 DE FRANCESCHI, S. H. *Les derniers feux de la querelle de la grâce. Le jansénisme français et la question thomiste à la fin du XVIIIe. siècle*: Ephemerides Theologicae Lovanienses 86 (2010) 27-81.

Iniciamos a seção com uma consideração geral acerca do jansenismo na Europa do séc. XVIII para, na continuação, nos centrarmos no jansenismo tardio da Itália e, de forma mais detalhada, no jansenismo do Reino de Nápoles. A seção conclui com a exposição da postura de Afonso diante desse macrofenômeno social e religioso do jansenismo tardio do séc. XVIII.

Eis, portanto, os capítulos da seção, com seus temas correspondentes:

11.1 O jansenismo tardio na Europa do séc. XVIII.
11.2 O jansenismo na Itália do séc. XVIII. (1) Visão panorâmica.
11.3 O jansenismo na Itália do séc. XVIII. (2) O Sínodo de Pistoia.
11.4 O jansenismo na Itália do séc. XVIII. (3) A moral rigorista de Pedro Tamburini (1737-1827).
11.5 O jansenismo napolitano do séc. XVIII.
11.6 O final histórico do jansenismo e seu significado eclesial.
11.7 Resposta de Afonso ao jansenismo.

Lembramos que a seção é um pouco mais ampla que as outras do presente volume. Tal amplidão deve-se ao fato de termos deixado para este momento tudo o que se relaciona com o jansenismo no séc. XVIII. Tal opção metodológica foi justificada em volume anterior desta História da Teologia Moral.

11.1.2 Notas bibliográficas

Sobre a importância (e avaliação) do jansenismo no séc. XVIII.

- MATTEUCCI, B. *Giansenio (Jansens), Cornelio* e *Giansenismo*: EC (1951), VI, 350-360 ("VII. Giudizio sul giansenismo": cc. 359-360).
- CHANTIN, J. P. *Le jansénisme entre hérésie imaginaire et résistance catholique, XVIIe.-XIXe. siècles* (Paris, 1996).

Catalogações, exageradamente infladas, de obras jansenistas

Houve jesuítas que fizeram bibliografias excessivamente infladas de obras jansenistas, ou seja, estendiam exageradamente o conceito de jansenismo. Entre tais "bibliografias jansenistas" é preciso citar:

- PATOUILLET, L. [Jesuíta, Dijon 1699-Avignon 1799], *Dictionnaire des libres jansénistes ou qui favorisent le jansénisme*, 4 vol. in-12° (Amberes, 1752). A obra foi colocada no *Index* romano dos livros proibidos (decreto de 11 de março de 1754) por ter exagerado a noção de jansenismo. Essa obra constitui continuação e ampliação de outra precedente:
- COLONIA, D. de. [Jesuíta, Aix-en-Provence 1658 - Lyon 1741], *Bibliothèque janséniste* (Lyon, 1722, com outras três edições posteriores até 1744). O autor foi professor no Colégio da Trindade de Lyon: de retórica (1689-1699), de teologia (1699-1728) e de hebraico (de 1728 até sua jubilação em 1734).[5] A obra também foi posta no *Index* romano de livros proibidos (decreto de 20 de setembro de 1749).

  É bom lembrar que a *Bibliothèque janséniste* de Domingos de Colônia foi acrescentada como apêndice, com o título latino de *Bibliotheca Ianseniana*, ao *Index* de livros proibidos de 1747 da Inquisição espanhola.

  Também vale anotar que esse *Index* de 1747 foi "encomendado pelo inquisidor geral, Francisco Pérez Prado, bispo de Teruel, aos jesuítas José Cassani (1673-1750) e José Carrasco (1705-1768)."[6]
- WILLAERT, L. [Jesuíta], *Bibliotheca Jansenista Belgica. Répertoire des imprimés concernant les controverses théologiques en relation avec le jansénisme dans les Pays-Bas catholiques et le Pays de Liège aux XVIIe. et XVIIIe. siècles*, 3 vol. (Paris, 1949-1951). Compreende obras publicadas entre 1476 e 1950.

---

[5] MECH, P. *Colonia, Dominique*: O'NEILL, E.; DOMÍNGUEZ, J. M. (ed.). Diccionario histórico de La Compañía de Jesús. Biográfico y temático (Roma-Madri, 2001) I, 867-868.

[6] LAZCANO, R. *Prólogo*: FRAILE MIGUÉLEZ, M. *Jansenismo y Regalismo en España (Datos para la Historia). Cartas al Sr. Menéndez Pelayo* (Guadarrama, Madri, 2010) 23.

11.2 O JANSENISMO NA EUROPA DO SÉC. XVIII

O jansenismo foi um produto típico da França e dos Países Baixos, de onde se estendeu à Europa do sul.

Tal fenômeno, religioso e social, ocorreu, fundamentalmente, no séc. XVII. Contudo, continuou tendo vigência no séc. XVIII. Dessa vigência, trata o presente capítulo, marcando os *fulgores crepusculares* na França e Holanda e descrevendo sua presença ativa em dois países da Europa do sul, Espanha e Portugal. Lembramos que os quatro capítulos seguintes tratarão sobre o jansenismo na Itália e, mais concretamente, em Nápoles.

11.2.1 "Fulgores crepusculares" do jansenismo na França

- O choque da bula "Unigenitus"

Os últimos episódios do jansenismo na França tiveram relação com a figura de Pasquier Quesnel (1634-1719) e sua obra *Le Nouveau Testament en françois, avec des reflexions morales sur chaque verset* (1693), que ganhou configuração definitiva mediante desenvolvimentos sucessivos: *Abrégé de la morale de l'Évangile ou Pensées chrétiennes sur les Textes des Quatre Évangiles* (1671); *Abrégé de la morale des Actes, des Épitres canoniques, de l'Apocalypse* (1687).

A condenação do livro, por parte do Papa Clemente XI, mediante o breve *Universi dominici gregis*, de 13 de julho de 1708, não encerrou o problema. Foi preciso pôr em ação a maquinaria político-religiosa das relações entre a monarquia francesa e a Santa Sé para encontrar uma solução de aceitação mais ampla e duradoura.[7] Era o que pretendia a bula *Unigenitus Dei Filius* (8 de setembro de 1713), condenando 201 pro-

[7] BLET, P. *Louis XIV et les Papes aux prises avec le Jansénisme*: Archivum Historiae Pontificiae 31 (1993) 109-192; 32 (1994) 65-148.

posições do livro de Quesnel e qualificando-as com diversas notas reprobatórias.[8]

O ano de 1713, data da publicação da bula *Unigenitus*, marca um novo momento na história do jansenismo na França (e, em geral, na Europa). Rompe-se a unidade do jansenismo, vinculado geograficamente (e, sobretudo, espiritualmente) a Port-Royal, e surgem múltiplas formas de viver e expressar a orientação jansenista. A variedade de "focos" e "lugares" do jansenismo é, tanto geográfica, quanto relacionada com pessoas e grupos. Evidentemente há "focos" e "lugares" fora da França: o foco italiano, o foco espanhol, o foco português, etc. Mas também há diversidade de locais jansenistas dentro da geografia francesa. Trata-se de uma evidência posta em relevo, em 1967, por Bernard Plongeron.[9]

Por outro lado, o "depois" da bula *Unigenitus* não foi inteiramente pacífico.[10] Demonstram-no os seguintes fatos:

- A atitude da assembleia extraordinária do clero francês (1713-1714), na qual, em 12 de fevereiro de 1714, oito bispos (contra quarenta) manifestaram sua oposição à bula. Nasceu, assim, a figura dos *apelantes* (eclesiásticos que nunca chegaram a superar a cifra de 5% do clero francês e que *apelavam* a um concílio para resolver a questão suscitada pela bula papal) frente a dos *constitucionários* (os que aceitavam a *constituição Unigenitus*, publicada em forma de *bula*).[11]

---

8 Sobre a constituição *Unigenitus*, o estudo fundamental segue sendo: CEYSSENS, L.; TANS, J. A. G. (ed.). *Autour de l'Unigenitus. Recherches sur la genèse de la constitution* (Lovaina, 1987). Também: THOMAS, J. F. *La Querelle de l'Unigenitus* (Paris, 1950); GRES-GAYER, J. *The "Unigenitus" of Clement XI. A Fresh Look at the Issues: Theological* Studies 49 (1988) 259-282; CEYSSENS, L.; LAMBERTS, M. (ed.). *Le sort de la bulle "Unigenitus"* (Lovaina, 1992); STELLA, P. *Il giansenismo in Italia. I. I preludi tra Seicento e primo Settecento* (Roma, 2006) 93-165: *"La bolla Unigenitus (1713): testo emblematico di una crisi epocale"*.

9 PLONGERON, B. *Une image de l'Église d'après les "Nouvelles Ecclésiastiques" (1728-1790)*: Revue d'Histoire de l'Église de France 53 (1967) 241-242.

10 VÁRIOS. *8 septembre 1713: le choc de l'"Unigenitus"* (Paris, 2014).

11 Ver a recensão dos estudos do professor da Gregoriana, Pierre Blet, especialista sobre o galicanismo e o jansenismo e estudioso das assembleias do clero francês: DELL'ORTO, U. *Giansenismo e gallicanesimo nelle ricerche di Pierre Blet*: La Scuola Cattolica 142 (2014) 587-612, especialmente p. 605-612: "Gli sviluppi del giansenismo francese nel Settecento".

- A atuação do arcebispo de Paris, o cardeal Luís Antônio de Noialles (1695-1729), cuja concepção eclesiológica[12] introduziu um "equilíbrio" entre a ortodoxia romana e a heterodoxia galicana na vida religiosa de Paris.[13] Parece que suas "dúvidas" sobre a bula *Unigenitus* foram superadas por uma aceitação plena, pouco antes de morrer.[14]
- O fato de o valor da bula precisar ser confirmado pelos Papas posteriores: Inocêncio XIII (8 de janeiro de 1722), Bento XIII (Sínodo de Roma, do ano 1725) e Bento XIV (16 de outubro de 1756).[15] Isso indica que a autoridade da bula estava sendo constantemente questionada.[16]

Sem chegar ao evidente exagero de D. Van Kley, para quem o século das Luzes pode ser qualificado também como "o século da bula *Unigenitus*", não há dúvida de que essa bula constituiu a pedra de toque das muitas reações religiosas do séc. XVIII, sobretudo, na França.[17]

- Continua a influência do jansenismo

Apesar da bula *Unigenitus* ter sido declarada, com a oposição dos parlamentares, lei da Igreja e do Estado (1730), o jansenismo continuou exercendo forte influxo social e religioso na França durante o séc. XVIII.

Tal influxo se constata:

- No conjunto da sociedade francesa.[18]

---

[12] LLORED, J. P. *Le Cardinal de Noailles et l'ecclésiologie*: VÁRIOS. *8 septembre 1713...*, 145-162.

[13] CHAUNU, P.; FOISIL, M.; DE NOIRFONTAINE, F. *Le Basculement religieux de Paris au XVIIIe. siècle* (Paris, 1998).

[14] ANDURAND, O. *"Fluctuat nec mergitur". Les hésitations du cardinal de Noailles*: Cahiers de Recherches Médiévales et Humanistes 24 (2012) 267-298.

[15] PIALOUX, A. *La "grande affaire": "Unigenitus" dans les relations entre France et Rome, de Benoît XIII à Benoît XIV*: VÁRIOS. *8 septembre 1713...*, 313-337.

[16] DH, p. 638.

[17] VAN KLEY, D. *Les Origines religieuses de la Révolution française (1560-1791)* (Paris, 2002).

[18] MICHEL, M. J. *Jansénisme et Paris aux XVIIe. et XVIIIe. siècles* (Paris, 2000).

- No clero e nas paróquias.[19]
- No mundo da universidade.[20]
- Em determinadas instituições religiosas (por exemplo, no Oratório).[21]
- Em certas manifestações de religiosidade, mais ou menos, autênticas.[22]
- Em alguns projetos educativos.[23]

Nos ambientes civis, os jansenistas contaram com o apoio dos *galicanos*, a quem não agradavam os *jesuítas* e que eram contrários às intervenções do papado nos assuntos internos da França.

- Representantes do jansenismo francês do séc. XVIII

Assinalamos as pessoas que, por um lado, *representam* o jansenismo francês do séc. XVIII e, por outro, são *referências* para determinadas posições jansenistas da Europa do sul.

Jacques Joseph Duguet (1649-1733)

Esse oratoriano usou metodologia figurativa para interpretar o Antigo Testamento. Expressou seu pensamento moral em síntese publicada, em 1764, com o título: *L'esprit de Duguet ou Précis de la morale chrétienne* (Paris, 1764).[24]

---

19 PRECLIN, E. *Les jansénistes du XVIIIe. siècle et la Constitution Civile du Clergé* (Paris, 1929).

20 NOGUÈS, B. *Les professeurs de la faculté des arts de Paris et le jansénisme au XVIIIe. siècle, un engagement en trompe-l'oeil?*: VÁRIOS. Chroniques de Port-Royal (Paris, 2005) 311-324. Embora a pertença ao *partido* jansenista tenha sido minoritária na universidade, não deixou de ter influência pela alta qualificação das pessoas que aderiram a ele.

21 Sobre o jansenismo no Oratório francês: JULIA, D.; FRIJHOFF, W. *L'Oratoire et le jansénisme: l'assemblée générale de 1746:* VÁRIOS. Jansénisme et Révolution (Paris, 1990) 25-45.

22 STRAYER, B. E. *Suffering Saints. Jansenists and Convulsionaries in France, 1640-1799* (Portland, Or., 2008). Ver um fato concreto: MAIRE, C. L . *Les Convulsionnaires de Saint-Médard. Miracles, convulsions et prophéties à Paris au XVIIIe. siècle* (Paris, 1985).

23 Um dado: GRIVEL, J. F. *Éduquer le peuple. Une école janséniste au faubourg Saint-Antoine à la veille de la Révolution.* Texte établi, annoté et présenté par M. Cottret, V. Guitienne-Mürger et F. Vandermarcq (Paris, 2003).

24 Sobre a influência desse autor na Itália: STELA, P. *Itinerari postrealistici. Jacques-Joseph Duguet (1649-1733) e le sue fortune in Italia*: Salesianum 27 (1965) 624-665.

J. J. Duguet deixou o Oratório e retirou-se para Savóia, onde escreveu uma *Institution d'un prince,* tratado em que, não apenas pretendia educar um príncipe (o duque herdeiro de Savóia), mas expor o ideal de um estado cristão. O escrito foi publicado postumamente, trazendo Londres como local de edição: *Institution d'un Prince ou traité des qualitez, des vertus et des devoirs d'un souverain* (Londres, 1743). A obra constituiu um encadeamento na sequência de tratados dedicados à moral política sob o gênero literário de "educação de príncipes".[25]

Em vida, J. J. Duguet publicou: *Traité sur les devoirs d'un évêque* (1710); *Traité des scrupules* (1717); *Lettres sur divers sujets de morale et de piété* (1718). Depois de sua morte, apareceram outras obras: *Dissertations théologiques et dogmatiques* (Paris, 1737), onde, além de dissertar sobre os exorcismos e sobre a Eucaristia, a terceira dissertação era dedicada à *usura.*

François Philippe Mésenguy (1677-1763)

Compôs uma síntese do cristianismo (*Exposition de la doctrine chrétienne ou Instructions sur les principales vérités de la religion,* Utrecht, 1744, em 6 vol.) que foi pedra de tropeço e divisão entre a Santa Sé, de um lado, e o Governo de Nápoles e a Inquisição espanhola, de outro.

Essa obra, também chamada de *Catecismo* de Mésenguy, que negava a infalibilidade do Papa e deixava patente, não só o antijesuitismo, mas também o galicanismo, foi condenada por Roma e colocada no *Index* dos livros proibidos em 1757.[26]

Apesar dessa condenação romana, a obra foi traduzida e publicada em Nápoles, em 1758, provavelmente, com a intenção de torná-la o "catecismo de Nápoles". Tinha a aprovação do arcebispo Antônio Sersale, com voto favorável de seu teólogo de confiança, Alberto Maria Capobianco e do vigário geral, Inocêncio Sanse-

---

[25] CHOPELIN-BLANC, C. *L'"Institution d'un Prince" de Duguet, un traité d'éducation à la charnière des XVIIe. et XVIIIe. siècles*: Chrétiens et sociétés 18 (2012) 19-38.

[26] MACCHIONE, G. *Gli errori teologici del catechismo di F. F. Mésenguy* (Aversa, 1943).

verino. Também contava com o beneplácito do ministro Tanucci.[27] Foram feitas duas edições italianas, 1758 e 1760, suprimindo o que estava relacionado com a infalibilidade pontifícia.

Mesmo assim, o Papa Clemente XIII, além de proibir o livro de Mésenguy com um breve (*Dum inter gravissima*), prescreveu, através de uma carta encíclica, o uso da Catecismo romano (*In Dominico agro*). O governo napolitano respondeu não concedendo o *exequatur* régio, nem ao breve, nem à encíclica.

> O texto da condenação romana (breve com data de 14 de julho de 1761) também foi enviado à Espanha. "O referido escrito pontifício foi remetido ao Núncio apostólico na Espanha. O contexto político espanhol era regalista e de uma Inquisição submetida a Roma, não havia enfrentamentos como nos tempos do confessor Rávago. Nessa situação, o rei Carlos III se negou a ordenar a publicação do breve pontifício de 1761, mas o inquisidor geral, Manuel Quintana Bonifaz, fez um acordo com o Núncio sobre a publicação. Por esse atrevimento, foi desterrado para um mosteiro até pedir perdão por haver desobedecido o Rei".[28]
>
> O breve pontifício de condenação do *Catecismo* de Mésenguy encontrou muitas resistências, não só as referidas, em Nápoles e Espanha, mas também nas cortes da França, Viena e até na República de Veneza.

François de Fitz-James (1709-1764)

Foi bispo de Soissons. Publicou um *Catéchisme ou exposition de la doctrine chrétienne* (1756). A obra foi traduzida para o espanhol por Juan Antonio Mayans y Sisear: *Catecismo o exposición de la Doctrina Cristiana compuesto por el Señor Obispo de Soissons para el uso de su diócesis* (Valença, 1787).

---

[27] MAIORINI, M. G. *Bernardo Tanucci e il catechismo de Mésenguy*: Storia e Politica 16 (1977) 610-666.

[28] LAZCANO, R. *Nota del editor*: FRAILE MIGUÉLEZ, M. *Jansenismo y Regalismo en España (Datos para la Historia). Cartas al Sr. Menéndez Pelayo* (Guadarrama, Madri, 2010) 226, nota 8.

Antoine de Malvin de Montazet (1713-1788)

Foi bispo de Autún (1748) e, depois, arcebispo de Lyon (1758). Nesta segunda função eclesiástica, publicou um *Catéchisme* (Lyon, 1768). Em certa medida, também foi responsável pela chamada *Teologia de Lyon.*[29]

Nota bibliográfica sobre o conjunto do jansenismo francês no séc. XVIII (e inícios do séc. XIX).

- GAZIER, A. [1844-1922]. *Histoire générale du mouvement janséniste depuis ses origines jusqu'á nos jours,* 2 vol. (Paris, 1923). Esse grande historiador do jansenismo, bibliotecário do fundo de Port-Royal e depositário de grande parte dos arquivos do l'abbé Grégoire, oferece dados importantes sobre o movimento jansenista francês no séc. XVIII, sobretudo, no segundo volume da obra.
- APPOLIS, E. *Entre jansénistes et zelanti, le "Tiers Parti" catholique au XVIIIe. siècle* (Paris, 1960).
- HILDESHEIMER, F. *Le Jansénisme en France aux XVIIe. et XVIIIe. siècles* (Paris, 1992).
- COTTRET, M. *Jansénisme et Lumières. Pour un autre XVIIIe. siècle* (Paris, 1998).
- MAIRE, C. *De la Cause de Dieu à la Cause de la nation. Le Jansénisme au XVIIIe. siècle* (Paris, 1998).
- DOYLE, W. *Jansenism. Catholic resistance to authority from the Reformation to the French Revolution* (Londres-Nova Iorque, 2000).
- VAN KLEY, D. *Les Origines religieuses de la Révolution française (1560-1791)* (Paris, 2002).
- DE FRANCESCHI, S. H. *Les derniers feux de la querelle de la grâce. Le jansénisme français et la question thomiste à la fin du XVIIIe. siècle*: Ephemerides Theologicae Lovanienses 86 (2010) 27-81.

---

[29] RIVIÈRE, J. *Théologie de Lyon*: DTC, XV/1 (Paris, 1946) 503.

- QUANTIN, J. L. *Giansenisti e rigoristi*: VÁRIOS. Storia religiosa della Francia (Milão, 2013) 345-372.
- DELL'ORTO, U. *Giansenismo e gallicanesimo nelle ricerche di Pierre Blet*. La Scuola Cattolica 142 (2014) 587-612, especialmente, p. 605-612: "IV. Gli sviluppi del giansenismo francese nel Settecento".
- VÁRIOS. *Port-Royal au XIXe. siècle* (Paris, 2014).

11.2.2 O jansenismo nos Países Baixos

Já desde seus inícios, o jansenismo de Port-Royal (França) teve um transbordamento para a Holanda.[30] Concretamente, em Utrecht, famosos jansenistas franceses encontraram refúgio.[31]

Na Holanda, merece destaque a atuação do oratoriano, bispo e vigário apostólico, Pedro Codde (1648-1710), que foi processado em Roma por ser jansenista. Embora tenha sido inocentado, foi deposto de sua diocese pelo Papa.

Além disso, na Holanda se chegou a formar uma igreja jansenista separada de Roma: a igreja de Utrecht.[32]

Recolhemos, aqui, com algumas breves referências biobibliográficas, os nomes das personalidades jansenistas dos Países Baixos com particular influxo nas expressões jansenistas da Europa do sul (Itália, Espanha, Portugal). Foram muito significativas e influentes no séc. XVIII duas obras desses professores da Universidade de Lovaina.

---

30 VAN BAVEL, J.; SCHRAMA, M. (ed.). *Jansénius et le jansénisme dans les Pays-Bas* (Lovaina, 1982).

31 VERHEY, B. W. *L'Église d'Utrech* (Delf, 1984).

32 NEALE, J. M. *A History of the so-called Jansenist Church of Holland* (Berkeley, 2005; 1958[1]). Também: DUPAC DE BELLEGRADE, G. *Histoire abrégée de l'Église Metropolitaine d'Utrecht, principalment depuis la Révolution* (Utrecht, 1852[3]); SPIERTZ, M. G. *L'Église catholique des Provinces-Unies et le Saint-Siège pendant la deuxième moitié du XVIIe. siècle* (Lovaina, 1975).

Jan (o: *Johannes) Optraét* (1651-1720)

O teólogo J. Optraét colocou ênfase especial do episcopalismo.[33] Nascido em Béringhen (Flandres), em 3 de outubro de 1651, fez seus estudos em Lieja e Lovaina.[34] Ensinou em Lovaina e em Malinas, de onde foi expulso pelo arcebispo dessa diocese por sua conivência com os jansenistas. Voltou, novamente, a Lovaina, de onde foi outra vez expulso. Em 1706, retornou definitivamente a Lovaina; foi nomeado reitor do Colégio de Faucon, cargo que ocupou até sua morte, acontecida em 29 de novembro de 1720.

"Opstraet foi o oráculo dos jansenistas da Holanda, e a maior parte de seus escritos estão consagrados à defesa das teses jansenistas e galicanas".[35] Obras suas são: *Dissertatio theologica de conversione peccatoris* (Lovaina, 1687); *Dissertatio theologica de praxi administrandi sacramentum paenitentiae* (Lovaina, 1692); *Doctrina de administrando sacramento paenitentiae* (Lovaina, 1701; Ruon, 1704); *Theologiae dogmaticae, moralis, practicae et scholasticae pars prima,* 3 vol. (Lovaina, 1726).

Enquanto dava aulas em Malinas, J. Optraet escreveu um livro que se tornou best-seller ao longo do séc. XVIII: o *Pastor bonus, seu idea, officium, spiritus et praxis pastorum* (Lovaina, 1689; edições posteriores: Lovaina, 1690, 1705; Passau, 1764; Veneza, 1771, 1783, 1788; etc.).[36] Servindo-se da metáfora do (bom) *pastor*, muito utilizada ao longo da história do cristianismo,[37] compôs aquele que podemos considerar o primeiro manual de teologia *pastoral*.

Foi traduzido ao francês (Ruon, 1702-1703); a tradução para o alemão (1764) foi aconselhada como texto-base por Rautenstrauch na

---

33 REINHARDT, R. *Episcopalismo*. 4: VÁRIOS. Diccionario enciclopédico de historia de la Iglesia, I (Barcelona, 2005) 548. Sobre as formas de episcopalismo no séc. XVIII: ROGIER, L. J. *La "Ilustración" y la Revolución*: ROGIER, L. J.; DE BERTIER DE SAUVIGNY, G.; HAJJAR, J. De la Ilustración a la Restauración. Tomo IV de la "Nueva Historia de la Iglesia" (Madri, 1984^{2}) 83-101: "Desarrollo del episcopalismo".

34 CARREYRE, J. *Opstraet, Jean*: DTC, XI/1 (Paris, 1931) 1076-1077; WILLAERT, L. *Optraet, Jean*: LTK, VII, 1180.

35 CARREYRE, J. *Opstraet, Jean*: DTC, XI/1 (Paris, 1931) 1076.

36 SCHUCHART, A. *Der "Pastor Bonus" des Johannes Opstraet* (Tréveris, 1972).

37 CLEMENS, T.; JANSE, W. *The Pastor Bonus*. Papers read at the British-Dutch Colloquium at Utrecht, 18-21 September 2002 (Leiden-Boston, 2004).

exposição da, recém instituída, disciplina de teologia pastoral no Império austríaco (até que o livro foi colocado no *Index* romano dos livros proibidos, por suspeita de jansenismo).

A obra, com o título longo ou com o título curto de *Bonus Pastor*, se difundiu por toda a Europa em múltiplas edições (em algumas delas desaparece do título longo o termo *spiritus*): Passau, 1764; Vicenza, 1769; Veneza, 1769 [primeira veneziana], 1771, 1788; etc.

Nesse *Pastor bonus seu idea, offiicum et praxis pastorum*, 1698 (Passávia, 1764) podia-se se ler na p. 264: "Communiter utile non videtur poenitenti prima Confessione post peccatum mortale absolutionem impendere - Comumente, não parece útil conceder a absolvição ao penitente na primeira confissão depois do pecado mortal".

Zeger Bernahrd van Espen (1646-1728)

Foi professor na Universidade de Lovaina, mas precisou abandonar esse centro por suas posições episcopalistas e regalistas, passando, então, para a Universidade de Leiden (Países Baixos do Norte). Esse destacado canonista procurou justificar, tanto o episcopalismo, quanto o regalismo.[38]

Sua obra fundamental é o *Ius ecclesiasticum universum*, 2 vol. (1700), sendo a melhor edição a de Lovaina, 1753, em 4 vol. Sustentou que a Igreja antiga tinha sido conciliarista, chegando a afirmar a necessidade da aprovação dos bispos e dos príncipes para qualquer decreto do Papa com valor universal ("a jurisdictione principum nemo inmunis - ninguém é imune à jurisdição dos príncipes"). Apoiou uma ordenação episcopal para a igreja cismática de Utrecht.

---

[38] LECLERC, G. *Zeger-Bernard Van Espen (1646-1728), un canoniste janséniste:* VÁRIOS. Miscellanea jansenistica offert à Lucien Ceyssens (Lovaina, 1963); LECLERC, G. *Zeger-Bernard Van Espen (1646-1728) et l'autorité ecclésiastique* (Zurich, 1964); NUTTINCK, M. *La vie et l'oeuvre de Zeger-Bernard Van Espen. Un canoniste janséniste, gallican et régalien à l'université de Louvain (1646-1728)* (Lovaina, 1969); COOMAN, G.; VAN STIPHOUT, M.; WAUTERS, B. (ed.). *Zeger-Bernard van Espen at the crossroads of canon law, history, and church-state relation* (Lovaina, 2003).

A obra de Z. B. van Espen foi condenada pelo Santo Ofício e colocada no *Index* dos livros proibidos (1704). Apesar disso, exerceu grande influência na Espanha: foi lida e estudada nas aulas; sustentou as orientações dos grupos episcopalistas e regalistas, tanto civis, quanto eclesiásticos; inspirou a política religiosa de Carlos III.[39] Foi editada várias vezes: Madri, 1778, 1791-1792, etc. O *Ius canonicum universum* encontrou "refúgios clandestinos nas bibliotecas madrilenhas durante o longo reinado de Felipe V: em sua Real Biblioteca, quando Gregorio Mayans e Sisear era seu bibliotecário-mor, entre 1733 e 1739, encontrou-o e tomou por livro de cabeceira por toda a vida; com o Van Espen na mão, tentava mostrar aos bispos de seu tempo - apenas terminada a grande batalha antirregalista promovida, sobretudo, pelo cardeal Belluga - que desconheciam seus próprios direitos e aceitavam calados as usurpações da cúria romana".[40]

Van Espen teve influência especial sobre seu aluno, Jean Nicolas de Hontheim (1701-1790), conhecido como Frebronius, iniciador do Febronianismo no mundo germânico.

Nota bibliográfica sobre o jansenismo nos
Países Baixos (Holanda e Bélgica).

- WILLAERT, L. *Les origines du Jansénisme dans les Pays-Bas catholiques: le milieu, le Jansénisme avant la lettre* (Bruxelas, 1948).
- VAN BAVEL, J.; SCHRAMA, M. (ed.). *Jansénius et le jansénisme dans les Pays-Bas* (Lovaina, 1982).
- SCHOON, D. *L'"Unigenitus" en Hollande: le clergé épiscopal entre obéissance et indépendance:* VÁRIOS. 8 septembre 1713. Le choc de l' "Unigenitus" (Paris, 2014) 67-80.

---

39 MESTRE, A. *La influencia del pensamiento de Van Espen en la España del siglo XVIII*: Revista de Historia Moderna. Anales de la Universidad de Alicante n. 19 (2001) 5-62; MESTRE, A. *"El católico y sapientísimo Van Espen": La réception de la pensée de Zeger-Bernard Van Espen dans l'Espagne du XVIIIe. siècle*: COOMAN, G.; VAN STIPHOUT, M.; WAUTERS, B. (ed.). *Zeger-Bernard van Espen...*, 267-298.

40 BATLLORI, M. *La expulsión de los jesuitas y el jurisdiccionalismo antirromano: raíces napolitanas y austracistas*: VÁRIOS. Carlos III y la Ilustración (Madri, 1988) 238.

11.2.3 O jansenismo na Espanha

- Nota historiográfica: houve um jansenismo espanhol?

Os historiadores costumam afirmar que o jansenismo não teve tanta força na Espanha quanto na Itália e, muito menos, quanto na França. Dependendo dessa apreciação geral:

- J. Delumeau fala, para a Espanha do séc. XVIII, de um *para-jansenismo*, no qual enquadra, entre outros, José Climent (bispo de Barcelona), o agostiniano Enrique Flórez (e o moralista alemão Eusébio Amort).[41]
- Outros historiadores aludem a um *segundo jansenismo*, que aparece na Espanha na segunda metade do séc. XVIII e desaparece na primeira metade do século seguinte.

Tais rótulos - *para-jansenismo, segundo jansenismo* - devem ser matizados. A Espanha também participou do *primeiro* jansenismo. Com efeito, de acordo com as investigações realizadas, é possível "afirmar que a Espanha desempenha, no jansenismo do século XVII, um papel certamente mais importante que o que teve em relação ao jansenismo do séc. XVIII: no séc. XVIII, sofre a influência; no séc. XVII, a tinha exercido".[42]

Para apoiar essa afirmação, basta tomar consciência de dois dados:

- O jansenismo lança suas raízes históricas nas controvérsias "de auxiliis"; pois bem, foram os teólogos espanhóis que exerceram papel de primeira ordem nessas discussões.
- As duas visitas de Jansênio à Espanha (1624-1625, 1616-1617), que mencionamos em volume precedente (V/1, 823-828), encontraram boa acolhida e tiveram eco favorável nos meios universitários espanhóis (Salamanca, Alcalá, Valladolid).

---

41 DELUMEAU, J. *El catolicismo de Lutero a Voltaire* (Barcelona, 1973) 148.

42 VÁZQUEZ, I. *Las controversias doctrinales postridentinas hasta finales del siglo XVII*: GARCÍA-VILLOSLADA, R. (ed.). Historia de la Iglesia en España, IV (Madri, 1979) 444.

A partir dos dados disponíveis sobre a extensão da influência jansenista na Espanha durante o séc. XVII,[43] apenas podemos citar um professor de Alcalá, **Antonio González de Rosende** (alguns o consideram franciscano e outros, clérigo regular), que escreveu umas *Disputationes Theologicae: De peccato originali* (Lyon, 1677) com certo sabor jansenista. A inquisição perseguiu o primeiro volume e não foram publicados os outros dois projetados.[44] "A Inquisição se encarregou de que ninguém, na posteridade, conhecesse a obra de Rosende e, realmente, nem mesmo um exemplar chegou até nós".[45]

No que diz respeito ao jansenismo espanhol do séc. XVIII, foi muitas vezes reproduzida a apreciação de Marcelino Menéndez Pelayo. O erudito de Santander dedicou umas 70 páginas (de texto apertado, na edição da BAC que utilizo), em sua *Historia de los heterodoxos españoles,* ao jansenismo regalista da Península Ibérica no séc. XVIII.[46] Porém, no início de sua exposição, confessa que não houve na Espanha um jansenismo teológico, mas sim, no máximo, jurídico.

O agostiniano leonês, Manuel Fraile Miguélez (1864-1928) preocupou-se, não tanto com o jansenismo propriamente teológico (doutrina sobre a graça), quanto com o jansenismo que se projetava em determinadas propostas eclesiológicas e ações políticas concretas, ou seja, com o jansenismo histórico tendente ao regalismo.[47]

---

43 MESTRE, A. *Religión y cultura en el siglo XVIII español*: GARCÍA-VILLOSLADA, R. (ed). Historia de la Iglesia en España (Madri, 1979) 639-641.

44 Sobre esse personagem: PÉREZ GOYENA, A. *Un jansenista español desconocido*: Razón y Fe 90 (1930) 24-40.

45 LAZCANO, R. *Prólogo* a: FRAILE MIGUÉLEZ, M. *Jansenismo y regalismo en España...*, 21-22. Semelhante apreciação oferece SIMÓN REY, D. *Aportación a la historia del jansenismo español*: Burgense 28 (1987) 451: "A Inquisição espanhola lutou com tanto rigor contra o jansenismo, como dissemos antes, que não sobrou nem sequer um exemplar da obra de Rosende".

46 MENÉNDEZ PELAYO, M. *Historia de los heterodoxos españoles*, II (Madri, 1967²) 410-485.

47 FRAILE MIGUÉLEZ, M. *Jansenismo y regalismo en España. (Datos para la Historia). Cartas al Sr. Menéndez Pelayo*, edición, prólogo, notas e índices de R. Lazcano (Madri, 2010).

Foi nesse segundo nível de jansenismo que M. Fraile fez contribuições, servindo-se de documentos, até o momento, inéditos. Concretamente:

- Negou a existência de um jansenismo propriamente doutrinal ou dogmático na Espanha.
- Destacou que o uso dos termos *jansenista* e *antijansenista* teve função extra teológica: servia para dividir as pessoas e instituições por sua proximidade ou distanciamento do *jesuitismo* (a favor: antijansenista; contra: jansenista) e do *regalismo* (a favor: jansenista; contra: antijansenista).
- Também anotou que a "interessada" classificação precedente servia para apoiar ou desacreditar uma Ordem religiosa em relação à outra: era normal, por exemplo, que os jesuítas rotulassem os agostinianos de jansenistas.

Houve quem situasse as principais manifestações do jansenismo espanhol na última década do séc. XVIII. Isidoro Villapadierna estudou as manifestações do jansenismo nas Cortes de Cádiz.[48] De sua análise deduzo que o movimento jansenista espanhol ganhou o maior destaque com o chamado "cisma de Urquijo", ou seja, com a intenção de conceder aos bispos espanhóis o poder de dispensar dos impedimentos matrimoniais reservados ao Papa.[49] Isso acontecia em um momento de debilidade do poder pontifício, por ocasião e motivo da morte de Pio VI.

Da sua parte, o hispanista francês, Émile Appolis, construiu a figura de um partido médio entre os "zelanti" ultramontanos (partidários dos jesuítas e defensores do papado) e os jansenistas "apelantes" ou opositores da bula condenatória *Unigenitus*. Chamou-o "terceiro partido", definido por cinco características ou elementos: "luta teológica contra o molinismo, aversão à moral laxa, catolicis-

---

[48] VILLAPADIERNA, I. *El jansenismo español y las Cortes de Cádiz*: Analecta Gregoriana 71 (1954) 273-303.

[49] SIERRA, L. *El episcopado español ante los decretos matrimoniales del ministro Urquijo* (Bilbao, 1964). Sobre o papel desempenhado pela condessa de Montijo: DE DEMERSON, P. *Mª Francisca de Sales Portocarrero, condesa de Montijo. Una figura de la Ilustración* (Madri, 1975).

mo iluminista, regalismo, luta contra o jesuitismo".[50] Nesse "terceiro partido" incluiu os jansenistas espanhóis.[51]

O historiador espanhol Teófanes Egido mostra-se bastante cauteloso diante das tentativas de descrever com toda a precisão o que possa ter sido o jansenismo espanhol. Esse especialista sobre o séc. XVIII, parece sustentar que o jansenismo espanhol seria, muito mais, um "fantasma" (assim intitula uma seção dedicada ao tema no estudo sobre a religiosidade dos iluministas espanhóis).[52] Um fantasma criado pelos que viam em perigo a aliança entre trono e altar. Um fantasma acolhido pelo antiliberalismo do séc. XIX "que o legou à posteridade com a fortuna e inexatidão históricas que pudemos contrastar".[53]

> "O peculiar 'jansenismo' espanhol, cujo atrativo originou qualificadas monografias, nada tinha a ver com as distantes controvérsias teológicas sobre a graça. Era, muito mais, um insulto dos jesuítas e reacionários ao regalismo de então e contra as formas de religiosidade iluministas posteriores, tal como aconteceu com os iluministas quando qualificaram de jesuitismo atitudes de seus adversários. Lorenzo Villanueva (um dos 'jansenistas' mais combatidos e combatentes) se exasperava, como se exasperavam outros, ante a mania de caluniar a piedade iluminista com notas de filosofismo e jansenismo".[54]

A posição adotada por Francisco Sánchez Blanco parece ser a que melhor recolhe a objetividade histórica sobre o jansenismo espanhol do séc. XVIII:

- Em primeiro lugar, "na Espanha setecentista, a contenda que tem lugar sob esse termo [*jansenismo*] serve para di-

---

[50] APPOLIS, E. *Entre jansénistes et zelanti, le "Tiers Parti" catholique au XVIIIe. siècle* (Paris, 1960).

[51] APPOLIS, E. *Les jansénistes espagnols* (Bordeaux, 1966).

[52] EGIDO, T. *La religiosidad de los Ilustrados*: VÁRIOS. La época de la Ilustración. 1. El Estado y la cultura (1759-1808). Tomo 31/1 de la "Historia de España" fundada por R. Menéndez Pidal y dirigida por J. Mª. Jover Zamora (Madri, 1987) 418-426.

[53] *Ibid.*, 426.

[54] EGIDO, T. *España en el reinado de Carlos IV* (Madri, 2015) 255-256.

rimir questões de prestígio e poder entre as Ordens religiosas. Agostinianos, dominicanos e jesuítas usam possíveis desvios dogmáticos na doutrina da graça para minar a fama dos candidatos aos altares, a autoridade de um bispo molesto ou para impedir a nomeação de alguém. Na realidade, esse jansenismo tardio apenas se refere a aspectos de política eclesiástica".[55]

- Em segundo lugar, os "iluministas" católicos participam das sensibilidades "jansenistas" ao advogar uma Igreja mais evangélica e limitada à sua função espiritual, um clero melhor preparado intelectualmente e leigos mais comprometidos na ação religiosa da comunidade eclesiástica. Os denominados "jansenistas", tanto bispos, quanto clérigos e leigos, são os "partidários de uma religião com menos cerimônias e maior moralidade".[56]
- Por último, "jansenismo também equivale a destacar, com o objetivo de reforma canônica, a autonomia do rei e dos bispos frente ao Papa e, assim, a das igrejas nacionais frente à Cúria romana. Consequentemente, os ultramontanos tacham, polemicamente, de jansenistas, aqueles políticos reformadores que, de modo geral, se chocam com os jesuítas e com o núncio papal".[57]

- Influência estrangeira

Tanto no jansenismo italiano, quanto no jansenismo espanhol, não se pode negar a influência francesa. No séc. XVIII, a intelectualidade católica da Espanha abriu-se ao pensamento francês. Deve-se levar em conta que na Espanha exerceram maior influência os *apelantes*, pertencentes à segunda etapa do jansenismo, que os jansenistas franceses da primeira etapa.

55 SÁNCHEZ BLANCO, F. *La Ilustración en España* (Madri, 1997) 36.
56 SÁNCHEZ BLANCO, F. *La Ilustración en España* (Madri, 1997) 36.
57 SÁNCHEZ BLANCO, F. *La Ilustración en España* (Madri, 1997) 36.

O jansenismo espanhol também sentiu a influência das correntes reinantes nos Países Baixos. Foram especialmente influentes as obras de dois professores da Universidade de Lovaina: o teólogo J. Optraét, com sua ênfase no episcopalismo; e, sobretudo, o canonista Z. B. van Espen, com sua justificação do regalismo.

Reconhecida a influência estrangeira, sobretudo, francesa, no jansenismo espanhol, parece exagerada a afirmação de M. Menéndez Pelayo, para quem o movimento religioso espanhol era inexoravelmente movido pela "grande engrenagem" do pensamento francês, seja o de sensibilidade galicana e jansenista ou, principalmente, o de orientação enciclopedista.[58]

- Identidade e peculiaridades

Segundo a interpretação sustentada por J. Saugnieux[59] e por M. G. Tomsich,[60] o jansenismo espanhol, sobretudo, o da segunda metade do séc. XVIII:

- Foi filho do racionalismo ou Iluminismo.
- Esteve vinculado ao regalismo.
- Sentiu-se atraído pelo episcopalismo.

Mas, no fundo da aceitação dessas correntes de pensamento por parte do jansenismo espanhol, continua latente a vivência cristã marcada pela interiorização. É essa vivência cristã interiorizada que vincula o jansenismo espanhol com as correntes espirituais espanholas do séc. XVI.

> Os autores do séc. XVIII "nos dão a impressão de voltar a se situar no ponto onde ficou interrompida a obra do erasmismo no séc. XVI; mas, ao mesmo tempo, tentaram incorporar tudo o que, desde então, tinham conseguido povos de história menos anormal que o nosso".[61]

---

[58] MENENDEZ PELAYO, M. *Historia de los heterodoxos españoles...*, II, 485.

[59] SAUGNIEUX, J. *Les jansénistes et le renouveau de la prédication dans l'Espagne de la seconde moitié du XVIIIe. siècle* (Lyon, 1976).

[60] TOMSICH, M. G. *El jansenismo en España. Estudio sobre ideas religiosas en la segunda mitad del siglo XVIII* (Madri, 1972).

[61] CASTRO, A. *Algunos aspectos del siglo XVIII*: Id., Lengua, enseñanza y literatura (Madri, 1924) 297.

Ser iluminista na Espanha do séc. XVIII trazia consigo ser jansenista. E ser jansenista na Espanha do séc. XVIII era situar-se na orientação progressista, embora, às vezes, tal progressismo significasse retorno às fontes bíblicas e patrísticas, ou seja, ao ideal da Igreja primitiva.

Na Europa, houve manifestações públicas de deísmo, coisa que não ocorreu na Espanha (entre outras razões, pela presença da Inquisição). Os iluministas espanhóis apoiaram o regalismo e tomaram partido a favor da tendência moral rigorista e de uma religião interior. Mas não foram inclinados às opções filosóficas do deísmo.

Em síntese, a corrente espanhola a favor da chamada opção jansenista, concretizou-se, basicamente, em duas frentes de atuação:

- Na oposição à Companhia de Jesus, que era, também, oposição ao probabilismo e à considerada "moral relaxada".
- Na defesa da intromissão do poder político em assuntos religiosos (jurisdicionalismo, regalismo) e na consequente sensibilidade para uma Igreja nacional, na qual os bispos tivessem função mais destacada.

Vinculado a essas duas frentes de atuação, encontrava-se o concomitante desejo de perfeição, reforma, atualização de um ideal primevo. Na busca de uma religiosidade mais interiorizada e com proposta moral tendente ao rigorismo é onde seria preciso situar o movimento jansenista espanhol do séc. XVIII.[62] Em termos gerais, os jansenistas espanhóis "são partidários de uma religião com menos cerimônias e maior moralidade".[63]

Nota bibliográfica sobre o jansenismo na España do séc. XVIII

- DE VILLAPADIERNA, I. *El jansenismo español y las Cortes de Cádiz*: Analecta Gregoriana 71 (1954) 271-303.

62 MESTRE, A. *Religión y cultura en el siglo XVIII español*: GARCÍA-VILLOSLADA, R. (ed). Historia de la Iglesia en España, IV (Madri, 1979) 639-678 ("El movimiento jansenista").

63 SÁNCHEZ-BLANCO, F. *La Ilustración...*, 36.

- APPOLIS, É. *Les jansénistes espagnols* (Bordeaux, 1966).
- DEFOURNEAUX, M. *Jansénisme et régalisme dans l'Espagne du XVIIIe. siècle:* Cahiers du monde hispanique et luso-brésilien 11 (1968) 163-179.
- TOMSICH, M. G. *El jansenismo en España. Estudio sobre ideas religiosas en la segunda mitad del siglo XVIII.* Prólogo de C. Martín Gaite (Madri, 1972).
- SAUGNIEUX, J. *Le jansénisme espagnol du XVIIIe. siècle: ses composantes et ses sources* (Oviedo, 1975).
- MESTRE, A. *El jansenismo español en el siglo XVIII. Estado actual de la investigación:* Divus Thomas 78 (1975) 407-430.
- MESTRE, A. *Despotismo e Ilustración en España* [1776] (Sevilha, 2014) 192-221.
- MESTRE, A. *El movimiento jansenista* [siglo XVIII]: GARCÍA-VILLOSLADA, R. (ed.). Historia de la Iglesia en España. IV. La Iglesia en la España de los siglos XVII y XVIII (Madri, 1979) 639-678.
- MESTRE, A. *Jansenismo y regalismo en España (Datos para la historia):* Anales Valentinos n. 71 (2010) 161-165.
- VÁZQUEZ, I. *España y el jansenismo en el siglo XVII:* GARCÍA-VILLOSLADA, R. (ed.). Historia de la Iglesia en España, IV (Madri, 1979) 443-457.
- DÍAZ DE CERIO, F. *Jansenismo histórico y regalismo borbónico español a finales del siglo XVIII:* Hispania Sacra 33 (1981) 93-116.
- EGIDO, T. *La religiosidad de los Ilustrados:* VÁRIOS. La época de la Ilustración. 1. El Estado y la cultura (1759-1808). Tomo 31/1 da "Historia de España" fundada por R. Menéndez Pidal e dirigida por J. Mª. Jover Zamora (Madri, 1987) 418-426: "El 'fantasma' del jansenismo español".
- SIMÓN, D. *Aportación a la historia del jansenismo español:* Burgense 28 (1987) 449-482.
- CEYSSENS, L. *L'antijansénisme a la cour de Madrid au tournant des 17e.-18e. siècles:* Revue d'Histoire Ecclésiastique 94 (1999) 4-29.

11.2.4 O jansenismo em Portugal (e no Brasil)

- Peculiaridade do jansenismo português

"Só após a expulsão dos jesuítas é possível falar de verdadeiro jansenismo em Portugal. Depois de 1759, as muralhas defensivas do papado foram derrubadas, o Núncio de sua Santidade foi expulso, cortaram-se as relações com a Corte de Roma".[64]

Tal como na Espanha, em Portugal chegou o jansenismo tardio e, além do mais, vinculado aos movimentos de orientação *regalista*. Três foram as principais vias de entrada do jansenismo em Portugal: a via francesa, que foi a de maior influência; a via holandesa e a via italiana.

As bibliotecas religiosas portuguesas dão testemunho da entrada da literatura jansenista e galicana em Portugal: Fleury, Gerbert, Tamburini, Zola, Duguet, Nicole, Jansenius, Arnauld, Saint-Cyran, Optraét, Mesenguy, Quesnel, Richer, Sacy, Febrônio, Du Pin, Van Espen, etc.[65] Foram feitas traduções em português de obras decisivas com orientação galicana e jansenista: *Bom Pastor* (Lisboa, 1788), de J. Opstráet; *Ciência da salvação* (Lisboa, 1786); *O Espírito de M. Nicole ou instruções sobre as verdades da religião* (Lisboa, 1786), de René Cerveau (1700-1780); *Prática do sacramento da penitência* (Lisboa, 1772), de Luis Habert; *Theologia Moral para uso dos Párocos e mais Sacerdotes,* 3 vol. (Lisboa, 1771); etc.[66]

- A ampla nominata dos jansenistas portugueses

Foi bastante ampla a nominata dos jansenistas em Portugal. Por motivos de espaço, limitamos a exposição à apresentação dos nomes mais destacados e influentes:

---

[64] DOS SANTOS, C. *Jansenismo e antijansenismo em Portugal* (Porto, 2014) 26.

[65] *Ibid.*, 653-669: bibliotecas episcopales; bibliotecas de colegios universitários; bibliotecas de seminários.

[66] *Ibid.*, 601-652: "Literatura jansenista traduzida em português".

Ignácio de São Caetano (1719-1788)

Entre os máximos representantes do jansenismo regalista da segunda metade do séc. XVIII, encontra-se o religioso, carmelita descalço, frei Ignácio de São Caetano, que se formou em filosofia em Évora e em teologia em Coimbra. Girou em torno da vida da Corte, sendo confessor real e membro da Real Mesa Censória (Real Tribunal de Censura).[67]

Entre suas obras de conteúdo teológico-pastoral, devem ser nomeadas: *Ideia de hum perfeito parocho, instruído nas suas obrigações e instruindo as suas ovelhas na sólida piedade* (Lisboa, 1772) e *Compendio da Theologia Moral Evangélica,* em 6 tomos. Na dissertação prévia a esse *Compêndio,* o autor deixou publicado seu profundo pessimismo antropológico.[68] Escreveu uma breve história do probabilismo para desacreditá-lo e combatê-lo com dureza.[69]

> Frei Ignácio "está bem identificado com a ideologia regalista, a ideologia do poder. Defende a obediência aos monarcas e a seus ministros e a submissão da Igreja ao Estado. Também se encontra, pessoalmente, muito próximo do jansenismo, pelo rigorismo moral e visão pessimista da vida e do mundo (...). Nesse sentido, esse religioso carmelita, confessor real e Inquisidor Geral, pode ser considerado figura representativa de seu tempo".[70]

Ao lado do carmelita Ignácio de São Caetano, também pode ser colocado outro representante do jansenismo português, o professor de Coimbra, **Antônio Soares Barbosa** (1734-1801), autor de um *Tratado Elementar de Filosofia Moral,* 3 vol. (Coimbra, 1792).[71]

Bispos propensos ao rigorismo jansenista

Em geral, nos ambientes eclesiásticos portugueses dessa época, reprovava-se o uso dos manuais de Teologia Moral que não

[67] DOS SANTOS, C. *Jansenismo e antijansenismo...*, 401-424: "Do jansenismo regalista de D. Fr. Inácio de S. Caetano".
[68] *Ibid.*, 402-403.
[69] *Ibid.*, 408.
[70] *Ibid.*, 424.
[71] *Ibid.*, 425-438: "Um lente jansenista da universidade de Coimbra".

seguissem orientações rigoristas. Assim, descartava-se o uso dos manuais do capuchinho navarro J. Corella e do dominicano, também navarro, F. de Lárraga.

Houve bispos que se inclinaram para posições rigoristas de orientação jansenista. Podem ser citados os seguintes:

- **José Maria de Melo** (1756-1818), inicialmente oratoriano, promovido a bispo de Algarve e, finalmente, a Inquisidor Geral.
- **João Cosme da Cunha,** arcebispo de Évora, sob cuja responsabilidade apareceu, em tradução portuguesa, o chamado *Catecismo de Montpellier: Instruções geraes em forma de catecismo,* 4 vol. (Lisboa, 1765).[72]
- **Francisco de Lemos de Faria Pereira Coutinho,** bispo de Coimbra e reitor (em dois mandatos: 1770-1779, 1799-1821) da universidade de Coimbra, na qual executou a reforma pombalina (1772). Na disputa que manteve com a faculdade de teologia, além de motivos de conflito jurisdicional, também havia confrontação ideológica.[73]
- **Manuel do Cenáculo,** bispo de Beja e arcebispo de Évora, bem como, presidente da Real Mesa Censória.

Alguns bispos portugueses dessa época publicaram cartas pastorais contra o uso do *probabilismo.* O bispo de Guarda, **D. Bernardo de Melo Osório,** em 1770, chegou a afirmar que o molinismo e o probabilismo constituíam as "duas cloacas infectas": uma (molinismo) corrompeu a dogmática, e outra (probabilismo) corrompeu a moral. No mesmo ano de 1770, outros dois bispos, D. Francisco de Lemos (de Coimbra) e **D. Miguel de Bulhões** (de Leiria), escreveram sobre o tema e com semelhante orientação.[74] Sobre o mesmo assunto, insistiram o patriarca de Lisboa, o cardeal Saldanha, e o arcebispo de Braga.[75]

[72] *Ibid.,* 135-139: "D. João Cosme da Cunha e o catecismo de Montpellier".

[73] *Ibid.,* 325-331: "Conflito jurisdicional ou confronto de ideologias? O Bispo de Coimbra, D. Francisco de Lemos, e a faculdade de teologia".

[74] *Ibid.,* 409-410.

[75] *Ibid.,* 410-411.

Em geral, os bispos portugueses eram contrários aos jesuítas e não deixaram de manifestá-lo. Nessa oposição antijesuítica, poucas vezes faltava referência ao "mal" do probabilismo e, dentro da moral probabilista, à pretendida, e nunca provada, defesa do "tiranicídio" por parte dos moralistas jesuítas.

Jansenistas vinculados ao Oratório

O jansenismo atingiu, de modo especial, o Oratório português. Não convém esquecer que foram os oratorianos que, majoritariamente, supriram os jesuítas nas tarefas docentes em Portugal depois da expulsão dos últimos. Entre os oratorianos portugueses que se inclinaram para orientações teológicas de sabor jansenista, devem ser nomeados:

- **Antônio Álvares** (1735-1807), professor de teologia nos oratorianos, homem de grande saber. Puxou a fila do jansenismo de orientação teológica.[76]
- **Antônio Cardoso** (1727-1798), professor de filosofia e teologia no Oratório do Porto. Escreveu um tratado (anônimo) sobre a usura, com orientação inteiramente rigorista, como era normal entre os jansenistas: *Resposta de hum amigo a outro, que lhe pergunta: se o contrato entre nós chamado de Dinheiro a Ganho, de que o tal sujeito usa, será manchado de usura,* 2 vol. (Lisboa, 1785).[77] A "resposta" de A. Cardoso foi muito elogiada pelas *Nouvelles Ecclésiastiques,* periódico literário dos jansenistas.[78]
- **José Portelli** (1764-1841), professor de filosofia no Real Colégio de Nobres, onde também exerceu o cargo de reitor. Defendeu publicamente um conjunto de teses de orientação jansenista, elaboradas sob a direção do Pe. A. Álvares. É mais um dado que apoia o reconhecimento de A. Álvares como chefe do partido jansenista.[79]

---

76 *Ibid.*, 58-72: "As 'teses' jansenistas de Antônio Álvares".

77 *Ibid.*, 99-103: "Um tratado jansenista sobre a usura"; 308-310: "Consideração da morte para evitar o 'monstro' da usura".

78 *Ibid.*, 311-312: "A 'resposta' do P. Cardoso nas *Nouvelles Ecclésiastiques*".

79 *Ibid.*, 159-237; "As 'teses' de Antônio Álvares".

- **Lucas Tavares** (1757/1758-1824), que abandonou o Oratório do Porto (1795) e passou ao clero secular.[80] Foi "jansenista e regalista como seu mestre, o Pe. Antônio Pereira de Figueiredo".[81]

Mas, entre todos os oratorianos de orientação jansenista, destaca-se o recém nomeado, Pe. **Antônio Pereira de Figueiredo** (1725-1797), personalidade intelectual de várias facetas.[82] Foi latinista, compondo um *Novo Methodo da Grammatica Latina* (1753); foi retórico, publicando lições com o título *Os Elementos de Invenção e Locução* (1759); foi tradutor da Bíblia para o português, baseando-se na Vulgata latina.

Esse clérigo do Oratório de São Filipe Néri de Lisboa, foi estreito colaborador do marquês de Pombal. A ele se deve a *Tentativa theologica, em que se pretende mostrar que, impedido o recurso à Sé Apostólica, se devolve aos Senhores Bispos a faculdade de dispensar nos impedimentos públicos do Matrimonio e de prover espiritualmente em todos os mais casos reservados do Papa, todas as vezes que assim o pedir a pública e urgente necessidade dos súbditos* (Lisboa, 1766).

Essa obra exerceu grande influência sobre o abade italiano V. G. Cestari que, simplificando com o objetivo de adaptá-la às necessidades do Reino de Nápoles, publicou-a com o título *Lo spirito della giustificazione ecclesistica sull'ordinazione de' Vescovi* (Nápoles, 1788).

Sobre essa dimensão regalista de A. Pereira de Figueiredo, já tratamos em volume precedente desta História da Teologia Moral (V/2, 306-307). Aqui o citamos, novamente, por sua orientação jansenista.

---

80 *Ibid.*, 72-103: "Um jansenista assumido: Lucas Tavares"; 248-267: "Apologia do catecismo sobre a graça de Mr. Feydeau por Lucas Tavares (1817)".

81 *Ibid.*, 98.

82 *Ibid.*, 126-134: "O pensamento teológico do P. António Pereira de Figueiredo". Também: DOS SANTOS, C. *Padre Antônio Pereira de Figueiredo. Erudição e polêmica na segunda metade do século XVIII* (Lisboa, 2005); DOS SANTOS, C. *Antônio Pereira de Figueiredo, Pombal e a "Aufklärung"*: Revista de História das Ideias 4 (1982) I, 167-205; DE CASTRO, Z. O. *O Regalismo em Portugal, Antônio Pereira de Figueiredo* (Lisboa, 1987).

- Uma Igreja marcada pelo rigorismo moral de sabor jansenista.

Na segunda metade do séc. XVIII, a vida eclesiástica e eclesial de Portugal se achava marcada pelo rigorismo de sabor jansenista. Eis aqui os sinais comprobatórios, analisados por C. dos Santos:

- Tanto na Universidade de Coimbra, quanto nos centros de estudo para sacerdotes e religiosos, combatia-se a denominada *moral relaxada*, ou seja, a moral jesuítica, e propugnava-se um *probabiliorismo* radical, às vezes, com tonalidades de tuciorismo moral.[83]
- A pastoral do sacramento da Penitência foi reconduzida pelos caminhos do rigor. Para justificar essa orientação, recomendou-se os escritos de Carlos Borromeu e de Francisco de Sales, lidos com lente rigorista.[84] Por outro lado, a consideração teológica era mais propensa para posições *contricionistas* do que impostações *atricionistas*.[85]
- Nesse contexto teológico-pastoral, eram normais duas práticas pastorais tipicamente rigoristas. 1. O adiamento da absolvição. 2. A privação da comunhão, mesmo por faltas leves.[86]

- O jansenismo no Portugal de além-mar (Brasil)

No Portugal de além-mar foi, principalmente, o episcopado a instituição que desempenhou papel mais decisivo na difusão das ideias reformadas e reformadoras. Consequentemente, também do jansenismo.

O franciscano, bispo de São Paulo, **D. Manuel da Ressurreição** (1771-1789), que havia sido membro extraordinário da Real Mesa Censória, nomeado bispo em 1768, dizia, em carta ao Marquês de Pombal, que encontrara o clero de sua diocese necessitado de estudos

---

83 DOS SANTOS, C. *Jansenismo e antijansenismo...*, 412-414.

84 *Ibid.*, 414-415.

85 *Ibid.*, 416-417.

86 *Ibid.*, 415-416.

renovados. Também comunicava que "para utilidade do clero e dos estudantes, abri minha biblioteca que se compõe de quase dois mil volumes". Nesses volumes, encontravam-se vários exemplares do *Catecismo de Montpellier*, que ele havia introduzido em sua diocese, além de outras várias obras consideradas de orientação jansenista.

> O chamado *Catecismo de Montpellier* era as *Instructions générales en forme de Catéchisme* (1702), escritas pelo oratoriano F. A. Pouget (1666-1723), por indicação do bispo de Montpellier Ch. J. Colbert de Croissy (1667-1738), sobrinho de Colbert, célebre ministro de Luís XIV, e um dos quatro bispos "apelantes" (a um concílio, frente à bula *Unigenitus*). A obra foi traduzida e publicada sob a responsabilidade do citado arcebispo de Évora, D. João Cosme da Cunha, com o título *Instruções geraes em forma de catecismo*, 4 vol. (Lisboa, 1765).

O beneditino **D. Antônio do Desterro Malheiros,** bispo do Rio de Janeiro, governava a diocese desde 1746. Reconheciam-se nele determinadas sensibilidades de orientação jansenista. Também introduziu o *Catecismo de Montpellier* em sua diocese.

As orientações reformadoras foram favorecidas na diocese de Pernambuco por obra de **D. Francisco Xavier Aranha** (1757-1771) e de seu sucessor **D. Tomás da Encarnação Costa e Lima** (1774-1784).

O bispo do Maranhão, **D. Antônio de Pádua,** da ordem dos menores reformados, na Pastoral de 6 de novembro de 1783, insistiu sobre a necessidade de instruir os penitentes para a confissão. Para isso, recomendou duas obras: uma, de orientação predominantemente rigorista, a do bispo de Verdun, *Prática do Sacramento da Penitência*, e a outra, do jansenista Simão-Miguel Treuvé, *Instrução sobre as disposições que devem levar aos Sacramentos da Penitência e Eucaristia.* Nessas obras eram recomendadas duas ações típicas do rigorismo: o adiamento da absolvição e a restrição na admissão à comunhão, práticas que, segundo o bispo do Maranhão, além de servirem de castigo ao pecador não bem-disposto, impediam a profanação dos sacramentos.[87]

---

[87] DOS SANTOS, C. *Jansenismo e antijansenismo...*, 414-416.

Outro bispo típico da época pombalina foi **D. Caetano da Anunciação Brandão,** bispo do Pará (1783-1790) e, mais tarde, arcebispo de Braga (1790- 1805). Esse prelado recomendava como obras de orientação moral as de F. Genet, D. Concina, F. Cuniliati, F. Lárraga (em sua edição reformada, com orientação probabiliorista).

As sensibilidades religiosas de sabor jansenista e as orientações morais rigoristas perduraram no catolicismo brasileiro até boa parte do séc. XIX, como deixa claro um estudo sobre a atuação pastoral do bispo vicentino **D. Antônio Ferreira Viçoso** (1787-1875), na diocese de Mariana (1844-1875), a sexta diocese do Brasil, criada em 1745, pelo papa Bento XIV.[88]

O episcopado de **D. Manuel do Monte Rodrigues de Araújo** (1798-1863) no Rio de Janeiro (1840-1863) marca mudança de rumo na orientação teológico-moral ensinada nos seminários do Brasil.[89] Foi sacerdote e professor de teologia no seminário de Olinda por dezesseis anos e, em 1837, este bispo escreveu um *Compêndio de Teologia Moral* para uso do citado seminário de Olinda, Pernambuco.

Convém lembrar que, para o seminário de Olinda, estabelecido em 1800 por **José Joaquim da Cunha de Azevedo Coutinho** (1742-1821), vieram professores da Universidade de Coimbra com orientação reformista de caráter jansenista-regalista. Em geral, o jansenismo regalista entrou no Brasil por meio de sacerdotes e bispos formados na Universidade de Coimbra, submetida à reforma pombalina.

Quando **Dom Manuel do Monte Rodrigues de Araújo** foi nomeado bispo do Rio, seu *Compêndio* foi revisado, ampliado e várias vezes reeditado. Esse manual começou a desbancar a chamada *Teologia Lugdunense* com a qual haviam sido formados os sacer-

---

[88] MELO, A. J. de. *Jansenismo no Brasil. Traços históricos de uma Moral rigorista* (Aparecida, 2014). Ver, de modo especial, o cap. 7: "Ideias Fundamentais que marcaram a Reforma Católica em Minas Gerais" (p. 291-320): imagem de Deus como juiz severíssimo; antropologia pessimista; marginalização da mulher; a castidade: rainha das virtudes; espiritualidade de fuga do mundo e de medo do inferno; insegurança sobre a própria vocação: "são poucos os que se salvam"; centralidade do sacramento da penitência; a eucaristia: prêmio para os puros.

[89] MELO, A. J. de. *Jansenismo no Brasil*..., 81-86.

dotes da época final da colônia, orientação teológico-moral que, por sua vez, tinha eliminado a primeira orientação moral jesuítica, baseada na *Medula* de Busenbaum.

> A *teologia Lugdunense* manifestava muita severidade em suas apreciações sobre o probabilismo, a prática da comunhão e a administração do sacramento da penitência. Além disso, "a teologia lugdunense era o compêndio no qual aprendiam os jovens nos seminários de Portugal e Brasil nos tempos em que dominava o jansenismo (...). Era seguida como texto em quase todas as casas de estudo das várias ordens e congregações religiosas do reino lusitano. Era estudada e seguida pelos confessores reais, pelos doutores das universidades, pelos censores do Desembargo do Paço, da Inquisição, do Ordinário de Lisboa; era o livro de aula dos jovens clérigos nos seminários de Santarém, Braga, Portalegre, Algarve e Porto; como, também, nos seminários de Olinda e do Rio de Janeiro. Umas das cartas do bispo Silva Coutinho ao núncio L. Caleppi, e um relatório do núncio Ostini à Santa Sé, testemunham a difusão do compêndio lugdunense".[90]

Sobre o significado histórico da teologia lugdunense, remetemos ao que foi exposto em volume anterior da presente História da Teologia Moral: V/2, 905- 906.

A tradução portuguesa do *Compêndio da Teologia Moral de Afonso de Ligório,* redigido em italiano por José Frassinetti, foi publicada no Rio de Janeiro em 1865.[91] Essa decisão, do citado bispo de Mariana, A. Ferreira Viçoso, é outro sinal que indica a mudança de orientação na Moral: do rigorismo jansenista se tende a passar a uma moral de benignidade pastoral.

> "O objetivo dessa tradução foi, com certeza, dar aos sacerdotes, especialmente aos confessores, um instrumento de orientação segura, fiel ao Concílio de Trento, para a resolução dos sérios problemas morais

---

90 PIRES, H. *Uma Teologia Jansenista no Brasil*: Revista Eclesiástica Brasileira 8 (1948) 333-334.

91 *Compêndio de Theologia Moral de Santo Affonso Maria de Liguori*. Redigido pelo padre José Frassinetti, traduzido do italiano, da 5ª edição de Gênova, 1865, por ordem de Exm. e Revmo. Sr. Dom Antônio Ferreira Viçoso - Conde da Conceição - bispo de Mariana (Rio de Janeiro, 1872). Ver: MELO, A. J. de. *Jansenismo no Brasil*.., 149.

dos próprios sacerdotes e do povo, ao mesmo tempo que substituir outros compêndios de Teologia Moral que circulavam no Brasil e na Província de Minas Gerais, repletos de doutrinas condenadas pela Igreja. Vemos que Dom Viçoso foi um bispo de transição, pois, ao mesmo tempo em que escrevia textos e usava argumentos de profundo teor rigorista, buscando a conversão dos sacerdotes e do povo, introduzia essa obra que marcava a passagem do rigor jansenista para uma teologia de tom profundamente evangélico, que tanto orientou a pregação e as obras desse grande reformador do clero italiano e da Teologia Moral que foi Santo Afonso Maria de Liguori".[92]

Dentro desse objetivo, entrou a tradução que o próprio bispo Ferreira Viçoso mandou fazer da pequena obra de Afonso de Liguori: O *Guia dos Confessores da Gente do Campo:* "com o mesmo objetivo de apoiar seus sacerdotes espalhados pelos muitos e pequenos povoados de sua extensa diocese. Se a pregação rigorista separava esses dois grandes reformadores da Igreja [o bispo Liguori e o bispo Viçoso], o caráter prático de seus escritos e suas iniciativas pastorais os uniam profundamente".[93]

No seminário da diocese do bispo Ferreira Viçoso, tenderam a perder importância autores galicano-jansenistas que, tradicionalmente, haviam ocupado a orientação teológico-pastoral dos seminários do Brasil: Natal Alexandre, Fleury, Antoine, Collet etc.[94]

- Nota bibliográfica sobre o jansenismo em Portugal do séc. XVIII.

O melhor, e mais destacado estudioso do jansenismo (e do antijansenismo) em Portugal, é **Cândido dos Santos**, catedrático jubilado da Faculdade de Letras do Porto. Colaborou, como professor convidado, na Universidade Católica Portuguesa. É autor de várias obras: *O Censual da Mitra do Porto, Os Jerônimos em Portugal,* etc. Foi estudioso de A. Pereira de Figueiredo: *Padre Antônio Pereira de Figueiredo. Erudição e polêmica na segunda metade do século*

[92] MELO, A. J. de. *Jansenismo no Brasil...*, 150.
[93] MELO, A. J. de. *Jansenismo no Brasil...*, 150.
[94] *Ibid.*, 207.

XVIII. Sobre o jansenismo em Portugal, merece destaque a seguinte compilação de estudos e documentos:

- SANTOS, C. dos. *Jansenismo e Antijansenismo em Portugal. Estudos e Documentos* (Porto, 2014).

Também:

- SOUZA, E. S. *Jansénisme et réforme de l'Église dans l'Empire portugais: 1640 a 1790* (Lisboa-Paris, 2004).

Nota bibliográfica sobre o jansenismo no Brasil do séc. XVIII

- PIRES, H. *Uma Teologia Jansenista no Brasil*: Revista Eclesiástica Brasileira 8 (1948) 327-340.
- SOUZA, E. S. *Jansénisme et réforme de l'Église dans l'Amérique portugaise aux XVIIIe. siècle*: Revue de l'histoire des religions 4 (2005) 555-572.
- MELLO, A. J. *Jansenismo no Brasil. Traços históricos de uma Moral rigorista* (Aparecida, 2014).

Também:

- PIRES, H. *A paisagem espiritual do Brasil no século XVIII* (São Paulo, 1957).
- HOORNAERT, E. *Formação do Catolicismo Brasileiro 1550-1800* (Petrópolis, 1974).
- VIEIRA, D. R. *História do catolicismo no Brasil*. Volume 1 (Aparecida, 2016).

11.3 O JANSENISMO NA ITÁLIA DO SÉC. XVIII (1) VISÃO PANORÂMICA

11.3.1 Apontamento historiográfico

As ideias de Jansênio foram conhecidas muito cedo em Roma. O *Augustinus* foi editado na Cidade Eterna no ano de 1643, data em que foi condenado pela Santa Sé. O pensamento jansenista, começando pelo de A. Arnauld e chegando até o de P. Quesnel, pode muito bem circular pela Itália através das normais relações entre os membros de uma mesma instituição religiosa que atuava nos vários países europeus: beneditinos, agostinianos, dominicanos, cistercienses, etc. Contudo, sobre o jansenismo italiano propriamente dito, a historiografia não constata dados inteiramente confiáveis até a segunda metade do séc. XVIII.

Admitida essa delimitação histórica, não faltaram estudos sobre a existência e peculiaridade do jansenismo italiano e suas implicações políticas, culturais e, obviamente, religiosas, para a compreensão e prática do catolicismo na península itálica.[95] O conjunto desses estudos põe em relevo o importante papel exercido pelo jansenismo na Itália do séc. XVIII (e do séc. XIX). Entretanto, mesmo levando em conta tais estudos, é preciso reconhecer que o jansenismo italiano continua sendo de "difícil interpretação".[96]

O jurista e historiador **Arturo Carlos Jemolo (1891-1961)** interpretou o jansenismo italiano sob o prisma do influxo exercido pelo jansenismo francês (e dos Países Baixos).[97] Esse autor considerou o jansenismo como produto tipicamente francês, mantido vigente durante dois séculos à base de lutas ideológicas com implicações sociais e políticas. Nos demais lugares (Itália, Espanha, Portugal, etc), considerou o jansenismo como produto importado da França. Dessa maneira, pretendia desculpar o catolicismo italiano da pro-

[95] MARGIOTTA BROGLIO, F. *Appunti storiografici sul giansenismo italiano*: VÁRIOS. Raccolta di scritti in onore di Arturo Carlo Jemolo, I/2 (Milão, 1962) 791-849.

[96] VILANOVA, E. *Historia de la teología cristiana*, III (Barcelona, 1992) 312-314.

[97] JEMOLO, A. C. *Il giansenismo in Italia prima della rivoluzione* (Bari, 1928).

dução herética, já que tinha o jansenismo como "uma mercadoria estrangeira importada da França para a Itália".[98]

Segundo o citado estudioso, o influxo da corrente jansenista na Itália, proveniente da França, concentrou-se sobre *aspectos religiosos*, sem maiores implicações para a vida social e política. Concretamente, a influência jansenista sobre a vida religiosa italiana deu lugar à divisão da espiritualidade em duas correntes:

- Uma, influenciada diretamente pelo jansenismo, orientou-se para uma espiritualidade marcada pelo predomínio de Deus na vida do crente, pelo temor ao pecado, por uma religiosidade interior.
- A outra, etiquetada de jesuítica, esteve orientada pelos valores da consciência pessoal, da adaptação às circunstâncias históricas, compreensão das realidades humanas e insistência nas práticas exteriores de religiosidade.

As duas impostações espirituais tiveram sua correspondência na compreensão e na prática da moral cristã: o rigorismo esteve unido à corrente jansenista, enquanto a orientação moral benigna fez caminho com a corrente espiritual de orientação jesuítica. Esse aspecto está fortemente sublinhado no estudo de A. C. Jemolo, [99] que não deixou de assinalar a surpresa, ao menos, surpresa à primeira vista, de que, enquanto os monarcas e iluministas defendiam a orientação jansenista, os jesuítas recebiam o apoio e favor de Roma.

Segundo A. C. Jemolo, como movimento estrangeiro, o jansenismo era uma força tendente para o conservadorismo religioso. Essa perspectiva foi desenvolvida pelo sacerdote e, depois, arcebispo de Pisa (1971-1986), **Benvindo Matteucci** (1910-1992), que definiu o jansenismo como "o anacronismo de um movimento teológico animado pelo desejo de reforma religiosa, tentativa de conciliação entre calvinismo e catolicismo, no contexto de uma metodologia influenciada pela reforma".[100]

---

98 JEMOLO, A. C. *Il giansenismo in Italia prima della rivoluzione* (Bari, 1928), p. X.

99 *Ibid.*, 185-224: "La morale rigorista e la lotta contro il lassismo".

100 MATTEUCCI, B. *Il giansenismo* (Milão, 1954) 8. Tomado de VILANOVA, E. *Historia…*, III, 312.

Em perspectiva distinta das de A. C. Jemolo e de B. Matteucci, situou-se o estudioso **Ettore Rota** (1883-1958). Aprofundando o caráter autóctone do jansenismo na Itália, e em aberto confronto com os que sustentavam que o jansenismo italiano seria basicamente uma questão religiosa, sem incidências sociais (A. C. Jemolo, B. Matteucci), E. Rota apoiou o slogan de que "o jansenismo é revolução" e sustentou que o movimento jansenista, além de sua inegável dimensão religiosa, teve implicações sociais: foi um movimento de vanguarda que apoiou a revolução sócio-política liberal e burguesa.[101] Segundo esse autor, o jansenismo italiano formaria parte daquele conjunto de fatores que favoreceram e, em alguns casos, apoiaram, as mudanças sociais, mais concretamente, a mudança política que culminou na unificação da Itália.[102] Aos posicionamentos de E. Rota aderiram outros autores, como A. della Torre, A. Anzilotti, A. Parisi, P. Savio, F. Landogna, etc.

Embora tenha sido destacada a tensão entre a postura de A. C. Jemolo, a quem se uniu **Giuseppe Cacciatore,** entre outros muitos, e a postura de E. Rota,[103] cremos que não são mutuamente excludentes. Pelo contrário, expressam a riqueza do significado histórico do jansenismo italiano. Sobre ele foi dito, de um lado, que é pouco teológico, mas sem avaliar adequadamente as contribuições teológicas sublinhadas pelos estudos de A. C. Jemolo (e de G. Cacciatore); foi dito também, por outro lado, que é, antes de mais nada, reformista, e isso é certo se as reformas eclesiais, de um lado, se baseiam em princípios teológicos e, de outro, têm implicações sociais.[104]

Uma tentativa de síntese entre as duas posturas foi a proposta de um terceiro grande estudioso do movimento jansenista

---

101 ROTA, E. *Il giansenismo in Lombardia e i prodromi del Risorgimento italiano* (Pavia, 1907); *Giuseppe Poggi e la formazione psicologica del patriota moderno (1761-1843)* (Piacenza, 1923).

102 VAUSSARD, M. *Jansénisme et gallicanisme aux origines religieuses du Risorgimento* (Paris, 1959).

103 Ver a exposição dessa tensão em: AQUARONTE, A. *Giansenismo italiano e rivoluzione francese prima del triennio giacobino*: Rassegna storica del Risorgimento 49 (1962) 559-624, especialmente, p. 573 ss.

104 CARISTIA, C. *Riflessi politici del giansenismo italiano* (Nápoles, 1965).

na Itália, **Ernesto Codignola** (1885-1965), que sublinhou a autonomia do jansenismo italiano sem, por isso, deixar de reconhecer as influências provenientes de fora da Itália. Esse autor adiantou a presença das caraterísticas jansenistas na Itália, que constatou em princípios do séc. XVIII e, inclusive, já no final do séc. XVII.[105]

Os significados reformistas do jansenismo italiano foram enfatizados, de modo especial, por **Ettore Passerin d'Entrèves** (1914-1990).[106] Vinculando as orientações reformistas com o despotismo ilustrado dos governantes e com a política religiosa dos mesmos - pense-se no grão-duque da Toscana, Pedro Leopoldo –, o autor citado assinala vínculos e convergências do jansenismo com o complexo movimento de reforma que invade a vida eclesiástica e as políticas religiosas dos últimos anos do séc. XVIII na Itália.

As contribuições do salesiano **Pietro Stella** (1930-2007) sobre o jansenismo italiano consistiram, inicialmente, na publicação de documentos. Mas não devem ser esquecidas suas visões próprias sobre esse grande fenômeno sociorreligioso do séc. XVIII e inícios do séc. XIX. Sua última obra, *Il giansenismo in Italia,* em 3 volumes, pode ser considerada a melhor síntese histórica existente, hoje em dia, sobre o jansenismo na Itália.[107]

---

105 CODIGNOLA, E. *Illuministi, giansenisti e giacobini nella Italia del Settecento* (Florença, 1947).

106 PASSERIN D'ENTRÈVES, E. *La riforma "giansenista" della Chiesa e la lotta anticuriale in Italia nella seconda metà del Settecento*: Rivista Storica Italiana 71 (1959) 209-234; *Ricerche sul tardo giansenismo italiano*: Rivista di Storia e Letteratura Religiosa 3 (1967) 279-350; *Scipione de' Ricci dalla formazione giovanile all'esperienza sinodale. Rileggendo le sue "Memorie"*: LAMIONI, C. (ed.). Il Sinodo di Pistoia del 1786 (Roma, 1991) 65-149.

107 Ver o livro-homenagem dedicado a Pietro Stella: LUPI, A.; GIRAUDO, A. (ed.). *Pietro Stella. La lezione di uno storico* (Roma, 2011). A obra apresenta as vertentes mais importantes desse historiador da Igreja: seus estudos sobre o livro religioso (R. Rusconi); suas contribuições sobre a história do clero (M. Rosa); sua imprescindível contribuição sobre a figura de Dom Bosco (A. Giraudo). Mas, sobretudo, ressalta a contribuição de P. Stella ao conhecimento histórico do jansenismo na Itália; é o que faz, em um iluminador e preciso estudo, M^a^. Lupi, *Ripensare il giansenismo italiano: cultura, politica, religione* (p. 37-52), para quem os trabalhos de P. Stella sobre o jansenismo constituem "a única obra de conjunto sobre o jansenismo italiano". Ver também, da mesma LUPI, Maria. *La figura scientifica di Pietro Stella: Ibid.*, 9-25.

Com a afirmação anterior, não queremos deixar de reconhecer o valor das contribuições dos demais estudiosos sobre o jansenismo italiano, destacando, entre eles, **Mario Rosa** (1932). Enquanto P. Stella se fixa, preferentemente, na dimensão religiosa do jansenismo italiano, M. Rosa sublinha a vertente sócio-política do movimento.[108]

Há algum tempo, o citado M. Rosa oferecia a seguinte caracterização do jansenismo italiano:

> "Enquanto o jansenismo francês, depois de seu apogeu ético-religioso do séc. XVII, de Saint-Cyran a Pascal e Arnauld, poderá se inserir unitariamente, com as polêmicas sobre a *Unigenitus*, nas estruturas da Igreja galicana e utilizar, no plano político-eclesiástico, a força dos Parlamentos, o jansenismo italiano do séc. XVIII passará muito rapidamente do plano das discussões doutrinais, caracterizadas por uma ampla tentativa de recuperação do augustinismo e vivas, sobretudo, no período 1740-1760, para uma orientação prático-disciplinar através da polêmica antijesuítica, o desvanecer-se das esperanças de uma reforma interna da Igreja e o consolidar-se do reformismo iluminista, mas irá assumindo configurações muito variáveis, regionais; assim, apresenta-se com aspectos jurisdicionalistas no Piemonte savoiano, áulico e estatalista na Lombardia austríaca, mais sensível aos motivos disciplinares e pedagógicos na Ligúria, anticurialista e preocupado com problemas devocionais nos ambientes vêneto e romano, regalista e episcopalista no Reino de Nápoles. E, do jansenismo dos Países Baixos, ao qual irá se inclinando suas preferências, assimilará, nessa sua fase mais tardia, não preocupações teológicas, mas, essencialmente, disciplinares, em matéria sacramental e no plano institucional-eclesiástico e, em geral, a formidável estruturação canonística".[109]

---

[108] ROSA, M. *Il giansenismo nell'Italia del Settecento. Dalla riforma della Chiesa alla democrazia rivoluzionaria* (Roma, 2014).

[109] ROSA, M. *El movimiento reformador que culmina en el sínodo de Pistoia*: Concilium n. 17 (1966) 376, nota 3.

11.3.2 Focos de irradiação jansenista e figuras mais destacadas

Na Itália, o jansenismo se tornou forte ao longo do séc. XVIII. "Teve um caráter menos doutrinal e foi fácil confundi-lo com outros movimentos reformistas. O jansenismo italiano do séc. XVIII quis purificar as expressões religiosas e, por isso, pode ser considerado um componente do *Illuminismo*".[110]

O jansenismo italiano teve vários lugares de presença, com seus correspondentes focos de influência. Sobre esse conjunto de focos vamos fixar a atenção. Complementa essa consideração aquela oferecida por P. Stella quando se fixa, preferencialmente, na *produção literária*.[111]

Lembramos que estamos deixando fora da exposição o jansenismo italiano, pois constituirá um capítulo inteiro na presente seção, quando o relacionarmos com a figura de Afonso de Liguori. No entanto, convém destacar que, tudo o que é dito sobre o jansenismo na Itália, no presente e nos seguintes capítulos, tem muito a ver com o pensamento teológico-moral-espiritual-pastoral de Afonso. Por isso, dedicamos a ele uma atenção especial.

- O núcleo romano

O camiliano Enrico Dammig, em estudo de referência, destacou a importância do movimento jansenista em Roma, sobretudo, na segunda metade do séc. XVIII.[112] De fato, os mais notáveis jansenistas italianos - Pietro Tamburini e Scipione de' Ricci - passaram por Roma e o ambiente jansenista romano passou por eles.[113]

---

110 LONDOÑO, N. *Se entregó por nosotros. Teología de la Pasión de Cristo en san Alfonso de Liguori* (Roma, 1997) 35 e nota 55.

111 STELLA, P. *Il giansenismo in Italia. II. Il movimento giansenista e la produzione libraria* (Roma, 2006). Ver, de modo especial, as p. 61-144: "Editoria giansenista in Italia".

112 DAMMIG, J. *Il movimento giansenista a Roma nella seconda metà del secolo XVIII* (Cidade do Vaticano, 1945). Também: CALLACY, F. *La critique historique et le courant pro-janséniste à Rome au XVIIIe. siècle* (Roma, 1954).

113 GROSS, H. *Rome in the Age of Enlightenment. The post-Tridentine syndrome and the ancient regime* (Cambridge, 1990) 270-285: "Jansenism as a Roman phenomenon".

"Há algo de exagero ao ver em sua influência [a do cenáculo jansenista romano] o motor exclusivo de todos os acontecimentos relacionados com o jansenismo [na Itália]. Mas é indubitável que funcionava em seu seio uma oficina receptora e transmissora com múltiplos correspondentes no mundo das letras e da política. Tanto aos participantes, quanto aos seus aderentes de fora de Roma, animava certo espírito de clandestinidade e jogo duplo, característico do pré-jansenismo [!] italiano, e certa solidariedade em projetos literários e objetivos professionais, que funcionava como chamariz para muitos intelectuais eclesiásticos ligados a Roma em razão de estudo ou da burocracia".[114]

Giovanni Gaetano Bottari (1689-1775), arqueólogo, historiográfico, diretor da Biblioteca vaticana "e cem coisas mais"[115], é considerado o "mestre" dos jansenistas romanos.[116] Seu amigo, e com idêntica procedência florentina, **Pier Franceso Foggini** (1713-1783), é que "nas questões discutidas de Teologia Moral foi, decididamente, contrário ao probabilismo".[117]

Os jansenistas romanos tinham especial acolhida entre os oratorianos da *Chiesa Nuova* e, em geral, no Oratório. Um grupo especialmente influente foi o que se identificava como o grupo do *Archetto*.[118]

Esse nome, *Archetto*, provinha do local da sede onde se reuniam os filojansenistas: a residência do cardeal Neri Corsini, situada na subida da encosta do Janícolo, tendo o Arco de Septímio Severo a alguns metros do palácio.

- Jansenismo no Piemonte

Por sua maior proximidade com a Europa das ideias jansenistas, o Piemonte é o primeiro âmbito italiano a se deixar influen-

---

[114] Tellería, I, 537.
[115] Tellería, I, 538.
[116] PASCHINI, P. *Bottari, Giovanni Gaetano*: EC, II, 1968-1969.
[117] MATTEUCCI, B. *Foggini, Pier Francesco*: EC, V, 1464-1466.
[118] STELLA, P. *Il giansensimo in Italia…*, II, 147-176.

ciar.[119] Turim chegou a ser o epicentro do movimento jansenista nessa região norte da Itália.[120] "Houve professores na Universidade de Turim que ensinaram o jurisdicionalismo e o jansenismo, particularmente, em fins dos anos 1700 e começo dos 1800".[121] Três correntes dominaram o pensamento dessa região nos inícios do séc. XVIII: a iluminista, a galicana e a jansenista,[122] com particular incidência na crise da Teologia Moral.[123]

O historiador salesiano Pietro Stella é quem melhor estudou o jansenismo piemontês. Frente às posturas contrapostas de G. Piovano, que eximia de jansenismo a cultura religiosa piemontesa, e de T. Piatti, que enfatizava a influência do jansenismo no Piemonte, P. Stella entrou na disputa trazendo documentos referentes a essa inegável presença jansenista piemontesa."[124] Os últimos trinta anos do século dezoito foram período de máxima expansão do jansenismo no Piemonte".[125]

- No Vêneto e na Lombardia

Houve jansenistas qualificados no Vêneto e na Lombardia.[126] Bréscia e Pavia foram dois centros de notável irradiação filojansenista e estiveram conectadas entre si.

---

119 VERZELLA, E. *Il giansenismo piemontese tra polemica e storiografia*: Rivista di Storia e Letteratura religiosa 29 (1993) 589-622.

120 STELA, P. *Giurisdizionalismo e giansenismo all'università di Torino nel secolo XVIII*: Salesianum 20 (1958) 209-249, 352-415.

121 STELA, P. *Giurisdizionalismo e giansenismo...* 210.

122 STELA, P. *Crisi religiose nel primo Ottocento piemontese*: Salesianum 21 (1959) 3-99.

123 STELA, P. *Crisi religiose...* 53-63.

124 STELLA, P. [além dos artigos elencados nas notas precedentes], *Giansenisti piemontesi nell'Ottocento* (Turim, 1964); *Il Giansenismo in Italia, I. Piemonte,* 3 vol. (Zurich, 1966-1970-1974); *Riformismo religioso e giansenismo in Italia alla fine del Settecento*: CORSINI, P.; MONTANARI, D. (ed.). Pietro Tamburini e il giansenismo lombardo (Bréscia, 1993) 1-30; *Il'giansensimo in Italia...*, II, 176-197.

125 STELLA, P. *Il Giansenismo en Italia, I. Piemonte...*, I/2 (Zurich, 1970) 1.

126 MARUTI, S. *Teologia e politica nel giansenismo lombardo* (Milão, 1998). Também: STELLA, P. Il *giansenismo in Italia...*, II, 214-232.

Vários jansenistas lombardos tiveram sua iniciação em Bréscia,[127] onde se destacaram jansenistas importantes, como o beneditino (antes, somasco), **Giuseppe Maria Pujati** (1733-1824), com grande influência sobre o clero da diocese de Bréscia.[128]

Em Pavia constituiu-se importante núcleo de expansão das ideias jansenistas[129] e onde houve notável atividade editorial (tradução e produções próprias). A faculdade de teologia, até sua supressão, em 1797, seguindo a sorte das faculdades teológicas francesas (15.09.1793), funcionou como centro de produção e irradiação do jansenismo.[130] Além de **Pietro Tamburini** (1737-1827), cujo significado será exposto em um capítulo da presente seção, em Pavia exerceram sua atividade docente e publicista os seguintes sacerdotes:

- **Giuseppe Zola** (1739-1806), companheiro de P. Tamburini, tanto em Bréscia, quanto em Pavia, reitor do "seminário geral" da última cidade (1780-1790).[131]
- **Vincenzo Palmieri** (1753-1820), oratoriano genovês, autor de um *Trattato storico-dogmatico-critico delle indulgenze* (Pistoia, 1786), que teve muita influência no Sínodo de Pistoia sobre o tema das indulgências. Junto com P. Tamburini, V. Palmieri foi o redator dos textos aprovados no citado Sínodo de Pistoia. Em 1791, sucedeu a M. Natali na cátedra de dogmática da Universidade de Pavia.

---

[127] ZADEI, G. *Giansenisti bresciani sulla fine del secolo XVIII* (Bréscia, 1827).

[128] VAUSSARD, M. *Le jansénisme vénitien à la fin du XVIIIe. siècle: Giuseppe-Maria Pujati*: Revue Historique 227 (1962) 415-434; ZOVATO, P. *Appunti sul giansenismo del Pujati*: Memorie storiche forogiuliesi 50 (1970) 175-203.

[129] CORSINI, P.; MONTANARI, D. (ed.). *Pietro Tamburini e il giansenismo lombardo* (Bréscia, 1993).

[130] NEGRUZZO, S. (ed.). *Il giansenismo e l'Università di Pavia. Studi in ricordo di Pietro Stella* (Milão, 2012). Também: GATTI, F. *Il periodo giansenista della Facoltà teologica di Pavia*: Scrinium theologicum (Alba) 2 (1954) 121-206. Sobre a universidade de Pavia: VACCARI, P. *Storia dell'Università di Pavia* (Pavia, 1957).

[131] AMANN, É. *Zola, Joseph*: DTC, XV/II (Paris, 1950) 3703-3704; MATTEUCCI, B. *Zola, Giuseppe*: EC, XII, 1812. Também: TAMBURINI, P. *Saggio storico degli studi e delle opere di Giuseppe Zola* (Milão, 1809).

- **Eustachio Degola** (1761-1826), representante do jansenismo lígure[132], que publicou em Pavia, em tradução e com acréscimos próprios, o texto do oratoriano E. Guibaud *Gémissements d'une âme pénitente* (Bruxelas, 1778) = *Gemiti di un'anima penitente ricavati dalla Divina Scrittura e dai SS. Padri* (Pavia, 1796). E. Degola esteve em comunhão com a Igreja de Utrecht. É considerado "o último e o mais original do jansenismo italiano", que celebrou, sobre as próprias ruínas de Port-Royal, o centenário de sua destruição (1809).[133]

Em contato com E. Degola, esteve **Benedetto Solari** (1742-1814), dominicano, bispo de Noli (Ligúria), o único bispo italiano que se opôs à bula *Auctorem fidei*.[134]

Na universidade de Pavia também esteve a favor da Igreja de Utrecht, e defendeu a concepção jansenista da graça, o esculápio **Martino Natali** (1730-1791), que havia estudado intensamente as obras de Santo Agostinho;[135] na citada obra desse estudioso é interessante seu rico epistolário, editado por E. Codignola.

- Jansenismo toscano

Também deve ser levada em conta a importância do jansenismo toscano, estudado, especialmente, por E. Codignola.[136] Em Pisa, como professor, esteve o oratoriano **Paolo Marcello Del Mare** (1732-1824), bem como o professor de teologia **Fabio de Vecchi** (1745-1820/21). Será o jansenismo toscano o que dará os frutos

[132] Sobre o jansenismo na Ligúria: NURRA, P. *Il giansenismo ligure alla fine del secolo XVIII* (Gênova, 1926).

[133] MATTEUCCI, B. *Degola, Eustachio*: EC, IV, 1330-1331. Também: GUBERNATIS, A. de. *Eustachio Degola, il clero costituzionale e la conversione della famiglia Manzoni* (Florença, 1882).

[134] VIVALDO, L. *Solari, Benedetto*: EC, XI, 929-930. Também: ASSERETO, G. (ed.). *Benedetto Solari. Un vescovo di Noli sulla scena europea (1742-1814)* (Savona, 2010).

[135] MATTEUCCI, B. *Natali, Marino*: EC, VIII, 1675-1676. Também: CALVINI, N. *Il padre Martino Natali giansenista ligure dell'università di Pavia* (Gênova, 1950).

[136] CODIGNOLA, E. *Carteggi di giansenisti liguri*, 3 vol. (Florença, 1941); *Il Giansenismo toscano*, 2 vol. (Florença, 1944); *Illuministi, giacobini e giansenisti nell'Italia del '700* (Florença, 1947).

mais chamativos, através do Sínodo de Pistoia, como será exposto no capítulo seguinte.

O jansenismo toscano se insere no clima jurisdicionalista e regalista da Toscana de Pedro Leopoldo, estando condicionado pelos grandes temas da política eclesiástica e da vida religiosa do séc. XVIII europeu.[137]

Concluamos essa apresentação geral sobre o jansenismo italiano, anotando que a mais importante expressão do jansenismo na Itália foi o Sínodo de Pistoia e que, no final, esse movimento social-religioso terminou, de fato, em jacobinismo. O movimento jansenista na Itália "não adquirirá virulência a não ser no último terço do século [XVIII], quando Afonso estava regressando de seu palácio episcopal para sua pequena cela de Pagani."[138]

Sobre o significado geral do Sínodo de Pistoia e da conexão que teve, através de P. Tamburini, com a Teologia Moral, damos conta nos dois capítulos seguintes, antes da apresentação do jansenismo napolitano, e antes de relacionar as posturas jansenistas com o pensamento de Afonso de Liguori.

11.3.3 Complemento bibliográfico

Bibliografia sobre o jansenismo na Itália

- RODOLICO, N. *Gli amici e i tempi di Scipione dei Ricci. Saggio sul giansenismo italiano* (Florença, 1920).
- MATTEUCCI, B. *Il giansenismo* (Roma, 1954).
- MATTEUCCI, B. *Scipione de' Ricci. Saggio storico-teologico sul giansenismo italiano* (Bréscia, 1941).
- MATTEUCCI, B. *Giansenio (Jansens), Cornelio* e *Giansenismo:* EC, VI, 350-360, especialmente, cap. 357-359: "VI. Giansenismo italiano".

[137] STELLA, P. *Il giansenismo in Italia...*, II, 197-214: "Toscana prima de Scipioni de' Ricci".

[138] Tellería, I, 534.

- JEMOLO, A. C. *Il Giansenismo in Italia prima della Rivoluzione* (Bari, 1928).
- MANTESE, G. *Pietro Tamburini e il giansenismo bresciano* (Bréscia, 1942) 9-39: "Il giansenismo italiano. Genesi - sviluppo - tramonto".
- CODIGNOLA, E. *Il Giansenismo toscano,* 2 vol. (Florença, 1944).
- CODIGNOLA, E. *Illuministi, giansenisti e giacobini nella Italia del Settecento* (Florença, 1947).
- CACCIATORE, G. S. *Alfonso de' Liguori e il giansenismo* (Florença, 1944) 101- 176: "Il giansenismo in Italia".
- SOLARI, G. *Per la storia del giansenismo italiano*: Rivista di Filosofia 39 (1948) 43-64.
- VÁRIOS. *Nuove ricerche storiche sul giansenismo* (Roma, 1954).
- SAVIO, R. *Giansenizzanti e giurisdizionalisti* (Roma, 1957).
- VAUSSARD, M. *Jansénisme et gallicanisme aux origines religieuses du Risorgimento* (Paris, 1959).
- MARGIOTTA BROGLIO, F. *Appunti storiografici sul giansenismo italiano:* VÁRIOS. Raccolta di scritti in onore di Arturo Carlo Jemolo (Milão, 1962) I/2, 791-849.
- CARISTIA, C. *Riflessi politici del giansenismo italiano* (Milão, 1965).
- TRANIELLO, F.; PASSERIN D'ENTRÈVES, E. *Ricerche sul tardo giansenismo italiano:* Rivista di Storia e Letteratura Religiosa 3 (1967) 279-350.
- MORRA, G. *Catechismi giansenisti* (Forli, 1968).
- ZAVATO, P. *Introduzione al giansenismo italiano* (Trieste, 1970).
- ZAVATO, P. *L'esperienza intellettuale del giansenismo*: GOFFI, T.; ZOVATTO, P. La Spiritualità del Settecento (Bolonha, 1990) 25-44.
- LORUSSO, C. *Appunti per una nuova valutazione del giansenismo italiano*: Annali della Facoltà di Lettere e Filosofia (Università di Bari) 15 (1972) 201-215.

- STELA, P. *Il giansenismo in Italia*, I. "I preludi tra Seicento e primo Settecento" (Roma, 2006); II. "Il movimento giansenista e la produzione libraria" (Roma, 2006); III. "Crisi finale e transizioni" (Roma, 2007).
- STELA, P. *Il Giansenismo in Italia, I. Piemonte,* 3 vol. (Zurich, 1966-1974).
- STELA, P. *Giansenismo e agiografia in Italia tra '700 e '800:* Salesianum 42 (1980) 835-853.
- ROSA, M. *Il giansenismo nell'Italia del Settecento. Dalla riforma della Chiesa alla democrazia rivoluzionaria* (Roma, 2014).
- ROSA, M. *Riformatori e ribelli nel '700 religioso italiano* (Bari, 1969).
- ROSA, M. *Riformismo religioso e giansenismo in Italia alla fine del Settecento:* CORSINI, P.; MONTANARI, D. (ed.). Pietro Tamburini e il giansenismo lombardo (Bréscia, 1993) 1-30.
- ROSA, M. *Il Giansenismo*: DE ROSA, G.; GREGORY, T.; VAUCHEZ, A. (ed.). Storia dell'Italia religiosa. 2. L'età moderna (Roma-Bari, 1994) 231-269.
- ROSA, M. *Settecento religioso. Politica della ragione e religione del cuore* (Veneza, 1999).
- ROSA, M. *Le jansénisme italien*: MORGAIN, S. M. *Libertas Ecclesiae. Esquisse d'une généalogie (1650-1800)* (Paris, 2010) 181-204.
- ROSA, M. *Giansenismo e politica*: ASSERETO, G. (ed.). Benedetto Solari. Un vescovo di Noli sulla scena europea (1742-1814) (Savona, 2010) 9-24.

11.4 O jansenismo na Itália do séc. XVIII
(2) O Sínodo de Pistoia (1786)

11.4.1 Contribuição especificamente italiana ao jansenismo

O jansenismo italiano não foi só *antijesuitismo.* Tampouco, ficou reduzido a apoiar, desde os âmbitos católicos, as correntes que justificavam o *jurisdicionalismo* dos poderes políticos no campo religioso (Estado napolitano, Império austríaco, Instituições políticas dentro do território italiano) e que favoreciam os movimentos sociais que culminarão, mais tarde, na revolução liberal. O jansenismo foi *também* isso, antijesuitismo e justificação jurisdicionalista e liberal; mas, *não apenas* isso. Sua maior densidade significativa deve ser encontrada no campo religioso, com implicações de caráter social.

Situado no âmbito religioso, o jansenismo italiano se desenvolveu em três níveis:

- Sobre a *doutrina da graça,* tendo como pano de fundo o pensamento agostiniano.
- Sobre a *concepção eclesiológica* e, mais concretamente, sobre a maior função dos bispos frente ao excessivo predomínio da Cúria romana.
- Sobre a maneira de entender a *atuação dos cristãos,* tanto na prática moral, quanto na prática sacramental, especialmente na prática sacramental da penitência (contricionismo? atricionismo?).

É difícil enquadrar os autores segundo um ou outro fator assinalado. Tomando o jansenismo italiano em todo o seu conjunto, pode-se afirmar que teve orientação mais disciplinar (reformismo eclesial) que teológica (discussão sobre a graça).

O mais chamativo no jansenismo italiano foi sua ênfase nos aspectos reformistas da instituição eclesial. Não em vão, a maior contribuição da Itália à corrente jansenista foi o Sínodo de Pistoia, de 1786, com orientação mais reformista que teológica.

O segundo fator do jansenismo italiano do séc. XVIII, em ordem de prevalência, foi o pensamento teológico moral. Também nesse aspecto, há um autor italiano que sobressai, de modo especial, no conjunto do movimento jansenista do séc. XVIII. Refiro-me a Pedro Tamburini.

Estes são os dois aspectos complementares ao capítulo anterior que trataremos, no presente capítulo e no próximo, sobre o jansenismo italiano: a proposta de reformismo eclesial do Sínodo de Pistoia e a orientação moral jansenista de Pedro Tamburini.

11.4.2 Scipione de' Ricci (1740-1827)

Na tríade sequencial do percurso espacial jansenista, Port-Royal, Utrecht e Pistoia, esta última cidade toscana é o terceiro lugar do jansenismo.[139]

Pistoia, sede episcopal, era uma cidade menor, se comparada com Pavia, onde funcionava um centro universitário público com faculdade de teologia.[140] Contudo, foram os atores, e não o lugar, que deram importância ao sínodo que ali se celebrou em 1786. O protagonista, ao menos o protagonista visível, foi, sem dúvida, o bispo Cipião de' Ricci.

Embora sendo uma pessoa intelectualmente mais modesta que P. Tamburini, Cipião de' Ricci é figura fundamental do jansenismo pistoiense. Favoreceram-no, sua origem patrícia (Florença) e a proteção recebida do grão-duque de Toscana, Pedro Leopoldo.[141]

---

[139] FONTANA GIUSTI, L. *Port-Royal, Utrech, Pistoia: Il movimento giansenista nella storia religiosa e nella formazione morale della società europea* (Roma, 2001).

[140] BERNUZZI, M. *La Facoltà teologica dell'Università di Pavia nel periodo delle riforme (1767-1797)* (Milão, 1982). Também: TOSCANI, X. *La Chiesa di Pavia in età moderna*: CAPRIOLI, A.; RIMOLDI, A.; VACCARO, L. (ed.). Diocesi di Pavia (Bréscia, 1995) 267-348.

[141] GRAUSEM, J. P. *Ricci, Scipion*: DTC, XIII/2 (Paris, 1937) 2662-2664; POSCH, A. *Ricci, Scipione de'*: LTK, VIII, 1284-1285; MATTEUCCI, B. *Ricci, Scipioni de'*: EC, X, 872-875; ZOBATO, P. *Ricci (Scipione de')*: DS, XIII (Paris, 1976) 546-554. Também: ver as notas bibliográficas apresentadas no final desse número.

- Dados biográficos

Nascido em Florença, em 19 de janeiro de 1740, no seio de uma família nobre, Cipião se transferiu para Roma com a idade de quinze anos, a fim de ser educado pelos jesuítas que, no entanto, o dissuadiram de ingressar na Companhia de Jesus. Frequentou os oratorianos da *Chiesa Nuova* e os monges de Cassino, relacionou-se com pessoas vinculadas à corrente teológico-espiritual jansenista (Bottari, Foggini, Giorgi, etc), seguiu um curso de teologia agostiniana com o sacerdote De la Torre. Em uma viagem a Nápoles, conheceu Andrea Serrao.

Obteve a licença em direito na Universidade de Pisa, centro universitário inclinado ao augustinismo. Exerceu o ministério sacerdotal em Florença, junto a um tio seu. Chegou a vigário geral do arcebispado de Florença (1775). Graças à influência do grão-duque, Cipião foi nomeado bispo da diocese de Pistoia e Prato (1780).

- O projeto de reforma

O projeto do bispo Ricci foi reformar toda a Igreja a partir da reforma da Igreja de Pistoia, adotando os postulados teológicos do jansenismo. Reorganizou a diocese abolindo várias Ordens religiosas, reformando a estrutura paroquial, fechando numerosas igrejas, que passaram ao uso civil, opondo-se a determinadas devoções (por exemplo, o culto ao Sagrado Coração de Jesus). Estabeleceu seu próprio breviário, recusando o breviário romano. Organizou a concelebração de vários sacerdotes em lugar das missas privadas de cada um deles. Foi forte defensor da autonomia das Igrejas locais frente a Roma.

> "Antes das *Memórias,* Ricci apresentará esboço de sua atividade pastoral nas dioceses de Pistoia e Prato em carta de 1787 (*Lettera pastorale di mons. vescovo di Pistoia e Prato,* 1787). O bispo insiste na exigência de uma piedade 'iluminada': e essa atitude racionalista, se não abertamente iluminista, esse nervo intelectualista, persistirá sempre nas orientações de Ricci, inclusive onde aparece mais religiosamente

comprometido. Com tal objetivo lançará, em 1781, a célebre pastoral contra a 'nova' devoção ao Coração de Jesus e o *Ordo divini Officii* para a reforma litúrgico-devocional da diocese de Pistoia, atos que o situam de cheio no cenário do jansenismo europeu (...).

No ano de 1782, Ricci, em carta dirigida aos párocos, incluirá o escrito do beneditino vêneto Puiati sobre a Via Sacra, a 'nova' devoção franciscana que se difunde surpreendentemente na Itália durante o séc. XVIII por obra de São Leonardo de Porto Maurício; devoção que o bispo não rejeita, mas tenta 'regular' com particular sensibilidade cristocêntrica. O ano de 1783 é central nessa linha ricciana de amplos horizontes: em 11 de abril, Ricci apresenta a Instrução do arcebispo de Salisburgo, Colloredo, de 29 de junho de 1782, que lhe havia sido enviada pelo grão-duque e se inspirava na 'katholische Aufklärung' josefina e na 'devoção ordenada' de Muratori. Simplicidade nos ornamentos das igrejas, rigorismo na música eclesiástica, canto devoto na língua nacional, 'devoção ordenada' aos santos e interpretação 'ordenada' das indulgências e leituras bíblicas, são os temas principais desse documento".[142]

Em 1782, De' Ricci publicou uma *Instrução sobre a necessidade e o modo de estudar a Religião,* que o chanceler do Estado austríaco, W. A. Kaunitz, fez traduzir para o alemão e o imperador José II enviou a todos os bispos do Império. A *Instrução* ricciana baseava-se em uma outra, semelhante, do arcebispo jansenista de Lyon, Antoine de Montazet, sobre a nova orientação (jansenista) da ação da catequese e dos textos dos catecismos.

Além da reforma do catecismo, De' Ricci propôs reformas de caráter litúrgico. Não só anunciou reformas no Ritual e no Missal, mas postulou a introdução da língua vulgar na administração dos sacramentos e na missa.

Das reformas litúrgicas, era normal que passasse às inovações na concepção eclesiológica. Na *Pastoral sobre a ereção das novas paróquias de Prato* (6 de janeiro de 1784) formulou o que se convencionou chamar de *paroquismo* ricciano.

---

[142] ROSA, M. *El movimiento reformador que culmina en el sínodo de Pistoia*: Concilium n. 17 (1966) 378-379.

"É esse '*paroquismo*' de Ricci que, no Sínodo [de Pistoia], se articulará em uma tentativa particular de 'democracia eclesiástica'. Também deriva do novo sentido da piedade eucarística, entendida como co-participação do sacerdote e dos fiéis no valor do sacrifício, contra as acentuações individualistas do benefício espiritual do sacramento, sancionadas pela prática pós-tridentina da 'comunhão frequente'. Ricci quer preencher o vazio existente entre as formas de culto e a participação dos fiéis em tais formas, por um lado, eliminando ou 'ordenando' as devoções suplementares, nascidas para alimentar a piedade individual, mas quase sempre fundamentadas em atos extra litúrgicos, e por outro, recriando, o sentido comunitário da ação litúrgica e da oração no núcleo primordial dos fiéis em torno do pároco, mediante a simplicidade e transparência dos signos da fé e preferências bíblico-patrísticas, próprias da mentalidade rigorista e jansenista".[143]

O bispo Cipião estava tão convencido de seu projeto de reformas que, com a ajuda, sobretudo, do teólogo Pedro Tamburini, convocou um sínodo de bispos da Toscana em sua diocese: o conhecido Sínodo de Pistoia.

Nota bibliográfica sobre Cipião de' Ricci

- RODOLICO, N. *Gli amici e i tempi di Scipione dei Ricci. Saggio sul giansenismo italiano* (Florença, 1920).
- MATTEUCCI, B. *Scipione de' Ricci. Saggio storico-teologico sul giansenismo italiano* (Bréscia, 1941).
- TRINCIA CAFFIERO, M. *Cultura e religione nel Settecento italiano: Giovanni Cristofano Amaduzzi e Scipione de' Ricci*: Rivista di Storia della Chiesa in Italia 28 (1974) 94-126.
- RAUTY, N. *Scipione de' Ricci e la realtà pistoiese della fine del Settecento* (Pistoia, 1986).
- LAMIONI, C. *Lettere di vescovi e cardinali a Scipione de' Ricci, 1780-1793* (Pistoia, 1988).
- VERGA, M.; BOCCHINI CAMAIANI, B. B. *Lettere di Scipione de' Ricci a Pietro Leopoldo, 1780-1891* (Florença, 1990).

[143] ROSA, M. *El movimiento reformador…* 381-382.

- PASSERIN D'ENTRÈVES, E. *Scipione de' Ricci dalla formazione giovanile all'esperienza sinodale. Rileggendo le sue "Memorie"*: LAMIONI, C. Il Sinodo di Pistoia del 1786 (Roma, 1991) 65-149.
- PASSERIN D'ENTRÈVES, E. *Il fallimento dell'offensiva riformista di Scipione de' Ricci secondo nuovi documenti (1781-1788)*: Rivista di Storia della Chiesa in Italia 9 (1955) 99-131.
- PASSERIN D'ENTRÈVES, E. *L'istituzione dei Patrimoni ecclesiastici e il dissidio fra il vescovo Scipione de' Ricci ed i funzionari leopoldini (1783-1789)*: Rassegna storica toscana 1 (1955) 6-27.
- ROSA, M. *Rici, Scipione*: Encyclopaedia of the Enlightenment, III (Oxford, 2000) 461-462.

11.4.3 O Sínodo de Pistoia (1786): A última aventura do jansenismo

O Sínodo de Pistoia teve lugar de 18 a 28 de setembro de 1786.[144] Participaram 250 clérigos. Contou com a proteção do grão-duque da Toscana, Pedro Leopoldo, que tinha evidentes motivos de caráter político.[145]

> O grão-duque Pedro Leopoldo II (1747-1796) era filho da imperatriz Maria Teresa. Foi um tenaz reformador de seu pequeno Estado (1765-1790), intervindo também em assuntos religiosos e, concretamente, apoiando as iniciativas reformistas do bispo Cipião de' Ricci. Chegou a ser imperador em 1790, com o título de Leopoldo II, mitigando um pouco sua atitude em relação à Igreja.[146]
>
> Seu filho e sucessor (em 1790), Fernando III de Lorena (1769-1824), temperou e chegou a anular muitas das reformas econômicas e eclesiásticas de seu pai.

O bispo Ricci entrou no projeto levado, em grande medida, por uma ilusão de pureza religiosa (reformismo, retorno ao cristianismo ideal original).

[144] Sobre o sínodo de Pistoia: LAMIONI, C. (ed.). *Il Sinodo di Pistoia del 1786* (Roma, 1991). Também: ver a bibliografia apresentada no final desse ponto.

[145] ROSA, M. *Giurisdizionalismo e riforma religiosa nella politica ecclesiastica leopoldina*: Rassegna storica toscana 2 (1965) 257-300.

[146] WANDRUSZKA, A. *Pietro Leopoldo. Un grande riformatore* (Florença, 1968).

O Sínodo de Pistoia se inseria em projeto mais amplo: depois da assembleia sinodal de Pistoia, viria uma Assembleia dos bispos da Toscana; mais tarde, um Concílio Nacional para, assim, chegar a uma Igreja nacional, a exemplo da Igreja de Utrecht.

Os grandes inspiradores do Sínodo foram os teólogos P. Tamburini e V. Palmieri, que irão redigir os documentos finais. "É a Tamburini, o melhor teólogo do jansenismo italiano, na importante posição que lhe conferiam ser professor da Universidade de Pavia e os escritos maturados em pleno reformismo josefino, que Ricci confiará, nas chamadas congregações intermediárias do Sínodo, a difícil tarefa de elaboração dos decretos".[147]

Doutrinalmente, o Sínodo não foi nada arriscado. Consistiu, muito mais, em desafio lançado contra o Papa por um bispo de minúscula diocese, mas protegido por seu soberano. Reunidos os bispos toscanos (1787), a maioria expressou sua fidelidade ao Papa. Ricci, por sua vez, afirmou-se como primeiro bispo e doutor oficial do Estado.

O *Decreto sobre a fé e a Igreja* faz apelo ao direito dos fiéis a resistir a métodos irregulares de obediência cega e decretos que não tinham o caráter de voz da Igreja universal. Também apoia a tolerância e, enquanto modelo de Igreja, pede reestruturação no sentido sinodal-episcopal-paroquial.

No *Decreto sobre a graça,* sobre a predestinação e sobre os fundamentos da moral, o Sínodo transmite o pensamento de P. Tamburini, dando-lhe forma canônica. Merece destaque a recíproca dependência e mútua relação entre as afirmações sobre a graça e orientações sobre a moral.[148]

- A eficácia da graça não depende do querer humano, mais ainda, a graça faz com que o não querer se converta em querer (*facit ex nolente volentem*) e, em lugar de esperar nosso consentimento, ela o cria em nós (*operatur in nobis vele et perficere*).

---

147 ROSA, M. *El movimiento reformador...*, 384.

148 CACCIATORE, G. *S. Alfonso de' Liguori e il giansenismo. Le ultime fortune del moto giansenistico e la restituzione del pensiero cattolico nel secolo XVIII* (Florença, 1944) 144-149.

- "Desde o primeiro movimento do bem querer, até a consumação da obra, tudo é dom da força divina que, sem violar os direitos do livre arbítrio, nos tira da escravidão do pecado e nos dá a feliz liberdade de operar a salvação".
- Do que foi dito, segue que a ignorância da lei de Deus é fruto do pecado e o homem é culpável quando transgride a lei natural, mesmo que a ignore, não a tenha presente ou duvide dela. Com efeito, as trevas e obscuridade do nosso entendimento constituem justa pena do pecado e, consequentemente, não podem ser invocadas como escusa do mesmo pecado.

Como se vê, o desejo de reforma eclesiástica, a teologia da graça e o rígido moralismo, dão as mãos no projeto pistoiense.

Nos *Decretos sobre os sacramentos* (batismo, confirmação, eucaristia, penitência, extrema-unção, ordem, matrimônio) insiste-se: na máxima simplicidade na celebração, na recuperação de formas existentes na Igreja primitiva, na introdução da língua vulgar.

- O decreto sobre o sacramento da penitência polemiza contra o atricionismo e a casuística; apoia o modelo de uma pastoral penitencial rigorista (Carlos Borromeo); suprime todas as indulgências, em particular, as aplicáveis aos defuntos.
- O decreto sobre a ordem rompe com o sistema de benefícios e propõe a instituição do patrimônio eclesiástico comum, do qual será dotado, congruamente, o clero diocesano.
- "O decreto sobre o matrimônio é, verdadeiramente, central na economia do sínodo, por sua declarada tentativa de modificar os cânones tridentinos para uma pronunciada orientação 'civil'. Distinguindo entre contrato e sacramento, e considerando o primeiro de original e exclusiva competência do poder civil, o Sínodo pede ao grão-duque que suprima ou limite uma série de impedimentos dirimentes, delegando aos bispos as necessárias dispensas. Porém, o decreto suscita reação tão violenta da parte da exígua minoria que, na sessão seguinte, a congregação intermédia se

vê obrigada a responder. É interessante, na réplica, a contraposição entre direito romano e direito canônico e a afirmação da superioridade, da hegemonia, do primeiro sobre o segundo".[149]

O significado do reformismo ricciano e dos decretos do Sínodo de Pistoia deve ser deduzido, não apenas do *texto* das pastorais do bispo e dos decretos sinodais, mas também do *contexto* em que se situaram, tanto Ricci, quanto o Sínodo. Assim resume M. Rosa tal contexto:

> "De Febrônio e Eybel, derivam o antirromanismo e o episcopalismo. De Tichter, as tendências 'paroquialistas'. Da publicidade galicano-belga (Launoy, Van Espen) e josefinista (Eybel, Litta, Tamburini) toma-se a questão das dispensas matrimoniais. De discussões entre os grupos jansenistas lombardos e napolitanos, a polêmica sobre a comunhão *intra missam* e o problema do Catecismo. Do jansenismo lígure, e particularmente, do *Tratado sobre as indulgências* de Palmieri, se incorpora a crítica das indulgências. A corrente muratoriana, mas, sobretudo, do jansenismo francês, faz amadurecer as tentativas de reforma do Breviário, enquanto os centros inspiradores das reformas litúrgicas estão relacionados com o da *devoção ordenada* de Muratori e da 'katholische Aufklärung', cuja importância se apoia, precisamente, em haver transferido e difundido para plano pastoral aquela exigência que, com os maurinos e os estudiosos das antigas liturgias ocidentais e orientais, em fins do séc. XVII e começos do XVIII, se havia configurado apenas como exigência histórico-crítica de erudição devota, quase sempre, limitada a ambientes monásticos. O jansenismo francês trazia o problema da tradução da Escritura para a língua nacional".[150]

11.4.4 A Bula "Auctorem Fidei" (1794) e o final do projeto pistoiense

O concílio nacional solicitado pelo Sínodo de Pistoia não foi celebrado. A assembleia preparatória do episcopado toscano, em

[149] ROSA, M. *El movimiento reformador…*, 387-388.
[150] ROSA, M. *El movimiento reformador…*, 384.

1787, lançará por terra o projeto. Mas será, sobretudo, a condenação de Roma que irá parar, definitivamente, o processo reformador iniciado em Pistoia.

De fato, as conclusões do sínodo, em número de 85, foram censuradas detalhadamente pelo Santo Ofício.[151] Como resultado dessa censura, foram condenadas por Pio VI, mediante a extensa bula *Auctorem Fidei* (28 de agosto de 1794), declarando-as heréticas, cismáticas ou contrárias à fé e à tradição da Igreja.[152] As proposições estão ordenadas em seis partes: 1) erros sobre a constituição e autoridade da Igreja; 2) erros sobre a condição natural e sobrenatural do homem; 3) erros sobre os sacramentos; 4) erros sobre o culto religioso; 5) erros sobre a reforma dos institutos religiosos; 6) erros sobre a convocação de um sínodo nacional.

A bula *Auctorem fidei* pode ser considerada a "pedra sepulcral do jansenismo" (*pietra tombale del giansenismo*).[153]As conclusões do Sínodo de Pistoia também foram submetidas à censura da Inquisição espanhola.[154]

Apesar da condenação, o sínodo pistoiense continuou tendo influência, não só na Itália, mas também fora do âmbito italiano. Não foi pequena a influência que exerceu na Espanha.[155] Mais ainda, suas propostas foram amadurecendo e, muitas delas, receberam acolhida na Igreja oficial. Aludimos, mais acima, às inovações teológicas e pastorais do Concílio Vaticano II como resposta às preocupações de De' Ricci e de Pistoia. Aquele foi "um episódio

---

[151] Para a história do *exame* e da *condenação* das conclusões do Sínodo de Pistoia, ver a detalhada análise histórica de: STELLA, P. *Il giansenismo in Italia*..., III, 433-502: "Esame e condanna del Sinodo di Pistoia (1788-1794)".

[152] DH, 2600-2700.

[153] MATTEUCCI, B. *Giansenio (Jansens), Cornelio* e *Giansenismo*: EC, VI, 358.

[154] BARCALA, A. *Censuras inquisitoriales a las obras de P. Tamburini y al Sínodo de Pistoya* (Madri, 1985).

[155] MESTRE, A. *Repercusión del Sínodo de Pistoia en España*: LAMIONI, C. (ed.). Atti del Convegno Internazionale per il secondo centenario, Pistoia-Prato, settembre 1986 (Roma, 1991) 426-439; SÁNCHEZ MONTAHUD, A. *El Sínodo de Pistoya y España*: FERNÁNDEZ ALBADALEJO, P. (ed.). Actas de la IV Reunión científica de la Asociación Española de Historia Moderna (Alicante, 1997) II, 777-783.

peculiar de um processo ideal e histórico que, só em nossos dias, depois das complexas vicissitudes que atravessou o catolicismo durante o século passado e a primeira metade do presente [século XX], pode-se dizer definitivamente concluído".[156]

Para o bispo Cipião, as coisas não aconteceram como havia sonhado. Perdeu seu apoiador direto quando o grão-duque da toscana foi promovido a imperador do Sacro Império Romano Germânico. Por outro lado, o povo de Prato se rebelou contra seu bispo por ter desvalorizado a relíquia da cidade, o santo cinto da Virgem Maria. Com esses fatores, unidos à condenação romana, Ricci se demitiu em 3 de junho de 1791. Foi retido em Rignano, perto de Florença. Em 1799, teve que se retratar e admitir a bula *Auctorem fidei* a fim de evitar a prisão romana. Dedicou os últimos anos de sua vida ao estudo e redação de suas recordações. Continuou sonhando com um clero culto e desinteressado, um laicato devoto e fervoroso, em uma Igreja com novo rosto. Faleceu em 27 de janeiro de 1810, em Rignano, perto de Florença. Anos mais tarde, apareceram suas memórias: *Memorie di Scipione de' Ricci vescovo di Pistoia e Prato scritte da lui medesimo e pubblicate con documenti,* a cura di A. Gelli, 2 vol. (Florença, 1865).

Nota bibliográfica sobre o Sínodo de Pistoia (1786) e sobre a reação de Roma (1794).

- PASSERIN D'ENTRÈVES, E. *Corrispondenze francesi relative al Sinodo di Pistoia del 1786:* Rivista di Storia della Chiesa in Italia 7 (1953) 377-410; 8 (1954) 49-92.
- PASSERIN D'ENTRÈVES, E. *La riforma "giansenista" della Chiesa e la lotta anticurialista in Italia nella seconda metà del Settecento:* Rivista storica italiana 71 (1959) 209-234.
- BATLLORI, M. *El conciliábulo de Pistoia*: Analecta Gregoriana 71 (1954) 259- 266.
- BOLTON, Ch. A. *Church Reform in 18th Century Italy (The Synod of Pistoia,* (La Haya, 1969).

[156] ROSA, M. *El movimiento reformador…*, 389.

- STELLA, P. *L'oscuramento delle verità nella Chiesa dal Sinodo di Pistoia alla bolla "Auctorem fidei" (1786-1794)* (Roma, 1981).
- ATTI E DECRETI DEL SINODO DIOCESANO DI PISTOIA DELL'ANNO 1786. 2 vol, edição de P. Stella (Florença, 1986).
- LAMIONI, C. (ed.). *Il Sinodo di Pistoia del 1786* (Roma, 1991).

11.5 O JANSENISMO NA ITÁLIA DO SÉC. XVIII (3) A MORAL RIGORISTA DE PEDRO TAMBURINI (1737-1827)

O jansenismo italiano do séc. XVIII, além de ter desenvolvido a orientação reformista, apresentou notável vertente moral. Esta, concentra-se na luta contra o probabilismo jesuítico, tachado como laxismo moral, e na proposta de uma moral rigorista. O clássico estudo de A. C. Jemolo enfatizou essas afirmações para o conjunto do jansenismo italiano.[157]

> Merece destacar, como faz A. C. Jemolo, ser precisamente a Itália do séc. XVIII que oferece "os dois maiores modelos das duas tendências morais opostas, Daniel Concina ao rigorismo, e Afonso de Liguori, estranho à Companhia de Jesus, mas herdeiro da tradição jesuítica na doutrina, e herdeiro da melhor tradição da idade de ouro dos jesuítas na atividade missionária e benéfica, ao benignismo. Pode-se afirmar que, enquanto na controvérsia dogmática, a Itália se encontra em clara inferioridade em comparação com qualquer outro país, especialmente com a França (...), na controvérsia moral, a Itália não é uma zona cinzenta em relação aos outros países. Ainda que nossos escritores sejam tributários do além-Alpes, mostram um fervor e vivacidade tais, que não consente serem tachados de inferiores."[158]

A contribuição mais destacada ao rigorismo moral jansenista é oferecida pelo pensamento teológico-moral de Pietro Tamburini.

[157] JEMOLO, A. C. *Il giansenismo in Italia prima della rivoluzione* (Bari, 1928) 185-224: "La morale rigorista e la lotta contro il lassismo".
[158] *Ibid.*, 188.

A ele nos referimos aqui, resumindo dados de estudos monográficos sobre o assunto.

11.5.1 Dados biográficos e significado histórico de Pedro Tamburini.

Pedro Tamburini nasceu em Bréscia, em 1 de janeiro de 1737.[159] Cursou os estudos eclesiásticos com os padres oratorianos della Pace em sua cidade natal, onde também foi ordenado sacerdote (1760). Começou a ensinar metafísica e teologia dogmática no seminário diocesano. Mas, à vista das afirmações publicadas em seu primeiro escrito (1771), que abordaremos em seguida, não foi mais aconselhável a presença do autor no seminário. O bispo prescindiu dele e de seu amigo G. Zola, professor de Teologia Moral.

> **Giuseppe Zola,** nascido em Bréscia em 1739 e ordenado sacerdote, logo se imbuiu das orientações jansenistas. Foi nomeado bibliotecário da Queriniana e chamado a ensinar Teologia Moral no seminário. Foi amigo fiel e inseparável de Tamburini, de quem partilhou a mesma sorte em Bréscia, Roma e Pavia, onde faleceu em 1806, depois de dirigir, na universidade, a cátedra de história eclesiástica (1774-1794) e de história das leis e da diplomacia (1802-1806).
>
> Em algumas ocasiões, G. Zola trabalhou para P. Tamburini. Do primeiro, temos o escrito sobre a epistemologia teológico-moral: *Theologicarum praelectionum specimen. I. De locis theologiae moralis* (1775).

Retornando à biografia de P. Tamburini, este se transfere a Roma em 1773. Na Cidade Eterna, foi prefeito de estudos do Colégio Irlandês, tendo sido excluída sua candidatura para idêntico posto no Colégio Romano. Entrou em contato com os círculos jansenistas (*Circolo dell'Archetto),* conhecendo G. G. Bottari, P. F. Foggini, S. de' Ricci, C. Amaduzzi, P. del Mare e F. A. Alpruni. Apesar do clima romano filojansenista ter mudado com a prematura morte do Papa Clemente XIV e ascensão de Pio VI ao sólio

---

[159] MATTEUCCI, B. *Tamburini, Pietro*: EC, XI, 1718-1719.

pontifício, e apesar dos bispos da Irlanda se queixarem da orientação dada a seus clérigos formados no Colégio Irlandês, P. Tamburini permaneceu mais alguns anos em Roma.

Em 1778, graças à intervenção de seu amigo de juventude e convencido jansenista, G. Zola, P. Tamburini foi chamado pela imperatriz Maria Teresa da Áustria, a ocupar a cátedra de Teologia Moral na Universidade de Pavia, na Lombardia austríaca. Em 1781, também foi nomeado prefeito de estudos do Colégio Seminário austro-húngaro, transferido de Roma para Pavia.[160] Nesse período de sua vida, P. Tamburini publicou vários escritos. A docência e as publicações aumentaram seu prestígio intelectual.

> "O *Studium Generale* de Pavia, que remontava a um diploma de Carlos IV, imperador da Alemanha, de abril de 1361, sempre tinha sido um centro intelectual de notável importância na Alta Itália, ao lado dos de Bolonha e Pádua. Com efeito, em Pavia havia ensinado o humanista Lorenzo Valla nos anos de 1430-1432, e havia tido a cátedra de teologia (1446-1448) Francisco della Rovere, depois papa com o nome de Sixto IV. Mais tarde, entre 1533 e 1562, ensinaram o jurista Andrés Alciato e o matemático Jerônimo Cardano, enquanto, em dezembro de 1559, laureava-se em direito o jovem Carlos Borromeo, depois, bispo de Milão e santo. Contudo, nos anos 1600 e na primeira metade dos 1700, a Universidade de Pavia encontrava-se em profunda crise: facilidade e composições na colação de graus acadêmicos, número reduzidíssimo de estudantes (pouco mais de 150, dos quais, 70 com postos gratuitos nos Colégios e 50 cidadãos paveses), insuficiência financeira que impedia chamar mestres de fama, dada a quantia módica dos salários. Nessa situação, foi providencial a reforma de Maria Teresa".[161]

Um professor da universidade reformada confessava a um amigo seu contentamento, ao mesmo tempo que lamentava o centro acadêmico não ser inteiramente italiano: Quem disse que precisavam vir da Alemanha os sistemas literários da Itália?"[162]

---

[160] STEINHUBERT, A. *Geschichte des Kollegium Germanicum-Ungaricum in Rom*, 2 vol. (Friburgo, 1906).

[161] GARLASCHI, I. *Vita cristiana e rigorismo morale. Studio storico-teologico su Pietro Tamburini (1737-1827)* (Bréscia, 1984) 18, nota 33.

[162] Citado por: *Ibid.*, 20.

Em todo caso, o centro universitário pavese então pode contar com os cientistas L. Spallanzani (1729-1799), A. Volta (1745-1827), R. Boscovich (1711-1787), G. Fontana (1735-1803), A. Scarpa (1747-1832) e S. A. Tissot (1728-1797).

Como expusemos no capítulo anterior, P. Tamburini teve papel destacado na preparação e realização do Sínodo de Pistoia (1786).

Durante a Revolução Francesa, e devido à condenação da bula *Auctorem fidei*, P. Tamburini precisou abandonar a Universidade de Pavia, onde havia sido reitor em 1783 e 1790. Não obstante tudo isso, em 1797, foi chamado de novo à Universidade de Pavia como professor de filosofia moral e direito natural. Também foi chamado à sua cidade natal, Bréscia, para dirigir o Liceu, recentemente criado. Mas a docência terminou quando, tanto o Liceu de Bréscia, quanto a Universidade de Pavia, foram fechados bruscamente com a queda dos austro-húngaros, em 1799.

Retirando-se ao campo, perto de Pavia, P. Tamburini foi chamado pelas autoridades francesas como docente de direito natural na, reaberta, Universidade de Pavia, posto que as autoridades austríacas conservaram quando voltaram a ocupar a cidade em 1815. Tal consideração tinha a figura patriarcal de P. Tamburini que continuou sua docência até 1817. Na continuação, Francisco I da Áustria nomeou-o diretor presidente da faculdade político-legal da Universidade de Pavia, cargo no qual permaneceu até sua morte, acontecida em 14 de março de 1827. Faleceu com a idade de 90 anos, com tranquilidade de consciência (*sacris omnibus munitus*, como diz o registro paroquial da igreja de S. Francisco de Pavia), sem ter se retratado de suas opções religiosas prévias, ao menos, não de modo claro e público.

11.5.2 Escritos e opção teológica

São muitos os escritos de P. Tamburini. A projetada, mas interrompida, edição de suas *Opera omnia* deveria contar com 41 volumes. Foi reproduzida sua *Storia generale dell'Inquisizione*, 2 vol., edição anastática (Foggia, 1982), sobre a Inquisição espanhola.[163] Anotamos apenas duas obras essenciais, onde aparece sua opção teológica de cunho jansenista.

Publicou sua primeira obra em 1771: *De summa catholicae de gratia Christi doctrinae praestantia et utilitate dissertatio* (Bréscia, 1771); foram feitas cinco reedições em três anos. Não se baseava no *Augustinus* de Jansênio, mas nas obras de Santo Agostinho, seguindo a corrente interpretativa do augustinismo radical italiano da época. O tom era moderado, mas o conteúdo teológico era radical. De fato, a obra foi capital para a justificação e difusão das ideias jansenistas na Itália.[164]

Para P. Tamburini, a necessidade da graça é *a questão* da dogmática e da moral cristã; todas as outras verdades cristãs procedem dessa raiz teológica que é a doutrina sobre a graça. A fim de ressaltar a necessidade da graça (*gratia ex necessitate*) radicaliza a função negativa do pecado original (com a consequência extrema da condenação das crianças que morrem sem batismo).

A dissertação de Tamburini se detém nas deformações introduzidas pelo molinismo a respeito do estado de natureza pura, conceito da graça e força da liberdade humana. Segundo ele, o molinismo reduziu pelagianamente a graça a um ornamento extrínseco; na ordem moral, decretou ao homem os indeclináveis direitos de Deus.

Esse é o núcleo da primeira dissertação, cujo conteúdo será recolhido, basicamente, pelo Sínodo de Pistoia. Tamburini não avança mais nesse sentido, até o Sínodo de Pistoia fixar os pontos essenciais no *Decreto sobre a Graça.*

Tamburini também escreveu sobre a Igreja, mais concretamente, sobre a Santa Sé: *Vera idea della S. Sede* (Pavia, 1784). A comunhão cristã se concretiza na relação das Igrejas particulares com

---

[163] Ver, também: TAMBURINI, P. *Storie dell'Inquisizione* (Palermo, 2007).

[164] Ver a análise do conteúdo da *dissertatio* tamburiniana em: CACCIATORE, G. *S. Alfonso e il giansenismo* (Florença, 1944) 138-145.

aquela. Fora disso, a realidade eclesial se verifica na Igreja particular. A de Roma é, essencialmente, uma Igreja particular; não é o centro da unidade. Também essa doutrina eclesiológica foi sancionada no Sínodo de Pistoia.

Pode-se afirmar que o pensamento teológico de Pietro Tamburini representa o jansenismo de Bréscia, Pavia, Pistoia e, em geral, do conjunto da Itália do séc. XVIII. Mais ainda, P. Tamburini foi considerado a mente do jansenismo na Itália. Ele foi o cérebro e a alma do jansenismo italiano.[165]

Parece que, sem descartar as normais influências, Tamburini chegou às opções de orientação jansenista por caminhos pessoais.

11.5.3 Pensamento moral rigorista

Sobre o pensamento moral de P. Tamburini há um estudo específico, ao qual é preciso remeter e do qual nos declaramos devedores na apresentação que segue.[166]

Sem subvalorizar seu fundo teológico, como acabamos de constatar, P. Tamburini deve ser reconhecido por suas contribuições no campo da moral. De fato, ele foi, antes de tudo, professor de Teologia Moral. Também foi professor de Filosofia Moral e de Direito Natural até o fim de sua vida, duas disciplinas muito próximas da primeira.

P. Tamburini tem muitos escritos diretamente referentes ao campo da Teologia Moral. No final do primeiro ano de magistério na Universidade de Pavia, lecionou, na aula magna, uma dissertação *De Ethicae Christianae praestantia, eiusque necessitate cum ad privatam, tum ad publicam felicitatem* (publicada, mais tarde, no início do terceiro volume de suas lições de Teologia Moral), onde expressou elevada consideração da vida moral cristã.

---

[165] RICCI, B. *Il maggior teologo giansenista d'Italia, P. Tamburini*: La Scuola Cattolica 49 (1921) 14-25, 100-115, 276-291, 358-369.

[166] GARLASCHI, I. *Vita cristiana e rigorismo morale. Studio storico-dogmatico su Pietro Tamburini (1737-1827)* (Bréscia, 1984).

O professor Tamburini foi compondo sua obra na medida em que ia explicando os diversos tratados morais em suas aulas. Esses conteúdos das aulas geraram os 4 volumes das *Praelectiones:*

- Tomo I e II: *Praelectionum de Iustitia Christiana et de Sacramentis* (Ticini = Pavia, 1783 e 1784).
- Tomo III: *Praelectionum de ultimo fine deque virtutibus theologicis ac cardinalibus* (Ticini, 1785).
- Tomo IV: *Praelectionum de Ethica Christiana* (Ticini, 1788).

Como se pode constatar facilmente, as *Praelectiones* não seguem uma ordem lógica de tratados segundo o esquema já consolidado na época em que Tamburini escreve. Ele compôs sua obra de acordo com as exigências do calendário acadêmico.

A obra apareceu em formato in-10º, mais manejável que o in-4º no qual eram publicadas as obras de Concina e Patuzzi e, por outro lado, não muito pequeno, como acontecia com o manual de Genet, publicado no formato in-24º. Cada um dos quatro volumes consta de umas 400 páginas, perfazendo o total de 1.740 páginas.

No final de seus anos de docência, compôs uma *Introduzione allo studio della Filosofia morale* (Pavia, 1797).

Coerente com sua visão teológica, no conjunto de sua produção moral P. Tamburini não deixa de expressar postura favorável ao galicanismo, jurisdicionalismo e atricionismo. Levando em conta a análise de suas *Preleções* morais, tal como foi feito por I. Garlaschi,[167] sobressaem duas orientações gerais:

- O pensamento teológico-moral de P. Tamburini se apoia sobre uma concepção antropológica de tipo pessimista e está condicionado por visão fundamentalista do Evangelho.[168]
- Por outro lado, o moralista de Pavia coloca em evidência seu rigorismo nas orientações morais para a prática pastoral, mais concretamente, nas orientações que oferece sobre a prática do sacramento da penitência: frente ao relaxamen-

[167] *Ibid.*, 9.

[168] Sobre os dois aspectos: GARLASCHI, I. *Vita cristiana e rigorismo morale...*, 47-69.

to moral, rechaço (ou adiamento) da absolvição; especial rigorismo com algumas categorias de pessoas: sacerdotes, casados, mulheres.[169]

Na moral matrimonial exposta por P. Tamburini há detalhes de notável rigorismo.

Aos noivos próximos de casar não pode ser absolvido o pecado contra a castidade só porque deixarão de pecar ao estarem casados. O sacramento da Penitência não exige apenas a cessação do pecado, mas, além disso, de toda a dor por havê-lo cometido. Por isso, no caso de não se dar a última condição, pode ser negada aos noivos a absolvição, ainda que precise ser adiado o casamento e ainda que isso leve a faltar ao sigilo sacramental.[170]

Seguindo uma rígida intepretação dos textos agostinianos, Tamburini sustenta que a relação matrimonial é fundamentalmente boa quando busca a procriação, mas não pode se livrar completamente do pecado, ao menos venial, pela presença da concupiscência.[171]

Em relação às mulheres, P. Tamburini afirma que "os casuístas sempre encontram causa justa para absolver, sobretudo, as mulheres" (*casuistae semper vident iustam absolvendi rationem, maxime pro foeminis: Praelectiones,* II, 29). Ele, ao contrário, mostra pouco carinho com as mulheres assíduas à confissão.[172]

11.5.4 Influência posterior

A obra de P. Tamburini foi muito elogiada nos ambientes jansenistas ou filojansenistas e pelos jurisdicionalistas, tanto em Pavia, quanto em Pistoia e Viena. Também teve influência nesses ambientes, bem como em outros da Holanda, França, Espanha, Portugal, Irlanda e América Latina.[173]

---

[169] Apresentação detalhada em: *Ibid.*, 71-105.
[170] Em: *Ibid.*, 99-100.
[171] Em: *Ibid.*, 100-101.
[172] Em: *Ibid.*, 102-104.
[173] Sobre esses aspectos, ver a detalhada exposição de GARLASCHI, I. *Vita cristiana e rigorismo morale...*, 107-146.

Na Espanha, teve especial influência o chamado jansenismo pistoiense, em razão de sua orientação episcopalista (contrária ao poder da Cúria romana), por seu marcado acento reformista (tanto na liturgia, quanto na espiritualidade), por seu idealismo de uma volta à Igreja primitiva e por sua aceitação do jurisdicionalismo.

Com o início do processo de censuras inquisitoriais contra os decretos de Pistoia e contra as obras de P. Tamburini, reduziu-se a abundante presença das *Praelectiones* do moralista de Pavia nos meios intelectuais espanhóis.[174] Jovellanos chegou a calcular, com evidente exagero, que na Espanha havia mais de 3.000 exemplares da citada obra de Tamburini (da qual apenas um exemplar foi entregue à Inquisição).[175] O mesmo Jovellanos, enquanto ministro de Graça e Justiça, escrevia em seu *Diário*: "Toda a juventude salmantina é port-royalista, da seita pistoiense: Obstraect [sic: loco Opstraet], Zola e, sobretudo, Tamburini, andam nas mãos de todos; mais de três mil exemplares havia quando veio a proibição; apenas um foi entregue".

Contudo, o pensamento de Tamburini compartilhou a condenação lançada pelo Papa contra os decretos do Sínodo de Pistoia, condenação apoiada pelas "censuras" da Inquisição espanhola.[176] Teve também seus opositores no campo teológico-moral, entre outros, F. Gusta, em fins do mesmo séc. XVIII.[177]

11.5.5 Complemento temático e bibliográfico

- Complemento temático

Na Universidade de Pavia, também foi professor de Teologia Moral, **Francisco Antonio Alpruni** (1732-1814), barnabita tirolês com quem P. Tamburini tinha se encontrado em Roma. O barna-

---

[174] BARCALA, A. *Censuras inquisitoriales a las obras de P. Tamburini y al Sínodo de Pistoya* (Madri, 1985) 38-57.

[175] Citado por: BARCALA, A. *Censuras...*, 53.

[176] Ver o citado estudo de: BARCALA, A. *Censuras inquisitoriales a las obras de P. Tamburini y al Sínodo de Pistoya* (Madri, 1985).

[177] GUSTA, F. *Gli errori di P. Tamburini nelle Prelezioni di Etica cristiana*, 2 vol. (Foligno, 1791).

bita ensinou moral de 1786 a 1795, sendo, depois, transferido para a faculdade de filosofia. Com a chegada dos franceses à Itália em 1796, adotou atitude jacobina e republicana, esquecendo sua condição religiosa precedente. Publicou 2 volumes de sua obra magna, prevista para 5 volumes: *De officiis hominis christiani libri V* (Ticini = Pavia, 1790-1792). Faleceu em Pavia, em 1814.

- Nota bibliográfica sobre Pietro Tamburini e sobre seu pensamento moral.

- ROTA, E. *Pietro Tamburini giansenista bresciano e il suo testamento morale*: Bolletino della Società Pavese di storia patria 7 (1908) 82-110; *Pietro Tamburini di Brescia "teologo piacentino" e la controversia giansenista a Piacenza:* Ibid. 12 (1912) 343-364.
- RICCI, B. *Il maggiore teologo giansenista d'Italia:* La Scuola Cattolica 49 (1921) 14-25, 276-291, 358-369.
- MANTESE, G. *Pietro Tamburini e il giansenismo bresciano* (Bréscia, 1942).
- MAZZETTI, R. *Pietro Tamburini, la mente del giansenismo italiano* (Messina, 1948).
- ARDUSO, F. *Natura e grazia. Studio storico-teologico sul teologo giansenista italiano Pietro Tamburini* (Bréscia, 1969).
- GARLASCHI, I. *Vita cristiana e rigorismo morale. Studio storico-dogmatico su Pietro Tamburini (1737-1827)* (Bréscia, 1984).
- BARCALA, A. *Censuras inquisitoriales a las obras de P. Tamburini y al Sinodo de Pistoya* (Madri, 1985).
- COMINI, M. *Pietro Tamburini (1737-1827). Un giansenista lombardo tra riforma e rivoluzione* (Grafo, 1992).
- CORSINI, P.; MONTANARI, D. (ed.). *Pietro Tamburini e il giansenismo lombardo* (Bréscia, 1993).
- VISMARA, P. *Pietro Tamburini e il "dispotismo pontificio"*. NEGRUZZO, S. (ed.). Il giansenismo e l'Università di Pavia. Studi in ricordo di Pietro Stella (Milão, 2012) 95-114.

11.6 O JANSENISMO NAPOLITANO DO SÉCULO XVIII

11.6.1 Caracterização geral do jansenismo napolitano

Em Nápoles, o jansenismo "nunca esteve em moda, graças, também, à influência de Afonso e de seu mestre, Júlio N. Torni".[178] É certo que no séc. XVIII muitos bispos do *Mezzogiorno* foram filojansenistas.[179] Mas, não menos certo, é que a população rural do Reino de Nápoles vivia a moral e a religião sem as angústias próprias das correntes jansenistas.[180]

Ainda que tenha havido jansenistas, não pode ser identificado na zona meridional da Itália um centro especial de orientação jansenista, tal como aconteceu em Pavia, Pistoia ou na própria Roma. Por outro lado, o jansenismo em Nápoles foi "muitas vezes, confundido com as lutas entre Roma e a corte real e com o antijesuitismo".[181]

> "O *jansenismo* napolitano do início do século XVIII não professou os dogmas de Port-Royal, e distava muito sua rebeldia da do *Sínodo de Pistoia*, último ato no drama do jansenismo italiano. Foi um jansenismo de simpatia pelo jansenismo francês, por causa da afinidade de sentimentos, preferências, desejos, esperanças... e rancores: *A Companhia de Jesus* polarizava a atividade da seita francesa e dos simpatizantes italianos. Em Nápoles, mais que em qualquer Estado italiano, o movimento jansenista completou-se com outro movimento sincrônico, mas mais antigo: *o regalismo*.[182]

O jansenismo napolitano foi estudado em relação com os contextos sociais, intelectuais e políticos do Reino de Nápoles no séc.

---

178 LONDOÑO, N. *Se entregó por nosotros. Teología de la Pasión de Cristo en san Alfonso de Liguori* (Roma, 1997) 35.

179 ROSA, G. de. *Vescovi, popolo e magia nel Sud. Ricerche di storia socio-religiosa dal XVII al XIX secolo* (Nápoles, 1971) 80, 392-393.

180 ROSA, G. de. *Chiesa e religione nel Mezzogiorno* (Bari, 1979²) 40-43.

181 LONDOÑO, N. *Se entregó por nosotros...*, 35.

182 BAYÓN, R. *Cómo escribió Alfonso de Ligorio* (Madri, 1940) 65.

XVIII.[183] É normal que seja visto em relação com as correntes teórico-políticas do jurisdicionalismo.[184] Com efeito, é difícil distinguir e, menos ainda, separar, o que pertence ao jurisdicionalismo e o que tem a ver com o jansenismo no pensamento e na atuação das pessoas implicadas em tais correntes de pensamento e atuação.

Situando-se nesse contexto, G. Cacciatore fez uma apresentação do jansenismo napolitano em função das posições do grande antagonista (e vencedor) desse movimento religioso-político: Afonso de Liguori.[185]

O citado autor, G. Cacciatore, também anota que "o jansenismo napolitano, com o qual Afonso confrontou-se diretamente, aparece diante de nós menos vivo que o toscano e o lombardo. Não teve, nem um Tamburini, nem um Ricci, nem um centro de estudos, comparável à Universidade de Pavia ou ao Seminário de Prato".[186]

De semelhante parecer é R. de Maio, sustentando que os escritos de alguns autores do tardo-jansenismo são "teologicamente inexpressivos e irrelevantes".[187]

Contudo, há nomes próprios que convém destacar no horizonte intelectual napolitano e neles identificar inclinações para as posições teóricas e práticas do jansenismo. Ao leitor dessa apresentação sobre os representantes do jansenismo napolitano, chamarão a atenção três coisas:

- Em primeiro lugar, quase todos os aqui citados assumiram as aspirações sociais que deram lugar à República Partenopea (1799).

---

[183] Sobre o conjunto do jansenismo napolitano e siciliano, ver a ampla exposição de: STELLA, P. *Il giansenismo in Italia. II. Il movimento giansenista e la produzione libraria* (Roma, 2006) II, 233-323: "La 'Giansenia italiana' nel Regno di Napoli e in Sicilia". Também: ver a bibliografia apresentada no final da presente exposição.

[184] CARISTIA, C. *Riflessi politici del giansenismo italiano* (Nápoles, 1965).

[185] CACCIATORE, G. *S. Alfonso de' Liguori e il giansenismo. Le ultime fortune del moto giansenista e la restituzione del pensiero cattolico nel secolo XVIII* (Florença, 1944) 101-176: "Giansenisti e giurisdizionalisti nel Regno di Napoli".

[186] Cacciatore, 177.

[187] DE MAIO, R. *Società e vita religiosa a Napoli nell'étà moderna (1656-1799)* (Nápoles, 1971) 320-321.

- Em segundo lugar, quase todos os aqui citados são atores no ato final do jansenismo, quando este desemboca em movimentos sociais de caráter liberal.
- Por último, chama a atenção que o jansenismo napolitano tenha tido, entre seus seguidores mais representativos, bispos católicos.

Oferecemos, na continuação, uma apresentação das personalidades mais significativas que se inclinaram para a orientação jansenista dentro do catolicismo do *Settecento* napolitano.

11.6.2 Representantes do jansenismo napolitano tardio

- Alberto Maria Capobianco (1708-1798)

Nasceu em Bríndisi, em 13 de março de 1708.[188] Ingressou na Ordem dominicana no convento da Annunziata de sua cidade natal (8 de abril de 1723). Foi ordenado sacerdote em 23 de março de 1732. Durante o episcopado de Antônio Sersale, além de exercer a função de confessor, foi professor de filosofia, geometria e teologia no seminário da diocese de Bríndisi. Acompanhou A. Sersale à diocese de Taranto (1750) e, depois, à arquidiocese de Nápoles (1754), onde foi professor de filosofia e história eclesiástica no seminário arquiepiscopal e teólogo do cardeal arcebispo. Por intervenção de Fernando IV, em 7 de março de 1767 foi nomeado arcebispo de Reggio Calabria.

A designação não foi bem vista pela Cúria romana, dadas as implicações de A. M. Capobianco na política regalista e suas tendências antimolinistas e filojansenistas. Também era conhecido por seu rigorismo moral. Com efeito, quando foi revisor eclesiástico, tinha deixado passar uma obra anticurialista escrita por Estêvão Patrizi com notas de G. A. Serrao, o mais conhecido dos jansenistas napolitanos. Por outro lado, havia censurado de for-

[188] CAFFIERO TRINCIA, M. *Capobianco, Alberto Maria*: Dizionario Biografico degli Italiani 18 (1975) s. v.

ma rígida alguns escritos de Afonso de Liguori.[189] Além do que, e sobretudo, havia autorizado a edição napolitana do *Catecismo* de Philippe Mésenguy (1761), livro que a Congregação do *Index* tinha proibido em 1757 alegando erros teológicos na obra.[190]

Já anotamos, no cap. 2 da presente seção, que a publicação napolitana dessa obra tinha sido efetuada com o apoio de Tanucci, Fraggiani e Del Marco. O Papa Clemente proibiu com um breve o livro de Mésenguy e prescreveu, mediante uma carta encíclica, o uso do Catecismo romano. O governo napolitano respondeu não concedendo o *exequatur* real, nem ao breve, nem à encíclica.[191]

Consagrado em Roma, em 12 de abril de 1767, pelo cardeal Giovanni Francesco Albani, Capobianco ingressou na diocese em junho desse mesmo ano, sendo pródigo em atividades pastorais próprias do bispo. Comprometeu-se com a ajuda às vítimas dos terremotos que sacudiram a Calábria de fevereiro a março de 1783. Também continuou mantendo comunicação epistolar com a Igreja jansenista cismática de Utrecht, aceitando as atas do segundo concílio de Utrecht (15.05.1765). Fez o mesmo com Cipião de' Ricci, cujas reformas aprovou e animou, embora aconselhando prudência e respeito para com a Santa Sé. Falhando a tentativa ricciana, Capobianco expressou sua solidariedade ao bispo de Prato e Pistoia.

Todos os dados que anotamos não deixam dúvidas sobre as inclinações filojansenistas de Alberto Maria Capobianco.[192] Também foram patentes suas orientações anticurialistas, como denotam os dados que assinalamos na continuação.

Em dezembro de 1789, foi nomeado capelão-mor do Reino, conservando o título de arcebispo de Reggio até 1792 e obtendo do

[189] Tellería, I, 538, 642-644; II, 149-150.

[190] MACCHIONE, G. *Gli errori teologici del catechismo di F. F. Mésenguy* (Aversa, 1943).

[191] MAIORINI, M. G. *Bernardo Tanucci e il catechismo de Mésenguy*: Storia e Politica 16 (1977) 610-666.

[192] SPOSATO, P. *Per la storia del giansenismo nell'Italia meridionale. Amici e corrispondenti di Alberto Capobianco arcivescovo di Reggio Calabria (con appendice di documenti inediti)* (Roma, 1966). Também: Cacciatore, 186-187, 205, 210.

rei não ser nomeado o sucessor até essa data, com o objetivo de empregar as rendas da mesa episcopal na reconstrução da catedral.

Capobianco acumulou outros cargos, como os de prefeito de estudos da universidade partenopeia, de presidente do Tribunal Misto, de ministro, etc. Em 1797, renunciou ao cargo de capelão-mor. Faleceu em Nápoles, em 7 de fevereiro de 1798, e foi sepultado na igreja de São Domingos.

Nota bibliográfica

- CACCIATORE, G. *San Alfonso de' Liguori e il giansenismo* (Florença, 1944) 186- 187, 205, 210.
- SPOSATO, P. *Per la storia del giansenismo nell'Italia meridionale. Amici e corrispondenti di Alberto Capobianco arcivescovo di Reggio Calabria (con appendice di documenti inediti)* (Roma, 1966).

- João Andrés Serrao (1731-1799)

Nasceu em Castel Monardo (atual Filadélfia), na região da Calábria, em uma família patrícia.[193] Fez os estudos em sua cidade natal, no seminário de Mileto e, por último, em Roma (Oratório de San Girolamo della Carità). Foi ordenado sacerdote em 1755. Na cidade eterna, frequentou os círculos jansenistas do *Archetto* (G. G. Bottari, P. F. Foggini) e converteu-se ao jansenismo. Também desenvolveu posturas hostis à Companhia de Jesus e aos posicionamentos teológicos escolásticos, que considerava sobrepostos (e até contrários) à doutrina pura do cristianismo. Consequentemente, adquiriu atitude contrária à moral casuística que identificava com o probabilismo jesuítico, e este, com a moral natural (não cristã) relaxada.

---

[193] FORGES-DAVANZATI, D. *Vita di Giovanni Andrea Serrao vescovo di Potenza nel Regno di Napoli* (Bari, 1937); MOTTA, A. *Vedo già formarsi nel cielo di Potenza* (Potenza, 1999); PEPPE, A. *Istituzioni ed ecclesiastici durante la Repubblica partenopea*: Raccolta Rassegna Storica dei Comuni 15 (1989) n. 49-51, 44-49: "Giovanni Andrea Serrao".

"Andrés Serrao foi o mais representativo da segunda geração jansenista em Nápoles. Foi, em Roma, discípulo de Bottari, amigo do voltaireaníssimo ministro espanhol Roda, a quem dedicou um livro. Voltou a Nápoles e obteve a cátedra na Real Academia Napolitana do SS. Salvador, da qual foi secretário".[194]

Retornou ao sul da península e, depois de uma curta estadia em Tropea, vendo que o ambiente calabrês não podia dar satisfação às suas aspirações, instalou-se em Nápoles, onde regeu a cátedra de Moral e de Catequética na universidade partenopea. Constatando que o ambiente clerical não era o mais propício para realizar seus ideais, começou a travar amizade com os intelectuais do momento (Genovesi, Cirillo, Pagano, etc.). Foi N. Fraggiani, encarregado das relações entre o Estado e a Igreja, quem o introduziu no ambiente da corte partenopea.

Em seu escrito De *Claris catechistis ad Ferdinandum regem* (Nápoles, 1769), G. A. Serrao defendeu o *catecismo* de Mésenguy, ao mesmo tempo em que se referiu à obra catequética de Afonso de Liguori "com ostentado desprezo".[195] Além de se inclinar para posturas jansenistas,[196] sustentou uma concepção democrática do Estado contra as posições da Cúria romana. Converteu-se ao partido do regalismo radical.[197]

Depois de um ano de duras polêmicas e tensos conflitos entre a Administração do Reino e a Cúria romana, G. A. Serrao foi nomeado bispo de Potenza (1783). Nesse ano, um terremoto destruiu seu povoado natal. Ajudou a reconstruí-lo, passando a chamar-se Filadélfia, para o qual o bispo Serrao obteve do rei Fernando IV o título de cidade. A mudança do nome indicava os ideais iluministas com que devia ser construída a cidade, a modo da nova Filadélfia dos Estados Unidos. Faziam-se, pois, presentes e operantes os

---

[194] BAYÓN, R. *Cómo escribió Alfonso de Ligorio* (Madri, 1940) 164.

[195] Cacciatore, 207.

[196] Cacciatore, 205-207. Também: CIGNO, G. *Giovanni Andrea Serrao e il giansenismo nell'Italia meridionale* (Palermo-Lovaina, 1938).

[197] CHIOSI, E. *Andrea Serrao: apologia e crisi del regalismo nel Settecento napoletano* (Nápoles, 1981).

ideais iluministas de B. Franklin, amigo do iluminista napolitano Caetano Filangieri.

G. A. Serrao aderiu ao surgimento da República Napolitana de 1799. Querendo seguir as orientações de São Paulo na Carta aos Romanos, exortou seus fiéis a aceitar a nova autoridade constituída. O bispo abençoou a árvore da liberdade, símbolo da revolução e expressão da aceitação da nova autoridade. Foi nomeado Comissário Civil de Potenza.

As forças monárquicas não perdoaram a posição pró-revolucionária do bispo. Em 24 de fevereiro de 1799, entraram em sua casa, assassinaram-no em seu leito, cortaram a cabeça do resto do corpo, arrastaram o corpo pelas ruas da cidade levando a cabeça sobre uma estaca (arremedando assim a árvore da liberdade, abençoada pelo bispo). Um véu de silêncio caiu sobre o fato: toda a comunidade fez-se responsável pelo horripilante crime.

O bispo de Potenza que "conforme sua educação e seus princípios, desprezou a obra de Santo Afonso" é "conhecido como o maior representante do jansenismo meridional".[198]

Nota bibliográfica

- FORGES-DAVANZATI, D. *Vita di Giovanni Andrea Serrao vescovo di Potenza nel Regno di Napoli* (Bari, 1937).
- CIGNO, G. *Giovanni Andrea Serrao e il giansenismo nell'Italia meridionale* (Palermo-Lovaina, 1938).
- CHIOSI, E. *Andrea Serrao. Apologia e crisi del regalismo nel Settecento napoletano* (Nápoles, 1981).
- MOTTA, A. *Vedo già formarsi nel cielo di Potenza* (Potenza, 1999).

[198] MATTEUCCI, B. *Serrao, Giovanni Andrea*: EC, XI, 400. Também: CIGNO, G. *Giovanni Andrea Serrao e il giansenismo nell'Italia meridionale* (Palermo, 1938); Cacciatore, 204-207.

- José Capecelatro (1744-1836)

Nasceu em Nápoles, em uma família patrícia.[199] Fez estudos com os jesuítas e, depois, na Universidade de Nápoles, onde cursou teologia, direito, filosofia e economia. Em direito, teve como mestre Aleixo Símaco Mazzochi e, em economia, Antônio Genovesi. Deslocou-se para Roma, onde obteve o doutorado *in utroque jure*: direito civil e canônico.

Foi ordenado sacerdote em 1767. Com o apoio de B. Tanucci, foi nomeado arcebispo de Taranto em 1778, diocese previamente rejeitada por personalidades de prestígio, como Francisco Xavier Mastrillo, Tomás Caracciolo, Francisco Pignatelli.[200]

Aderiu à República Partenopeia (1799), opção política que pagou com a condenação, em 14 de março de 1800, a dez anos de reclusão. Com a invasão dos franceses, em 1806, foi nomeado Conselheiro de Estado por José Bonaparte; também foi Presidente da Seção do Conselho de Estado sobre Assuntos do Culto, em cujo cargo tentou realizar uma reforma. Em 1808, foi nomeado Ministro do Interior pelo marechal do Império e rei de Nápoles, Joaquim Napoleão Murat.

Com o regresso dos Bourbon ao Reino de Nápoles, G. Capecelatro não voltou para sua arquidiocese de Taranto. Tal como o bispo francês Henri Grégoire, a quem muito estimava o napolitano, apresentou a demissão a Pio VII. Faleceu em 2 de novembro de 1836, com a idade de 92 anos, sendo sepultado na igreja de San Pasquale em Chiaia.

---

[199] Ver recente revisão sobre a vida e o pensamento do arcebispo de Taranto: VINCI, S. *Giuseppe Capecelatro (1744-1836). Un arcivescovo tra politica e diritto*: Archivio Storico Pugliese 65 (2012) 41-78. Também: CROCE, B. *Uomini e cose della vecchia Italia*, II (Bari, 1943) 158-182; DE MAIO, R. *Società e vita religiosa a Napoli nell'età moderna (1656-1799)* (Nápoles, 1971) 185; STELLA, P. *Capecelatro, Giuseppe*: Dizionario Biografico degli Italiani 18 (1975) s. v.; STELLA, P. *Il giansenismo in Italia. II. Il movimento giansenista e la produzione libraria* (Roma, 2006) 235 ss.; PELUSO, G. *Giuseppe Capecelatro arcivescovo di Taranto e ministro di due re* (Taranto, 1980); PEPE, A. *Istituzioni ed ecclesiastici durante la Repubblica partenopea*: Raccolta Rassegna Storica dei Comuni 15 (1989) n. 49-51, 37-44: "Giuseppe Capecelatro".

[200] DE MARCO, V. *La diocesi di Taranto nel Settecento (1713-1816)* (Roma, 1990).

Além de outros livros, G. Capecelatro publicou uma obra de tema teológico-litúrgico: *Delle feste de' cristiani* (Nápoles, 1771).

No pensamento do arcebispo de Taranto confluem várias correntes ou orientações: regalismo, ideais iluministas e orientações jansenistas.[201] Não se duvida de suas inclinações regalistas e anticurialistas.[202] Essa orientação está patente em seu livro, escrito a pedido expresso do ministro Acton: *Discorso storico-politico dell'origine, del progresso, e della decadenza del potere de' chierici su le signorie temporali* (1788).[203] A obra foi impressa no ano de 1788 (embora não conste a data) em Nápoles (levando como lugar fictício o de Philadelphia). Teve edições posteriores: 1820², 1863³. As influências de P. Sarpi e de P. Giannone são perceptíveis no escrito.

Foi discutida, e segue-se discutindo, a condição de *jansenista* atribuída a J. Capecelatro. Foi afirmada por G. Auletta[204] e continuada por G. Cacciatore.[205] Mas, provavelmente, essa afirmação deve ser submetida às precisões e matizes, já que nunca foi criticado, e muito menos, processado em razão dessas ideias pelo Santo Ofício. O que não se pode negar é a existência, em seu pensamento e em sua atuação pastoral, de alguns aspectos em que subjaz a orientação jansenista:

- Defendeu a transformação do Estado para posições mais democráticas.
- Promoveu reformas em sua diocese com sensibilidades de maior participação e retorno às formas da Igreja primitiva.
- Opôs-se às devoções novas, concretamente, ao culto ao Sagrado Coração de Jesus.[206] Vale recordar que Afonso de

---

201 ZAZZETTA, M. *Capecelatro, Giuseppe*: EC, III, 660.

202 VINCI, S. *Giuseppe Capecelatro*..., 50-65.

203 Edição atual: CAPECELATRO, G. *Discorso istorico-politico dell'origine, del progresso, e della decadenza del potere de' chierici su le signorie temporali con un ristretto dell' storia delle Due Sicilie* (Taranto, 2008). Com uma introdução de PISANI, D. *Note bio-bibliografiche su Giuseppe Capecelatro.*

204 AULETTA, G. *Un giansenista napoletano del Settecento: mons. Giuseppe Capecelatro, arcivescovo di Taranto* (Nápoles, 1940).

205 Cacciatore, 188-191, 204-215.

206 DE MARCO, V. *La diocesi di Taranto*... 113-114.

Liguori publicou uma *Novena di meditazioni ad onore del S. Cuore di Gesù* em 1765.

Nota bibliográfica

- PELUSO, G. *Giuseppe Capecelatro arcivescovo di Taranto e ministro di due re* (Taranto, 1980).
- VINCI, S. *Giuseppe Capecelatro (1744-1836). Un arcivescovo tra politica e diritto*: Archivio Storico Pugliese 65 (2012) 41-78.

- Outros

Entre os jansenistas ou filojansenistas napolitanos do séc. XVIII, também costumam ser contados:

- O sacerdote, já referido (cap. 2 da quarta seção), **José Simioli** (1712-1762), cônego da catedral de Nápoles e teólogo de confiança do cardeal Spinelli. Muito apreciado nos círculos jansenistas italianos e estrangeiros, aderiu ao concílio de Utrecht em 29 de abril de 1775.[207]
- Os irmãos sacerdotes **José Cestari** (1751-1800) e **Genaro Cestari** (1753-1814).[208]
- O sacerdote **Domingo Vicente Troisi** (1749-1799), herói (e mártir leigo) a favor da República Partenopea (1799). Tinha nascido em Rocca Garga (Frosinone); exerceu o ministério sacerdotal na igreja napolitana *de' Vergini*, foi professor universitário; manteve correspondência com Cipião de' Ricci, de quem se declarava seguidor.
- O bispo de Cosenza, **Domingos Forges Davanzati** (1742-1810), admirador de A. Genovesi; tomou parte no governo provisório da República Partenopea, 1799; exiliado na França, foi reincorporado pelos napoleônicos à sua diocese.[209]

---

207 DE CRESCENZO, G. *Simioli teologo napoletano del 1700* (Amalfi, 1946).

208 TALLARICO, M. A. *Cestari, Giuseppe*: Dizionario Biografico degli Italiani 14 (1980) s. v; TALLARICO, M. A. *Cestari, Gennaro*: Dizionario Biografico degli Italiani 14 (1980) s. v. Também: AMBRASI, D. *Per una storia del giansenismo napoletano, Giuseppe e Gennaro Cestari* (Nápoles, 1954).

209 IERMANO, T. *Forges Davanzati, Domenico*: Dizionario Biografico degli Italiani 48 (1997) s. v.

- O bispo de Mottola, o beneditino, **Ildefonso Ortiz Cortês** (1725-1791),[210] junto com o, também monge beneditino (da mesma congregação cassinense), **Isidoro Sánchez de Luna.**[211]
- O sacerdote calabrês (Garapoli), **Domingos Cavallari** (1724-1781), aluno de G. Vico e de A. Genovesi.[212] Ganhou, em concurso, a segunda cátedra de *Institutiones canonicas* na faculdade de direito canônico da Universidade de Nápoles, onde residiu de 1740 até sua morte. Compôs um tratado de *Institutiones iuris canonici,* em três partes (1764, 1768, 1771); dessa obra, foram feitas, ao menos, 17 edições. Todos os escritos de D. Cavallari foram postos no *Index* em 27 de janeiro de 1817.

Anotamos que J. A. Serrao e D. V. Troisi foram justiciados por terem participado positivamente na opção política da República Partenopeia. Junto com eles, também morreram muitas pessoas que aderiram às ideias de inovação social e política.[213] Cabe assinalar: **Domingos León Cirillo** (1739-1799), médico e professor universitário; **Francisco Mario Pagano** (1748-1799), advogado e professor universitário; **Severo Caputo** (1757-1799), sacerdote olivetano e professor de teologia.

11.6.3 Duas anotações complementares

Para o conjunto das pessoas assinaladas no presente capítulo como aderentes ao jansenismo, vale a observação de B. Croce: mais que a adesão ao jansenismo, o que caracterizou o pensamento e atuação desse grupo de reformadores político-pastorais foi a influência de Pedro Giannone, Paulo Sarpi e Zeger Bernard van Espen, influência que os inclinou aos ideais do anticurialismo, regalismo e jurisdicionalismo.[214]

---

210 Cacciatore, 208-209.
211 Cacciatore, 209.
212 AJELLO, R. *Cavallari, Domenico*: Dizionario Biografico degli Italiani 22 (1979) s. v.
213 FORTUNATO, G. *I Giustiziati di Napoli del 1799* (Milão, 1992).
214 CROCE, B. *Storia del Regno di Napoli* (Bari, 1925) 20-21.

Foram esses ideais e os desenvolvimentos da história que converteram em jacobinos a muitos dos personagens anotados nos números precedentes.[215] Em todo o caso, eles são, em grande medida, testemunhas da passagem do Reino de Nápoles, do antigo para o novo regime.

A segunda anotação geral tem a ver com a relação estabelecida entre jansenismo e antijesuitismo. De um lado, o abade Tosini tentou demonstrar que o jansenismo era uma quimera inventada pelos jesuítas.[216] Por outro, houve jesuítas que, sentindo-se ofendidos, deram combate contra as teses de Jansênio e de Quesnel. Fizeram-no Domingos Viva[217] e José Sanfelice (este, com elegante prosa latina "para que não sonhem os jansenistas que o bom latim é propriedade exclusiva deles").[218]

Além do mais, R. Tellería recorda que "no primeiro ano dos estudos teológicos de Afonso, as prensas de Mosca publicaram, com a aprovação de Torni e de Guizzo, uma pequena obra substanciosa, em que se desentranham as proposições de Quesnel e aplicam as correspondentes qualificações teológicas". [219]

11.6.4 Complemento bibliográfico

Sobre o jansenismo napolitano no séc. XVIII

- CACCIATORE, G. *S. Alfonso de' Liguori e il giansenismo. Le ultime fortune del moto giansenista e la restituzione del pensiero cattolico nel secolo XVIII* (Florença, 1944) 101-176: "Giansenisti e giurisdizionalisti nel Regno di Napoli".

---

[215] PEPE, A. *Il clero giacobino: documenti inediti. I. I riformatori: Cepecelatro, Rosini, Serrao* (Nápoles, 1999).

[216] TOSINI, L'Abate. *Storia e sentimento sopra il giansenismo nelle presenti circostanze de la Chiesa*, 3 vol. (Concórdia, 1717).

[217] VIVA, D. *Quesnellianae Theses* (Benevento, 1721, com três edições posteriores).

[218] SANFELICE, J. *Jansenii doctrina ex thomisticae theologiae praeceptis damnata* (Nápoles, 1724).

[219] Tellería, I, 104. A obra é: *Le Cento Una Proposizioni (...) operetta teologica tradotta dal francese* (Milão, 1723; Nápoles, 1724).

- DE GIOVANNI, G. *Il Giansenismo a Napoli nel secolo XVIII*: VÁRIOS. Nuove ricerche sul Giansenismo (Roma, 1954) 195-218 = Asprenas 1 (1954) 24-40.
- SPOSATO, P. *Per la storia del giansenismo nell'Italia Meridionale. Amici e corrispondenti di Alberto Capobianco, arcivescovo di Reggio Calabria* (Roma, 1966).
- SPOSATO, P. *Le "Lettere provinciali" di Biagio Pascal e la loro diffusione a Napoli durante la "rivoluzione intellettuale" della seconda metà del secolo XVIII* (Tivoli, 1960).
- AMBRASI, D. *Riformatori e ribelli a Napoli nella seconda metà del Settecento. Ricerche sul giansenismo napoletano* (Nápoles, 1979).
- AMBRASI, D. *Per una storia del Giansenismo napoletano* (Nápoles, 1954).
- STELLA, P. *Il giansenismo in Italia. II. Il movimento giansenista e la produzione libraria* (Roma, 2006) II, 233-323: "La 'Giansenia italiana' nel Regno di Napoli e in Sicilia".

11.7 O ENCERRAMENTO HISTÓRICO DO JANSENISMO E SEU SIGNIFICADO ECLESIAL

11.7.1 O encerramento histórico do jansenismo

- Na França

Os jansenistas influenciaram a queda do Antigo Regime, minando suas bases políticas e religiosas, e favoreceram a passagem para a Revolução Francesa, apoiando a substituição dos Estados Gerais pela Constituinte.[220] Mas os jansenistas também foram vítimas da derrubada do *Antigo Regime*: desapareceram com a chegada da Revolução. Sirva como prova o detalhe significativo do desaparecimento, em 1803, das *Nouvelles Ecclesiastiques*, periódico

[220] VÁRIOS. *Jansénisme et Révolution* (Paris, 1990).

que, desde 1728, tinha identificado e promovido o movimento jansenista.[221]

Na França, as últimas figuras jansenistas de relevo foram Claude Debertier (1750-1831), Paul Baillet (1759-1831) e Henry Grégoire (1750-1831), desaparecidos, os três, no ano de 1831.[222] Henry Grégoire, conhecido como **l'abbé Grégoire,** teve influência destacada na *Constituição Civil do Clero,* à qual aderiu e não abjurou, nem na hora da morte; também é conhecido por seu *Informe* sobre a necessidade e os meios para aniquilar os dialetos e universalizar o uso da língua francesa, apresentado em 4 de junho de 1794 diante da Convenção Nacional.[223]

É difícil precisar se essas pessoas se conectaram com o jansenismo de Port-Royal e àquele que se seguiu à bula *Unigenitus,* ou provêm mais do movimento iluminista, ainda que apresentem características próprias do jansenismo.[224]

Esse "encerramento" histórico do jansenismo não nega a existência de traços jansenistas no séc. XIX religioso francês, como notou o grande historiador do jansenismo, René Taveneaux (1911-2000)[225] e como consta pela presença de alguns grupos católicos de orientação claramente jansenista.[226]

---

221 DELL'ORTO, U. *Giansenismo e gallicanesimo nelle ricerche di Pierre Blet*: La Scuola Cattolica 12 (2014) 612. Um estudo sobre o periódico *Nouvelles Ecclésiastiques*: PLONGERON, B. *Une image de l'Église d'après les "Nouvelles Ecclésiastiques" (1728-1790)*: Revue d' Histoire de l'Église de France 53 (1967) 241-268.

222 SECHE, L. *Les derniers jansénistes depuis la ruine de Port-Royal juqu'à nos jours (1710-1870)*, 3 vol. (Paris, 1981).

223 HERMONT-BELOT, R. *L'abbé Grégoire. La politique et la vérité* (Paris, 2000); DEAN, R. T. *L'Abbé Grégoire et l'Église constitutionnelle après la Terreur, 1794-1797* (Paris, 2008).

224 JEMOLO, A. C. *Il giansenismo in Italia prima della Rivoluzione* (Bari, 1928) p. XXXIV.

225 TAVENEAUX, R. *Permanences jansénistes au XIXe. siècle* (Paris, 1980).

226 Por exemplo, o grupo de Lyon "Les amis de l'Oeuvre de la Vérité": CHANTIN, J. P. *Les Amis de l'Oeuvre de la Vérité. Jansénisme, miracles et fin du monde au XIXe. siècle* (Lyon, 1988).

- **Na Itália**

Parecia que o fim oficial da *querela jansenista,* na Itália e, em geral, na catolicidade, seria a publicação da bula apostólica *Auctorem fidei* (28 de agosto de 1794) que condenava os cânones do Sínodo de Pistoia. Contudo, não foi assim, nem na Itália, nem no âmbito geral do catolicismo.

Merece destaque o jansenismo ter sido implantado nos seminários tridentinos e lombardos. Não em vão, Lombardia e Trentino foram centros jansenistas muito ativos no séc. XVIII. Pedro Tamburini, teólogo já nomeado, começou em Bréscia a forma de ensino que o fez célebre na Universidade de Pisa.

Também é de destacar o ambiente jansenista em que nasceu e recebeu a primeira formação o periodista e ativista político Giuseppe Mazzini (1805-1872), chamado "a alma da Itália" por seu trabalho em favor da unificação italiana.[227] Sua mãe pertencia a uma pequena seita de orientação jansenista. As influências do jansenismo romântico também se encontram em Alessandro Manzoni (1785-1873).[228]

O jansenismo teve grande influência na Igreja e na sociedade da Itália do séc. XVIII. Teve-o, antes da revolução Francesa, e na Revolução. Mas, depois da Revolução, fecha-se no silêncio. O jansenismo italiano sofreu um desaparecimento súbito. Foi um dos ocasos em que o sol parece cair precipitadamente sobre os confins do horizonte. Como foi dito no capítulo 3 desta mesma seção, Eustachio Degola (1761-1826) pode ser considerado "o último jansenista italiano".[229]

O Imperador proibiu que os teólogos de orientação jansenista falassem. O próprio Pedro Tamburini, tão ativo antes da Revolu-

---

[227] LANDOGNA, F. *Giuseppe Mazzini e il pensiero giansenistico* (Bolonha, 1921).

[228] BÉDARIDA, H. *Manzoni ou le romanticisme janséniste* (Lyon, 1931); RUFFINI, F. *La vita religiosa di Alessandro Manzoni,* 2 vol. (Bari, 1931). Também: DE LUCA, G. *Intorno a Manzoni,* a cura di M. Picchi (Roma, 1974) 35-44: "Manzoni e il giansenismo".

[229] CACCIATORE, G. *S. Alfonso de' Liguori e il giansenismo* (Florença, 1944) 30.

ção, depois desta continuou vivendo, mas guardou o silêncio jansenista. A derrota definitiva virá com o Concílio Vaticano I (1870) e com a proclamação do dogma da infalibilidade do Papa. Permanecerá o espírito liberal e, também, a propensão ao rigorismo moral.

11.7.2 O rosto eclesial marcado pelo jansenismo

Durante o séc. XVIII, a vida eclesial, em suas múltiplas manifestações, esteve condicionada pelas orientações próximas ao jansenismo. Deixando de lado as influências sobre grupos mais comprometidos com a espiritualidade cristã, como os institutos religiosos, limitamo-nos a elencar algumas implicações sobre a prática cristã em geral.

Em volume anterior, expusemos o rosto eclesial delineado pela moral rigorista do séc. XVII (V/1, 787-791). Tais traços persistem na Igreja do séc. XVIII.

- As orientações jansenistas buscavam enfraquecer *as devoções*. Basta recordar a oposição jansenista à devoção ao Sagrado Coração de Jesus e à Via-sacra, bem como a prevenção diante daquelas que consideravam "exageros" nas práticas devocionais a Maria.[230]
- *Restringe-se aos fiéis a participação na Eucaristia.* Foi prática normal do jansenismo restringir aos fiéis a participação plena na Eucaristia, mediante a Comunhão. Esta, era considerada "prêmio" à perfeição alcançada e não meio para alcançá-la: era mais "o pão dos anjos" que o "viático para o caminho". Tal consideração, e as práticas nascidas dela, originaram o panorama ordinário das missas "ouvidas" e "sem comunhão".
- No séc. XVIII, continuavam vigentes as tendências rigoristas na *prática do sacramento da Penitência*, iniciadas no século

[230] ROSA, M. *Pietà mariana e giansenismo*: MAGGIANI, S.; MAZZELLA, A. (ed.). La figura di Maria tra fede, ragione e sentimento. Aspetti teologico-culturali della modernità (Roma, 2013) 261-279.

precedente: 1. Eram frequentes os conselhos e, às vezes, as obrigações, que os moralistas formulavam sobre o adiamento da absolvição aos penitentes que voltavam a cair no mesmo pecado depois da última confissão. 2. Prevalecia a teoria, com implicações práticas, do *contricionismo,* frente à possibilidade de *atricionismo.*

- Ao longo do século XVIII, e ainda entrando no século XIX, constata-se um difuso rigorismo moral, tanto no ensino da Teologia Moral, quanto na prática pastoral.

Às orientações doutrinais e práticas do jansenismo se opuseram valentemente, e com espírito genuinamente pastoral, Vicente de Paulo, na França do séc. XVII e Afonso de Liguori, na Itália do séc. XVIII. Essa é uma das glórias de ambos os santos.

Nota bibliográfica sobre o rigorismo moral jansenista

- RUFFINI, F. [1863-1934]. *La Morale dei giansenisti*: Atti della R. Accademia delle Scienze di Torino 61 (1926) 349-424; 62 (1927) 465-554.
- JEMOLO, A. C. [1891-1961]. *Il Giansenismo in Italia prima della rivoluzione* (Bari, 1928) 185-224: "La morale rigorista e la lotta contro il lassismo".

11.7.3 Balanço

- O jansenismo e os jansenismos

O *jansenismo* existiu. Não foi um "fantasma"[231]; não constituiu uma criação dos jesuítas, segundo aquela afirmação do cardeal cisterciense, J. Bona, convertida em malicioso slogan: "qui non

[231] A expressão "fantasma do jansenismo" foi empregada por Antoine Arnauld em seu escrito *Le phantôme du Jansénisme* (Colônia, 1686).

molinizat, jansenizat".[232] Os jesuítas tiveram muito a ver com a "demonização" do movimento sociopolítico e religioso jansenista; mas não o inventaram. Como, tampouco, os jansenistas criaram o *jesuitismo*. Este, existiu como uma realidade cultural-religiosa, com implicações sociais e políticas.

> G. F. Spaur (1718-1791), bispo de Bressanone (desde 1780) escreveu um livro intitulado *Spectrum Jansenismi detectum* (s. l., 1771), traduzido para o italiano com o título *Il fantasma del Giansenismo scoperto* (Pistoia, 1783), muito apreciado em ambientes jansenistas, tanto italianos, quanto europeus. O jesuíta italiano F. A. Zaccaria transmite o texto de uma carta do Papa Pio VI ao bispo G. F. de Spaur em que o adverte: "Verendum ne in hanc fallaciam quispiam inducatur ut existimet nonnisi spectrum inane esse larvamque contemnendam, quidquid haeresis jansenianae nomine traducitur".[233]

Quanto à compreensão do jansenismo, primeiramente é preciso não esquecer que constituiu um rótulo que ninguém queria ter e arma sempre pronta na boca dos contrários ao movimento. Não era motivo de elogio, nem de autoestima, ser considerado ou considerar alguém um *jansenista*. A expressão usada era, então, buscar e propor a "doutrina verdadeira".

Uma segunda constatação geral: não houve apenas um jansenismo. Houve tantos jansenismos quantos foram os âmbitos nacionais em que se realizou: jansenismo francês, holandês, italiano, português, espanhol. Havia um elemento religioso que os unificava: a radicalização da doutrina agostiniana da graça com a consequente consideração restritiva do poder da liberdade humana para fazer o bem. *Gratia ex necessitate* (necesidade da graça) e *natura corrupta – post lapsum* (natureza corrompida depois do pecado original) eram as duas afirmações que constituíam o *cantus firmus* de todas as modulações jansenistas.

---

[232] Em carta de J. Bona ao cardeal agostiniano E. Noris: SALA, R. *Joannis Bona epistolae selectae* (Augsburgo, 1755) lettera al Card. Noris, n. 33, 17 marzo 1674. Citado por: CACCIATORE, G. *S. Alfonso e il giansenismo* (Florença, 1944) 136.

[233] Em: ZACCARIA, F. A. *Le dottrine del preteso secolo illuminato* (Faenza, 1790) 230.

Tal afirmação antropológico-teológica tinha suas concretizações específicas no terreno prático. Exigia uma mobilização de *reforma,* tendo como ideal um idealizado *momento primitivo* do cristianismo. Daí que o jansenismo queria ser uma espécie de *Reforma* da Igreja católica, depois da Reforma protestante. O ideal de Igreja com o qual sonhava era de caráter *mais episcopal que papal.* De resto, a Igreja idealizada encarnava-se em situações históricas, sociais e políticas concretas: era a Igreja *galicana,* Igreja *espanhola,* etc.

- Algumas luzes em meio à noite

Embora o movimento jansenista não se identifique com o movimento iluminista, os jansenistas se sentem mais cômodos no universo das ideias e pensamentos orientados pelo Iluminismo que pela Restauração. Também é fácil constatar convergências entre jansenismo e *jurisdicionalismo,* ou seja, a tentativa de situar o ordenamento religioso dentro da geral administração do poder político.

O jansenismo se perdeu nos *excessos*: seus próprios excessos e os excessos de seus inimigos. No entanto, nem tudo foi negativo no movimento jansenista e em suas derivações teóricas (teológicas) e práticas (pastorais e espirituais).

No imaginário espanhol predomina uma imagem negativa dos *jansenistas,* em grande medida, proveniente da avaliação negativa projetada sobre eles por Marcelino Menéndez Pelayo em sua *Historia de los Heterodoxos Españoles.* Não serei eu a deixar de reconhecer o alto grau de rigorismo moral que o movimento jansenista conseguiu introduzir na Igreja católica, tal como assinalei precedentemente. Mas, em correlação com os elementos positivos que foram anotados em volume precedente quando do balanço do jansenismo francês do séc. XVII (V/1, 909-914), também convém sublinhar os bons desejos do jansenismo no séc. XVIII, do jansenismo em geral e, mais concretamente, do jansenismo espanhol.

O jansenismo estendeu a mão ao cristianismo iluminista e à reforma da Igreja. Concretamente, na Espanha, Iluminismo, Jansenismo e Reformismo eclesiástico andaram, em certa medida, de mãos dadas.[234] Os jansenistas:

- Buscavam uma piedade mais evangélica.
- Em teologia, pretendiam apoiar o discurso sobre as fontes bíblicas.
- A Igreja primitiva constituiu para eles ponto de referência primária, crendo ver nela a originalidade cristã.
- Na concepção eclesiológica dos jansenistas, os leigos recebiam maior importância que a que tinham no catolicismo romano pós-tridentino.

"Nas reformas que o jansenismo desejou e praticou, especialmente na Itália, nem tudo era condenável, nem tudo foi condenado. Mais ainda, em algumas reformas, o jansenismo se adiantou aos tempos, embora o espírito que o animava pretendesse uma renovação da Igreja fora da Igreja".[235]

O jansenismo foi experiência que durou dois séculos. Contudo, desaparecida a experiência enquanto tal, dela ainda restaram muitos vetores. Entre estes, cabe assinalar um fermento de crítica contra os excessos:

- das "devoções";
- dos "milagres";
- da hierarcologia eclesiástica";
- do "otimismo antropológico".

E, em geral, contra os muitos "excessos" que geravam um cristianismo sem "radicalidade evangélica" e sem "apoio na gratuidade".

---

[234] RODRÍGUEZ LÓPEZ-BREA, C. M. *Secularización, regalismo y reforma eclesiástica en la España de Carlos III: un estado de la cuestión*: Espacio, Tiempo y Forma. Serie IV. Historia Moderna 12 (1999) 355-371.

[235] MATTEUCCI, B. *Giansenio (Jansens), Cornelio e Giansenismo*: EC, VI, 360.

11.8 RESPOSTA DE AFONSO AO JANSENISMO

11.8.1 Apresentação geral

- O destino antijansenista de Afonso

Afonso de Liguori, cuja biografia preenche o séc. XVIII, indo até as vésperas da Revolução Francesa, precisou enfrentar as sensibilidades jansenistas que, às vezes, denominava de "partido francês". Tanto é assim que o memorialista A. Tannoia anota, quando da morte de Afonso, ter surgido vozes de vários conciliábulos napolitanos com orientação jansenista dizendo: "Rezemos para que Afonso não seja proclamado santo, o que lançaria por terra a nossa causa (*che va a terra la causa nostra*). Se Afonso for canonizado, nós estaremos arruinados (*noi siamo rovinati*)."[236]

Segundo R. Garrigou-Lagrange, Afonso "foi enviado por Deus à Igreja quando a heresia jansenista afastava o cristão da consideração da infinita misericórdia de Deus, quando o erro quietista tendia a afastar o homem de toda generosidade no serviço de Deus, quando as doutrinas de Voltaire, de Rousseau, dos Enciclopedistas, produziam profundas ruínas".[237]

Sobre a relação de Afonso com o jansenismo, acrescenta o sábio dominicano: "Contra o jansenismo, nosso santo veio, sobretudo, lembrar a infinita misericórdia de Deus. Enquanto Jansênio se atrevia a afirmar a existência de preceitos que não podem, em absoluto, ser cumpridos, nem sequer pelos justos, mesmo que empreguem todo seu empenho, Afonso não se cansou de repetir as palavras de Santo Agostinho, recordadas pelo Concílio de Trento (sessão 6, capítulo 11): 'Deus não manda o impossível, mas sim, ao dar-nos um preceito, nos manda fazer o que pudermos e de pedir-lhe o que não pudermos".[238]

---

[236] Tannoia, III, 649.

[237] GARRIGOU-LAGRANGE, R. *La Spiritualità di S. Alfonso*: VÁRIOS. Nel secondo centenario della Congregazione del SS. Redentore 1732-1932 (Cortona, 1933) 31.

[238] *Ibidem*.

É possível afirmar que "Afonso foi antijansenista em tempo integral".[239] É uma característica que atravessa a biografia intelectual e religiosa de Afonso. Um autor francês do séc. XIX, L. Gautier, disse, em 1865, que "o mais acabado tratado contra o jansenismo foi a própria vida de Afonso".[240] Por isso, não é procedente distinguir períodos em sua atuação antijansenista, mas adotar dimensões ou vertentes desse confronto.

O redentorista italiano, Giuseppe Cacciatore, escreveu uma monografia, ainda válida nos pontos essenciais, sobre a relação de Afonso com o jansenismo.[241] Para esse estudioso do pensamento afonsiano, a experiência do amor redentor de Deus em Cristo se foi convertendo na inspiração nuclear de todas as ações e todos os escritos de Afonso. Daí a aplicação da afirmação da "abundante redenção em Cristo" constituir o critério para expor o programa antijansenista de Afonso.

O citado G. Cacciatore, depois da dupla rememoração do que foi o jansenismo na França e nos Países Baixos (*il primo giansenismo*)[242] e da peculiaridade do jansenismo italiano (*il giansenismo in Italia*)[243], oferece alguns dados acerca das ideias e atitudes gerais de Afonso sobre o jansenismo.[244] É fácil respigar na correspondência de Afonso e nas recordações transmitidas por A. Tannoia, juízos bastante severos de Liguori sobre o movimento jansenista que ele conheceu.[245] Em sua *História das Heresias* (1772), trata o jansenismo como uma autêntica heresia, sem deixar espaço complacente para a distinção entre o "fato" e o "direito".

---

[239] LONDOÑO, N. *Se entregó por nosotros. Teología de la Pasión de Cristo en san Alfonso de Liguori* (Roma, 1997) 35.

[240] Citado por: Tellería, I, 568.

[241] CACCIATORE, G. *S. Alfonso de' Liguori e il giansenismo. Le ultime fortune del moto giansenistico e la restituzione del pensiero cattolico nel secolo XVIII* (Florença, 1944).

[242] *Ibid.*, 31-100: "Uomini e dottrine del primo giansenismo".

[243] *Ibid.*, 101-176: "Il giansenismo in Italia".

[244] *Ibid.*, 177-222: "Idee e attegiamenti generali di S. Alfonso verso il giansenismo".

[245] *Ibid.* 215-222.

- Os adversários jansenistas e filojansenistas de Afonso

Três foram os paladinos filojansenistas de Nápoles na época de Afonso. Os três se relacionaram com o oráculo romano desse movimento: **João Bottari**, "um eclesiástico de vasta cultura e encanto pessoal, diretor da Biblioteca vaticana e renomado historiador e arqueólogo, bem como, membro da academia da Crusca".[246] Os três também tiveram relação com a censura de alguns livros de Afonso. Foram: **João Andrés Serrao** (1731-1799), **José Capecelatro** (1744-1836) e **José Simioli** (1712-1779). Os três haviam respondido ao despacho do monsenhor J. Bottari, "meta, em Roma, de todo filojansenista".[247]

Se não jansenistas em seu significado preciso, foram muitos os eclesiásticos napolitanos inclinados às tendências religiosas próximas à corrente jansenista. Afonso conheceu alguns dominicanos dessa orientação:

> "O Pe. Patuzzi não se decidirá, se não com beneplácito de Bottari, a combater os princípios morais de Afonso. O Pe. Capobianco colocará, em Nápoles, toda a sua influência ao serviço de Bottari quando se tratar de imprimir o catecismo jansenizante de Mesénguy, auxiliado por seu irmão de hábito, o Pe. Sacco; os dois se unirão a Dom José Simioli para dificultar a impressão de algumas obras de Afonso e, pensando neles, o Santo reeditará seu Compêndio da Doutrina Cristã".[248]

Nem todos os agostinianos defenderam posturas teológicas filojansenistas acerca da graça. Contudo, o grupo agostiniano do convento de San Giovanni a *Carbonara* foi reconhecido por Afonso pela tendência teológica favorecedora da graça frente à força da liberdade: **Ascânio Orsi** (e seu discípulo **Luís Viola), Manuel M. Pignone del Carreto, Ambrosio Manchi.**[249]

---

[246] Jones, 268.
[247] Tellería, I, 538.
[248] *Ibidem.*
[249] Cacciatore, 186, 189-191, 266-270.

Entre os clérigos regulares da Mãe de Deus, sobressaiu em fervor filojansenista **Júlio Carbonara**, do convento de *Santa Maria in Portico* de Chiaia, embora algumas de suas teses viessem mais de Grocio e Pufendorf que de Jansênio.[250]

Além do, já citado, José Simioli,[251] Afonso teve que se haver com outros membros do clero secular próximos aos postulados jansenistas, um dos quais foi o abade calabrês **Leoluca Rolli.**[252]

- Resposta antijansenista de Afonso

De forma detalhada e monográfica, G. Cacciatore, em sua já citada obra de referência sobre o tema, passa em revista as diversas vertentes da resposta antijansenista de Afonso.

- Começa pela teologia afonsiana acerca da *economia da graça* e da *eficácia da oração*, já que essa dimensão é a mais decisiva para aceitar ou rejeitar a proposta jansenista. No fundo da questão está em jogo a *ideia de Deus* e a compreensão de *Cristo como Salvador.*
- Na continuação, examina a *questão eclesiológica,* uma sensibilidade peculiar dos jansenistas em geral e, de modo especial, dos jansenistas italianos, tal como apareceu no Sínodo de Pistoia (1786), do qual Afonso apenas pode ter tido conhecimento. Sem negar as reformas eclesiásticas necessárias, Liguori não as submeteu à negação do primado do Papa, da sua superioridade frente ao Concílio e da infalibilidade papal.
- G. Cacciatore encontra no *pensamento teológico-moral* de Afonso um dos âmbitos mais significativos da oposição às correntes rigoristas vinculadas ao movimento jansenista, aspecto sobre o qual oferece ampla exposição.
- A *disciplina sacramental* é outro dos aspectos nos quais o pensamento de Afonso se confronta com posturas jansenis-

250 Cacciatore, 186, 188-189.
251 Cacciatore, 192-197.
252 Cacciatore, 186.

tas: tratamento dos "ocasionários" e "reincidentes"; tensão entre atrição e contrição; o alcance e a forma do primeiro preceito do decálogo; a comunhão frequente.

- Por último, o estudo de G. Cacciatore examina a diferença entre a postura de Afonso e a dos jansenistas na relação com determinadas *formas de piedade*, de maneira especial, as de caráter mariano e referidas ao Coração de Jesus.

Como facilmente se percebe, é ampla a temática em que se manifesta o confronto de Afonso com as opções próprias do movimento jansenista. Também é fácil compreender que não é este o momento de analisá-las todas e, muito menos, com metodologia pormenorizada. Um desses confrontos será examinado detidamente no presente volume: o confronto no terreno da Teologia Moral. Agora apenas faremos referência, de forma mais breve, a outros dois âmbitos de confronto: o *âmbito teológico da graça* e *o âmbito sacramental:* a comunhão frequente e a prática penitencial orientada pela benignidade.

Deixamos fora do horizonte de consideração os desejos de reforma eclesial do jansenismo italiano porque, como dissemos, Afonso deve apenas ter tido notícia dos últimos acontecimentos desse jansenismo italiano centrado nas reformas eclesiais, tal como se manifestou nos desejos reformistas de Cipião de' Ricci (1740-1827) e do Sínodo de Pistoia (1786). De fato, nessas datas, Liguori já não tinha possibilidade física de intervir. Ao confutar o jansenismo em sua obra *Storia delle eresie colle loro confutazioni* não considera essas últimas transformações jansenistas na Itália.[253]

---

[253] Como faz a tradução espanhola da obra: LIGORIO, San Alfonso María de. *Historia de las herejías*. Traducido del italiano y anotado por D. Miguel Sánchez, Presbítero, t. II (Madri, 1864): depois da tradução do texto afonsiano sobre Jansênio (p. 160-167) e sobre Quesnel (p. 168-175), foram inseridas referências às manifestações posteriores do jansenismo, entre elas, o jansenismo do Sínodo de Pistoia (p. 188-196).

11.8.2 Resposta teológica de Afonso ao jansenismo: teologia da graça

O tema teológico que Afonso mais (e melhor) estudou e expôs foi a questão da graça e da atuação desta dentro dos limites da liberdade humana. A peculiaridade do tratamento afonsiano reside em situar a debatida questão à luz das afirmações sobre a oração (e, sobre a esperança cristã).

O tema foi tratado por Afonso em várias de suas obras, seja de forma direta, seja indiretamente. Anotamos, na continuação, essas obras, distinguindo entre obras principais e obras secundárias.

- Escritos principais

- *Del gran Mezzo della Preghiera per conseguire la salute eterna e tutte le grazie che desideriamo da Dio* (Nápoles, 1759, 1761, 1765, 1767, 1770, 1776; Veneza, 1759; Bassano, 1759).[254]

Essa grande obra de Afonso teve antecipação em um escrito, de umas vinte páginas, intitulado: *Breve Trattato della necessità della Preghiera, della sua efficacia e delle condizioni con cui deve esser fatta,* que apareceu inserido em *Il Cristiano Santificato* (Nápoles, 1757) de J. Sarnelli, com a identificação de autoria de Afonso. Assim o autor anunciava a obra posterior: "lo spero tra breve di dare alla luce un libro a parte di questa materia della preghiera...".[255]

> O pequeno tratado, *Breve Trattato,* "era um esboço que preludiava a obra maior que trazia nas mãos; com essa vintena de páginas, situava o problema em um plano teológico e selava suas afirmações com tal acento de convicção e fórmulas tão lapidares que um autor moderno (Pourrat) as qualificará de 'impressionante'. 'Quem reza, concluía Afonso, certamente se salva; quem não reza, certamente se

---

[254] Edição crítica: *Opere ascetiche. Volume II. Del gran mezzo della preghiera e opuscoli affini*. Testo critico, introduzione e note a cura di G. Cacciatore (Roma, 1962). Tradução espanhola: *El gran medio de la oración*. Traducción de la edición crítica italiana por J. J. Itoiz (Madri, 1990). [= LIGÓRIO, Afonso. *A Oração:* o grande meio para alcançarmos de Deus a salvação e todas as graças que desejamos. Aparecida: Santuário, 2016. 30ª edição. 110 p. Tradução: Pe. Henrique Barros, CSsR].

[255] De Meulemeester, I, 93-94.

condena'".[256] Afonso se lamentou que Remondini não tivesse colocado o título desse pequeno tratado no frontispício do tomo 2 das *Opere spirituali*, pois o tinha por um dos "pequenos tratados que mais gostaram, que são mais úteis e mais aclamados".[257]

A obra anunciada, *Del gran Mezzo della Preghiera*, apareceu em Nápoles no ano de 1759. Na continuação, Remondini a editou várias vezes nesse mesmo ano de 1759: em Veneza e em Bassano.[258]

Essa última edição de Bassano difere da de Veneza em algo importante (também a napolitana, da qual a edição veneziana é cópia fiel). A variação se refere à debatida questão acerca da predestinação *ante* ou *post praevisa merita*. Sem mudar o conteúdo doutrinal, na segunda impressão (a de Bassano), Afonso rebaixa os termos sem relação com os autores que admitem a predestinação *ante praevisa merita*.

A obra teve grande êxito editorial (mais de quarenta edições em italiano, depois da morte do autor; centenas de edições nas línguas mais diversas) e está dividida em duas partes. Na primeira, expõe a necessidade, valor e as condições da oração. Na segunda, procura demonstrar que a graça da oração é concedida a todos e explica como a graça opera no limite da liberdade humana.

O mesmo Afonso, em escrito a Remondini, expressou-se sobre a peculiaridade desse escrito. Ainda que, na aparência e pelo título, pareça pertencer ao grupo dos escritos espirituais, a obra é, no juízo do próprio autor, basicamente, teológica.[259]

- *Del modo come opera la grazia nella giustificazione del peccatore.* Trata-se de um apêndice, inserido ao comentar a sessão VI do Concílio de Trento, dentro da *Opera dogmatica contro gli eretici pretesi riformati* (Nápoles, 1769) 93-128.[260]

---

[256] Tellería, I, 655-656.

[257] Lettere, III, 76, 77, 80.

[258] De Meulemeester, I, 104-107; Ferrero-Boland, 516. Ver: Tellería, I, 655-661; II, 341-342.

[259] Lettere, III, 48: "non solo è opera ascetica o sia spirituale, ma è opera ancora teologica". Lettere, III, 54: "la seconda parte è tutta teologica".

[260] De Meulemeester, I, 145-146; Ferrero-Boland, 526.

Esse escrito não oferece conteúdo inteiramente novo, já que resume o que foi dito no capítulo quarto da segunda parte de *Del gran Mezzo della Preghiera.* A contribuição nova é a proposta dos sistemas de diferentes escolas acerca da graça eficaz e suficiente. Situamo-lo entre os escritos principais porque expressa, de forma concisa e sistematizada, o pensamento afonsiano sobre o tema.

- Escritos secundários

O opúsculo *Della speranza cristiana* (1765).

Foi escrito por Afonso em 1765 como refutação ao *Trattato della confidanza cristiana e dell'uso legitimo delle Verità che riguardano la grazia di Gesù Cristo* (Veneza, 1751), tradução do beneditino Constantino Rotigni (com pseudônimo de Aletofilo Pacífico) de uma obra atribuída a G. B. Pavie de Fourquevaux, *Trait de la confiance chrétienne, ou de l'usage légitime des vérités de la grâce* (Paris, 1728). Sendo o monge beneditino de orientação jansenista, a resposta afonsiana se situa na perspectiva contrária.[261]

Afonso pensou incluir o escrito no projeto das *Opere Spirituali* completas. Mas, como esse projeto não chegou a ser realizado, o escrito não foi publicado durante a vida do autor. Apareceu pela primeira vez, em tradução francesa, nas *Oeuvres Dogmatiques de Saint Alphonse* (Tournai, 1874), editadas pelo padre J. Jacques. Nas *Opera dogmatica* de Afonso, traduzidas ao latim e editadas pelo padre Walter (Roma, 1903) recolhe-se o texto original, acompanhado de uma tradução para o latim.[262] O texto italiano também pode ser encontrado na edição crítica das *Opere ascetiche.*[263]

Elementos sobre o tema da graça encontram-se também em: *Verità della fede* (Nápoles, 1767, 1777; Bassano, 1767, 1778) e em: *Trionfo della*

261 NIGRONE, S. *Doctrina S. Alphonsi de spe in luce polemicae jansenistae saeculi XVIII.* Dissertatio al lauream, PUG (Roma, 1962).

262 De Meulemeester, I, 173.

263 Edição crítica: *Opere ascetiche. Volume II. Del gran mezzo della preghiera e opuscolo affini.* Testo critico, introduzione e note a cura di G. Cacciatore (Roma, 1962) 201-207: "Della speranza cristiana".

Chiesa ossia Istoria delle Eresie colle loro confutazioni (Nápoles, 1772; Bassano, 1773), ao refutar, na primeira obra, aos materialistas e deístas e, na segunda, o pelagianismo (e semipelagianismo) e o calvinismo.

- Pensamento afonsiano

Afonso conheceu suficientemente a doutrina de Agostinho de Hipona ("il maestro della grazia") e de Tomás de Aquino sobre a eficácia intrínseca da graça (*"da se" e "per sua natura"*). Também esteve ao par das discussões entorno da questão *de auxiliis* (confronto entre molinistas e bañecianistas) e, mais concretamente, entorno do teologúmenon da *ciência média*. Por outro lado, não desconheceu os posicionamentos teológicos do augustinismo radical italiano, concretamente, as posturas do padre Agostinho Berti.

Afonso não se alinhou a nenhuma dessas escolas teológicas existentes acerca da graça. Mais ainda, distanciou-se delas abertamente: "con questo mio libro confuto il sistema del P. Berti"[264]; "non sono favorevole alla dottrina scolastica de' Gesuiti, che difendono *mordicus* la scienza media, ma di proposito io l'oppugno".[265]

Sobre o primeiro dos distanciamentos, relata R. Tellería:

> "Afonso refutou o Padre Berti, mas sem animosidade pessoal e, muito menos, sem entrar, como seu amigo, Pe. Zaccaria, nas apaixonadas polêmicas que as *Disciplinas teológicas* (1739-1745) do insigne agostiniano provocaram até saírem, quase incólumes, do *Index* romano (...). Afonso não era cegado pela paixão. Reconhecia o talento do Pe. Berti e sua habilidade para sacudir o rótulo de baianismo e jansenismo que seus adversários lhe colavam; mas temia que sua 'teologia fosse perigosa para os jovens' (*Lettere,* III, 683); e, por outro lado, tinha aplicado a Berti as leis da hermenêutica e provado com elas que a capacidade próxima de sua graça suficiente era puramente nominal a respeito da oração, já que exigia uma graça eficaz a fim de que a 'potência de rezar se traduzisse em ato'".[266]

---

[264] Lettere, III, 48.
[265] Lettere, III, 230.
[266] Tellería, I, 658-659.

Afonso propôs um caminho novo, ao que chamou de "seu sistema" (*nostro sistema*) e "sistema da Congregação" (*tenuto da tanti teologi e dalla nostra minima Congregazione*). Esses teólogos aos quais alude são denominados comumente de *grupo sorbônico*, teólogos vinculados à Sorbonne de Paris, de posições abertamente antijansenistas, entre os quais se contam: Nicolás Ysambert (1569-1642), Isaac Habert (1600-1668), Honorato Tournely (1658-1729).[267]

O apoio básico do sistema de Afonso se encontra no *meio da oração*, que Deus dá a todos, e no *preceito da esperança*. Essas suas seguranças constituem a razão convincente para não cair no pessimismo jansenista e para não se perder nas distinções escolásticas de uns e de outros. "Il Tommassino e il Tournely accumulano ed assegnano altre ragioni per questa sentenza; ma tutte queste io le tralascio e mi appiglio alla sola che mi sembra evidente. Questa ragione è fondata sul precetto della speranza, per cui siamo tutti obbligati a sperare certamente di Dio la vita eterna - *Tomasino e Tournely acumulam e assinalam outras razões a favor dessa sentença, mas eu deixo de lado todas elas e me apoio na única que me parece evidente. Essa razão está baseada sobre o preceito da esperança, pelo qual todos somos obrigados a esperar de Deus, com certeza, a vida eterna*".[268]

Distanciado dos dois sistemas teológicos convencionais sobre a teologia da graça (molinistas e bañecianistas ou tomistas), a solução de Afonso se situa no meio dos dois: Afonso mantém a liberdade humana, negando o influxo intrínseco predeterminante da graça, mas, ao mesmo tempo, admite que a graça origina uma predeterminação, não física, mas sim "moral". Por isso, um comentarista da doutrina afonsiana se atreve a dizer que os molinistas e os tomistas poderiam se dar as mãos e aceitar a doutrina de Afonso:

---

[267] Sobre o chamado "sistema sorbônico" acerca da graça: HIDALGO, J. F. *Doctrina alfonsiana acerca de la acción de la gracia actual eficaz y suficiente. Estudio histórico-expositivo* (Turim, 1955) 53-70.

[268] LIGUORI, S. Alfonso M. de. *Del gran mezzo della preghiera e opuscoli affini*. Testo critico, introduzione e note a cura di G. Cacciatore. Opere Ascetiche. Volume II (Roma, 1962) 163.

"Videat igitur Lector, quomodo S. Doctor [Alphonsus] media via inter utrumque sytema incedat, non per modum eclecticismi, sed vi rationis ipsius rei. Atque hoco modo litigantes Scholae forte in S. Alphonsi doctrina manus inter se dare poterunt - *Veja, portanto, o leitor, que assim o Santo Doutor [Afonso] trilha um caminho intermediário entre os dois sistemas, não a modo de ecletismo, mas por força da razão da própria questão. Com a doutrina de Santo Afonso, portanto, as escolas litigantes poderiam se dar as mãos*".[269]

- Orientação antijansenista

Afonso preocupou-se em aplicar seu sistema da graça às posições cristãs carregadas de pessimismo:

- Ao calvinismo. Em sua *História das Heresias* refutou o *decretum horribile* propugnado por Calvino. Afonso argumentou de forma simples, mas taxativa: "Uma coisa é prever os pecados e outra coisa é *predestinar* à condenação eterna" (*Altro è il prevedere, altro è il predestinare i peccati degli uomini).*
- O jansenismo. Foi precisamente essa posição que Afonso tratava de combater de modo especial, não negando a ninguém a possibilidade de salvação. Os estudiosos da questão da graça e da oração não deixam de constatar a orientação antijansenista da obra de Afonso.[270]
  Daí que Afonso não chegue a essas posições sobre a graça de forma, mais ou menos, acidental ou casual. "Levava incrustada na mente uma dessas convicções profundas, medulares, buriladas a fogo lento: a de que a oração é a porta do céu, o ressorte da vida espiritual, a chave de arco que a sustenta, o faixo que ilumina muitos segredos da graça; e oração, entendida especialmente em sua modalidade de súplica, de oração ao Doador de todo bem e a seus celes-

[269] JANSEN, J. L. *Santi Alphonsi Mariae de Ligorio doctoris Ecclesiae doctrina de influxu Dei in deliberatam voluntatis creatae activitatem exposita, vindicata* (Wittem, 1920) 88.

[270] Assim: CACCIATORE, G. *S. Alfonso de' Liguori...*, 255-256; HIDALGO, J. F. *Doctrina alfonsiana...*, 75-78.

tes mediadores. Talvez, esse convencimento tenha nascido também como exigência de seu temperamento, por acaso, também, ao calor da educação materna; mas logo se robusteceu com o estudo 'comprovando, declara o mesmo, a necessidade absoluta de rezar que impõem as divinas Escrituras, tanto do Antigo, quanto do Novo Testamento".[271]

Além disso, merece destaque a forma que adota a oposição de Afonso ao movimento jansenista. "Santo Afonso combateu o jansenismo; combateu-o, em expressão sua, não apenas como asceta, mas também como teólogo. Mas, contudo, não é o teólogo que se debate na cátedra da fria especulação; é o teólogo que desce à arena do viver humano e da agitação das consciências, do contato direto com a alma popular, para quem havia dedicado suas forças e suas obras".[272]

O que preocupava Afonso era a salvação do cristão. Se fosse aceita a afirmação básica de Jansênio, seria derrubada a esperança cristã e cairia por terra todo o edifício da vida cristã.

> "Jansênio quer nos convencer de que Jesus Cristo não morreu por todos os homens, nem por todos os fiéis, mas unicamente pelos predestinados. Se fosse assim, ficaria destruída a esperança cristã; posto que, como diz Santo Tomás, tem um fundamento certo da parte de Deus, e este fundamento não é outro que a promessa do Senhor relativa a dar a vida eterna pelos méritos de Jesus Cristo a todos os cristãos que observem sua lei."[273]

Destruída essa esperança, perde sentido o empenho por viver em coerência cristã. Todo o esforço por alcançar a santidade de vida precisa de razão de ser. Pelo contrário, a segurança da esperança cristã é a que justifica todo o trabalho pela santificação e pela salvação.

---

[271] Tellería, I, 655.

[272] HIDALGO, J. F. *Doctrina alfonsiana...*, 77-78.

[273] *Storia delle eresie colle loro confutazioni*: Opere di S. Alfonso Maria de Liguori [Marietti]. Volume ottavo. Opere dommatiche (Turim, 1848) 408. Tradução espanhola: LIGORIO, San Alfonso María de. *Refutación de las herejías o el triunfo de la Iglesia*. Traducido al castellano por el presbítero D. Antolín Monescillo (Paris-México, 1880) 367-368.

"Trabalhemos em cooperar com toda a nossa possibilidade com a obra de nossa salvação, sem considerar que Deus faz tudo, e nós, nada. Seja qual for a ordem da predestinação, e digam os hereges o que quiserem, sempre será certo que, se nos salvamos, não será sem nossas boas obras; e se nos condenamos, só será por culpa nossa".[274]

No final, o que dá sentido e segurança a todo o conjunto da vida cristã, no presente e no futuro, é a misericórdia divina, razão da esperança cristã:

"Coloquemos toda a esperança de nossa salvação, não no que fizermos, mas na divina misericórdia, e nos méritos de Jesus Cristo e, seguramente, nos salvaremos. De maneira que, se nos salvamos, é pela graça de Deus, posto que nossas boas obras são dons seus, e se nos condenamos, é por nossa culpa".[275]

É normal que Afonso termine a exposição com uma referência à prática pastoral: "Os pregadores devem expor essas verdades frequentemente aos povos, sem tratar, no púlpito, as questões sutis da teologia, adiantando opiniões e sentimentos que não são dos Santos Padres, dos doutores e mestres da Igreja; ou enunciando-as de maneira que só sirvam para semear a inquietude na alma dos ouvintes."[276]

Com as peculiaridades anotadas, a postura antijansenista no tema da graça revela um lado mais teológico na personalidade de Afonso. Com justiça se lê nas atas do doutorado: "Embora não tenha publicado mais obras dogmáticas que a *Oração* e o tratado *Como opera a graça,* merece o título de Doutor da Igreja".[277] R. Tellería acrescenta: "Desde logo lhe deram o título de 'Doutor da Oração'".[278]

[274] *Storie delle eresie...*, 409 = *Refutación de las herejías...*, 370.
[275] *Ibidem* = *Ibidem.*
[276] *Ibidem* = *Ibidem.*
[277] *Acta doctoratus,* c. III, art. I, n. 119 (Roma, 1870-1871) 56.
[278] Tellería, I, 661.

Estudos sobre a teologia de Afonso acerca da graça (e acerca do meio da oração).

O pensamento de Afonso sobre a graça tem sido bastante estudado entre os redentoristas. "Passou por intérprete qualificado o alsaciano, Pe. João Herrmann, que, além de suas *Institutiones dogmaticae* (1897), escreveu um volumoso tratado sobre o tema da graça (1904) e uma série de folhetos complementares. Nem todos, mesmo entre os discípulos do santo, acataram suas interpretações, e daí que, no primeiro terço do século atual [XX], tenha havido muitos artigos e controvérsias acerca da matéria".[279] Aqui são citados esses estudos e alguns outros posteriores:

- DE COLONNE, A. *Système de St. Liguori sur la grâce* (Paris, 1878).
- HERRMANN, J. [1849-1927, redentorista alsaciano e professor no Estudantado de Dreux], *Tractatus de divina gratia secundum S. Alphonsi M. de Liguori doctrinam et mentem* (Roma, 1904). Também: HERRMANN, J. *Trutina systematis alphonsiani de gratia a cl. D. Mannens expositi* (Roma, 1904).
- ANÔNIMO. [um teólogo redentorista por mandato do padre geral Patrício Murray, que enviou o texto, de forma oficial, aos superiores provinciais da Congregação], *Brevis expositio systematis sancti Alphonsi de Gratia* (Roma, 1913).
- JANSEN, J. L. [redentorista de origem alemã e professor no Estudantado de Wittem], *Sancti Alphonsi Mariae de Ligorio doctoris Ecclesiae doctrina de influxo Dei deliberatam voluntatis creatae activitatem exposita, vindicata* (Wittem, 1920). Com licença de publicação *ad usum privatum* por parte do superior provincial da província redentorista da Holanda.
- RYDER, C. *St. Alphonsus' System of Grace according to his teaching in his "Treatise of Prayer" as the Great Means of Salvation and in his Book on the "Council of Trent"* (Londres, 1923).
- RAUS, J. B. *La doctrine de St. Alphonse sur la vocation et la grâce en regard de l'Enseignement de S. Thomas et des Prescriptions*

[279] Tellería, II, 980. Também: De Meulemeester, III, 426.

du Code (Lyon-Paris, 1926) sobre o pensamento de Afonso sobre a graça: p. 83-113, com apêndice: p. 114-129.

- HIDALGO, J. F. *Doctrina alfonsiana acerca de la acción de la gracia actual eficaz y suficiente. Estudio histórico-expositivo* (Turim, 1955).
- BOELAARS, H. *La preghiera nell'opera della salvezza*: SM 9 (1971) 233-249.
- COLÓN, J. F. *La oración de petición en la doctrina de S. Alfonso M. de Ligorio. Estudio histórico-teológico* (Roma, 1986).

"Fora do Instituto [Redentorista] não faltaram os que, em problemas tão obscuros, abraçaram a solução afonsiana ou se aproximaram dela, tanto por sua suficiente firmeza teórica quanto, sobretudo, por suas vantagens práticas. Assim declararam em seus tratados o abade A. Martinet [1859] e o doutor Schäzler [1867] e esse convenceu o licenciado De Colonne [obra citada, 1787] a escolher como tese doutoral na Sorbone o sistema de Santo Afonso sobre a graça. Ao passar em revista os diversos sistemas católicos, G. Van Noort ponderava, entre outros motivos, que o referido sistema era o único, até então, propugnado expressamente por um doutor da Igreja. Mais adiante, um pensador de límpida cepa, o P. Marín Sola [La Ciencia Tomista 18 (1925) 24, 31], pôs em relevo a clara intuição teológica de Santo Afonso ao adentrar nos mistérios da graça. Quantos, como o P. Brambilla, jesuíta [Roma, 1946], ou o P. Nebreda, claretiano [Bilbao, 1923], ou o P. Portalié, agostiniano [DTC, I/2, 2.497], perscrutaram as ideias básicas de Santo Agostinho entorno da oração, não puderam deixar de colocar junto a ele o bispo de Santa Águeda, irmanado com o de Hipona por afinidade de alma e, em alguns aspectos, de temperamento. Se, apesar de tudo, mantêm-se as reservas sobre a consistência especulativa das teses afonsianas, costumam ser apresentadas com termos de respeito e simpatia, sobretudo, pelos escritores independentes [A. Tanquerey, P. Parente]".[280]

[280] Tellería, II, 981.

11.8.3 Resposta sacramental: (I) A comunhão frequente

- Notas históricas

Entre os moralistas dos séc. XV-XVIII, houve grande diversidade de opiniões acerca da maior ou menor frequência da comunhão dos fiéis. Sobressai o dado das restrições, embora constate-se uma atitude cada vez mais aberta para a recepção frequente da Eucaristia por parte dos fiéis em algumas circunstâncias específicas.[281]

Por exemplo:

- Para Bartolomeu de Medina "tornar regra ordinária que todos comunguem de oito em oito dias é má doutrina porque nem todas as pessoas têm igual devoção e preparação (...); e segundo que, por mais santo que seja um secular, não se há de dar licença que comungue cada dia, mas, no máximo, a cada semana".[282]
- Francisco de Toledo assinalava que "não se lhes há de aconselhar a todos a mesma frequência, especialmente, aos leigos, porque há muitos que não têm o conhecimento e discrição necessários para penetrar a dignidade desse sacramento, como os rudes e os escravos (...) e aos tais basta o comungar a cada mês (...); outros penetram mais, no entanto, ocupados com o cuidado de casa e família e negócios seculares, não podem ter a alma afastada completamente dos pensamentos terrenos e a estes basta comungar a cada quinze dias. Outros, embora ocupados com negócios, não se distraem tanto, como os estudantes e outros, mesmo os casados, e a estes seria conveniente comungar aos domingos. Não se há de aconselhar o comungar mais frequentemente a todos sem remeter isso ao juízo dos confessores".[283]

---

281 VÁZQUEZ, I. *Las controversias morales postridentinas*: GARCÍA-VILLOSLADA, R. (ed.). Historia de la Iglesia en España, IV (Madri, 1979) 472-473.

282 MEDINA, B. de. *Breve Instrucción de cómo se ha de administrar el sacramento de la penitencia* (Salamanca, 1579) 209v-210.

283 TOLEDO, F. de. *Instrucción de sacerdotes y suma de casos de conciencia* (Valladolid, 1613) 106v.

- Enrique de Villalobos, opinava que "aos seculares (...) basta que comunguem de oito em oito dias e se houver alguma festa na semana, com conselho do confessor. E tanto poderia ser a santidade do secular que se lhe pudesse conceder cada dia, mas isso não há de ser a cada passo, principalmente às mulheres, que são fáceis de enganar, e alguns prelados, com razão, proibiram que ninguém comungue cada dia sem sua licença. Mas não é lícito comungar duas vezes em um só dia".[284]

Quase nunca chegou-se a defender a comunhão diária, com exceções como a de Manuel Ambrósio Filguera, para quem é "mais conveniente e melhor conselho comungar todos os dias, quando não há consciência de pecado mortal, que deixar de comungar sempre, ainda que se deixe a comunhão por reverência".[285]

Nessa mesma orientação, mas com evidente exagero, o jesuíta João Pichón, sustentou em sua obra *L'esprit de Jésus-Christ et de l'Église sur la fréquente communion* (Paris, 1745) que os fiéis que viviam em estado de graça estavam obrigados a receber frequentemente a comunhão. Tal doutrina foi combatida pela maioria dos bispos franceses e o autor precisou se retratar (1748).[286] Com melhor sentido, o também jesuíta, D. Petau (*De la pénitence publique et de la préparation de la communion* [Paris, 1644]) se havia oposto à severíssima doutrina de Arnauld.

Também com orientação prática, o decreto *Cum ad aures* (12 de fevereiro de 1679)[287] da Congregação do Concílio pedia aos bispos, párocos e confessores que não rechaçassem aos fiéis que se aproximavam frequentemente, e até diariamente, da comunhão[288] e afirmava "que a comunhão diária é de direito divino".[289]

---

284 VILLALOBOS, E. de. *Manual de confesores* (Salamanca, 1625) 35.

285 FILGUERA, M. A. de. *Suma de los casos de conciencia que se disputan en la Teología moral* (Madri, 1667) 101.

286 DENZINGER, H.; HÜNERMANN, P. *El Magisterio de la Iglesia* (Barcelona, 2000²) 599. [= DENZINGER, H.; HÜNERMANN, P. *Compêndio dos símbolos, definições e declarações de fé e moral*. São Paulo: Paulinas/Loyola, 2006. 1468 p].

287 DH, 2090-2095.

288 DH, 2090.

289 DH, 2095.

Contudo, como anotamos no capítulo precedente, na época de Afonso a participação plena na Eucaristia mediante a comunhão, considerada mais como um *prêmio* que como *viático,* era um comportamento minoritário entre os fiéis.

É nesse contexto, de marcado tom "jansenista", que Afonso de Liguori precisou defender o direito dos fiéis à comunhão, inclusive dos fiéis enquadrados nos dois grupos de cristãos mais castigados pelo rigorismo jansenista, os comerciantes e os casados (*etiam pro sposatis et mercatoribus* era a comunhão, segundo Afonso).

- Defesa afonsiana da comunhão frequente (dominical)

Essa defesa afonsiana da recepção frequente da comunhão por parte dos fiéis teve uma longa história, que resumimos na continuação.[290]

No início de 1762, o sacerdote napolitano Genaro Andolfi (com o pseudônimo de Cipriano Aristásio), publicou um escrito, no formato de carta, contra as orientações expressas por Afonso sobre comunhão frequente, concretamente, a comunhão dominical, na obra *Istruzione e Pratica per li Confessori.*

> O que Afonso sustentava era a possibilidade de conceder a comunhão dominical "àquelas pessoas que não estão em perigo de cair em culpa grave, mesmo que cometam ordinariamente pecados veniais deliberados e não se perceba nelas, nem emenda, nem desejo de emenda; a tais pessoas, não é bom permitir-lhes a comunhão mais de uma vez por semana" (*Istruzione e Pratica* [Nápoles, 1757] III, 165 = [Nápoles, 1760] III, 167 = [Veneza, 1761] III, 166).
>
> O texto de J. Andolfi só é conhecido pelas posteriores respostas de A. de Meo e de Afonso. Deveria levar por título: *Lettera al Rev. Padre Don Alfonso de Liguori, da servire di avvertimento a confessori,* di D. Ci-

290 A melhor exposição histórica sobre a disputa de Afonso sobre a comunhão frequente é a de: BOELAARS, H. *La polemica di Sant'Alfonso de' Liguori sulla comunione dominicale*: Studia Moralia 9 (1971) 321-340. H. Boelaars declara (*Ibid.,* 322) que, antes dele, a descrição mais completa da disputa tinha sido escrita por: GREGORIO, O. *Un manoscritto teologico inedito del P. A. di Meo (1726-1786)*: SH 15 (1967) 113-125.

priano Aristasio, Prete missionario della Chiesa di Napoli (Nápoles, 1762). Foi enviado a Afonso, a todas as casas da Congregação do Santíssimo Redentor, à Santa Sé e ao núncio de Nápoles.

Estando em Roma, nos trâmites para ser consagrado bispo, Liguori redigiu uma resposta, também a modo de carta a um prelado amigo. O autor da carta-resposta se identificava como "Reitor-Mor da Congregação do Santíssimo Redentor e Bispo Eleito de Santa Águeda dos Godos":

- *Risposta apologetica [...] ad una lettera stampata inviatagli dal Rev. Sacerdote D. Cipriano Aristasio, Prete Missionario della Chiesa di Napoli* (Roma, 1762).[291]

J. Andolfi não se deu por vencido. Respondeu com um opúsculo intitulado: *Replica alla risposta Apologetica [......] su di quanto è stato da Lui scritto intorno alla Frequenza della Santa Communione* (sem data e sem local de edição). O escrito, cujo conteúdo não é conhecido, apoiava suas teorias rigoristas sobre textos dos Santos Padres e dos Doutores da Igreja.

Ocupado nas tarefas diocesanas, Afonso encomendou ao padre Alexandre di Meo que respondesse ao novo escrito (e também, à primeira *Carta*) de J. Andolfi. O sábio redentorista o fez mediante escrito intitulado: *Confutazione della lettera e replica di D. Cipriano Aristasio a Monsignor de' Liguori. Si esamina quali sieno i veri sentimenti di S. Chiesa sopra la Frequente Comunione* (Nápoles, 1764).[292]

Afonso utilizou esse trabalho do padre A. di Meo e redigiu sua própria *Risposta Apologetica [...] circa l'uso della Communione, contra le opposizioni fattegli dal Rev. Sacerdote D. Cipriano Aristasio* (Nápoles, 1764).[293]

O sacerdote napolitano voltou a insistir com sua *Difesa della Dottrina di S. Francesco di Sales circa le disposizioni richieste per la frequente, e per la cotidiana Comunione* (Lucca, 1765).

[291] De Meulemeester, I, 118-119; Ferrero-Boland, 519.
[292] De Meulemeester, II, 125-126.
[293] De Meulemeester, I, 123; Ferrero-Boland, 521.

Afonso fez a mesma coisa com uma breve dissertação, de umas 15 páginas, intitulada *Breve aggiunta sulla materia della comunione frequente contro D. Cipriano Aristasio,* inserida no tomo 3 da *Istruzione e Pratica* (Nápoles, 1765) 401-411. Liguori elogia a erudição, inteligência e o esforço de seu adversário, mas exorta-o a empregar esses talentos em refutar o opúsculo *De l'Esprit,* de Helvétius, que tanto mal fazia com sua ampla difusão em Nápoles.

O padre A. di Meo iniciou a composição de uma réplica ao último escrito de J. Andolfi, mas o manuscrito ficou incompleto e não foi dado à impressão.[294]

Com essa série de réplicas e contrarréplicas fica claro o interesse de Afonso em fazer valer a concepção benigna da graça e dos sacramentos frente às posturas rigoristas dos jansenistas.[295] "Afonso encerrava, dessa maneira, mais um episódio de sua luta antijansenista. Os marcos luminosos que deixou cravados guiarão, no século seguinte, o reflorescimento da piedade eucarística (...). As normas de Pio X e os documentos mais recentes do magistério eclesiástico confirmam substancialmente aquelas diretrizes".[296]

Nota bibliográfica.

- TOURNAY, R. Fr. *La frecuente Comunión según san Alfonso María de Ligorio:* El Perpetuo Socorro 2 (1900) 111-118.
- RAMOS, T. *San Alfonso María de Ligorio, Apóstol de la Comunión frecuente y diaria* [Memorial apresentado, discutido e aprovado no XXII Congresso Eucarístico Internacional de Madri, 1911]: El Perpetuo Socorro 13 (1911) 338- 344, 396-401, 445-450.
- GREGORIO, O. *Un manoscritto teologico inedito del P. A. di Meo (1726-1786):* SH 15 (1967) 113-125.
- BOELAARS, H. *La polemica di Sant'Alfonso de' Liguori sulla comunione dominicale:* SM 9 (1971) 321-340.

294 Ver o citado artigo de: GREGORIO, O. *Un manoscritto teologico inedito…*
295 CACCIATORE, G. *S. Alfonso de' Liguori…,* 470-480; Tellería, II, 325-327.
296 Tellería, II, 327.

11.8.4 Resposta Sacramental: (II) Prática penitencial benigna

- Notas históricas

A afirmação de que, na época de Afonso, prevaleciam as orientações rigoristas na prática da penitência pode ser constatada por várias fontes históricas:[297]

- Na doutrina e prática imposta por Saint-Cyran para as confissões das religiosas e "solitários" de Port-Royal, no início do movimento jansenista.[298]
- Nos *Catecismos* compostos ou promovidos pelos jansenistas, especialmente, o chamado *Catecismo de Montpellier*, publicado e promovido por Charles-Hoachim Colbert de Croissy, bispo jansenista de Montpellier (de 1696 a 1738): *Instructions générales en forme de catéchisme*, 4 vol. (Bruxelas, 1704). O autor do citado *Catecismo* foi o oratoriano François-Aimé Pouget, diretor do seminário de Montpellier e, antes, vigário de São Roque, em Paris. A doutrina do Catecismo acerca da penitência apoiava-se na prática (rigorista) da Igreja primitiva, nos documentos do Concílio de Trento e nas orientações rigoristas de São Carlos Borromeo.
- Na teoria e na prática da direção espiritual levada a cabo pelos oratorianos, P. Quesnel (1634-1719) e J. J. Duguet (1649-1733), na fase denominada de jansenismo "devoto" (mais ou menos entre 1680 e 1713, ou seja, entre o ocaso da paz Clementina [1667-1668] e a aparição da bula *Unigenitus* [1713]). As orientações espirituais de um e de outro tiveram influência fora da França e marcaram, com traços rigoristas, a compreensão e prática da penitência sacramental.[299]

---

297 Ver a exposição, sobre os documentos anunciados, em: ROSA, M. *Giansenismo e Penitenza*: Chiesa e Storia 1 (2011) 259-284.

298 ORCIBAL, J. *La spiritualité de Saint-Cyran avec ses écrits de piété inédits* (Paris, 1962).

299 Sobre P. Quesnel: STELLA, P. *Quesnel autore spirituale nell'Italia dei secoli XVIII e XIX*: STELLA, P. Il libro religioso in Italia. Edição preparada por M. Lupi (Roma, 2008) 179-197. Sobre J. J. Duguet: STELLA, P. *Itinerari portorealistici: Jacques-Joseph Duguet (1649-1733) e le sue fortune in Italia*: Salesianum 27 (1965) 629-665.

Em termos gerais, as orientações jansenistas conduziram a uma prática penitencial rigorista.[300] Esse rigorismo é claramente perceptível em dois aspectos:

- *Adiamento da absolvição.* São frequentes os conselhos e, às vezes, as obrigações, que os moralistas formulam sobre o adiamento da absolvição daqueles penitentes que voltaram a cair no mesmo pecado depois da última confissão.
- *Prevalência prática do "contricionismo" frente à possibilidade de "atricionismo" sacramental.*

Entre as três principais correntes sobre a dor necessária pelos pecados cometidos para conseguir a absolvição sacramental eficaz, o atricionismo, o contricionismo mitigado e o contricionismo puro, os jansenistas defenderam a terceira orientação. Mais ainda, fizeram alvo de suas críticas, tanto o atricionismo, próprio dos probabilistas, quanto o contricionismo mitigado, defendido por autores próximos às posições probabilioristas.[301]

O Magistério pontifício não optou abertamente por nenhuma das posições, mas distanciou-se das afirmações mais extremas. Assim, no pontificado de Alexandre VIII, o Santo Ofício (decreto de 24 de agosto de 1690) declarou errônea a proposição que afirmava: "A atrição que se concebe por medo ao inferno e aos castigos, sem o amor de benevolência a Deus por si mesmo, não é movimento bom, nem sobrenatural".[302] Clemente XI, na constituição *Unigenitus* (8 de setembro de 1713), condenou a proposição rigorista: "Quem se abstém do mal apenas pelo temor de castigo, comete-o em seu coração e já é réu diante de Deus".[303] A constituição *Auctorem fidei* de Pio VI (28 de agosto de 1794) volta sobre o tema para

[300] ALIMENTO, A. *La direzione spirituale giansenista*: CATTO, M. (ed.). La direzione spirituale tra medioevo ed età moderna. Percorsi di ricerca e contesti specifici (Bolonha, 2004) 71-103.

[301] Ver a ampla e precisa exposição do tema em: AMARANTE, A. V. *Probabilismo, attrizionismo e contrizionismo*: Chiesa e Storia 1 (2011) 239-258.

[302] DH, 2315.

[303] DH, 2462.

condenar a afirmação que considera como um mau "o próprio temor do inferno".[304]

Em 1748, o Papa Bento XIV recomendou aos bispos não tomar posição oficialmente sobre a disputa teológica acerca do atricionismo e do contricionismo.[305] Isso não impediu que alguns deles, na prática, seguissem condenando o atricionismo. "A Santa Sé não quis por travas a esse rigorismo prático enquanto seus defensores respeitassem o dogma tridentino da eficácia do sacramento e não declarassem essencial o cumprimento da penitência antes da absolvição. Por ter aberto essa brecha, muitas proposições que provinham mais ou menos textualmente do grupo de Lovaina (como: 'com a prática da absolvição imediata se inverteu a ordem da penitência'[306]), denunciadas pelos antijansenistas belgas como revanche pela condenação de 1679, foram, finalmente, condenadas em 1690".[307]

- Resposta de Afonso

Afonso de Liguori, formado em manuais de moral rigorista, converteu-se a posturas benignas a partir da experiência pastoral. No confronto entre atricionistas e contricionistas, "colocou-se da parte dos atricionistas ao se dar conta de que a questão tinha a ver com a salvação do homem condicionado por sua fragilidade. Defendeu a atrição enquanto comportava: o medo da condenação divina, a esperança do perdão e a esperança da felicidade. Estas três *conditiones* presentes no penitente atrito possibilitam ao confessor exercer seu ministério sem temor".[308]

Além disso, Afonso propôs uma *prática* ou *práxis* do sacramento da penitência orientada pelo critério da benignidade pastoral. Esse tema é de tanta importância no conjunto da mensagem teológico-moral afonsiana que lhe dedicaremos toda uma seção (19ª seção) da quarta parte, destinada a expor o pensamento teológico-moral de Afonso.

---

[304] DH, 1625. Cf. DH, 1636.
[305] Cf. DH, 2564-2565.
[306] DH, 2317.
[307] QUANTIN, J.-L. *El rigorismo cristiano* (Madri, 2006) 80-81.
[308] AMARANTE, A. V. *Probabilismo...*, 256-257.

Nota bibliográfica

- AMARANTE, A. V. *Probabilismo, attrizionismo e contrizionismo*: Chiesa e Storia 1 (2011) 239-258.
- ROSA, M. *Giansenismo e Penitenza*: Chiesa e Storia 1 (2011), 259-284.

11.8.5 Complemento bibliográfico

Frente afonsiana contra o jansenismo

- ROSA, E. S. *Alfonso Maria de Liguori e la lotta contro il giansenismo*: La Civiltà Cattolica 90 (1939) I, 97-106.
- CACCIATORE, G. S. *Alfonso de' Liguori e il giansenismo. Le ultime fortune del moto giansenistico e la restituzione del pensiero cattolico nel secolo XVIII* (Florença, 1944).
- NIGRONE, S. *Doctrina S. Alphonsi de spe in luce polemicae jansenistae saeculi XVIII*. Dissertatio ad lauream, PUG (Roma, 1962).
- HIDALGO, J. F. *Doctrina alfonsiana acerca de la acción de la gracia actual eficaz y suficiente. Estudio Histórico-expositivo* (Turim, 1955).
- WEISS, O. *Von Jasenismus zum Liguorismus in der Beichtpastoral (1700-1850):* SH 63 (2015) 45-74.

DÉCIMA SEGUNDA SEÇÃO

O Reinado do *Probabiliorismo* nos séculos XVII-XVIII

12.1 INTRODUÇÃO A OPÇÃO PROBABILIORISTA NO SÉCULO XVIII

12.1.1 O ambiente geral

O jansenismo, produto típico do séc. XVII, foi a expressão mais destacada do rigorismo moral, como exposto na seção anterior.

Contudo, é possível afirmar que, na implantação do rigorismo moral na vida eclesial, maior importância tiveram as posições morais antiprobabilistas, transmitidas pelo probabiliorismo. De fato, o antijesuitismo probabiliorista, e o consequente rigorismo moral, dominaram a moral francesa do séc. XVII (segunda metade) e a moral italiana do séc. XVIII (primeira metade).

Se, ao *jansenismo* e ao *probabiliorismo,* acrescentarmos as posições *tucioristas,* que sempre estiveram presentes no pensamento e na vida da Igreja, teremos os grandes afluentes que engrossam o caudal do rigorismo moral dos séc. XVII-XVIII.

Este é o contexto onde adquire significado histórico a obra moral de Afonso de Liguori. Sua contribuição fundamental será oferecer uma saída para essa crise moral do *probabiliorismo antipro-*

babilista, expressão que indica, não apenas a direção rigorista (probabiliorismo) da moral, mas também o tom *anti* (antiprobabilista, antijesuítico) da orientação.

12.1.2 A opção probabiliorista da Ordem dominicana

- O fundo do tomismo teológico

Como foi exposto em volume anterior (V/1, 917-931), no séc. XVII (e início do XVIII) houve uma revitalização do tomismo teológico. Basta recordar o espanhol Pedro de Godoy († 1677), o francês João Batista Gonet (1616-1681) e o italiano Luís Vicente Gotti (1664-1742).

Esses representantes do tomismo teológico, mesmo não tendo entrado, expressa e diretamente, nas discussões sobre os *sistemas de moral*, aderiram às opções probabilioristas e, consequentemente, foram críticos do probabilismo.

> J. B. Gonet, por influência do dominicano de Toulouse, Pedro Labat, apoiou expressamente a opção probabiliorista. Em seu *Clypeus theologiae thomisticae* (Bordeaux, 1659-1669) introduziu uma *Dissertatio theologica de conscientia probabili*, onde discutiu proposições dos livros de João Caramuel e Tomás Tamburini. Em 1669, publicou um livro sobre a moralidade dos atos humanos, com o propósito de defender, mais uma vez, a doutrina tomista ante o que ele chamava de relaxamento dos modernos casuístas, bem como, contra o rigorismo dos jansenistas.

Na citada passagem do volume indicado desta História da Teologia Moral (V/1, 917-931) também foi apresentada a incidência da renovação tomista no campo do discurso teológico-moral, fazendo pender o pensamento moral de Tomás de Aquino para posições claramente *objetivistas:*

1. Orientação objetivista na *constituição* da moralidade.
2. Predomínio do *objeto,* em comparação com o *fim,* na determinação das "fontes" da moral.

Além do mais, esse tomismo teológico teve concretização importante no campo da Teologia Moral, manifestada:

- Primeiro, pelo profundo pensamento do lusitano-espanhol, João de Santo Tomás (1589-1644): ver o volume V/1, 923-928.
- Depois, pela coerente sistematização moral do belga Renato Billuart (1685-1757): ver o volume V/2, 790-792.

- A opção moral probabiliorista

A segunda metade do séc. XVII e a primeira metade do séc. XVIII foram momentos de esplendor dominicano em Teologia Moral. E isso aconteceu mediante uma clara opção em favor do probabiliorismo.

Segundo a cronologia ou biografia estabelecida por D. Concina, o probabilismo: teve sua *infância* de 1575 a 1620; foi *adulto* de 1620 a 1656; *decaiu* a partir de 1656 e, sobretudo, desde 1690. O probabilismo teve que ceder seu posto hegemônico ao probabiliorismo.

No âmbito dos sistemas de moral, o probabiliorismo defende que só é possível seguir a opinião favorável à liberdade quando esta for mais provável (em latim, *probabilior*) que sua contrária (favorável à lei). Os pressupostos do probabiliorismo são, basicamente, dois:

1. A lei está acima da liberdade;
2. É preciso seguir a via árdua para assegurar a salvação.

Em relação ao probabiliorismo histórico dos séc. XVII-XVIII, convém ressaltar duas características:

- Nasce como oposição ao probabilismo (e seu exagero: o laxismo) que dominou o pensamento moral de 1550 até 1650.
- De uma forma ou de outra (mais ou menos exagerada) é defendido por todas as tendências de orientação rigorista. Contudo, assim como o probabilismo não é patrimônio da Companhia de Jesus, mas identifica os jesuítas, o probabiliorismo não é patrimônio da Ordem dominicana, mas um traço típico dos moralistas dominicanos, em seu conjunto, durante os séc. XVII e XVIII.

A esse respeito foi decisiva a posição antiprobabilista adotada pelo Capítulo Geral da Ordem Dominicana, celebrado em Roma, em 1656. Essa data marca, simbolicamente, o começo da reação antiprobabilista promovida pela Ordem dominicana.[1] O Capítulo pediu aos freis que "nas questões morais envolvendo, de modo especial, a salvação das almas, buscassem evitar, com toda a cautela, opiniões laxas, novas e pouco seguras".[2]

Nessa ocasião, o Mestre Geral, João Batista de Marinis, promulgou uma *admonitio* pedindo que os dominicanos censurassem o probabilismo e aderissem ao probabiliorismo.

12.1.3 Divisão da seção

Apoiados na decisão do Mestre Geral, direta ou indiretamente, surgiram na Ordem dominicana grupos de teólogos e autores isolados que sustentaram, desenvolveram e trataram de justificar o probabiliorismo como postura mais coerente com a moral cristã.

Dois grupos sobressaem:

- O grupo de Toulouse (na segunda metade do séc. XVII) com V. Contenson (1641-1674) como representante principal.
- O trio do convento reformado de Veneza (em pleno séc. XVIII): D. Concina (1687-1756), F. Cuniliati (1685-1759) e J. V. Patuzzi (1700-1769), adversários diretos (sobretudo, o último) de Afonso de Liguori.

Não é demais advertir ao inteligente leitor que o grupo de Toulouse se localiza no séc. XVII. O motivo de adiarmos até agora sua exposição foi para descrever o *contexto geral probabiliorista* onde

---

1 DEMAN, Th. *La réaction dominicaine contre le Probabilisme*: DTC, XIII, 502-509.

2 REICHERT, B. M. *Monumenta Ordinis Fratrum Praedicatorum Historica*, t. XII (*Acta Capitulorum generalium*, vol. VII) (Roma, 1902): *Acta Capituli Generalis Romae in conventu Sanctae Mariae super Minervam Ordinis Praedicatorum celebrati in festo SS. Pentecostes die IV Juniii 1656*, p. 403: "In his porro [in moralibus, ubi pressius de salute ac indemnitate animarum agitur] studeant omni cautela evitare opiniones laxas, novas ac parum tutas".

deve ser interpretado o significado histórico do pensamento teológico-moral de Afonso de Liguori.

Junto a esses dois grupos, aludiremos a outros moralistas da Ordem dominicana situados na época do probabiliorismo (séc. XVII-XVIII), mas não pertencentes, diretamente, aos dois grupos indicados.

Contudo, nesta seção não trataremos do confronto sustentado por Afonso contra as correntes morais de tipo probabiliorista, pois toda a sua obra, que será estudada detidamente na quarta parte do volume, se move no âmbito desse confronto. Além disso, dedicaremos ao confronto concreto entre Patuzzi e Afonso, o cap. 2 da 20ª seção.

Portanto, estes são os dois capítulos que compõem a presente seção:

12.2 O grupo dominicano de Toulouse: Vicente Contenson (1641-1674), Pedro Labat († 1670) e Vicente Barón (1604-1674).

12.3 O grupo dominicano de Veneza: Daniel Concina (1687-1756), Fulgêncio Cuniliati (1685-1759) e João Vicente Patuzzi (1700-1765).

12.2 O GRUPO DOMINICANO DE TOULOUSE: VICENTE CONTENSON (1641-1674), PEDRO LABAT († 1670), VICENTE BARÓN (1604-1674).

12.2.1 Reforma da Ordem e opção pelo rigorismo

- Reforma na vida religiosa

Neste capítulo, reunimos vários teólogos dominicanos sob a caracterização de "grupo de Toulouse". A expressão deve ser entendida de modo bastante fluido, pois não constituíram uma "escola" teológica propriamente dita e, nem sequer, conviveram todos, e todo o tempo, na cidade de Toulouse. A referência a Toulouse se refere à história da reforma da Ordem dominicana na França.

Com efeito, o Capítulo Geral da Ordem, de 1569, celebrado em Roma, seguindo as orientações reformistas do Concílio de Trento, decidiu acabar com a situação dos freis dominicanos não reformados ou conventuais.

O restabelecimento da antiga observância na França foi obra, em grande parte, de frei Sebastião Michaelis (1543-1618) que se estabeleceu em Toulouse em 1599. Até meados do séc. XVII, a província reformada de Toulouse compreendia vinte e cinco conventos, cinco vicariatos e dois mosteiros de monjas. Também pertencia à essa província, o convento parisiense de Saint-Honoré.[3]

O período compreendido entre 1650 e 1766 é um dos mais florescentes para os dominicanos franceses e, especialmente, dominicanos da província de Toulouse. A reforma insistia na formação teológica, mas uma formação teológica vinculada à promoção da vida espiritual.

- Opção pelo rigorismo moral

A mudança da Ordem dominicana, de posturas probabilistas para opções morais de orientação mais rigorista, encontrou pronta verificação na França.

Em 1659, apareceu em Paris, com aprovação dos doutores parisienses, a primeira edição francesa de uma obra publicada em Veneza no ano anterior, pelo dominicano Júlio Mercori (ca. 1607-1673), inquisidor em Mântua e, ao mesmo tempo, leitor e superior em vários conventos da Ordem, entre eles, o de Santa Catarina *a Formiello* em Nápoles.[4] No próprio título já aparecia com clareza sua orientação rigorista: *Basis totius Moralis Theologiae hoc est Praxis opinionum limitata (...). Adversus nimis emollientes aut plus aequo exasperantes Iugum Christi*

---

[3] GASNIER, M. *Les dominicains de Saint-Honoré. Histoire et préhistoire du Club des Jacobins* (Paris, 1950).

[4] SCHWEDT, H. H. *Die Römische Inquisition. Kardinäle und Konsultoren 1601 bis 1700* (Friburgo, 2017) 404-406.

opus Iudicibus interni et externi fori apprime necessarium (Paris, 1659). Ao longo de suas páginas, insistia que todo juízo moral prudente deveria evitar a dúvida (a probabilidade) e devia se basear na certeza. A orientação antiprobabilista não podia ser melhor expressa.[5]

Na trilha dessa orientação, vários pregadores da Ordem dominicana manifestaram suas opções pelo rigor moral. Sirva de testemunho a vasta soma de sermões teológicos que publicou, de 1653 a 1679, o pregador dominicano **Jacinto Chalvet** (1605-1683), pertencente à província dominicana de Toulouse, mas atuando pastoralmente fora de seus limites geográficos.[6] O sexto tomo de seus sermões teológicos é dedicado à Teologia Moral, já que comenta a *Prima Secundae* da Suma Teológica de Tomás de Aquino.[7] Sem opor-se abertamente ao probabilismo, recomenda que, entre as opiniões de peso parecido, seja escolhida a opinião que apoia a obrigação (e não a que se orienta para a liberdade).[8]

O terreno começava a ser preparado para o surgimento das grandes sínteses morais de orientação probabiliorista dos teólogos dominicanos vinculados, ainda que não da mesma maneira e grau, à província de Toulouse. A eles nos referimos na continuação.

12.2.2 Vicente Guilherme de Contenson (1641-1674)

Dados biográficos

Seu nome de batismo era Guilherme, mas na vida religiosa adotou o de Vicente, pelo qual é conhecido.[9] Nasceu no ano de

5 GAY, J. P. *Morales en conflit. Théologie et polémique au Grand Siècle (1640-1700)* (Paris, 2011) 677-678.

6 Dados biográficos de Jacinto [Hyacinthius] Chalvet: Supplément au Grand dictionnaire historique, généalogique, géographique de M. L. Moreri, I (Paris, 1735) 248.

7 CHALVET, H. [Hyacinthius]. *S. Thomas Aquinas ex suggestu sive Theologia Moralis Angelici Doctoris in Conciones digesta* (Caen, 1663).

8 GAY, J. P. *Morales en conflit...*, 678-679.

9 BEZANDUM, P. *Une gloire dominicaine: Histoire du T. R. P. de Contenson* (Montauban, 1863); COULON, R. *Contenson*: DTC, III (Paris, 1908) 1631-1633; COLOSIO, J.; LAURENT, M. *Contenson*: DS, II (Paris, 1953) 2193-2196.

1641, em uma família da classe média, no belo povoado de Auvillar (região sul dos Pireneus, departamento de Tarn e Garona), situado no caminho de São Tiago.

Fez seus primeiros estudos em Montauban (1649-1655), no colégio dos jesuítas, aos quais sempre expressou reconhecimento, apesar das diferenças doutrinais. Desde seus primeiros anos de estudo, Guilherme demonstrou uma inteligência desperta e sutil, excelente memória e constância no esforço.

Atraído pela palavra do dominicano de Toulouse, Vicente Barón, Guilherme de Contenson apresentou-se em Montauban (1655) para ingressar na Ordem dominicana. Mas, diante da oposição do pai, foi para o convento dominicano de Toulouse (1656), onde fez a profissão religiosa em 2 de fevereiro de 1657. Teve como mestre e diretor de vida religiosa o Padre **Ramón Mailhat** (1611-1693), cuja ciência e piedade eram muito conhecidas nas províncias dominicanas de Toulouse e Lombardia: foi o autor de um *Curso de Filosofia* (editado umas 15 vezes), terminando seus dias em Roma, onde desfrutou do apreço do Papa.[10]

Vicente fez todos os estudos sacerdotais em Toulouse. Sua aplicação foi grande e os resultados chamaram a atenção. Antes da ordenação sacerdotal, nos anos 1662-1664, dedicou-se exclusivamente ao estudo da história eclesiástica e dos Santos Padres. O convento dominicano de Toulouse tinha uma das melhores bibliotecas da França, segundo consta pelos fundos assumidos pela biblioteca municipal da cidade nos tempos da Revolução Francesa.

Com a idade de 24 anos, Vicente foi enviado a Albi, para ocupar a cátedra pública de filosofia (1664-1665) e sustentou numerosas controvérsias com os protestantes, muito ativos nessa região da França. Foi chamado a Toulouse (1666), onde ensinou teologia e, comissionado para uma missão em Roma (fins de 1666-1667), não deixou de visitar as bibliotecas que encontrou pelo caminho e, sobretudo, na Cidade Eterna, a biblioteca de Santa Sabina e a biblioteca Vaticana.

[10] Dados biográficos em: Biographie Toulousaine, II (Paris, 1823) 7.

Regressando à França, foi designado (1674) para o convento de Saint-Honoré de Paris, sede do noviciado geral, onde teve oportunidade de se relacionar com seu antigo amigo V. Barón e outros sábios da capital francesa. Recebeu convites de vários bispos para ensinar teologia em seus seminários. Também se dedicou à pregação por toda a França (Bourdeaux, Rennes, Beauvais, etc). De saúde frágil, faleceu de esgotamento, depois da pregação do Advento de 1674, no dia 26 de dezembro do mesmo ano, em Creil (Oise), em cuja igreja foi sepultado. Tinha apenas trinta e quatro anos. Na inscrição latina sobre sua tumba é possível ler: "Hic iacet R. R. V. Contenson, O. P., aetate iuvenis, virtute senex - *aqui jaz R. R. V. Contenson, O.P., novo na idade, experiente na virtude*". Entre os elogios que se seguem, não poderia faltar a alusão à sua condição dominicana de *pregador:* "concionando mori debebat, qui vivebat animarum zelo - *deveria mesmo morrer pregando, quem tinha vivido no zelo pelas almas*". As palavras da lápide também integram o serviço da pregação com o tempo litúrgico em que ocorreu seu falecimento: "sensit se morientem nascentem Christum cum praedicavit - *sentiu-se morrer enquanto Cristo nascia*".

- Obra

A única e grande obra de V. G. de Contenson foi a *Theologia mentis et cordis seu Speculatio universae sacrae doctrinae, pietate temperata, doctore potissimum angelico derivata,* cujos trâmites para publicação o autor ainda teve tempo para realizar com a Ordem e os editores de Lyon. Esta, apareceu em 9 volumes, em Lyon, 1681. A aprovação, muito elogiosa, foi dada pelos dois doutores parisienses do convento de Chambéry, os freis H. Noè Marchand e C. Gand, e pelo grande amigo do autor, frei V. Barón.

A morte o surpreendeu enquanto estava compondo o tratado sobre a penitência (livro II, disp. 1, s. 3). Faltava pouco, como anotam os editores de Lyon no vol. 9, p. 412. O padre **Antonino Massoulié** (1632-1706) que, como Contenson, pertencia ao convento parisiense de Saint-Honoré, terminou o trabalho utilizando, em grande medida, as notas deixadas pelo autor e acomodando-se muito bem ao seu estilo e modo de pensar.

A obra teve outras muitas edições: Lyon, 1668-1669,1687; Colônia, 1687, 1722; Veneza, 1727, 1787, 1790; Turim, 1768; Paris 1874-1875, 1886.

A *Theologia mentis et cordis* é um tratado completo de teologia tomista compreendendo considerações dogmáticas, metafísicas, ascéticas e místicas. Seu mérito consiste em unir em um tratado de teologia as exigências do discurso técnico com as orientações espirituais. Realizou, assim, seu objetivo: "ex scholasticis spinis pietatis rosas collegere - *colher as rosas da piedade a partir dos espinhos escolásticos*" (t. I, p. 58:1.1, d. 1, ap. 2).

Parece ter se inspirado, tanto na *Théologie affective ou Saint Thomas en méditations* (Paris, 1638-1650; Le Mans, 1845) de **Luís Bail** (1610-1669), quanto no *Traité des séminaires* (Aix-en-Provence, 1660) do bispo de Grase e Vence, **A. Godeau** (1605-1672), cuja obra moral referimos no volume precedente (V/2, 895-896).

Também deve ter conhecido as preocupações, semelhantes às suas, de seus dois irmãos de Ordem e membros, como ele, da mesma província dominicana de Toulouse: **L. Chardon** († 1651), autor de *Le Croix de Jésus* (1647), e do citado A. Massoulié, autor de *Méditations de Saint Thomas sur les trois voies purgative, illuminative et unitive* (1678) e do *Traité de la véritable oraison* (Paris, 1699). Como notamos, foi este último frei quem se encarregou de completar a obra inacabada de Contenson.

- Orientação e avaliação

O significado histórico de V. Contenson, enquanto teólogo, se identifica com a proposta de uma *teologia da mente e do coração.* Há estudos destacando a originalidade e importância histórica dessa orientação.[11]

[11] O'MEARA, T. F. *French Baroque Thomism: the theological system of Vincent de Contenson, O. P.*: Science et Sprit 58 (2006) 23-41.

Antônio Hortelano, em sua tese doutoral apresentada à Universidade Gregoriana (Roma) em 1951, e publicada em 1957,[12] analisou o significado histórico e sistemático da proposta de V. Contenson, dando importância:

- Ao temperamento afetivo de Contenson.
- À formação teológica e leituras feitas pelo autor: Agostinho de Hipona (é o autor mais citado por Contenson: 320 vezes), teólogos medievais de orientação afetiva (Bernardo de Claraval é citado 118 vezes).
- Ao influxo da teologia mística, sobretudo, através dos escritos do dominicano espanhol, Frei Luís de Granada, a quem Contenson chamava de "príncipe da teologia mística".
- Ao movimento reformado da ordem dominicana na França, mais concretamente, na província reformada de Toulouse.

Vicente Contenson é representante do tomismo de *orientação agostinizante,* tal como se apresentava na chamada escola teológica dominicana de Toulouse, na segunda metade do séc. XVII.

> "Entre os próprios dominicanos franceses do tempo de Contenson, vemos a rivalidade entre os dois conventos de Paris: o de Saint-Jacques, de tendência intelectualista, e o de Saint-Honoré, de orientação mística. Contenson tentou, com todos os meios ao seu alcance, superar essa oposição. Por formação, era um puro escolástico da escola tomista. Por temperamento e simpatia, era um espiritual que sentia profundamente o problema de seu tempo. A solução dessa antinomia pensou encontrar em sua *Theologia mentis et cordis,* onde busca adequar as velhas tendências tomistas às exigências dos novos tempos. A obra de Contenson consegue relativa e original conciliação dos partidos rivais. Os escolásticos fazem ouvir sua voz nas 'especulações', e os espirituais nas 'reflexões'. Assim voltavam a se unir, de maneira discutível, mas certamente valiosa e original, duas funções que a Teologia, infelizmente, tinha separado".[13]

---

[12] HORTELANO, A. *Teología del corazón. Estudio sobre la metodología teológica afectivo-práctica, vista a través de Vicente Contenson* (Madri, 1957).

[13] *Ibid.*, 18.

Em teologia dogmática, V. Contenson sustentou postura bastante conciliadora em relação ao jansenismo, embora tenha aceitado a condenação das cinco proposições. Também foi do grupo dos que acreditavam que, no *Augustinus*, as proposições não apresentavam o sentido que lhes era atribuído.

> "A atitude de Contenson em relação ao jansenismo não foi tão clara quanto em relação ao probabilismo. Com os Papas, condena a *doutrina* das cinco proposições extraídas do 'Augustinus', mas tenta salvar a ortodoxia de Jansênio, buscando demonstrar que ele apenas havia ensinado a doutrina católica sobre a graça eficaz. E, como Alexandre VII tinha condenado, não apenas a doutrina, nas também seu autor, Contenson chegou a sustentar que os juízos da Igreja sobre questões de *fato* não são infalíveis, embora devam ser acatados com a máxima reverência".[14]

Essa atitude com o jansenismo explica a visão bastante pessimista de Contenson sobre a condição humana, profundamente ferida pelo pecado. Tal compreensão antropológica foi frequente, para não dizer comum, entre os autores espirituais de fins do séc. XVII e durante o séc. XVIII.

Embora mereça elogios a proposta de integrar "mente" e "coração" no discurso teológico, tal como pretende V. Contenson, é preciso reconhecer que o teólogo dominicano deixa bastante a desejar na realização concreta. Segundo alguns intérpretes, V. Contenson busca na verdade dogmática estudada uma *ocasião*, seja qual for, para deduzir um pensamento piedoso. E. Krebs, que adianta essa crítica à obra de V. Contenson, sustenta que a verdade dogmática já tem, por si mesma, um valor para a vida.[15]

> "Tal como Krebs, quase todos os teólogos modernos de tendências mais ou menos vitalista, mostram-se insatisfeitos com a solução dos 'corollaria pietatis'. Em geral, creem que essa solução é precária e muito extrínseca. Segundo eles, toda a Teologia, e por dentro, deve colocar-se em contato com a vida. Assim, por exemplo, D. Chenu

[14] *Ibid.*, 87.

[15] KREBS, E. *Die Wertprobleme und ihre Bedeutung in der katholischen Dogmatik* (Friburgo, 1917) 26-30. Citado por HORTELANO, A. *Teología del corazón...*, 110.

diz: 'A Teologia, ou seja, a fé em funções de inteligência dogmática, é verdadeiro e propriamente fator de vida espiritual. Não se faz Teologia acrescentando 'corollaria pietatis' às teses abstratas, dividindo-as em dado objetivo e subjetivo, mas sim, mantendo a unidade profunda da ordem teológica' (*Position de la Théologie*: Revue des Sciences Philosophiques et Théologiques 24 [1935] 252)".[16]

- Pensamento teológico-moral

Em Teologia Moral, Contenson aderiu ao probabiliorismo, na linha dos dominicanos de Toulouse, como Pedro Labat, João Batista Gonet e Vicente Barón, fazendo com que fosse frequentemente o contado entre os rigoristas e tucioristas.

Vicente Contenson pertence ao grupo de teólogos dominicanos da Província de Toulouse que, seguindo as orientações do capítulo geral da Ordem celebrado em Roma em 1656, se opôs ao probabilismo e promoveu a defesa cerrada do probabiliorismo. Contenson escreveu uma dissertação, histórica e doutrinal, contra o probabilismo (t. III, 542-864: 1.6, d. 3: "De novello probabilitatis commento"). "Foi uma das primeiras [dissertações] a ser escrita e, certamente, com paixão e dureza excessivas".[17]

Para V. Contenson, não pode existir ignorância invencível em questões morais de direito natural. "Chama a atenção que não tenha procedido contra o laxismo como o fez contra o jansenismo, estabelecendo um formulário de proposições censuradas."[18]

Dentro do projeto de uma Teologia Moral realizada com unção espiritual (*teologia mentis et cordis*), Contenson tratou expressamente a questão dos lugares da teologia moral, *Commendatici locorum theologicorum seu de puris ethicae christianae fontibus*;[19] em sua exposição há um vibrante adendo em favor da Sagrada Escritura como fonte principal da Teologia Moral.

---

16 HORTELANO, A. *Teología del corazón...*, 110.

17 *Ibid.*, 86-87.

18 GAY, J. P. *Morales en conflit...*, 681.

19 *Theologia mentis et cordis* (Lyon, 1687) liber V, Diss. Praeambula, c. 1.

Existe um manuscrito onde são censuradas algumas proposições da Teologia Moral de Contenson: *Proposiciones sometidas a la censura en el libro "Theologia mentis et cordis" (Lugduni, 1687) del P. Vicente Contenson, O. P.* (BNE de Madri).

Afonso de Liguori "conhece e estima Contenson, sobretudo, por sua Mariologia".[20] Cataloga-o como autor rigorista e cita em sua obra *Theologia Moralis*. Segundo um pesquisador recente da moral francesa do séc. XVII, "Vicente é outro exemplo de veemente antiprobabilismo, coisa surpreendente se levarmos em conta que Contenson não cessa de manifestar sua gratidão aos jesuítas pela educação recebida no colégio de Montauban".[21]

12.2.3 Outros teólogos do grupo de Toulouse

- Pedro Labat († 1670)

Nasceu em Toulouse, no início do séc. XVII, e faleceu na mesma cidade, em 30 de março de 1670. Ensinou teologia em Bordeaux e, depois, em Toulouse, onde desenvolveu a maior parte de sua atividade docente. Foi fervoroso tomista, conseguindo manter a Universidade de Toulouse fiel ao pensamento de Tomás de Aquino. Seu curso de teologia é importante para o conhecimento das discussões em torno do probabilismo e da graça. Tentou demonstrar que os tomistas ocupavam posição intermediária entre jansenistas e molinistas.

Sua obra principal é um manual completo de teologia em 7 volumes (mais um tomo complementar) in-8° com o título: *Theologia scholastica secundum illibatam D. Thomae doctrinam sive Cursus theologicus in quo omnia dubia maxime hac tempestate agitari solita ample, exacte, et perspicue resolvuntur, ac semper omnino menti ejusdem Doctoris angelici consone* (editado em Toulouse de 1658 a 1661). É

[20] HORTELANO, A. *Teología del corazón...*, 105.
[21] GAY, J. P. *Morales en conflit...*, 680-681.

uma obra interessante para a teologia dogmática por suas posições sobre a teologia da graça. Como outros dominicanos de seu tempo, Labat sustentou que a postura dominicana nessa questão era peculiar, distante, tanto da postura jansenista, quanto da sustentada pelos molinistas.[22]

Para a moral, merecem destaque os tomos terceiro e quarto:

- *Tomus tertius: De universa theologia morali, seu de ultimo fine, actibus humanis, vitiis et peccatis* (Toulouse, 1658).
- *Tomus quartus: De divina gratia et virtutibus theologicis* (Toulouse, 1659).

Parece que Labat influenciou a postura, virulentamente antiprobabilista, de J. B. Gonet que, em seu *Clypeus,* como notamos, escreveu uma *Dissertatio theologica de conscientia probabili,* em cujo quinto artigo, *Probabilitatum monstra,* discute uma série de proposições tiradas das obras dos laxistas (não, propriamente, probabilistas) João Caramuel e Tomás Tamburini.

Quétif-Échard (II, 636, b) colocam P. Labat "inter primi nomini theologos".

- Vicente Barón (1604-1674)

Nasceu em Martres, região da Aquitânia e departamento do Alto-Garona, em 17 de maio de 1604.[23] Fez os primeiros estudos em Toulouse, com os jesuítas. Nessa cidade, com a idade de dezessete anos, entrou na Ordem dominicana, onde professou em 16 de maio de 1622. No convento de Toulouse, cursou estudos sacerdotais de filosofia e teologia. Obteve o doutorado em teologia na Universidade de Toulouse.

Foi professor no convento dominicano de Toulouse. Teve uma erudição ampla, gozou de pensamento profundo e de grande cla-

---

22 CHENU, M. D. *Labat, Pierre*: DTC, VIII/2 (Paris, 1925) 2386.

23 MANDONNET, P. *Baron*: DTC, II (Paris, 1923) 425-426.

reza na exposição.[24] Também foi eminente pregador. Exerceu o serviço da pregação, sobretudo, durante a Quaresma, nas principais igrejas de Toulouse, Avinhão, Bordeaux e outras cidades do sul da França. Distinguiu-se por suas controvérsias com os protestantes.

Entre os anos de 1630 e 1659, foi prior do convento de Toulouse (dois mandatos), Rhodez, Castres, Albi, Avinhão e Saint-Honoré de Paris. Em todos eles promoveu a reforma inaugurada por S. Michaélis nos primeiros anos do século.

Ao deixar o cargo de provincial da província dominicana de Toulouse, foi enviado pelo geral da Ordem a visitar os conventos de Portugal. Na volta, ficou em Paris, no convento de Saint-Honoré, onde faleceu em 21 de janeiro do ano de 1674. Mas, antes, nos últimos quatorze anos de sua vida, dedicou-se a compor obras teológicas. Publicou vários escritos:

- De controvérsia com os protestantes: *L'hérésie convaincue ou la théologie des luthériens et des calvinistes réduite à quatre principes et réfutée* (Paris, 1668).
- Sermões, discursos e panegíricos, pronunciados em 1658 e 1659 (Paris, 1660).
- Em defesa das opiniões teológicas dos dominicanos: *Libri V apologetici pro religione, utraque teologia, moribus ac juribus Ordinis Praedicatorum* (Paris, 1666).
- Uma exposição sobre a doutrina de Agostinho de Hipona e Tomás de Aquino sobre a liberdade humana: *Sancti Augustini et Sancti Thomae vera et una mens de libertate humana et gratia divina explicatur* (Paris, 1666). Nessa obra, editou a redação corrigida de uma dissertação que tinha publicado anteriormente sobre o Index: *Apologia pro sacra congregatione Indicis* (Cracóvia, 1662).

Os escritos mais importantes de V. Barón pertencem ao campo da Teologia Moral.[25] É autor de importante tratado antiproba-

---

[24] D'AMATO, A. *Baron, Vincent*: EC, II, 884: "Profundo teólogo, de vasta cultura, claro e fácil na expressão".

[25] GAY, J. P. *Morales en conflit...*, 679-680.

bilista, em dois volumes: *Theologia moralis adversus laxiores probabilistas, Pars prior* (Paris, 1665); *Manuductionis ad moralem theologiam, Pars altera* (Paris, 1665).

Defendeu a compreensão da moral na Ordem dominicana: *Libri 5 apologetici pro religione, utraque theologia, moribus et iuribus O. P.* (Paris, 1666). Também compôs uma síntese da Teologia Moral: *Theologiae moralis summa bipartita*, 2 vol. (Paris, 1667-1668). Estas duas obras foram colocadas no *Index* dos livros proibidos (decreto de 15 de junho de 1672) em razão de seu rigorismo.

Compreende-se a necessidade de afirmar que V. Barón defendeu com afinco o sistema moral probabiliorista. "Seu afã por limpar a tradição dominicana de qualquer suspeita de laxismo o levou, às vezes, a desenvolvimentos acrobáticos sobre as passagens de Caetano, citadas por Molina".[26]

Quando a morte chegou, estava trabalhando no curso completo de teologia que levaria o título *Divus Thomas sui Interpres*. Não chegou a ser publicado. Há uma obra com o mesmo título, mas pertence ao, já duas vezes nomeado, dominicano Antonino Massoulié: *Divus Thomas sui interpres. De divina motione in ordine supernaturali, seu de divinis auxiliis* (Toulouse, 1693; Roma, 1707-1709).

As obras morais de Vicente Barón são citadas na *Theologia Moralis* de Afonso de Liguori.

12.2.4 Identidade e Influência

- Identidade do tomismo de Toulouse

Costuma-se afirmar que, em geral, o tomismo dos séc. XVII-XVIII e, mais concretamente, o tomismo de Toulouse do séc. XVII, é de matriz *agostinizante*. A escola de Toulouse se propôs a recuperar o augustinismo, libertando-o das interpretações radicais dos jansenistas.[27]

[26] *Ibid.*, 680.
[27] STELLA, P. *Il Giansenismo in Italia*, I (Roma, 2006) 98.

Por outro lado, a orientação teológico-moral do grupo de teólogos dominicanos de Toulouse foi claramente probabiliorista. Há os que interpretam essa orientação, não em referência à tensão entre consciência e lei, mas em relação à exigência de levar à prática, do modo mais perfeitamente possível, o que se conhece na experiência religiosa.[28] Segundo essa interpretação, a compreensão casuísta dos sistemas de moral teria estado condicionada pelas afirmações, concorrentes, da liberdade (do sujeito) e da imposição externa (lei objetiva). A matiz que o grupo dominicano de Toulouse, especialmente, V. Contenson, teria introduzido seria situar a tensão no plano da experiência religiosa. Não em vão, a renovação dominicana na província de Toulouse tinha escolhido a base da formação teológica vinculada à vivência espiritual (e ao ministério da pregação).

- Influência

O grupo dominicano de Toulouse exerceu sua influência para além das fronteiras da província religiosa e até da própria ordem.

No convento reformado da Anunciação de Paris, **São Tiago de Saint-Dominique** (Charles Maison) defendeu a "moral de Grenoble", considerando a probabilidade um conhecimento imperfeito e conduzindo o antiprobabilismo até um quase tuciorismo.[29]

A orientação antiprobabilista também é percebida em **Luís Bancel** (1628-1685) que, em Avinhão, publicou uma espécie de dicionário de casos, exemplo de gênero pouco utilizado entre os dominicanos franceses dessa época.[30]

---

[28] BURGIO, S. *Teologia barocca. Il probabilismo in Sicilia nell'epoca di Filippo IV* (Catania, 1998) 171-178.

[29] SAINT-DOMINIQUE, J. [Jacques] de. *Éclaircissements Apologétiques de la Morale Chrétienne touchant le choix des opinions qu'on peut en conscience conformément à l'Écriture Sainte, à Saint Augustin, à Saint Thomas, à Saint Antonin, etc.* (Paris, 1680). Cf. GAY, J. P. *Morales en conflit...*, 681-682. Cf. também: POLLOCK, J. R. *François Genet: The Man and His Methodology* (Roma, 1984) 39-40.

[30] BANCEL, L. *Moralis (...) opus novum: omnibus cuiusque conditionis personis, sed maxime confessariis, et concionatoribus utilissimum: in eo enim nedum casus conscientiae resolvuntur, sed omnia etiam, quae ad mores spectant, mirum in modum explicantur* (Avinhão, 1677). Cf. GAY, J. P. *Morales en conflit...*, 681-684.

O probabiliorismo tendeu a se consolidar em escritos morais posteriores, como a *Summa moralis Doctrinae Thomisticae* (Avinhão, 1704) de **José Mayol** († 1704), antigo provincial de Toulouse e professor de teologia.[31]

Do convento de Toulouse, provinha o dominicano **Pierre Sévérac**, que ocupou a cátedra de teologia na Universidade de Turim de 1720 a 1727, ano de seu prematuro falecimento. Em seus tratados *De gratia* e *De actibus humanis* (conservados em manuscrito) procurou conjugar, à luz do tomismo e do augustinismo, a atuação da graça divina, sem menosprezar o exercício da liberdade humana.[32] Este dominicano terá influência, ainda que de forma mediata, no moralista Paolo Rulfi (c. 1731-1811), cujo pensamento foi exposto em volume precedente (V/2, 915-919).

Uma das expressões da tendência rigorista do dominicanismo francês da segunda metade do séc. XVII e primeiro terço do séc. XVIII é a grande e influente *Theologia dogmatica et moralis, secundum ordinem Catechismi Concilii Tridentini*, 10 vol. (Paris, 1694, com muitas reedições posteriores) do dominicano **Noel Alexandre** (1639-1724), cujo pensamento foi exposto em volume precedente (V/2, 788-789).

Com esse autor, tido por D. Concina como uma das expressões mais assinaladas da tradição rigorista na França, consolidou-se a crítica antiprobabilista e a orientação probabiliorista frente à qual se levantou o potente pensamento teológico-moral de Afonso de Liguori.

12.2.5 Nota bibliográfica

- QUANTIN, J. L. *Le rigorisme: sur le basculement de la théologie morale catholique au XVIIe. siècle*: Revue d'Histoire de l'Église de France 89 (2003) 23-43.
- GAY, J. P. *Morales en conflit. Théologie e polémique au Grand Siècle (1640-1700)* (Paris, 2011) 677-695: "Le rigorisme dominicain en mal d'uniformité".

[31] GAY, J. P. *Morales en conflit...*, 684.

[32] Sobre a figura de P. Sévérac: GUENZI, P. D. *"Inter ipsos insigniores antiprobabilistas". L'opera di Paolo Rulfi (1731 ca.-1811) nello specchio delle dispute teologico-morali del secolo XVIII* (Turim, 2013) 128-131.

12.3 O GRUPO DOMINICANO DE VENEZA: DANIEL CONCINA (1687-1756), FULGÊNCIO CUNILIATI (1685-1759), JOÃO VICENTE PATUZZI (1700-1765)

A trindade dominicana do rigorismo moral do séc. XVIII foi formada por Daniel Concina, como mestre, e por seus discípulos, Fulgêncio Cuniliati e João Vicente Patuzzi. Estes dominicanos do Convento Reformado de Veneza, embora não possam ser catalogados como jansenistas, não deixaram de sentir a influência do círculo filojansenista de Roma.[33]

12.3.1 Daniel Concina (1687-1756)

- Dados biográficos

Daniel Concina nasceu em 2 de outubro de 1687, em Clauzetto, na província de Forli, diocese de Udine.[34] Fez os primeiros estudos com os jesuítas, no colégio de Görz (Friuli), onde teve como mestres professores de origem alemã, com a vantagem da abertura cultural e a dificuldade do aprendizado da língua italiana, que o aluno precisou superar nos anos posteriores à sua primeira etapa de formação.

Com inclinação aos estudos e desejo de maior pobreza, vestiu o hábito dominicano aos vinte anos, em 1707, em Conegliano, na Congregação reformada de São Tiago Salomoni, instituída em 1662 sob o generalato de J. B. de Marinis. Estudou filosofia durante

---

33 Ver: R. Tellería, I, 538.

34 As notícias biográficas sobre D. Concina provêm de: SANDELLI, D. *De Danielis Concina vita et scriptis commentarius* (Bréscia, 1767). A obra pode ser encontrada em: CONCINA, D. *Theologia christiana dogmatico-moralis*. Editio novissima (Roma, 1768) I, 1-160. D. Sandelli é o pseudônimo do frei dominicano secularizado Vicente Domingos Fassini (1738-1787), uma personalidade complexa, filojansenista, ao mesmo tempo que defensor da fé cristã frente ao racionalismo filosófico, grande admirador e defensor de D. Concina. Cf. FANTAPPIÈ, C. *Fassini, Vincenzo Domenico*: Dizionario Biografico degli Italiani 45 (1995) s. v.

três anos. Em seguida, foi enviado ao convento do Santo Rosário, em Veneza, a fim de fazer os estudos de teologia. Ali, passou oito anos sob a direção dos padres Andriusso e João Alberto Zanchio.

Em 1717, foi destinado a ensinar filosofia no convento de Forli. No período em que ensinava filosofia, dedicou-se à preparação para o ministério da pregação, mediante o aperfeiçoamento da língua italiana, leitura dos Santos Padres e outros autores eclesiásticos. Iniciou o ministério da pregação aos 32 anos. Seus êxitos nesse ministério levaram-no a ocupar o púlpito de Santa Maria Novella, em Florença. O procurador geral da Ordem convidou-o a pregar a quaresma em Bolonha e o cardeal Vicente Luís Gotti, na igreja de Santa Maria *sopra Minerva,* em Roma. Com essas intervenções, Concina ganhou renome de grande pregador. Seu êxito como pregador logo levou-o aos púlpitos das principais cidades da Itália.

O ano de 1730 é a data de sua primeira polêmica; o tema se referia à pobreza dos religiosos. Desde então, passou 25 anos pregando e escrevendo, sem cessar, contra os que, a seu parecer, sustentavam a moral relaxada. Merece destaque o fato de Daniel Concina não ter sido elevado a nenhum cargo de prestígio na Ordem, nem a nenhuma dignidade na Igreja.

Sua saúde não pode resistir a uma vida de tão intenso trabalho. Estando em Roma, em 1754, sentiu os primeiros sintomas da enfermidade que o levaria à morte. Desejou morrer entre os seus, no convento de Veneza. Fazendo escala em Florença, onde foi atendido por seus irmãos de ordem e por médicos, embora sem êxito constatável, chegou a Veneza em 4 de outubro de 1755. Em 20 de fevereiro de 1756 sofreu uma crise mais violenta e faleceu no dia seguinte, 21 de fevereiro, com plena lucidez, na idade de 69 anos. Foi sepultado na igreja do convento veneziano do Santo Rosário.

O Capítulo Geral da Ordem, reunido em Roma nesse ano, sob a presidência de Bento XIV, grande amigo e defensor de Concina, introduziu nas atas um elogio sobre ele, onde, entre outras coisas, diz que "vitae suae graviter, sancteque moderabatur". Em uma carta privada, o próprio Papa escreveu que Concina, além das qualidades de ordem intelectual, possuía muitas virtudes morais e espirituais.

- Escritos

Daniel Concina escreveu muito, prova disso são os 28 volumes de suas obras.[35] Segundo testemunho dos contemporâneos, dedicou-se com intensidade ao estudo da Sagrada Escritura, dos Santos Padres e dos teólogos e filósofos, estudo que, às vezes, prolongava ao longo de doze horas por dia.

Anotamos a controvérsia de Concina sobre a *pobreza religiosa*, o que o levou a compor duas dissertações com esse tema (Veneza, 1736, 1745).[36] Manteve outra controvérsia sobre o *jejum*, com sua correspondente dissertação escrita (Veneza, 1738).[37]

As obras com maior significação para a Teologia Moral são:

- *Della storia del probabilismo e rigorismo*, com cinco dissertações distribuídas em 2 vol. in-4° (Veneza, 1743, 1748).[38] "Adversário infatigável do probabilismo, Concina escreveu-lhe uma história que teve êxito clamoroso".[39]
- *Theologia christiana dogmatico-moralis*, 10 vol. in-4° (várias edições em Roma e Veneza).[40]

---

[35] A bibliografia completa (29 obras segundo a ordem cronológica) se encontra em: CONSOLI, S. *Morale e santità. Metodologia per una morale teologica secondo Daniele Concina* (Roma, 1983) 13-16. Uma apresentação do conteúdo dos escritos mais importantes de Concina se acha em: COULON, R. *Concina, Daniel*: DTC, III (Paris, 1923) 676-707.

[36] Ver uma longa apresentação em: COULON, R. *Concina, Daniel:* DTC, III (Paris, 1923), 677-679.

[37] Apresentação em: COULON, R. *Concina, Daniel:* DTC, III (Paris, 1923), 679-81.

[38] Apresentação das longas e complicadas discussões em torno dessa obra, em: COULON, R. *Concina, Daniel:* DTC, III (Paris, 1923), 681-688.

[39] CITTERIO, F. *Appunti per un capitolo di storia della Teologia Morale: dal Tridentino al Secondo Concilio Vaticano*: La Scuola Cattolica 115 (1987) 512.

[40] Ver as longas discussões que suscitou essa obra em: COULON, R. *Concina, Daniel:* DTC, III (Paris, 1923), 691-697.

- *Ad theologiam christianam dogmatico-moralem apparatus,* 2 vol. in-4º (Roma, 1751; editio novissima, Roma, 1768).
- Como obra póstuma, apareceu um *Compendium,* 2 vol. in-4º (Veneza, 1760).

Além dessas três obras maiores, em que trata o tema moral em seu conjunto, D. Concina publicou outros escritos sobre assuntos específicos, relacionados com a moral.

Escreveu:

- Sobre os *casos reservados* na diocese de Veneza: *Dissertatio in casus reservatos Venetae dioeceseos* (Veneza, 1743) com intervenções polêmicas posteriores.[41]
- Sobre a *absolvição aos habituados e reincidentes*: frente à postura de alguns, defendida por escrito, que absolviam *toties quoties* os pecadores habituados e reincidentes, Concina respondeu, defendendo a postura rigorista, com uma dissertação: *De sacramentali absolutione impartienda, aut differenda recidivis et consuetudinariis dissertatio theologica* (Roma, 1755; tradução francesa: Paris, 1756).[42]
- Sobre o *empréstimo com interesse*: Concina participou nas discussões suscitadas sobre essa questão (escritos de N. Broedersen, 1743 e de S. Maffei, 1744) na preparação da encíclica condenatória *Vix pervenit* (1745) de Bento XIV.
  Fruto de tais discussões, e desses trabalhos prévios à encíclica, são uma defesa da doutrina tradicional (ele chama de dogma) sobre a usura e um comentário à encíclica de Bento XIV: *Esposizione del dogma che la Chiesa propone a credersi intorno all'usura, cola confutazione del libro intitolato: "Dell'impiego del denaro"* (Nápoles, 1746,1756); *In epistolam encyclicam Benedicti XIV, adversus usuram commentarius quo illustrata doctrina catholica, Nicolai Broedersen et aliorum errores repelluntur* (Roma, 1745, 1748).

---

41 Ver o desenvolvimento da polêmica em: COULON, R. *Concina, Daniel:* DTC, III (Paris, 1923), 688-691.

42 Ver: COULON, R. *Concina, Daniel:* DTC, III (Paris, 1923), 688-691.

Nesse contexto, convém lembrar que Concina publicou um escrito sobre o *contractus trinus,* considerando-o usurário: *Usura contractus trini dissertationibus historico-theologicis demonstrata adversus mollioris ethices casuistas et Nicolaum Broedersen* (Roma, 1746).[43]

- Sobre a *moralidade do teatro:* o dominicano publicou três dissertações contra os espetáculos teatrais, taxando-os de imorais: *De spectaculis theatralibus christiano cuique tum laico tum clerico vetitis dissertationes duae. Accedit dissertatio tertia de presbyteris personatis* (Roma, 1752, 1754). Na primeira das dissertações, combatia as opiniões de L. A. Muratori (*De publica felicitate)* e de S. Maffei *(Theatro italico),* que defendiam a moralidade em si, embora reconhecessem a necessidade de temperar as práticas de sua época.

  As ideias de Concina suscitaram réplicas de diversos setores da sociedade. A todas elas respondeu o moralista com um escrito, dedicado a Bento XIV: *De' teatri antichi e moderni contrari alla professione cristiana libri due del P. Daniello Concina in conferma delle sue dissertazioni "De spectaculis theatralibus", alla Santità di N. S. Benedetto XIV* (Roma, 1755).
- Sobre a prática do sacramento da penitência, à qual Concina dedicou, como é normal, especial atenção, escreveu uma *Istruzione de' confessori, e de' penitenti per amministrare, e frequentare degnamente il SS. Sagramento della penitenza,* in 4° (Veneza, 1753, 1755). Tradução espanhola: *Instrucción de confesores y penitentes* (Madri, 1766).[44]

Além da temática moral, Concina cultivou outras áreas do saber teológico, por exemplo, escreveu contra os que, no séc. XVIII, eram denominados *ateus, deístas* e *materialistas.* O título do livro apresenta e defende a face positiva da questão: *Della religione rivelata contro gli ateisti, deisti, materialisti, ed indifferentisti, libri cinque,* 2 vol. en 4° (Veneza, 1754). Na produção literária de Afonso de Liguori, encontra-se uma obra similar e com título parecido.

---

[43] Ver: COULON, R. *Concina, Daniel:* DTC, III (Paris, 1923), 697-698.
[44] Ver: COULON, R. *Concina, Daniel:* DTC, III (Paris, 1923), 696-697.

- O Concina polêmico e adversário do probabilismo

Concina é conhecido, sobretudo, pelas disputas mantidas contra o probabilismo. É dessa maneira que costuma ser apresentado nos artigos dos dicionários convencionais. Como diz R. Coulon, "sua vida decorre em lutas contínuas; de modo que, fora essas controvérsias, o historiador não encontra nada o que relatar".[45]

Em seu confronto com o probabilismo, que ele identifica, sem mais, com o casuísmo em geral, Concina sustenta que nem todos os casuístas devem ser rejeitados. É preciso saber distinguir entre eles. Em lugar de Viva, La Croix, Busenbaum, Tamburini, ele prefere Paulus Comitolus, G. Antoine, Merbesius, Genet, Pontasius, Besombes e Noel Alexander.[46]

É de certo interesse histórico recolher alguns tópicos de Concina sobre o casuísmo e sobre o probabilismo, tal como ele os entendeu:[47]

- Desde seu peculiar ponto de vista, traça a história do probabilismo nas seguintes etapas: 1ª) *Infância* (1577-1620): alude ao iniciador, Bartolomeu de Medina, e destaca que na Espanha se encontra "o ninho" de onde nasceu o probabilismo. 2ª) *Apogeu* (1620-1656): extensão do probabilismo à Alemanha (Laymann) e Itália (Filiucci) e seu "curto reinado". 3ª) *Confrontação* (1656-1690): sobretudo, por parte da Ordem dominicana, através do Capítulo Geral. 4ª) *Decadência*: desde 1690.
- Não poupa críticas às tendências probabilistas: "Há quase dois séculos, tal como para penetrar no Novo Mundo, também para subir ao céu foi descoberta uma nova rota, chamada 'caminho da melhor probabilidade'". Em um prólogo barroco e grandiloquente, contrapõe o "caminho

45 COULON, R. *Concina, Daniel:* DTC, III (Paris, 1923), 677.

46 CONCINA, D. *Theologia christiana dogmatico-moralis*..., I, 363.

47 Cito por: CONCINA, D. *Theologia christiana dogmatico-moralis*, 2 vol. Editio novissima (Roma, 1768); *Historia del probabilismo y rigorismo*, 2 vol. Tradução de M. J. De Imaz (Madri, 1772).

da verdade" (seguido pelos antiprobabilistas e rigoristas) ao "caminho da menor probabilidade" (seguido pelos probabilistas, benignistas e facilitantes).[48]

- Esclarece que o antiprobabilismo não é a mesma coisa que o jansenismo (I, 2), que ele conhece bem (I, 5). A sua é a "moral do Santo Evangelho" (I, 1, 116), a "moral cristã" (I, 2 e *passim*), a "moral de Jesus Cristo" (I, 7). Uma moral contrária, tanto ao demasiado rigor, quanto à demasiada brandura (I, 3).[49]

Também apresenta interesse histórico a maneira como Concina transmite o conceito, que ele e os outros probabilioristas tinham, sobre os moralistas casuístas e seus livros:

- Para tratar da moral (subentende-se, a moral casuísta) são destinados "homines ignaros, imperitos, hebetes, quos per ludibrium *Moralistas* et *Casuistas* vocitant".[50] Em outra passagem diz: "os puros moralistas eram de classe inferior aos Escolásticos: aplicavam-se muitas vezes a ler, e mesmo a imprimir Teologia Moral, aqueles que não eram aptos para a Filosofia, Teologia ou Dialética".[51]
  Diferente era o parecer e modo de atuar de Afonso de Liguori, que, escrevendo ao Padre Caione (20 de janeiro de 1766), recomendava: "o Professor de Moral deve ser o melhor sujeito da Congregação, porque, para nós, a Moral é a ciência mais necessária."[52]
- Sobre a abundância de livros de moral, declamava Concina: "quousque tandem obruemur innumera moralium librorum multitudine, in quibus nihil loculentius, nihil eruditius expositum apparet, sed eadem semper sola verborum diversitate refecta, atque recocta exhibentur? – *Até quando seremos soterrados pela avalanche incontável de livros de*

[48] *Historia del probabilismo y rigorismo...*, Prólogo.
[49] As citações remetem à obra *Historia del Probabilismo y Rigorismo*, 2 vol. (Madri, 1772), indicando o volume em números romanos e a página em números arábicos.
[50] CONCINA, D. *Theologia christiana dogmatico-moralis...*, I, p. V.
[51] *Historia del Probabilismo...*, I, 12.
[52] Lettere, I, 598.

moral, onde não se vê mais nada de original, de erudito, mas sempre a mesma e única coisa, com outras palavras e requentada?"[53]

Apesar do caráter retórico, pouco crítico, e repetitivo das críticas de D. Concina contra os probabilistas que, voltamos a repetir, ele identifica com os casuístas, tais afirmações apresentam inegável interesse histórico. O bem relacionado e laborioso dominicano de Veneza teve acesso a muitas bibliotecas, tanto públicas, quanto privadas, e nelas pode ler, e, muitas vezes transcrever, documentos interessantes.

Em todo caso, "o relato das numerosas controvérsias que sustentou é um dos capítulos mais interessantes da história da teologia na segunda metade do séc. XVIII."[54]

- Pensamento de Concina sobre a epistemologia teológico-moral.

Além do Concina polemista, há o Concina teólogo, que procura fundamentar teologicamente o saber moral e oferece horizontes ideais para a realização espiritual da vida cristã.[55]

Frente à corrupção do casuísmo, Concina aderiu à nova corrente que propunha a pureza teológica nas fontes da Teologia Moral. Para isso, escreveu um tratado de epistemologia moral intitulado *Ad Theologiam Christianam Dogmatico-moralem Apparatus.*[56] Com essa obra, pretendia imitar Melchior Cano e, seguindo seus passos ("tanti viri vestigiis..."), reconstruir o tratado dos "lugares teológico-morais".[57]

---

53 *Theologia christiana dogmatico-moralis*... I, p. I (início do "Praefatio").

54 R. Coulon, *l. c.*, 677.

55 Essa leitura da obra de Concina foi proposta por: CONSOLI, S. *Morale e Santità. Metodologia per una morale teologica secondo Daniele Concina* (Roma, 1983); CONSOLI, S. *Le fonti per una morale teologica nel pensiero di Daniele Concina O. P.*: Sapienza 36 (1983) 40-59; CONSOLI, S. *Sul rapporto morale, storia e cultura. L'esperienza di Daniele Concina O. P.*: Laurentianum 33 (1993) 451-479.

56 Citamos por: CONCINA, D. *Ad theologiam christianam dogmatico-moralem apparatus*, 2 vol. Editio novissima (Roma, 1768).

57 *Ad Theologiam Christianam Dogmatico-moralem Apparatus*, I (Roma, 1968) 181: "Sapientissimus Melchior Canus, singulare et Ordinis mei, et praeclarae Hispaniae nationis decus, et ornamentum, auro cedroque dignum de locis teologicis volumen edidit...".

Concina organizou seu tratado sobre os "lugares teológico-morais" centrando a atenção em duas fontes principais.[58]

- A Sagrada Escritura.
- A Tradição, cujos agentes principais são: os Papas, os Concílios, os Santos Padres.

Recriminou os casuístas no uso da Sagrada Escritura desvirtuando a identidade de sua reflexão: "non Theologiam sed Battologiam nuncupandam".[59] Coerente com essa orientação geral, afirmou a primazia da lei evangélica sobre qualquer outro sistema normativo: "principem locum (...) esse evangelicae legis spiritum."[60]

Concina propôs uma boa renovação do método teológico-moral, baseada na volta à Sagrada Escritura e aos Santos Padres. Mas, "lamentavelmente, Concina não aplicou fielmente seu método".[61] Mostrou-se contrário ao método casuísta, mas ele mesmo não escapou das redes do casuísmo.

- Temas concretos

Poucos são os temas morais que escapam à consideração de D. Concina. Por isso, qualquer estudo diacrônico sobre um tema moral precisa levar em conta o que disse Concina. Por exemplo, quando examina o tema do *justo salário* pelo trabalho realizado:[62]

> Concina considera o serviço doméstico uma instituição legítima. Os que realizam esse serviço devem ser pagos conforme a quantidade e qualidade do trabalho realizado, segundo a estimativa ordinária *(juxta quantitatem et qualitatem laboris secundum communem aestimationem).* Consequentemente, Concina estima que o salário justo é

[58] *Ad Theologiam Christianam Dogmatico-moralem Apparatus*, I (Roma, 1768) 202-368.

[59] *Ibid.*, I, 217, 220.

[60] *Ibid.*, I, 245.

[61] VEREECKE, L. *Historia de la teología moral*: COMPAGNONI, F.; PIANA, G.; PRIVITERA, S.; VIDAL, M. (ed.). Nuevo Diccionario de Teología Moral (Madri, 2001²) 836-837.

[62] HEALY, J. *The Just Wage, 1750-1890. A Study of Moralists from saint Alphonsus to Leo XIII* (La Haya, 1966) 37-44.

marcado pela prática ordinária. O moralista dominicano assinala que a *oculta compensação* está absolutamente proibida aos servidores domésticos, segundo a proposição condenada pelos Papas.

Além do serviço doméstico ordinário *(praeter servitutem civilem et legalem)* existe outra instituição de serviço doméstico denominada *conductitia (datur altera quae apellatur conductitia),* a qual consiste em dar um serviço limitado a certo tempo e a certas obras.

Entretanto, um (*ordinário*) e outro (*conducticio*) entram no gênero de serviço doméstico, distinto do trabalho dos *operários* (*differunt ab operariis*). Estes, os operários, prestam seu serviço *in dies* e *ad certa opera,* enquanto o serviço doméstico consiste em prestar o serviço para toda classe de obra (*ad quodcunque operis genus*).[63]

- Ampla recepção do pensamento de Concina

D. Concina foi, na segunda metade do séc. XVIII, o moralista de maior renome no conjunto da catolicidade. Contou com a aprovação de Roma: do Papa Bento XIV e de altas personalidades da Cúria romana. O geral de sua Ordem, Tomás Boxadros, também o teve em grande estima.[64] O que atraía em Concina era a pureza de sua proposta moral, bem como a amplitude de sua cultura (adquirida mediante a leitura de livros e dados de arquivo).

As obras de Concina foram recebidas com particular agrado, não só na Itália, mas também na França, Alemanha e Espanha.[65]

Na França "foi particularmente bem acolhido o livro de Concina sobre a *História do probabilismo e do rigorismo*".[66] A oposição ao probabilismo jesuítico favorecia os brotos de jansenismo que continuavam existindo na França.

Na Alemanha, a postura rigorista de Concina era interpretada como apoio a certa oposição à Igreja romana e à maneira romana de fazer teologia.

---

[63] Ver as citações correspondentes em: HEALY, J. *The Just Wage...*, 38.

[64] Sobre o apreço de Bento XIV, da Cúria romana e do geral da Ordem para com D. Concina: COULON, R. *l. c.*, 702-705.

[65] COULON, R. *l. c.*, 692.

[66] *Ibid.*, 686.

> D. Concina "ganhou muita simpatia na Alemanha por sua *História do probabilismo e do rigorismo* (1743) e sua *Teologia cristã dogmático-moral* (1749 ss.). Por motivo de sua tradução do *Dicionário de casos de consciência* de J. de Pontas, entrou em conflito com E. Amort, que havia feito o mesmo trabalho, mas em sentido menos conforme às opiniões probabilioristas de Pontas, e que respondeu a seus ataques em suas *Novas controvérsias morais* (1739). Fr. Zech, S. J., professor na Universidade de Ingolstadt, publicou várias dissertações (1747 ss.), para refutar, em nome da universidade, as acusações de Concina contra os jesuítas. No entanto, os moralistas tidos por ilustrados [no mundo germânico] serão admiradores fervorosos do dominicano".[67]

Apesar de sua origem italiana, as obras de D. Concina foram introduzidas prontamente e assumidas plenamente no âmbito hispano, convertendo-se o dominicano em um dos teólogos morais mais influentes na Espanha da segunda metade do séc. XVIII e na América espanhola dessa época.[68] De fato, a doutrina de Concina foi utilizada pela Monarquia espanhola para justificar e apoiar sua presença na América. Frente aos jesuítas, D. Concina apoiava mais fortemente o poder dos reis e era contrário, não só ao tiranicídio, mas também a qualquer movimento de caráter emancipatório. A moral do dominicano de Veneza justificava a forma de entender o exercício do poder por parte da monarquia espanhola, de tipo absolutista e de orientação regalista.

- Anotação avaliativa

Ninguém poderá negar o ingente trabalho intelectual de Daniel Concina, concretamente, na área da Teologia Moral. São valiosos seus desejos de uma epistemologia mais coerente com a peculiaridade do discurso teológico-moral. A busca da radicalidade evangélica nas questões de moral e a oposição às tentativas de

---

[67] DIEBOLT, J. *La théologie morale catholique en Allemagne au temps du Philosophisme et de la Restauration, 1750-1850* (Estrasburgo, 1926) 25.

[68] LLAMOSAS, E. F. *Un teólogo al servicio de la Corona: los ideales de Daniel Concina en la Córdoba [Argentina] del siglo XVIII*: Revista de Historia del Derecho n. 34 (2006) 161-179.

rebaixar o ideal cristão também devem ser contadas como ponto positivo do moralista dominicano.

Frente a essa avaliação positiva, é preciso contrapor a orientação geral de D. Concina tendente ao *exagero*, tanto no que propõe (o ideal cristão) quanto no que critica (o relaxamento desse ideal). Por sua inata condição de *polemista,* o sábio dominicano não é sensível aos matizes das ideias, nem às situações concretas e diversificadas das pessoas. Costumava-se dizer em seu tempo que Concina era "mais orador que teólogo" (*declamator potius quam theologus*). Também se dizia sobre ele que era mais inclinado a destruir o erro que a estabelecer a verdade.

É certo que determinadas posturas de D. Concina, por exemplo: frente aos espetáculos ou frente ao empréstimo com interesse, devem ser interpretadas desde o gênero literário de *disputa,* onde se exageram os argumentos e se extrapolam as soluções.[69] Mas, mesmo levando em conta essa peculiaridade metodológica, não é possível deixar de reconhecer que, em termos gerais, a proposta moral de D. Concina contém um *rigorismo* que dificilmente pode ser entendido como radicalidade evangélica.

Em termos gerais, D. Concina não foi sensível à inevitável variação histórica. "Faltou a Concina o sentido da história, enquanto esqueceu que a lei eterna se realiza em um mundo que muda incessantemente".[70]

- Relação com Afonso de Liguori

As obras do dominicano Daniel Concina foram muito utilizadas por Afonso de Liguori, sobretudo, a partir da 2ª edição de sua *Theologia Moralis.* No *Prólogo* à 2ª. edição, nomeia as obras de Collet (1693-1770) e Concina como as últimas novidades editoriais ("quae ultimo [ut arbitror] in publicum prodierunt - as últimas que [até onde eu sei] vieram a público").

[69] COULON, R. *l. c.*, 707.
[70] CITTERIO, F. *Appunti...*, 513.

D. Concina é tido por Afonso como um "rigidarum sententiarum celeber fautor - famoso defensor de sentenças rígidas". O moralista napolitano entrou em confronto com as ideias do dominicano vêneto através das disputas com J. V. Patuzzi, que referiremos no capítulo 2º da seção 21.

É preciso reconhecer que foi D. Concina, e não Afonso de Liguori, o autor de maior prestígio na segunda metade do séc. XVIII. "Foi ele [Concina] e não Santo Afonso de Liguori quem se tornou autoridade para a maior parte dos moralistas alemães da segunda metade do séc. XVIII. Santo Afonso não encontrará devotos partidários até a metade do séc. XIX".[71]

- Balanço

Como balanço do significado histórico de D. Concina sirvam estas palavras de um especialista em história da Teologia Moral moderna:

> "O século XVIII não contou com numerosos grandes teólogos moralistas. Na Itália, destaca-se, sobretudo, o dominicano D. Concina († 1756), que se caracteriza por seu antiprobabilismo na monumental *Storia del probabilismo* (1748). Mas sua obra mais importante foi a *Theologia Christiana dogmatico-moralis,* em 10 volumes, aos quais é preciso acrescentar outros dois de *Apparatus* (1749-1751). O método proposto por Concina é muito interessante, e se baseia no estudo da Escritura e dos Padres. A moral é a imitação de Cristo proposta pelo Evangelho. Lamentavelmente, Concina não aplicou fielmente seu método; sua teologia moral é 'uma espécie de contra-casuística, cujo detalhismo não é em nada inferior aos modelos do gênero' (Th. Deman). No que se refere ao probabiliorismo, Concina propõe seguir sempre a opinião que é a mais próxima à verdade".[72]

---

[71] DIEBOLT, J. *La théologie morale catholique…*, 25.

[72] VEREECKE, L. *Historia de la teología moral*: COMPAGNONI, F.; PIANA, G.; PRIVITERA, S.; VIDAL, M. (ed.). Nuevo Diccionario de Teología Moral (Madri, 2001²) 836-837.

- **Traduções espanholas.**

- CONCINA, D. *Theologia Christiana dogmatico-moralis, contracta in tomos quatuor* (...). Traduzida do italiano e com acréscimo de muitas partes das obras do mesmo autor, pelo Pe. José Sánchez de la Parra [oratoriano], 4 vol. (Madri, 1764; Barcelona, 1767).
- CONCINA, D. *Teología cristiana dogmático-moral compendiada en dos tomos* (Madri, 1770, 1771-1772, 1773, 1776, 1780).
- CONCINA, D. *Instrucción de confesores y penitentes* (Madri, 1766).
- CONCINA, D. *Theologia christiana dogmático-moral*. Tradução de J. Sánchez de la Parra, 2 vol. (Madri, 1770).

12.3.2 Os discípulos de Daniel Concina

- **Fulgêncio Cuniliati** (às vezes: **Cunigliati**) (1685-1759)

Nasceu em Veneza, de pai francês (de Lyon) e de mãe veneziana, em 22 de fevereiro de 1685. Entrou na Ordem dominicana em Conegliano, em 1700. Como D. Concina, pertenceu à congregação reformada de São Tiago Salomoni, da qual foi vigário geral (1737-1739). Viveu no convento do Santo Rosário de Veneza, ensinando filosofia e teologia durante muitos anos. Teve fama de religioso exemplar, dedicado à oração, ao estudo e à pregação. Faleceu em 9 de outubro de 1759.[73]

Cuniliati tomou parte nas disputas entre probabilismo e probabiliorismo. Também interveio na discussão, suscitada no norte da Itália, acerca da suficiência ou não da *atrição* para a validade do sacramento da penitência. Cuniliati traduziu para o italiano e publicou (Veneza, 1751) a obra de Bossuet *De doctrina concilii Tridentini circa dilectionem in sacramento paenitentia requisitam* (em: Bossuet, *Oeuvres*, t. VII, 465-548).

---

[73] COULON, R. *Cuniliati, Fulgenzio*: DTC, III/2 (Paris, 1911) 2427-2428; D'AMATO, A. *Cuniliati, Fulgenzio*: EC, IV, 1057-1058; WALZ, A. *Cuniliati, Fulgenzio*: LTK, III, 108-109.

A maior obra de F. Cuniliati é: *Universae Theologiae Moralis accurata complexio instituendis candidatis accomodata,* 2 vol. in-4° (Veneza, 1752), com edições posteriores venezianas (1760; 1770; 1772; 1781 1786; 1789; 1796), napolitanas (Nápoles, 1784) e também estrangeiras; concretamente, em Madri, teve, pelo menos, quatro edições (de 1771 a 1788).

Além da moral, cultivou com êxito a catequese e a pregação. Publicou um *Concionator catechisticus* (Veneza, 1773), traduzido para o espanhol: *El catequista en el pulpito* (Madri, 1797). Também publicou alguns livros de piedade, particularmente, meditações sobre os textos evangélicos, sobre a Eucaristia, sobre Maria e sobre a vida dos santos.

- **João Vicente Patuzzi** (1700-1769)

Nasceu em Conegliano, perto de Verona, em 19 de julho de 1700. Ingressou na Ordem dominicana no ano de 1717, na congregação reformada de São Tiago Salomoni. Ensinou teologia no convento do Santo Rosário de Veneza. Faleceu em Vicenza, em 26 de maio de 1769.[74]

Colaborou com D. Concina nos ataques ao que consideravam moral relaxada, mas que, frequentemente, era apenas moral probabilista.

Além de outros escritos (às vezes, com o pseudônimo de Eusébio Eranista) de conteúdo histórico e dogmático ou de caráter apologético, J. V. Patuzzi escreveu sobre temas morais:

- *Cartas teológico-morales en defensa de la historia del probabilismo del P. Daniel Concina,* 2 vol. in-8° (Veneza, 1751), com duas *Continuaciones* sobre o mesmo tema, de 2 vol. cada uma delas (Veneza, 1753-1754).
- *Tratado sobre la regla próxima de las acciones humanas en la elección de opiniones,* 2 vol. in-4° (Veneza, 1758).

---

[74] CARREYRE, J. *Patuzzi, Jean Vincent*: DTC, XI/2 (Paris, 1932) 2329-2330.

No entanto, a obra mais importante de Patuzzi é sua *Ethica cristiana sive theologia moralis* (com um subtítulo programático: *Ex purioribus Sacrae Scripturae divinaeque traditionis fontibus derivata, et S. Thomae Aquinatis doctrina continenter illustrata)*, publicada postumamente (1770).[75] É inspirada nos escritos de Concina. Repete os tópicos de seu mestre acerca da moral casuística e dos moralistas casuístas.

Entre os elementos positivos, merece destaque seu tratado *De lege nova, sive Evangelica,*[76] onde apresenta uma moral da perfeição: comum a todos os cristãos, baseada na caridade, e que tem sua máxima expressão no Sermão da Montanha. Patuzzi compôs um *Pródromo* a toda a Teologia Moral desenvolvendo o tratado *De Locis Theologiae Moralis* segundo as pautas marcadas por seu mestre, Concina.[77]

Em seus escritos sobre moral, Patuzzi "ataca, com certo exagero, os que chama de partidários da moral relaxada, entre os quais situa Afonso de Liguori".[78] Patuzzi foi o principal adversário literário do moralista napolitano, como teremos oportunidade de constatar na exposição do confronto Patuzzi-Liguori, cap. 2 da seção 21.

---

[75] Cito por: PATUZZI, J. V. *Ethica christiana sive Theologia Moralis. Ex purioribus Sacrae Scripturae divinaeque traditionis fontibus derivata, et S. Thomae Aquinatis doctrina continenter illustrata*. Editio novissima, 7 vol. (Bassano, 1790). O tomo I começa com uma Introdução (*Prodomum*) sobre os "lugares teológico-morais" ou epistemologia teológico-moral (p. XXVII-LXIV).

[76] *Ethica christiana...*, I, 40-60. Ver: PANZETTA, A. *La legge nuova nella "Ethica Christiana" di Vincenzo Patuzzi*: Rivista di scienze religiose 21 (2007) 45-64.

[77] Essa Introdução (*Prodromum*) sobre os "lugares teológico-morais" ou epistemologia teológico-moral encontra-se no tomo I da *Ethica christiana*... p. XXVII--LXIV.

[78] COULON, R. *Patuzzi, Jean Vincent*: l. c., 2329.

DÉCIMA TERCEIRA SEÇÃO

Completando o *Universo* de Afonso de Liguori

Esta seção completa o tema escolhido para a terceira parte do presente volume - *C) A Mensagem* - centrado, justamente, em analisar e expor o conteúdo da mensagem de Afonso. Tal conteúdo foi deduzido, nas cinco seções precedentes, ou seja, do confronto de Liguori com os cinco grandes contextos culturais de sua época: Iluminismo, Racionalismo, Jurisdicionalismo, Jansenismo e Probabiliorismo.

O objetivo da presente seção é completar a análise e exposição do *universo teológico* de Afonso. Deixando a metodologia da confrontação, passaremos à orientação sistemática, ou seja, organização da mensagem teológica de Afonso conforme os esquemas convencionais das sínteses teológicas.

De acordo com essa opção metodológica assumida, organizamos a seção em oito capítulos:

13.1 Contexto e identidade da teologia afonsiana.

13.2 A Bíblia no mundo teológico de Afonso.

13.3 A área da teologia fundamental e controversística.

13.4 A imagem de Deus na tradição afonsiana.

13.1 CONTEXTO E IDENTIDADE DA TEOLOGIA AFONSIANA

13.1.1 Contexto: O horizonte teológico prevalente na época de Afonso.

Entendo por *horizonte teológico* a maneira de compreender o cristianismo que tem origem na vida cristã e, ao mesmo tempo, a condiciona. E por *prevalente,* não a força argumentativa ou personagens mais qualificados, mas o que recebe maior destaque na concepção teológica global, tanto na orientação, quanto no conteúdo.

Com esse conceito diante de nós, podemos facilmente afirmar que o horizonte teológico prevalente em Nápoles da época de Afonso apresentava três traços fundamentais: *augustinismo* na teologia da graça; *filojansenismo e jurisdicionalismo* na concepção eclesiológica; e *rigorismo* na moral.

- O augustinismo

Nos séc. XVII-XVIII torna-se patente a força do augustinismo italiano, tratado de forma bastante extensa em volume precedente (V/2, 809-825) quando apresentamos os nomes dos três grandes agostinianos italianos do momento: o cardeal Enrique Noris (1631-1704), Fulgêncio Bellelli (1675-1742) e João Lorenzo Berti (1696-1766). Este último, tanto em suas obras teológicas, quanto em seus escritos sobre a história da Igreja, demonstrou especial interesse em enfatizar o valor e vigência do pensamento agostiniano a respeito da graça. Foi considerado "o representante mais insigne da escola agostiniana no séc. XVIII".[1] Além do mais, foi muito estimado pelo Papa Bento XIV.

A opção agostiniana foi tida em grande apreço durante o séc. XVIII.[2] O séc. XVIII é "o século do triunfante augustinismo".[3] Por outro lado, tal estima não ficou isenta de prevenção e pode ser considerada bastante próxima das posições heterodoxas de cunho jansenista. Além disso, tal tendência filojansenista uniu-se à certa sensibilidade antijesuítica, como aparece no grande grupo de agostinianos, capitaneados por seu Geral peruano, Francisco Xavier Vásquez (1703-1786), constituído Geral vitalício por concessão do Papa, de 1753 até sua morte, contra o normal funcionamento, por eleição temporária.

O augustinismo teológico, importante em toda a Itália, teve maior força e mais amplo significado no Reino de Nápoles, concretamente, no seminário napolitano onde Afonso estudou.

> "Em Nápoles, ao amparo do cardeal Spinelli, o augustinismo senhoreou nas aulas do seminário. 'Nas questões teológicas da graça, nota Sparano, manteve-se sempre a tendência de Santo Agostinho, e nas morais se adotou o probabiliorismo, rechaçando-se as opiniões laxas contrárias aos bons costumes' (*Memorie,* II, 315). Expoente dessa orientação foi Dom José Simioli, inteligência exuberante e temperamento sinuoso que, tendo feito amizade, em Roma, com os filojansenistas e, em Nápoles, com Tanucci, causará mais de um desgosto a Afonso".[4]

Afonso conheceu e consultou as obras de E. Noris e de J. L. Berti, a quem citou para apoiar sua afirmação de que as crianças mortas sem batismo não sofrem, nem a pena do sentido, nem a pena do dano, algo que não agradou ao censor eclesiástico, o cône-

---

1 TRAPPÉ, A. *Berti, Giovanni Lorenzo*: EC, II, 1469.

2 VAN LUIJK, B. *Le controversie teologiche nei secoli XVII-XVIII e gli Agostiniani*: VÁRIOS. Miscellanea jansenistica. Offerts à Lucien Ceyssens, OFM, à l'occasion de son soixantième anniversaire (Heverlee-Lovaina, 1963) 201-225.

3 Rey-Mermet, 677.

4 Tellería, I, 535-536.

go Salvador Ruggieri,[5] defensor de posição extremadamente dura com tais crianças.

A estima por J. L. Berti não impediu que Liguori se confrontasse com esse agostiniano em temas relacionados à graça.[6] Afonso precisou ultrapassar determinadas dificuldades com a censura dos livros, precisamente, pela tensão entre seu pensamento e o exagerado augustinismo reinante. Se o cônego J. Simioli causou dificuldades a Afonso na publicação de *O Triunfo da Igreja*, o fez porque era "seguidor acérrimo de Berti".[7] Nessa terceira parte do presente volume, já tivemos ocasião de assinalar outros casos semelhantes, ao referirmos a publicação de várias obras afonsianas.

- Tendências filojansenistas

Na época de Afonso, o Reino de Nápoles apresentou manifestações "do jansenismo integral, ou seja, que sustentava em sua totalidade as máximas da seita";[8] no entanto, o número dessas expressões foi escasso. De modo geral, como foi exposto na seção 11 desta terceira parte do volume, o jansenismo atingiu sua máxima virulência no último quarto do século, quando Afonso passava, do palácio episcopal de Santa Águeda, à cela de Pagani, terminando, de fato, em jacobinismo.

Na época de Afonso, as orientações jansenistas em Nápoles se articulavam e, às vezes, se confundiam, com as orientações regalistas ou jurisdicionalistas, ou seja, com o confronto crítico frente ao poder da Cúria romana.

Três foram os paladinos filojansenistas de Nápoles na época de Afonso: José Simioli (1712-1775), João Andrés Serrao (1731-1799) e José Capecelatro (1744-1836). Os três tinham respondido ao despacho do monsenhor J. Bottari, "meta, em Roma, de todo filo-

[5] Rey-Mermet, 677.
[6] Tellería, II, 340-341.
[7] Tellería, II, 486.
[8] Tellería, I, 534.

jansenista"[9] e "eclesiástico de vasta cultura e encanto pessoal, diretor da Biblioteca Vaticana e renomado historiador e arqueólogo, bem como, membro da Academia da Crusca".[10] Os três também tiveram parte na censura de alguns livros de Afonso.

> "O Pe. Patuzzi não se decidirá, senão com o beneplácito de Bottari, a combater os princípios morais de Afonso. O Pe. Capobianco colocará toda a sua influência em Nápoles ao serviço de Bottari quando se tratar de imprimir o catecismo jansenizante de Mésenguy, auxiliado por seu irmão de hábito, o Pe. Sacco; os dois se unirão a Dom José Simioli para dificultar a impressão de algumas obras de Afonso e, pensando neles, o Santo reeditará seu *Compêndio da Doutrina Cristã*".[11]

- Orientações rigoristas

Depois de tudo o que foi exposto na seção precedente, é fácil aceitar a afirmação de que, na Nápoles da época de Afonso, a orientação rigorista predominou no pensamento teológico-moral e na prática pastoral (por exemplo, do confessionário). Constatamos a presença dessa orientação:

- No ensino do seminário, onde os manuais de Teologia Moral, como o que puseram nas mãos de Afonso, eram de orientação rigorista.
- No clero diocesano, sobretudo, nos sacerdotes com determinados cargos dentro da diocese (por exemplo, o ofício de censor eclesiástico).
- Nas confrarias sacerdotais: sirva como exemplo qualificado, próximo a Afonso, a confraria das Missões Apostólicas, onde os membros eram iniciados na resolução dos casos de moral com orientação mais inclinada ao rigorismo. Esse grupo foi declarado centro de antiprobabilismo que, por sua vez, se apoiava no filojansenismo. Os nomes de J. Torno, C. Majello e G. Simioli confirmam a afirmação.

---

[9] Tellería, I, 538.
[10] Jones, 268.
[11] Tellería, I, 538.

Portanto, no campo da moral, persistia a onda jansenista (Afonso a qualifica de "partido francês", "partido da moda"), sobretudo, dominava a tendência probabiliorista de Concina, Patuzzi e Cuniliati, dominicanos do convento reformado de Veneza. Essa trindade dominicana do rigorismo moral, embora não possa ser qualificada de jansenista, não deixou de sofrer influência do círculo jansenista de Roma.[12]

Como Cacciatore anotou, há alguns anos, "o ódio contra os jesuítas e o rigorismo moral pareciam ser a moda do século".[13] Essa intepretação histórica parece ser mais exata que a dos que rebaixam o tom rigorista do *Settecento* napolitano.[14]

- Em síntese

Unificando os dados, o quadro das tendências intraeclesiais, na Nápoles da época de Afonso, poderia ser assim descrito:[15]

- *Regalismo* na concepção do direito.
- *Augustinismo* nas abordagens teológicas da graça e da salvação.
- *Rigorismo* em moral.
- *Criticismo* na forma de entender a prática da espiritualidade.

Afonso não se alinhou a nenhuma dessas frentes. Soube perceber e assumir o que cada uma tinha de bom: "consultei os companheiros de hábito de Patuzzi e Berti".[16] Mas não aderiu a nenhum deles: "Eu aprecio muito Patuzzi e o padre Berti, porque são homens verdadeiramente doutos, mas somente Deus e a Igreja são infalíveis".[17]

---

12 *Ibidem*.

13 Cacciatore, 216.

14 DE SPIRITO, A. *Alfonso de Liguori vescovo a forza e moralista geniale* (Roma, 2015) 98-100.

15 BAYÓN, R. *Cómo escribió Alfonso de Ligorio* (Madri, 1940) 65-67.

16 Lettere, III, 205-206.

17 Lettere, III, 205.

Ao longo das páginas do presente volume, aparecem nomes de teólogos em que Afonso se apoiou de modo especial. O biógrafo Rey-Mermet se compraz em constatar o interesse de Afonso pelos teólogos parisienses da Sorbone. Com efeito, se fosse preciso escolher um trio de teólogos estimados por Afonso, deveríamos nomear: Luís Abelly (1603-1691), Luís Habert (1635- 1718) e Honorato Tournely (1658-1729).

Nota bibliográfica

- LONDOÑO, N. *Se entregó por nosotros. Teología de la Pasión de Cristo en san Alfonso de Liguori* (Roma, 1997) 19-69: "San Alfonso y la teología de su tiempo".

13.1.2 O universo teológico de Afonso

Afonso não foi teólogo profissional. Consequentemente, não compôs um projeto teológico acadêmico, nem em geral, nem em qualquer das áreas da teologia: cristologia, eclesiologia, etc.

Isso não quer dizer que Afonso não tenha refletido e escrito sobre os diferentes temas do saber teológico. É chamativo o fato da presença de Afonso em quase todos os campos da teologia. Juntando todos os seus escritos, pode-se chegar a configurar uma teologia quase completa.

Sem dúvida alguma, o campo teológico melhor cultivado, e pelo qual Afonso é tido em máxima consideração na Igreja (na qualidade de Doutor), é o campo da Teologia Moral. À análise e apresentação dessa área teológica afonsiana está dedicada a maior parte do presente volume (especialmente, sua quarta parte).

Próxima ao campo teológico-moral e, em grande medida, vinculada a ele, está a produção afonsiana de orientação espiritual. Por sua proximidade com a Teologia Moral, esse aspecto do pensamento afonsiano também recebe consideração explícita no presente volume, com a dedicação de uma parte (quinta seção) sobre a relação entre a proposta espiritual e o pensamento moral de Afonso.

Também apresentam interesse teológico os escritos afonsianos que, de maneira quase direta ou imediata, nascem e se dirigem à prática pastoral. São os que se referem:

- Às práticas de piedade: festas (cristológicas, marianas, etc), novenas, etc.
- À responsabilidade cristã de diversos grupos: bispos, sacerdotes, religiosos, etc.
- Às várias situações da vida que necessitam da orientação cristã: a escolha vocacional, a dor, o morrer, etc.

Quase todos os escritos afonsianos que, nas três formas indicadas, têm a ver com a prática pastoral, foram comentados no presente volume durante a exposição do significado histórico da pessoa e da obra de Afonso. Também dedicamos um capítulo específico às produções afonsianas - escritos, representações artísticas, expressões musicais, etc - de cultura civil, ainda que de orientação religiosa (cap. 3 da sexta seção).

Descontadas as obras de Afonso que apresentam como objeto e objetivo os quatro núcleos temáticos indicados (moral, espiritual, pastoral, artístico), ainda restam outros escritos em seu trabalho intelectual que podem ser considerados *escritos teológicos* e, como tais, devem ser analisados e apresentados.

Em meados do séc. XIX, os editores das obras de Afonso (Marietti, de Turim, Itália) concentraram, no volume VIII, aqueles escritos que, a seu entender, eram propriamente teológicos: *Opere dommatiche* (Turim, 1848). Concretamente, incluíram os seguintes títulos: *Storia delle eresie, Dissertazione contro i materialisti e deisti, Riflessioni sulla verità della divina rivelazione, Evidenza della fede, Verità della fede, Condotta ammirabile della divina provvidenza, Opera dogmatica contro gli eretici pretesi riformati, Dissertazioni teologico-morali.*

Por sua vez, o redentorista belga, Luís Walter (1859-1932),[18] com a ajuda de seus confrades, J. Longenger e A. Hermans, empreendeu a tarefa de traduzir, do italiano para o latim, um con-

---

[18] Boland, 414.

junto de escritos de Afonso que considerou obras dogmáticas. O conjunto foi intitulado: *Opera dogmatica* (Roma, 1902), editando, em dois tomos, nove obras afonsianas traduzidas para o latim:

Tomus Primus:

I. *Contra atheos et deistas.*
II. *Contra sectas dissidentes.*
III. *De fidei veritate contra incredulos et haereticos.*
IV. *Vindiciae contra Febronium.*
V. *Doctrinae catholicae juxta Concilii Tridentini decreta expositio.*

Tomus Secundus:

VI. *Haeresum historia e confutatio.*
VII. *De divina revelatione considerationes.*
VIII. *De novissimis.*
IX. *De magno orationis medio.*

Como se percebe, às obras do volume VIII da edição italiana de Marietti, o tradutor latino acrescentou mais duas: *Vindiciae contra Febronium* e *De magno orationis medio.*

É obvio que algumas das obras incluídas por L. Walter entre as *dogmáticas* não apresentam essa caracterização. Tampouco, são desse gênero dogmático todas as que aparecem no citado tomo VIII da edição de Marietti, com o título *Opere dommatiche.*

13.1.3 As preferências temáticas

Ao projeto biográfico de Afonso corresponde *determinado pensamento teológico.* É esse pensamento o que dá força e oferece horizontes de sentido à trajetória biográfica do santo napolitano.

Não queremos dar a entender que Afonso, por ter sido um antijansênio no *Settecento* napolitano, e apenas por isso, tenha proposto e liderado um *movimento restauracionista* no pensamento católico do séc. XVIII. Em certo sentido, foi essa a interpretação adotada por G. Cacciatore em seu estudo de referência sobre Afonso e o jansenismo.[19]

O projeto de Afonso não foi de cunho restauracionista, no sentido normal (e pejorativo) do termo. O que pretendeu foi *revitalizar* o catolicismo na configuração que tinha adquirido na época pós-tridentina. Essa revitalização, se não significava nenhum objetivo restauracionista, tampouco trazia consigo mudança de paradigma, nem na pastoral, nem na teologia.

Desde seu objetivo *revitalizador* do catolicismo, compreende-se que as preferências temáticas no horizonte teológico de Afonso se configurem como busca de:

- O *Deus da misericórdia* e da salvação para todos, frente à compreensão tacanha que os jansenistas tinham da salvação.
- O *Redentor* da genuína tradição católica, frente ao Cristo exageradamente exigente dos jansenistas.
- A *constituição da Igreja* sobre a base do Primado do Papa, com poder jurisdicional absoluto e magistério infalível, frente às posturas galicana, febroniana e jurisdicionalista.
- A *disciplina sacramental* recuperada e a *prática litúrgica* realizada com exatidão e vivida com interioridade.
- A abundante e generalizada *economia da graça*, baseada na esperança cristã e na eficácia da oração.

Com a consciência das preferências temáticas indicadas, e buscando *complementar* a mensagem de Afonso, detalhada nas seções anteriores, expomos o conteúdo da presente seção em sete capítulos sucessivos, mas, ao mesmo tempo, complementares.

13.1 A Bíblia no mundo teológico de Afonso.

13.2 A área da Teologia fundamental e controversística.

[19] CACCIATORE, G. S. *Alfonso de' Liguori e il giansenismo. Le ultime fortune del moto giansenista e la restituzione del pensiero cattolico nel secolo XVIII* (Florença, 1944).

13.3 A imagem de Deus na tradição afonsiana.

13.4 A Cristologia afonsiana.

13.5 A mediação de Maria. O "rosto feminino e materno" de Deus.

13.6 Teologia da história, Escatologia e Ecologia.

13.7 Obras de erudição histórico-teológica.

13.1.4 Complemento bibliográfico-temático

Sobre a *orientação metodológica geral* na teologia afonsiana

- BORDAGARAY, V. G. *[San Alfonso] El teólogo*: El Perpetuo Socorro 12 (1910) 341-346.
- DOMÍNGUEZ, G. *La Dogmática de San Alfonso*: El Perpetuo Socorro 18 (1916) 423-432.

Sobre a mensagem *prevalente* no projeto teológico de Afonso

Recomendamos o longo estudo, de grande originalidade e notável conhecimento histórico, do poliédrico escritor escocês:

- SWANSTON, H. *Celebrating Eternity Now. A study in the theology of St Alphonsus de Liguori* (Chawton, Hampshire, UK, 1995).
- SWANSTON, H. *The voice of the poor in the writings of S. Alfonso*: SH 45 (1997) 517-618.

Outros estudos sobre o projeto teológico afonsiano

- RAPONI, S. *Attualizzazione del pensiero di S. Alfonso soprattutto in merito all'attività pastorale a carattere popolare e alla chiamata di tutti alla santità*: SM 25 (1987) 327-358.
- SCANZILLO, C. *La visione teologica di S. Alfonso*: Asprenas 35 (1988) 18-20.
- VIDAL, M. *La imagen de Dios en la tradición redentorista*: SH 46 (1998) 263- 286.

- LEITGÖB, M. *Alfons von Liguori. Lehrer des Gebetes und der Barmherzigkeit* (Innsbruck-Viena, 2010). [= *Afonso de Ligório.* Mestre da Oração e da Misericórdia. Aparecida: Santuário, 2014].

Entre o *Iluminismo* e o Romantismo

A intepretação teológica dos escritos afonsianos costuma se mover entre dois polos de atração:

- De um lado, está o polo do Iluminismo, utilizado como contraste para descobrir as valências históricas das propostas afonsianas.
- E, de outro, o Romantismo, que vem logo depois da morte de Afonso e, para alguns, é critério de validação histórica das obras afonsianas.

Cremos que seja necessário superar essa polarização. O valor do projeto teológico afonsiano não está, sem mais, nem no contraste com o ideal iluminista; nem, tampouco, na avaliação posterior feita pelos ideais religiosos do Romantismo.

O valor do projeto teológico de Afonso deve ser medido por sua coerência evangélica (com as fontes genuínas do cristianismo) e por sua capacidade de responder às necessidades profundas da condição humana, quer se realize na era iluminista, quer na romântica ou em qualquer outra das muitas eras que teve, tem e terá a condição humana.

Em todo caso, apresento duas referências bibliográficas que condicionam a interpretação do projeto teológico de Afonso ao Iluminismo e ao Romantismo.

- *Uma interpretação crítica sobre a postura de Afonso diante do Iluminismo (sobretudo, desde o uso das fontes bíblicas):*
- LAGE, F. *Las fuentes de inspiración de san Alfonso: una revisión*: Moralia 10 (1988) 193-218.
- *Outra interpretação da obra de Afonso, desde a perspectiva dos elementos de pré-romantismo católico que já aparecem nela:*
- SCANZILLO, C. *La visione teologica di sant'Alfonso. Premesse romantiche nel secolo dei lumi: Asprenas 35 (1988) 7-23.*

Sobre a tentativa de elaborar uma Dogmática segundo a orientação afonsiana.

As contribuições propriamente teológicas de Afonso se encontram na *mariologia, eclesiologia* e, especialmente, na *teologia da graça.*

Houve tentativas de fazer uma Dogmática seguindo as orientações teológicas de Afonso. O manual do redentorista alsaciano **João Herrmann** (1849-1927)[20] pode ser considerado a expressão mais significativa dessa orientação:

- HERRMANN, J. *Institutiones theologiae dogmaticae,* 3 vol. (Roma, 1897, 1914[5]; Lyon, 1926[6]).

Neste manual, a contribuição de Afonso aparece de forma mais evidente no tratado sobre a graça, área a que o autor dedicou outros estudos: *Tractatus de divina Gratia secundum Sancti Alphonsi Mariae de Liguori doctrinam et mentem* (Roma, 1904); *Brevis expositio systematis Sancti Alphonsi de Gratia* (Roma, 1913).

13.2 A BÍBLIA NO MUNDO TEOLÓGICO DE AFONSO

13.2.1 Perspectivas gerais

Afonso de Liguori não foi um estudioso da Bíblia. Fez os cursos referentes aos assuntos bíblicos no seminário de Nápoles, como anotamos no cap. 2 da 6ª seção. Naquela época, predominava a leitura literal, justificada sobre as interpretações patrísticas e apoiada com referências históricas. Como dissemos, os guias desse método interpretativo eram: João Maldonado (†1583), Willen Hessel van Est (latinizado: Estius) (†1613), Roberto Bellarmino († 1621), Jacques Tirin († 1636), Cornelis Cornelissen van den Steen (latinizado: Cornelius a Lapide) (1567-1637), Santiago Esteban Menocchio († 1655), e Bernard Lamy (1640-1715) com seu *Apparatus biblicus.*

---

[20] Datos biográficos: Boland, 160. Bibliografía: De Meulemeester, II, 194-195; III, 320.

Esses autores foram os guias de Afonso no uso da Sagrada Escritura em sua atividade pastoral, principalmente na pregação, e em seu trabalho de escritor. Sobretudo, em suas obras dogmáticas, Afonso manifestou "amplo conhecimento dos livros bíblicos e dos problemas relacionados com sua inspiração, com seus autores e com sua língua, com claras implicações históricas".[21]

Entre outras edições da Bíblia, teve em mãos a edição de João Duhamel (1624-1706), cujos dois tomos[22] Afonso ganhara de presente de Remondini, em 1763, e levou para a biblioteca de Pagani ao deixar Santa Águeda.[23]

Afonso refere continuamente os textos bíblicos em seus escritos. "Constelou seus volumes com textos bíblicos; quase em cada página encontram-se duas ou três, se não mais, citações bíblicas. Nenhum autor ascético fez tanto uso da Sagrada Escritura quanto ele, traduzindo e parafraseando-a esplendidamente".[24] Conforme um estudioso da espiritualidade afonsiana, Afonso fez uso da Sagrada Escritura em suas obras espirituais "com sabedoria, com seleção e com segurança".[25] Para isso, serviu-se dos comentários e dos prontuários que estavam à disposição dos pregadores e escritores da época, como ressaltaram os editores de suas obras ascéticas.[26]

Em termos gerais, pode-se afirmar que, tanto em sua vida pessoal e pastoral, quanto em seus escritos, Afonso teve notável apreço à Sagrada Escritura. Dois detalhes corroboram a afirmação:

---

[21] GIANNANTONIO, P. *Alfonso M. de Liguori e la cultura del suo tempo*: GIANNANTONIO, P. (ed.). Alfonso M. de Liguori e la società civile del suo tempo (Florença, 1990) I, 18.

[22] Lettere, III, 195.

[23] GREGORIO, O. *L'amore di Sant'Alfonso per la Bibbia*: SH 14 (1966) 407-408.

[24] *Ibid.*, 407.

[25] KEUSCH, C. *La dottrina spirituale di S. Alfonso de Liguori* (Milão, 1931) 65. Afonso se serviu da Sagrada Escritura como *prova, a parafraseou e desentranhou seu sentido* (*Ibid.*, 93-97).

[26] GREGORIO, O.; CACCIATORE, G.; CAPONE, D. *Introduzione generale* [Opere Ascetiche] (Roma, 1960), especialmente: CACCIATORE, G. "Le fonti e i modi di documentazione", p. 117-237.

- Os membros da Congregação fundada por ele podiam ter em sua habitação, segundo a regra aprovada por Bento XIV (1749), "dois ou três livros espirituais, *além da Sagrada Escritura*". "Para aquela época, não era insignificante tal concessão".[27]
- No prólogo às *Considerazioni sulla Passione di Gesù Cristo* (Nápoles, 1761) Afonso diz que, embora sejam belas e valiosas as descrições da Paixão feitas por alguns santos, uma página da Sagrada Escritura vale mais que cem ou mil contemplações e revelações.

Ao fazer essas afirmações, não deixamos de reconhecer e lamentar algumas intervenções de Afonso em relação à Bíblia, certamente condicionadas pelo ambiente cultural e religioso da época. Como aquela de proibir, quando bispo (1772), que uma religiosa de sua diocese lesse o Novo Testamento em tradução italiana.[28] Contudo, o fato precisa ser contextualizado historicamente.

> "A Bíblia, em língua vulgar, estava proibida desde o concílio de Trento. Apenas em 1757, Bento XIV autorizou a primeira tradução da época moderna para o italiano, realizada por A. Martini e publicada entre os anos de 1769-1781".[29]

> "Nas bibliotecas dos mosteiros do séc. XVIII não era permitido possuir edições integrais da Bíblia: o *Index* dos livros proibidos anatemizava absolutamente qualquer versão em língua vulgar dos livros sagrados (...). A única possibilidade de acesso à Bíblia tinha que ser em latim através dos livros litúrgicos (breviário e missal), a pregação, e a leitura do Evangelho dos tempos litúrgicos fortes, para a qual existiam traduções e comentários, como, por exemplo, o do dominicano R. Fiorentino, *Epistole ed Evangeli che si leggono tutto l'anno alle messe... tradotti in lingua toscana* (Veneza, 1599) e o de S. Franciotti, *Aggiuntione alle pratiche sopra i Vangeli dell'anno* (Veneza, 1622)".[30]

---

[27] GREGORIO, O. *L'amore di Sant'Alfonso...*, 407.

[28] Ver a contextualização sobre o fato apresentada em: GREGORIO, O. *L'amore di Sant'Alfonso...*, 404-407.

[29] LAGE, E. *Entrar en las humillaciones del Verbo. El "Jardín interior del amor de Dios" de la Beata María Celeste Crostarosa*: SH 65 (2017) 123, nota 6.

[30] LA MENDOLA, V. *L'autobiografia della beata Maria Celeste Crostarosa: considerazioni su alcuni aspetti formali e contenutistici dell'opera a partire del concetto di misericordia*: SH 65 (2017) 44, nota 48.

Atendo-se às disposições do Concílio de Trento, Afonso usou como texto bíblico a tradução latina da Vulgata. Em seus escritos, as citações bíblicas são todas em latim, segundo as exigências da época. Vigoravam as precauções (e proibições) tridentinas sobre a tradução dos textos bíblicos, mas isso não impediu Afonso de empreender a tarefa de tradução dos salmos, como anotamos na continuação.

13.2.2 Tradução dos Salmos

O autor Afonso experimentou quase tudo do mundo da cultura religiosa de sua época. Também fez uma incursão no mundo da ciência bíblica: a tradução dos salmos (juntamente com os cânticos) contidos no Ofício divino:

- *Traduzione dei Salmi e Cantici che si contengono nell'Officio divino* (Nápoles, 1774,1777; Bassano, 1775).[31]

Iniciada em 1773, foi a última obra publicada por Afonso durante seu período como bispo. Fez a tradução a partir do texto latino da Vulgata, com mínimas alusões ao texto original hebraico. Além disso, serviu-se da tradução, em seis volumes, de X. Mattei, *I libri poetici della Bibbia, tradotti dall'ebraico originale e adattati al gusto della poesia italiana,* 6 vol. (Nápoles, 1764-1776). Talvez tenha sido a publicação dessa obra de Mattei que impulsionou Afonso a compor a sua.

A obra afonsiana não tinha objetivo científico, mas finalidade espiritual: "ajudar a compreender as horas canônicas aos que as despachavam no meio da rua, debruçados no balcão ou conversando com os vizinhos, e proporcionar às religiosas de coro um manual à altura de suas necessidades".[32]

A tradução afonsiana "apresenta-se como caixa de ressonância da leitura que os autores de seu tempo costumavam fazer dos salmos. Cientificamente, obedece a critérios considerados superados pela

[31] De Meulemeester, 159-160; Ferrero-Boland, 529. Ver: Tellería, II, 432-433, 592-594; Rey-Mermet, 652, 675

[32] Tellería, II, 432.

ciência bíblica de hoje em dia (...). Desde o ponto de vista pastoral, cremos, sem dúvida, que a obra ficará como testemunho histórico de serviço incondicional à Palavra de Deus".[33]

Afonso dedicou a obra ao Papa Clemente XIV, para quem, entre os obrigados a recitar o Ofício divino, "encontram-se muitos que pouco entendem a língua latina e o significado das palavras e, muito menos, do sentido dos salmos".

Entre os textos traduzidos por Afonso (salmos e cânticos do Ofício divino) não se encontrava o livro do *Cântico dos Cânticos*. Mas, como estamos recordando a tradução dos salmos e dos cânticos do Breviário, não será demais recordar também a importância que Afonso dava ao *Cântico dos Cânticos*. Este foi um escrito bíblico muito utilizado por Liguori, não só como fonte de inspiração (conteúdo e expressões) para suas Canções Espirituais, mas também, como base de doutrina espiritual e moral. Nesse sentido, é facilmente constatável a presença dos temas do bíblico *Cântico dos Cânticos* na afonsiana *Prática de amar a Jesus Cristo.*[34] Não se pode excluir que Afonso tenha feito estudo especial sobre esse escrito bíblico.[35]

> "De seus mestres espirituais [São João da Cruz, Santa Teresa de Jesus, São Francisco de Sales] Afonso aprendeu a ler os *Cânticos* como a história individual da relação entre a Alma e Deus", ou seja, em chave de amor.[36]

Nota bibliográfica

- GREGORIO, O. *L'amore di Sant'Alfonso per la Bibbia:* SH 14 (1966) 403-414.
- ÁLVAREZ VERDES, L. *La traducción alfonsiana de los salmos. Análisis y valoración pastoral:* SH 38 (1990) 195-223.

---

[33] ÁLVARES VERDES, L. *La traducción alfonsiana de los salmos. Análisis crítico y valoración pastoral*: SH 38 (1990) 223.

[34] VECCE, C. *Alfonso e il Cantico dei cantici*: GIANNANTONIO, P. (ed.). Alfonso M. De Liguori e la civiltà letteraria del Settecento (Città di Castello, 1999) 389-401.

[35] MANDERS, H. *O amor na espiritualidade de santo Afonso* [1947] (Aparecida, 1990) 12.

[36] VECCE, C. *Alfonso e il Cantico dei cantici...*, 389.

- LISSA, G. *Tra innovazione e tradizione: S. Alfonso M. de Liguori nel dibattito sull'utilizzazione dei testi biblici*: GIANNANTONIO, P. (ed.). Alfonso M. de Liguori e la società civile del suo tempo (Florença, 1990) I, 161-204.
- VECCE, C. *Alfonso e il Cantico dei cantici*: GIANNANTONIO, P. (ed.). Alfonso M. De Liguori e la civiltà letteraria del Settecento (Città di Castello, 1999) 389-401.

13.3 A ÁREA DA TEOLOGIA FUNDAMENTAL E CONTROVERSÍSTICA

Alguns escritos de Afonso, comentados em vários capítulos das seções precedentes, podem ser enquadrados na categoria de Teologia Fundamental. Referimo-nos, sobretudo, a algumas obras situadas no conjunto da *Apologética* afonsiana (cap. 4 da 9ª seção) e as que têm por tema o poder do Romano Pontífice (cap. 5 da 10ª seção).

No presente capítulo, completamos essa área da Teologia Fundamental afonsiana apresentando o pensamento de Afonso sobre a teologia do Papado e dos Concílios. Somamos a essa orientação, a teologia controversística, deixando para os capítulos seguintes a apresentação das áreas teológicas concretas: Deus, Cristologia, Mariologia, Teologia da História, Escatologia e Teologia Ecológica.

13.3.1 A Teologia do Papado e do Concílio

Afonso escreveu muito sobre o Papado e o Concílio. Já apresentamos duas dessas obras: a *Verità della Fede* (1767), em cujos quatro últimos capítulos Afonso esboçou argumentos sobre o primado do Romano Pontífice (ver o cap. 4 da 9ª seção) e as *Vindiciae pro Suprema Romani Pontificis potestate adversus Justinum Febronium* (1768), sobre o poder supremo do Papa (ver o cap. 5 da 10ª seção). A essas duas obras é preciso acrescentar outra, também de suficiente importância:

- *Dissertatio de Pontificis Romani auctoritate et infalibilitate* (Nápoles, 1748).[37]

Essa dissertação apareceu, pela primeira vez, em forma breve dentro da primeira edição da TM, ou seja, na *Medulla Theologiae Moralis (...) cum Adnotationibus* (1748), com o título: *Brevis dissertatio supra propos. 29 damnatam ab Alexandro VIII,* são quatro páginas em duas colunas, colocadas no final da obra, sem paginação.

A *Dissertatio* continuou aparecendo nas edições seguintes da TM, mas em lugar mais destacado e forma mais desenvolvida (I. I, tract. 2, c. 1, n. 111-135: no tratado *De legibus,* completando o cap. 1 "De natura et obligatione legis in genere": Gaudé, I, 93-121).

No brevíssimo *monitum* prévio à *Dissertatio,* Afonso enfatiza a importância e atualidade (em sua época) da questão: "Haec celeberrima quaestio, et hoc tempore tam fortiter agitata" - *Essa celebérrima questão, também em nosso tempo tão fortemente agitada* (Gaudé, I, 93). Também alude a uma obra escrita sobre o tema que, todavia, ainda não publicou. Qual seria essa obra? Em carta a Remondini (4 de dezembro de 1776), Afonso comunicava ao editor que tinha um *libretto* sobre a infalibilidade do Papa, mas temia publicá-lo "encontrando-me com minha Congregação tão perseguida pelos malévolos". Esse *libretto* de que fala a Remondini é o mesmo que o *libellum* do *monitum* prévio à *Dissertatio*? É difícil responder. Também é difícil saber se esse texto ou *esses* textos correspondem a alguma das obras publicadas (ou perdidas). Em todo caso, o texto que melhor reflete o pensamento de Afonso sobre a infalibilidade do Papa (e a superioridade deste sobre o Concílio) continua sendo, atualmente, a *Dissertatio* recolhida na *Theologia Moralis.*

À indicada *Dissertatio* é preciso acrescentar: 1. A doutrina sobre a *autoridade dos concílios,* que se encontra no terceiro volume do *Triunfo da Igreja.* 2. As 15 *Regras para o emprego dos decretos pontifício* (*Canones in usu pontificorum decretorum servandi*).

Essas *Regras* são idênticas às que o padre Zaccaria apresenta na *Dissertação prolegômena* (Pars II. Didactica, caput III. De Romanorum

[37] De Meulemeester, I, 65; Ferrero-Boland, 505.

Pontificum Decreta eorumque usu in Theologia Morali. Pars 1. Canones de usu Pontificiorum Decretorum, p. XLII) incluída na maior parte das edições da *Theologia Moralis* de Afonso, que as fez suas nas edições em que não há a *Dissertação prolegômena,* conformando com elas um tratado intitulado *De Romanorum Pontificum Decretis eorumque usu in Morali Theologia,* tratado que colocou imediatamente antes das séries de proposições condenadas pelos Papas. O lugar da colocação do tratado varia conforme as edições.

"Ao ler estas páginas, qualquer um se convence facilmente da importância que Santo Afonso dá aos decretos pontifícios e do papel capital que lhes assinala, tanto no ensinamento, quanto no estudo da Ciência Sagrada. Aqui se reconhecerá também a sábia prudência e raro discernimento que distinguem o grande Santo que, por sua vez, pode ser chamado de o Teológo moralista da Igreja em nossa época [texto publicado em 1869]".[38]

A edição de Gaudé não recolhe essas *Regras ou Cânones,* talvez por não serem de Afonso. Há uma regra ou um cânon de intepretação que, por ser de Afonso, vem então recolhida em Gaudé, II, 205 (L. III, dub. VII, n. 760, dices 2º).

Além dos três textos anotados, conserva-se um autógrafo de Afonso (uma folha) na biblioteca privada do arcebispo de Nápoles contendo algumas notas de preparação para a redação do texto definitivo, provavelmente da *Dissertatio.* O autógrafo é conhecido como texto sobre *L'infallibilità e la superiorità del Papa sul Concilio.*[39]

Seguindo uma indicação de Tannoia, especulou-se sobre a existência de outro escrito afonsiano sobre o mesmo tema: *Reflexões sobre a Declaração da Assembleia da França acerca da infalibilidade do Papa.* Mas esse escrito não foi encontrado, apesar das "reiteradas buscas pelas principais bibliotecas de Roma, Nápoles e Veneza".[40] Por outro lado, seu conteúdo, tal como é transmitido por

---

38 JACQUES, J. *Du Pape et du Concile ou doctrine complète de S. Alphonse de Liguori sur ce double sujet* (Tournai, 1869) 478.

39 AMBROSI, D. *Un autografo di Sant'Alfonso M. de Liguori circa l'infallibilità e la superiorità del Papa sul Concilio*: Asprenas 9 (1962) 483-489.

40 JACQUES, J. *Du Pape et du Concile...*, p. XXXIV.

Tannoia, praticamente se identifica com o da *Dissertatio.* Por tudo isso, é considerado como inexistente.[41]

Levando em conta todos esses escritos afonsianos, o núcleo da doutrina de Afonso sobre o Papado, além da afirmação de seu poder supremo (contra Febrônio), é duplo: sua *superioridade* em relação ao *concílio* e sua *infalibilidade.*

Essa teologia afonsiana sobre a superioridade do Papa sobre o concílio ecumênico e, de modo especial, a afirmação teológica da infalibilidade pontifícia, teve notável influência no Concílio Vaticano I. Afonso é considerado, com Roberto Bellarmino, precursor da doutrina afirmada por esse Concílio.

> "Outro grande precursor do Vaticano I [além de Roberto Bellarmino] foi Santo Afonso Maria de Ligório. Este santo sempre ensinou e defendeu a infalibilidade pontifícia, de tal sorte, que no concílio mereceu ser citado como doutor, pela excelência da referida doutrina. Foi citado, entre outros, por Payá y Rico, bispo de Cuenca, em 1 de julho de 1870".[42]

Como já notamos, às vésperas do Concílio Vaticano I, o padre redentorista Jules Jacques (†1908) agrupou, traduziu para o francês (reproduzindo também os textos em sua língua original latina), classificou e anotou todos os textos de Afonso relacionados com o Papa e o concílio ecumênico.

> O livro contém, em tradução francesa, cinco escritos afonsianos: 1. Os quatro últimos capítulos de *Verità della Fede,* sobre a teologia do Pontificado. 2. As *Vindiciae (...) contra Febronium.* 3. A *Dissertatio de Pontificis Romanis auctoritate et infalibilitate.* 4. As *Regras para o emprego dos decretos pontifícios.* 5. A *Autoridade dos concílios gerais,* texto recolhido do terceiro volume do *Triunfo da Igreja ou História e Refutação das heresias.* Em três apêndices são recolhidos os textos latinos das *Vindiciae,* da *Dissertatio* e das *Regras ou Cânones.*
>
> Não falta, ainda, uma *Oração pelo bem da Santa Igreja,* inspirada no salmo 79 (p. 509-511).

---

41 De Meulemeester, I, 130-131.

42 GOÑI GAZTAMBIDE, G. *Un decenio de estudios sobre el Vaticano I (1960-1969)*: Salmanticensis 19 (1972) 412. Também: SHARROCK, D. *The theological defense of papal Power by St. Alphonsus de Liguori* (Washington, 1961).

O livro, de umas 700 páginas, em tamanho grande, leva o título *Du Pape et du Concile ou doctrine complète de S. Alphonse de Liguori sur ce doublé sujet* (Tournai, 1869). Foi um dos livros com maior circulação durante esse momento histórico do Concílio Vaticano I.

Não convém esquecer que o cardeal redentorista belga, Augusto Deschamps, foi um paladino da doutrina da infalibilidade pontifícia e a casa redentorista da Via Merulana, n. 31, como testemunha uma placa, foi lugar de reunião dos padres conciliares com essa finalidade.

Nota bibliográfica

- AMBRASI, D. *Un autografo di Sant'Alfonso M. de Liguori circa l'infallibilità e la superiorità del Papa sul Concilio:* Asprenas 9 (1962) 483-489.
- RICCI, V. *S. Alfonso e il Papa*: RICCI, V. (ed.). Alfonso M. de Liguori, maestro di vita spirituale (Milão, 1998) 41-47.

13.3.2 Apontamentos de Teologia Controversística

- *Opera Dommatica contra gli eretici pretesi riformati* (Napoli, 1769; Veneza, 1770).[43]

Trata-se de um escrito que Afonso tinha começado em 1764, mas havia abandonado em razão de outros escritos mais urgentes. Retomou o projeto e o concluiu em 1768, aproveitando que os ataques reumáticos o retinham no palácio episcopal. Mandou imprimir o escrito em Nápoles (1769), com tiragem de 250 exemplares, "apenas suficientes para atender os ministros e amigos".[44]

No mês de agosto desse ano de 1769, enviou a obra a Remondini, com numerosos acréscimos e muitas correções, e este a editou em Veneza, em 1770. Para a edição veneziana, Afonso suavizou sua diatribe contra Paulo Sarpi, veneziano, e como tal, "vosso san-

[43] De Meulemeester, I, 145-146; Ferrero-Boland, 526. Ver: Tellería, II, 338-343; Rey-Mermet, 671.

[44] Tellería. II, 340. Ver: Lettere, III, 352, 354, 356.

to padre", irônica expressão de Afonso.[45] O Papa Clemente XIV aceitou a dedicatória do livro com um Breve muito elogioso.[46]

> "A obra é dirigida especialmente contra a *Storia del Concilio Tridentino,* publicada em Londres, em 1619, sob o pseudônimo de Pedro Soave, por Paulo Sarpi, de Veneza".[47] Por outro lado, Afonso se serviu dos 3 vol. da *Istoria del Concilio di Trento* (1656-1657) do jesuíta Pedro Sforza Pallavicini (1607-1667), escrita por encargo do Papa como resposta à de Paulo Sarpi (1552-1623). Ver a apresentação que fizemos sobre P. Sforza Pallavicini em volume precedente: V/1, 734-735.

O próprio Afonso explicou que seu escrito era diferente do de Pallavicini. "Estou imprimindo uma obra muito útil, o compêndio da *Historia do Concílio de Trento,* do cardeal Pallavicini, obra que é muito confusa (...). Falo apenas dos pontos dogmáticos da fé que foram definidos pelo concílio, portanto, meu livro contém uma boa dogmática".[48] A obra contém elementos apologéticos, embora, em seu conjunto, seja um escrito de caráter dogmático.

> É apologética no sentido em que o foi o Concílio [de Trento] no confronto com os reformadores; ela o é, também, quando aponta seu lugar a Paulo Sarpi. Mas constitui, principalmente, ao lado de seu manual de moral (*Homo Apostolicus*), um manual de dogmática elaborado em torno das definições conciliares.[49]

Afonso estava convencido da necessidade de uma regra de juízo definitivo para determinar uma verdade cristã. Por isso, no final do livro, acrescentou, em uma vintena de páginas, "um tratado muito útil sobre a infalibilidade da Igreja, sobre a regra de fé e sobre a necessidade de um juiz infalível, ou seja, o meio mais poderoso para convencer os hereges": *Dell'ubbidienza dovuta alle definizioni del concilio e per conseguenza alla Chiesa cattolica Romana fuori di cui non vi è salute.*[50]

---

45 Lettere, III, 359.
46 Sobre os dados relacionados com a publicação dessa obra: Tellería, II, 338-343.
47 De Meulemeester, I, 145.
48 Lettere, III, 346-347.
49 Rey-Mermet, 619-620.
50 Em De Meulemester, I, 146, seguido por Ferrero-Boland, 526, aparece como obra independente.

Além disso, acrescentou outro pequeno tratado (32 páginas), não diretamente sobre a temática principal da obra, mas sobre o modo como a graça eficaz opera em nós: *Del modo come opera la grazia nella giustificazione del peccatore.*[51] Enquadrou o tema em ampla exposição sobre os sistemas teológicos acerca da graça eficaz e graça suficiente.[52]

Os censores J. Selvaggi (pelo arcebispado) e J. Simioli (pelo rei) deram aprovação laudatória. Mas a obra não agradou Tanucci, como consta na sua correspondência privada com F. Vargas Machuca.[53] Por isso, o ministro causou certas dificuldades ao autor.[54]

Nessa obra de Afonso, o leitor atual pode encontrar detalhes de certo interesse histórico;[55] também poderá se informar sobre a maneira de interpretar os dogmas tridentinos no séc. XVIII, já que Afonso se move na visão que a Itália do *Settecento* tinha de Lutero.[56]

Há dois elementos decisivos refletidos nessa obra: em primeiro lugar, o horizonte teológico-dogmático de Afonso; e, em segundo lugar, sua postura controversista em relação aos reformados, sobretudo, em relação aos luteranos. Este último dado foi analisado em dois estudos que apresentamos na continuação, não sem deixar de reconhecer, da nossa parte, como o faz F. Chiovaro, a "atitude negativa" de Afonso em seu confronto com o fenômeno histórico do luteranismo.[57]

---

51 Tanto De Meulemeester, I, 146, quanto Ferrero-Boland, 526, lhe dão a condição de obra independente.

52 Tellería, II, 341-343.

53 Rey-Mermet, 638.

54 TELLERÍA, R. *S. Alfonsus episcopus et marchio Tanucci nomen suum miscent in duobus libris prelo datis*: SH 11 (1963) 143-151.

55 LUIS IGLESIAS, A. *La actuación de los teólogos españoles en Trento, vista a través del "Opus Dogmaticum contra haereticos pseudoreformatos" de San Alfonso María de Ligorio*: Revista Española de Teología 6 (1946) 127-147.

56 MENOZZI, D. *Lutero nella cultura italiana del Settecento*: PERRONE, L. (ed.). Lutero in Italia. Studi nel V centenario della nascita (Casale Monferrato, 1983) 141-166.

57 CHIOVARO, F. *Intervento* após a conferência de: DE MAIO, R. *S. Alfonso e la cultura religiosa dell'Illuminismo*: GIANNANTONIO, P. (ed.). Alfonso M. de Liguori e la società civile del suo tempo (Florença, 1990) I, 109-110.

Nota bibliográfica

- CASSESE, M. *Il controversismo antiluterano di Sant'Alfonso Maria de' Liguori:* Ricerche di Storia sociale e religiosa 14 (1985) n. 27, 99-114. Afonso "tornou sua a posição unívoca da teologia controversística" a partir do séc. XVI (p. 113). Na apresentação de Afonso, "falta totalmente o Lutero da *Theologia crucis*, que é a chave hermenêutica e substância da teologia luterana; está ausente o Lutero pregador, o do *Sermão das boas obras*, o comentarista do Pai-nosso e do *Magnificat*, o Lutero pastor, o Lutero como homem de oração" (*ibidem*).
- TORTORA, A. *Sic et non: il "Simbolo Tridentino" e la "Teologia Riformata". In margine alle opere di Alfonso M. de Liguori contro le eresie*: SH 59 (2011) 451-466 = VICIDOMINI, G. (ed.). *Alfonso M. de Liguori. Un santo per il terzo millennio* (Materdomini, s. a. [= 2010]) 353-368. A orientação afonsiana "está em continuidade com uma longa tradição eclesiástica, cujas raízes avançam até as próprias bases da lógica da Contrarreforma" (SH 51 [2011] 465).

13.4 A IMAGEM DE DEUS NA TRADIÇÃO AFONSIANA

Neste capítulo, proponho analisar os traços mais destacados da imagem de Deus, tal como se manifesta, tanto na vida, quanto no pensamento de Afonso. Não será preciso dizer que não é a imagem, mas sim a *realidade* ou o *mistério* de Deus, que dá sentido ao projeto teológico, espiritual e pastoral de Liguori.

O que gostaria de advertir é que vamos alargar um pouco o horizonte com a finalidade de recolher significados dessa imagem de Deus, não só no momento histórico de Afonso, mas também em sua continuidade histórica, ou seja, na tradição afonsiana.

Ao estudar a imagem de Deus na tradição afonsiana, tenho o objetivo de ver e demonstrar em que medida a compreensão de

Deus influencia a concepção da vida cristã, e mais concretamente, os campos da moral, espiritualidade e pastoral. Em outro estudo já analisei, em termos gerais, a relação entre imagem de Deus e compreensão da moral cristã.[58]

13.4.1 Introdução

Para descobrir a imagem de Deus, uso como fontes mais diretas e explícitas as duas seguintes: por um lado, os escritos de Afonso; e, por outro, os textos espirituais do período das origens da Congregação do Santíssimo Redentor, momento em que acontece a configuração decisiva da peculiaridade afonsiana na concepção de Deus.[59] Também servem de iluminação as atuais Constituições da Congregação fundada por Afonso, renovadas segundo o espírito do Vaticano II.[60] Essas Constituições, segundo o parecer imparcial de vários analistas, são modelo em manter o genuíno espírito do carisma inicial e adaptar-se às novas situações do momento atual, tal como pediu o Concílio Vaticano II no decreto *Perfectae Caritatis*, n. 3.

Cada tradição eclesial costuma basear em um texto bíblico a peculiaridade de seu ser e de sua missão na Igreja. A tradição afonsiana se identifica, principalmente, com o texto de *Lc* 4, 16-21, ou seja, a apresentação de Jesus na sinagoga de Nazaré, através da atualização de *Is* 61, 1-2: "O Espírito do Senhor está sobre mim, pois ele me ungiu para anunciar o Evangelho aos pobres".

---

58 VIDAL, M. *10 palabras clave en Moral del Futuro* (Estella, 1999) 11-51: "Rostro de Dios". [VIDAL, Marciano. *Dez palavras-chave em moral de futuro*. São Paulo: Paulinas, 2003].

59 RAPONI, S. *La spiritualità redentorista delle origini*: SH 44 (1996) 419-497.

60 O melhor comentário é o de: RAPONI, S. *Il Carisma dei Redentoristi nella Chiesa. Commento alle Costituzioni* (Roma, 1993), com bibliografia nas p. 367-371. Ver, em espanhol, a compilação dos artigos em: VÁRIOS. *La Congregación y las Constituciones renovadas* (Roma, 1993). [= Publicado em artigos na coleção Espiritualidade Redentorista, volumes 3 e 4. VÁRIOS. *Espiritualidade Redentorista*. Textos. Aparecida: Santuário, 1992].

Além deste, há outros textos bíblicos que a tradição afonsiana utilizou para expressar sua compreensão do mistério de Cristo e formular sua imagem de Deus.

> Para a compreensão teológica é recorrente a referência ao hino cristológico de *Fl* 2, 6-11: "Ele, existindo em forma divina... esvaziou-se... tornando-se semelhante ao ser humano" e ao texto de *Hb*, 4, 15: "De fato, não temos um sumo sacerdote incapaz de se compadecer de nossas fraquezas, pois ele mesmo foi tentado em tudo, à nossa semelhança, sem todavia pecar".
>
> A imagem de Deus é projetada sobre dois textos da carta a Tito: "Com efeito, a graça salvadora de Deus manifestou-se a toda a humanidade" (*Tt* 2, 11); "Mas quando se manifestou a bondade de Deus, nosso Salvador, e o seu amor pela humanidade, ele nos salvou (...)" (*Tt* 3, 4). Os dois últimos textos foram assumidos pela tradição redentorista através dos dois substantivos latinos da Vulgata: "Apparuit *benignitas* e *humanitas* Salvatoris nostri Dei".

Tanto os textos de orientação mais cristológica, quanto os outros, de maior sabor teológico, descrevem uma imagem de Deus formulada com traços básicos de *benignidade* e de *proximidade.* Esses dois traços expressam a peculiaridade da compreensão afonsiana de Deus frente às posturas teológicas, espirituais e pastorais do jansenismo, e frente à desviada interpretação da religião feita pelo Iluminismo europeu. A esses dois traços se referiu João Paulo II na carta apostólica *Spiritus Domini,* quando disse que a imagem de Deus de Afonso "não se trata de um Deus abstrato, e sim de um Deus que é pai dos homens: o Deus da salvação que se manifesta em Jesus Cristo".[61]

Sobre esse fundo da *benignitas* (benignidade) e da *humanitas* (que traduzo por *proximidade*) estrutura-se a compreensão afonsiana do projeto de Deus sobre a humanidade; esse projeto é considerado escrito, e assim é lido, em chave de amor condescendente e

---

61 JOÃO PAULO II. *Spiritus Domini*: AAS 79 (1987) 1369: "Dei, dicimus, non sane alicuius Numinis abstracti a rebus, sed hominum patris, Deique salutis, qui in Iesu Christo fit adspectabilis". [JOÃO PAULO II. Spiritus Domini. In: *Revista SEDOC*. Petrópolis: Vozes. Volume 20, n. 205, nov-dez 1987. p. 261].

misericordioso. O Deus *do amor e da misericórdia* é a chave de arco teocêntrica do inteiro edifício teológico-espiritual-pastoral, cuja pedra angular é, naturalmente, Cristo.

A vida de todo crente constitui, no fundo, seu itinerário para Deus. Não é fácil descobrir o verdadeiro rosto de Deus. Afonso o fez atravessando profundas crises de angústia, manifestada no medo da condenação e escrúpulos de consciência. Superando as experiências de *medo* e de *rejeição* da imagem paterna, descobriu o rosto de Deus *Pai*.

Confesso que não conheço nenhum estudo expresso e monográfico sobre esse tema no pensamento afonsiano. Por isso, o que estou formulando aqui, é fruto de minha pessoal e peculiar reflexão, embora leve em conta dados confiáveis, tanto sobre o pensamento afonsiano, quanto sobre a tradição afonsiana posterior.

13.4.2 A *benignidade* de Deus frente ao rigorismo jansenista

O pensamento teológico-espiritual de Afonso, bem como sua trajetória pastoral, constitui a antítese do jansenismo, tal como já foi exposto na 11ª seção.[62] Consequentemente, a imagem de Deus também será calorosa afirmação de seu rosto benigno, frente aos excessos do gélido rigor jansenista.

- O jansenismo

Reduzida a seus pontos principais, a compreensão jansenista do cristianismo concretizava-se em uma antropologia de cunho pessimista, na afirmação exagerada da necessidade da graça eficaz para viver cristãmente, na compreensão de Deus como juiz, na redução elitista da salvação eterna ("são poucos os que se salvam"), na limitação dos sacramentos, especialmente o da Eucaristia, como prêmio aos mais perfeitos por seus esforços sobre-humanos, e em uma moral excessivamente rigorista.

[62] Continua sendo válido, a esse respeito, o estudo de: CACCIATORE, G. *S. Alfonso de' Liguori e il giansenismo* (Florença, 1944).

Diante de tais excessos de gélido e elitista rigor jansenista, Afonso e a tradição afonsiana ressaltam a dimensão calorosa e popular do genuíno catolicismo. A teologia afonsiana concentra seu esforço em duas vertentes principais: teologia da graça e da oração, e moral da benignidade pastoral.

- Reação antijansenista de Afonso

Em um de seus livros mais representativos, *O grande meio da oração*[63], Afonso defende com todo empenho a vontade salvífica de Deus, que concede a todos a possibilidade da oração para obter a graça necessária à salvação.[64] Em Afonso, e na tradição afonsiana, a oração adquire centralidade só explicada pela consciência de que a oração expressa a confiança católica na salvação, frente ao desviado pessimismo das posturas rigoristas, geralmente, de matriz jansenista.[65] Na tradição redentorista, a oração tem a função de revelar o rosto benigno de Deus e relacionar-se confiantemente com Ele.

Por outro lado, a Teologia Moral afonsiana constituirá em seu tempo e, sobretudo, no século XIX, a normalização das exigências cristãs vencendo o rigor antievangélico da moral jansenista. Os sistemas de moral estão estreitamente vinculados com os sistemas teológicos da graça[66] e, em última instância, com a imagem de Deus. Se Afonso e a tradição afonsiana apoiam a postura de um catolicismo otimista e positivo ante a abundante salvação que Deus oferece em Cristo, sua proposta moral também refletirá a benignidade salvífica de Deus.

---

63 Edição crítica: *Del gran mezzo della preghiera*. Testo critico, introduzione e note a cura di G. Cacciatore (Roma, 1962).

64 Ver o estudo de: HIDALGO, J. F. *Doctrina alfonsiana acerca de la acción de la gracia actual eficaz y suficiente* (Turim, 1954).

65 Ver, a esse respeito, os estudos de: MCCABE, G. *Alfonso de Liguori: teólogo de la oración*: VÁRIOS. La intuición y la espiritualidad de San Alfonso (Roma, 1993) 171-190 (de modo especial: p. 172-176); COLÓN, J. R. *San Alfonso y la oración de petición en la doctrina de San Alfonso María de Ligorio. Estudio histórico-teológico* (Roma, 1986) 191-149 (especialmente, p. 217-220).

66 VEREECKE, L. *Sens du doctorat de St. Alphonse dans l'histoire de la théologie morale*: SM 9 (1971) 50-51.

O Papa João Paulo II, em carta apostólica por ocasião do II centenário da morte do Patrono dos confessores e moralistas, sublinhou esse espírito da benignidade pastoral com as mesmas "memoráveis palavras" de Afonso:

> "Na obra grande de moral, ele escreve, entre outras coisas, aquelas memoráveis palavras: 'Não se há de impor nada aos homens sob culpa grave, a não ser que a razão leve a isso com evidência (...). Atendendo a fragilidade da presente condição humana, nem sempre é verdade que o mais seguro seja dirigir as almas pela via estreita'".[67]

- A "benignidade" de Deus

Desse redescobrimento do espírito genuinamente evangélico frente ao rigor jansenista, surge a imagem de um Deus *benigno.* A tradição afonsiana deixará clara a *benignidade* de Deus mediante um conjunto de opções que identificam a peculiaridade de sua proposta espiritual e pastoral na Igreja, das quais ressalto duas:

Deus quer a salvação de todos

Frente à compreensão redutiva da salvação, próprias do calvinismo e do jansenismo, Afonso proclama a "abundância da Redenção" (a expressão *copiosa Redemptio* faz parte do escudo da Congregação por ele fundada). Frente ao pessimismo antropológico, frente ao temor do castigo, frente à angústia pela incerteza da salvação, frente à "sensação" de se sentir condenado, Afonso e a tradição afonsiana anunciam a boa notícia da "abundante salvação" e, em sua proposta espiritual e pastoral, abrem todas as barreiras e empregam todos os meios pelos quais transborda a abundante salvação cristã.[68]

---

[67] JOÃO PAULO II. Carta apostólica *Spiritus Domini* (1º de agosto de 1987), tradução espanhola em: Ecclesia n. 2.333-2.334 (22 y 29 de agosto de 1987) 20-21. A citação afonsiana em: Gaudé, II, 53.

[68] KEUSCH, K. *La dottrina spirituale di Sant'Alfonso Maria de' Liguori* (Milão, 1931) 521-522: "Alfonso mise soprattutto in rilievo la misericordia di Dio, che nessuno vuol dannato, ma tutti salvi".

Deus, levando em conta "a fragilidade da condição humana", não impõe cargas morais insuportáveis.

Dessa imagem de Deus surge uma lei que João Paulo II formulou para os redentoristas: "No ministério das confissões e na direção das almas, e especialmente na pastoral dos santuários, confiados ao vosso instituto, deve sempre guiá-los a *benignidade pastoral*".[69]

Afonso não chegou facilmente à compreensão do Deus da benignidade. Precisou fazê-lo "na contracorrente" da época e de sua própria trajetória de vida. Às correntes rigoristas da época, sobretudo, nos temas da graça e da moral, opôs seu instinto evangélico, ao que acrescentou o esforço de sua privilegiada inteligência. Aí estão suas duas grandes obras que marcam o "rumo do caminho" no catolicismo vigente: *O grande meio da oração* e a *Teologia Moral.* Seu itinerário biográfico esteve marcado pela experiência da angústia, devida ao temor da condenação. Os escrúpulos constituíram a expressão de sua alma, complexa e atormentada. Contudo, conseguiu superar seus próprios condicionamentos pessoais, não só para transmitir aos demais a boa notícia da misericórdia divina, mas também para poder experienciar, ele mesmo, a benignidade amorosa de Deus.

Essa experiência do fundador teve continuidade na Congregação por ele fundada. Também ela, em muitas ocasiões e em diversos contextos, precisou anunciar a benignidade de Deus "na contracorrente" da espiritualidade, da pastoral e da moral vigentes na Igreja. Quanto ao itinerário pessoal, não faltam dados biográficos de experiências semelhantes às do fundador em sua busca do rosto benigno de Deus através da angústia religiosa e do escrúpulo moral.

---

69 JOÃO PAULO II. Carta apostólica *Spiritus Domini*: *l. c.*, 22 (sublinhado meu).

13.4.3 A proximidade de Deus frente ao distanciado "deísmo" do Iluminismo

- Afonso e o Iluminismo

Como todo o restante do pensamento afonsiano, a ideia de Deus em Afonso precisa ser vista em relação com o Iluminismo. Em sua obra moral e jurídica, Afonso participa dos valores propiciados pelo Iluminismo: aceita a *razão* e os dados objetivos da *experiência*, dando mais importância à argumentação intrínseca que aos argumentos de autoridade e desfazendo os "pré-julgamentos" como critérios de orientação humana; por outro lado, sua inclinação tende mais para o valor da *liberdade* que para a obrigação da lei, sobretudo, quando não há certeza sobre a lei.

No entanto, sua concepção de fé e seu universo religioso estão fora dos limites estreitos marcados pelo espírito iluminista. Apesar de serem contemporâneos, Voltaire (1694-1778) e Afonso (1696-1787) refletem dois universos religiosos contrapostos. O santo napolitano tinha uma ideia de Deus muito distante daquela proposta pelos *deístas,* como demonstram seus escritos de caráter apologético.

- Descoberta de um Deus "próximo"

É possível afirmar que, na ideia de Deus, como em outros aspectos de seu pensamento, Afonso "reorienta o espírito do Iluminismo". Frente ao *deísmo* iluminista, que faz de Deus um ser afastado da história humana, Afonso propõe um Deus *próximo,* muito em conformidade com a revelação cristã.

Em 1753, Afonso adaptou a obra do jesuíta francês M. Boutauld e publicou um opúsculo sobre o *Modo de conversar contínua e familiarmente com Deus.* Para Afonso, a proximidade de Deus é tão patente que tudo fica transformado por sua presença.

Os acontecimentos da vida cotidiana e a própria natureza se convertem em âmbitos da manifestação da proximidade de Deus:

"Quando vês os regatos ou os rios caudalosos... Quando escutas o trinar dos passarinhos... Quando contemplas os vales... Quando olhas o mar...". Esses, e todos os restantes acontecimentos da vida cotidiana, são ocasião propícia para descobrir o rosto *próximo* de Deus.

A maneira de entender a Deus está muito ligada à *contemplação mística,* sobre a qual Afonso escreveu uma bela síntese;[70]no entanto, sua época não era propícia a tais expansões, devido às suspeitas difundidas pelos exageros do quietismo.[71] Contudo, na obra e na vida afonsianas há uma vertente mística que é preciso resgatar, sabendo lê-la a partir das chaves cifradas em que se encontra escrita por causa das referidas suspeitas antiquietistas.[72]

A tradição afonsiana permaneceu fiel à imagem do *Deus próximo* e constituiu um permanente corretivo aos desvios da compreensão racionalista e fria do ideal iluminista.

13.4.4 Deus escreve sua história com linguagem de amor

- A linguagem do Amor Divino

O Deus *benigno e próximo* só se faz inteligível e crível mediante a linguagem do amor. Na compreensão afonsiana do mistério cristão, há uma chave que explica tudo: a *misericórdia divina.* A chave de arco da proposta espiritual e pastoral de Afonso é o *Deus de*

70 *Praxis confessarii,* n. 126-144: Gaudé, IV, 598-608. Fez uma bela tradução espanhola: MORIONES, N. *La práctica del confesor* (Madri, 1952) 348-387. [= LIGÓRIO, Santo Afonso Maria de. *Prática dos confessores.* Rio de Janeiro: Ed. CDB, 2020. Tradução: Tiago Gadotti].

71 COLÓN, J. R. *San Alfonso y la oración de petición...,* 215-217.

72 KEUSCH, K. *La dottrina spirituale...,* 164-167; Tellería, I, 574-575; MCCABE, G. *Alfonso de Liguori...,* 181-187; VELOCCI, G. *Alfonso Maria de' Liguori*: VÁRIOS. Dizionario di Mistica (Cidade do Vaticano, 1998) 67-69. [= VÁRIOS. *Dicionário de mística.* São Paulo: Paulus; Loyola, 2003].

amor e da misericórdia.[73] Na proposta espiritual da tradição afonsiana há um *teocentrismo* de amor que não pode ser esquecido.[74]

Sendo Amor em si mesmo, Deus se aproxima da humanidade por amor: mediante a criação e, sobretudo, mediante o projeto de salvação. Já vimos como, para Afonso, a criação fala do amor de Deus. Essa linguagem de amor adquire plenitude no projeto de salvação, realizado definitivamente em Cristo. Evidentemente, Cristo ocupa lugar central na espiritualidade e na pastoral de Afonso e na tradição afonsiana.[75] Contudo, não convém esquecer que Cristo é Palavra de amor eficaz de Deus.

Esse forte tom cristológico da espiritualidade e da pastoral provém da compreensão de Deus como amor misericordioso. Afonso ressalta, com traços fortes, a obra salvífica de Cristo através dos grandes mistérios cristológicos, objeto de obras importantes de sua produção bibliográfica: Cristo se *esvazia* a si mesmo (cf. *Fl* 2, 6-8) mediante a Encarnação,[76] se entrega à morte mediante a Paixão,[77] e permanece conosco na Eucaristia.[78]

Mas, o que dá força salvífica a esses mistérios cristológicos é o fato de serem atuação da *linguagem eficaz* do amor de Deus. Afonso rebaixa ao máximo a concepção cristológica anselmiana da redenção, vigente

---

73 VELOCCI, G. *Sant'Alfonso de' Liguori. Un maestro di vita cristiana* (Cinisello Balsamo, 1994) c. 2: "Dio della misericordia e dell'amore" (p. 22-57). "Il tema della misericordia e dell'amore di Dio pervade tutti gli scritti di sant'Alfonso, specialmente le lettere che riflettono immediatamente il suo animo a contatto diretto con persone viventi" (p. 26). "La concezione di Dio in sant'Alfonso, tutta ispirata all'amore e alla misericordia, in un clima religioso contaminato dal giansenismo e dall'illuminismo è davvero sorprendente, ed è segno del suo genio essenzialmente cristiano: essa scaturiva dalla conoscenza della Bibbia, dallo studio della tradizione più genuina, dalla sua esperienza mistica e dal ministero pastorale, svolto a contatto di tante anime" (p. 27-28).

74 Para KEUSCH, K. *La dottrina spirituale...*, 522, a validade da proposta afonsiana "consiste na completa *teocentralidade* da sua doutrina".

75 VELOCCI, G. *Cristo: centro della spiritualità alfonsiana*: SH 45 (1997) 41-69.

76 *Novena del Santo Natale*: Opere Ascetiche, IV (Roma, 1939) 9-28.

77 *Riflessioni sulla Passione di Gesù Cristo*: Opere Ascetiche, V (Roma, 1934) 181-340.

78 *Visite al SS. Sacramento ed a Maria SS.ma*: Opere Ascetiche, IV (Roma, 1939) 287-387.

em sua época,[79] e destaca especialmente nos mistérios de Cristo a comunicação do amor misericordioso de Deus com a humanidade.

Foi o que recordou João Paulo II, na Carta Apostólica, várias vezes citada, entendendo o posto central de Cristo na espiritualidade e pastoral de Afonso e dos redentoristas como manifestação do amor misericordioso do Pai: "Com Santo Afonso, é necessário afirmar o lugar central que ocupa Cristo como mistério da misericórdia do Pai em toda a pastoral. Os redentoristas não devem deixar de anunciar a *copiosa redemptio,* ou seja, o amor infinito com que Deus se aproxima da humanidade, em Cristo, começando sempre pelos que têm mais necessidade de ser curados e libertados, porque estão marcados pelas consequências nefastas do pecado".[80]

- Peculiaridades na espiritualidade e na pastoral

A partir dessa compreensão de todo o mistério cristão desde a *linguagem do amor misericordioso* de Deus, é possível entender melhor algumas características peculiares da espiritualidade e da pastoral da tradição afonsiana. Ressalto as seguintes:

O amor de Deus como impulso e conteúdo da conversão cristã

João Paulo II pediu aos redentoristas que não esqueçam essa característica peculiar de sua tradição: "É necessário não deixar nunca de proclamar a misericórdia divina. Segue sendo muito atual, para toda a pastoral, a advertência de Santo Afonso: 'É preciso se convencer de que as conversões feitas apenas por temor dos castigos divinos duram pouco (...); se não entra no coração o santo amor de Deus, dificilmente perseverará'. Por essa razão, 'o esforço principal do pregador' deverá consistir em 'fazer que em cada pregação seus ouvintes se inflamem do santo amor' (*Opere,* vol. III, Turim, 1847, 288)".[81]

---

79 JOHNSTONE, B. *San Alfonso y la teología de la conversión*: VÁRIOS. La intuición y la espiritualidad de San Alfonso (Roma, 1993) 155-170.

80 JOÃO PAULO II. Carta Apostólica *Spiritus Domini*: *l. c.,* 26.

81 *Ibidem.*

A vida cristã consiste na realização do amor

O livro que melhor expressa a espiritualidade afonsiana e redentorista é a *Prática do amor a Jesus Cristo.*[82] Essa síntese da espiritualidade começa com uma afirmação básica que formula o sentido da existência cristã: "Toda a santidade e toda perfeição de uma pessoa consiste em amar a Jesus Cristo, nosso Deus, nosso maior bem, nosso Salvador".[83] O amor afetivo e efetivo constitui a resposta, escrita também em linguagem de amor, com a qual a pessoa responde ao projeto do Deus de amor e de misericórdia.[84] Por isso, "a linguagem que Afonso considera mais apropriada para descrever as relações entre Deus e o homem é a linguagem do amor".[85]

13.4.5 "Deus me ama": Experiência configuradora da segurança fundante

- Necessidade de "ser amado" para alcançar a segurança fundante

Um dos elementos que configuram a base psicológica da espiritualidade dos santos é a experiência pessoal de que "Deus me ama". Essa experiência viria a preencher a necessidade dos *fenômenos transicionais* que articulam a relação do *eu* com a *exterioridade,* sobretudo nas pessoas que sofreram a *carência* do pai ou da mãe na infância.[86]

---

[82] GÓMEZ RÍOS, M. *La práctica del amor a Jesucristo, clave de la lectura alfonsiana*: Confer 27 (1988) 377-397; RUSSO, R. *La carità nella vita cristiana secondo sant'Alfonso*: Asprenas 55 (1988) 57-80; VIDAL, M. *Una espiritualidad centrada en la práctica del amor*: Vida Religiosa 62 (1987) 256-273.

[83] LIGÓRIO, Afonso M. de. *Prática do amor a Jesus Cristo.* Aparecida: Santuário, 2011, p. 11.

[84] MANDERS, H. *O amor na espiritualidade de Santo Afonso* (Aparecida, 1990).

[85] MCCABE, G. *Alfonso de Liguori...*, 176.

[86] Sobre a psicologia dos fenômenos *transicionais,* ver: WINNICOT, D. W. *Realidad y juego* (Barcelona, 1995[5]). Sobre a aplicação dessa teoria psicológica à experiência religiosa: CEBOLLADA. P. *El dolor en la "noche oscura" de San Juan de la Cruz. Observaciones espirituales y psicológicas*: Miscelánea Comillas 53 (1995) 381-394; RIZZUTO, A. M. *Reflexiones psicoanalíticas acerca de la experiencia mística*: Teología y Vida 37 (1996) 27-38.

Essa "carência" é um dado constatável em santos de profundas experiências místicas (São João da Cruz, Santa Teresa, Santo Inácio de Loyola, etc).

Afonso não teve carência física, no entanto, experimentou a "ausência" real do pai. Mais ainda, sua experiência religiosa aconteceu no âmbito de uma forte "confrontação" e até "rejeição" do pai. Sobre esse *conflito familiar* de Afonso e sobre as repercussões que possa ter tido na configuração de seu universo religioso, já nos ocupamos na seção dedicada à sua experiência familiar. Com esse pano de fundo psicológico, ganha pleno relevo a experiência do amor de Deus feita por Afonso.

Mais acima, assinalei que Afonso chegou à experiência do Deus de amor e da misericórdia "na contracorrente", ou seja, no ambiente contrário da época, marcado pelo rigorismo jansenista e pelo teísmo iluminista. Também referi as dificuldades de sua biografia pessoal. Agora me concentrarei sobre a trajetória pessoal de sua descoberta do Deus do amor e da misericórdia, aludindo, sinteticamente, aos dados mais destacados.

- Através da "noite escura" do amor

Afonso passou por uma profunda e longa "noite escura" do amor. Precisou descobrir o rosto de Deus através da experiência de dolorosa "crise de confronto e até de rejeição" de seu pai, que deve ter repercutido em seu fundo anímico, precisamente onde se assentam as seguranças (ou inseguranças) básicas da "salvação" (ou da "condenação") enquanto experiência de *ser amado* (ou de *ser rejeitado*). Os escrúpulos de ordem moral foram o acompanhamento e derivação dessa profunda crise psicológica e religiosa.

Nessa noite escura é necessário "lutar contra um rosto de Deus" não propício ao amor e segurança. "As imagens de Deus que podemos verificar nos escritos de Afonso, que correspondem mais ou menos ao período grave de seus escrúpulos, nos mostram a imagem de um Deus hostil, ofendido, que intima o réu ao tribunal: um juiz onipotente, irado, com quem temos de acertar as contas: um Cristo juiz que se volta contra os réprobos, ingratos, com indignação e vingança".[87]

- A saída da obscuridade e da insegurança: "Jesus me ama..."; "Maria me ama...".

No arquivo geral da Congregação do Santíssimo Redentor, em Roma, são guardados alguns *Cadernos* onde Afonso foi recolhendo, de 1732 a 1743, aspectos de sua vida pastoral e espiritual (*Cose di coscienza*).[88] Através dessa espécie de diário podemos compreender a noite escura pela qual passou. Essa noite parece tornar-se dia quando escreve, na página 36: "Jesus me ama...". E, duas linhas mais abaixo: "Maria me ama...".

Na experiência de ser amado, Afonso encontra a segurança fundante de sua vida. "Este era o segredo de seu coração. Afonso teve a deslumbrante e ofuscante experiência de ser amado do Senhor, de ser amado da Virgem Maria. Sua resposta foi amor ao amor. Quantas vezes repetia nas pregações: 'Deus vos ama: amai-o' (*Dio vi ama: amatelo*)."[89]

- O rosto de Deus "Pai"

Encontrada a segurança fundante mediante a experiência do "Deus me ama", agora Afonso descobre o rosto mais caloroso de Deus. Seu coração se *dilata* e pode falar com Deus "familiarmente".

> À religiosa Maria de Jesus, na carta em que anuncia estar terminando o livro *Conversare continuamente ed alla familiare con Dio,*[90] ele diz: "É necessário, com Deus, com aquela Bondade infinita, caminhar *com simplicidade, tranquilamente, fazer o que lhe parece bom e caminhar para a frente*".[91]

---

[87] COLÓN, J. R. *San Alfonso y la oración de petición...*, 205 (ver: p. 205-207).

[88] Ver uma descrição em: FERRERO, F. *La mentalidad moral de San Alfonso en su cuaderno espiritual "Cose di coscienza" (1726-1742)*: SH 21 (1973) 198-258.

[89] SEGALEN, J. M. *San Alfonso de Liguori: Apóstol*: VÁRIOS. La intuición y la espiritualidad de San Alfonso (Roma, 1993) 151-152.

[90] Lettere, I, 212-214.

[91] *Ibid.*, I, 213 (sublinhado meu).

Dessa experiência, brota a afirmação: "Pensai que não tendes, nem um amigo, nem um irmão, nem um pai, nem uma mãe, nem um esposo, nem alguém amoroso que vos ame mais que Deus".[92] Chega até a desaparecer a "resistência" que poderia permanecer em seu ânimo ante a "imagem do pai".

Morto seu irmão Hércules, Afonso manteve estreita relação com os sobrinhos, conforme notamos na passagem correspondente desse volume. Em uma carta a esses sobrinhos, Afonso compõe belíssimo canto à paternidade de Deus:

> "Assente-se no coração o temor de Deus como Senhor vosso que é; entretanto, mais ainda, esforçai-vos para amá-lo como Pai: Pai, nome dulcíssimo para nós. Sim, realmente é nosso Pai: amai-o, portanto, com ternura. É Pai bondoso, doce, amoroso, terno, benéfico, misericordioso; outros tantos títulos pelos quais deveis amá-lo com afeto cordial, terno e agradecido."[93]

A experiência do amor de Deus é tão forte em Afonso que não duvida em fazer coincidir o amor que Deus tem por nós, com o amor que Deus tem por si mesmo: "Ele nos amou eternamente. "Amo-te com amor eterno" (*Jr* 31,3). Deus diz ao homem: "Olhe, fui eu o primeiro a amar você. Você não estava ainda no mundo. O mundo nem existia, e eu já o amava. Eu amo você desde que sou Deus. Amo você, e desde que amei a mim mesmo, amei também você".[94]

Dificilmente se encontrarão formulações tão fortes para expressar a experiência da segurança no amor de Deus. Assim, pois, podemos estar certos de que Afonso teve essa experiência, mesmo que tenha precisado vivenciá-la no permanente crisol da "ausência" do Deus amado. Tal é a condição do Deus cristão: ausente na presença e presente na ausência. Às vezes é contemplado como alguém *presente* e, outras vezes, como alguém que se mantém *escondido.* Para encontrar o Deus "escondido" é necessário o caminho da espera e da paciência. Para se encontrar com o Deus "presente" é válido o caminho da contemplação.

---

92 *Modo di conversare continuamente ed alla familiare con Dio*: Opere Ascetiche, I (Roma, 1933) 314.

93 Lettere, II, 531.

94 LIGÓRIO, Afonso M. de. *Prática do amor a Jesus Cristo.* Aparecida: Santuário, 2011, p. 11-12.

13.5 A CRISTOLOGIA AFONSIANA

13.5.1 O eixo teológico

A cristologia é o eixo da compreensão afonsiana do mistério cristão. O pensamento e atividade pastoral de Afonso são de caráter eminentemente cristológico. O grande desenvolvimento teológico e espiritual que oferecem, tanto a prática pastoral, quanto os escritos de Afonso, recebem sua força expansiva do núcleo cristológico; também é esse núcleo cristológico que vai sendo acrescentado mediante as práticas religiosas. Entre as possíveis classificações da pastoral e espiritualidade (teocêntrica, cristocêntrica, eclesiocêntrica, antropocêntrica, etc), a afonsiana deve ser enquadrada, sem qualquer dúvida, entre as *cristocêntricas.*

Há um detalhe que pode ser muito significativo para a afirmação precedente. Quando Afonso recorda a exigência primeira do cristão, o *amor,* praticamente chega a identificar o preceito do *amor a Deus* com o *amor a Cristo.* Assim começa seu áureo livro da *Pratica di amar Gesù Cristo:*

> "Toda a santidade e toda a perfeição de uma pessoa consistem em amar a Jesus Cristo, nosso Deus, nosso maior bem, nosso Salvador".

A cristologia afonsiana é, ao mesmo tempo, *afirmativa* (ou teológica) e *vivencial* (ou espiritual). Sem negar a importância à afirmação (a teologia cristológica), para Afonso interessa mais a vivência (a cristologia espiritual). Já que, quando analisarmos a relação entre moral e espiritualidade no pensamento de Afonso (26ª seção) aludiremos à cristologia *vivencial,* agora queremos destacar a importância e significado da cristologia *teológica.*

Os elementos essenciais estão reunidos nos volumes IV e V da edição crítica das *Opere Ascetiche.* Os editores os agruparam sob o título significativo de: *Incarnazione, Passione, Eucaristia* com o acréscimo da *Novena del Cuore di Gesù,* expressando as vertentes essenciais da cristologia teológica de Afonso.

Apesar da importância da cristologia, tanto na síntese teológica de Afonso, quanto na sua espiritualidade e prática pastoral, é preciso constatar que "não existe nenhum estudo sistemático da cristologia afonsiana".[95]

O redentorista austríaco H. Scherrmann escreveu extenso artigo que pode exercer essa função de síntese cristológica.[96] Começa constatando que a perspectiva cristológica não existe na *Theologia Moralis*[97]. Segundo a intuição de B. Häring, a orientação cristológica da moral se encontra na *Prática de amar a Jesus Cristo* e daí deve ser transportada ao campo específico da Teologia Moral.[98] Também não encontramos a perspectiva cristológica de Afonso expressa em fórmulas teológicas acadêmicas. A cristologia afonsiana pode ser verificada nas obras de espiritualidade, não é uma cristologia por si mesma, mas em função da vivência espiritual e da prática pastoral.[99]

Situada nesse contexto espiritual e pastoral, a visão de Afonso descobre três rostos preferenciais de Cristo: o *Crucificado*, o Cristo da *Eucaristia* e o Deus *feito homem*.[100] Dessas visões preferenciais provêm os títulos cristológicos mais frequentemente utilizados por Afonso: Salvador ou Redentor, Mestre, Modelo, Louco de Amor, Aquele que nos precede.[101]

Há alguns silêncios na síntese cristológica de Afonso devidos, em grande parte, à limitação proveniente do contexto histórico em que foi composta e vivida. Merecem destaque - infelizmente - os seguintes silêncios:[102]

95 LONDOÑO, N. *Se entregó por nosotros. Teología de la Pasión de Cristo en san Alfonso de Liguori* (Roma, 1997) 13.

96 SCHERMANN, H. *Person und Werk Jesu Christi in der Sicht des hl. Alfons von Liguori*: SH 58 (2010) 281-318.

97 SCHERMANN, H. *Person und Werk Jesu Christi in der Sicht des hl. Alfons von Liguori*: SH 58 (2010) 282-283.

98 HÄRING, B. *Frei in Christus. Moraltheologie für die Praxis des christlichen Lebens* (Friburgo, 1979) I, 66.

99 SCHERMANN, H. *Person und Werk...*, 284-288.

100 SCHERMANN, H. *Person und Werk Jesu Christi in der Sicht des hl. Alfons von Liguori*: SH 58 (2010) 289-296.

101 SCHERMANN, H. *Person und Werk Jesu Christi in der Sicht des hl. Alfons von Liguori*: SH 58 (2010) 296-306.

102 SCHERMANN, H. *Person und Werk Jesu Christi in der Sicht des hl. Alfons von Liguori*: SH 58 (2010) 311-316.

- Sobre o Jesus *histórico.*

- Sobre o Cristo *Ressuscitado.*

- Sobre o *Primogênito da Criação.*

- Sobre o Cristo *que envia o Espírito.*

Em relação ao primeiro silêncio - sobre o Jesus *histórico* - há quem descubra na cristologia afonsiana outra forma de historicidade. Com efeito, quando Afonso fala de Jesus, usa tempos verbais, não no passado, mas no *presente.*[103] Fala *de* Jesus e *a* Jesus como *de* e *a* alguém presente, o que é um sinal de valor espiritual. Costuma-se dizer que os profetas falam de um Jesus do futuro, os hereges de um Jesus do passado, enquanto os místicos sentem e vivem um Jesus do presente. Afonso poderia ser catalogado adequadamente no terceiro grupo.

13.5.2 A Cristologia soteriológica

Entre essas dimensões cristológicas cultivadas por Afonso, sobressai a que se refere à teologia soteriológica ou teologia da paixão. "A *Paixão* constitui o ponto central da obra de Afonso, da mesma forma como constitui o cumprimento da Redenção".[104]

O historiador e teólogo N. Londoño ofereceu valioso estudo sobre a soteriologia e teologia da cruz no pensamento de Afonso. Analisou o pensamento de Afonso sobre a teologia da paixão.[105] Uma peculiaridade importante desse estudo é analisar "a teologia da paixão de Jesus Cristo no contexto da vida e da doutrina do santo".

- Escritos afonsianos

São muitas as obras de Afonso relacionadas com a paixão, embora todas elas caibam em um volume de 450 páginas. Referi-

[103] SWANSTON, H. F. G. *Celebrating Eternity Now. A Study in the Theology of St Alphonsus de Liguori* (Chawton, Hampshire, UK, 1995) 39.

[104] PALOMBO, G. *La catechesi cristologica di S. Alfonso M. de Liguori* (Milão, 1939) 25.

[105] O estudo citado na nota 1 do presente capítulo.

mo-nos ao volume V da edição crítica das *Opere Ascetiche* de Afonso: *Passione di nostro Signore Gesù Cristo* (Roma, 1934):

1. *Orologio della Passione* (p. 8). 2. *L'amore delle anime* (p. 7-31). 3. *Considerazioni ed affetti sovra la Passione di Gesù Cristo* (p. 133-179). 4. *Riflessioni sulla Passione di Gesù Cristo* (p. 181-340). 5. *Otto meditazioni sulla Passione di Gesù Cristo* (p. 343-358). 6. *Quindici meditazioni sulla Passione di Gesù Cristo* (p. 359-379). 7. *Meditazioni sulla Passione di Gesù Cristo per ciascun giorno della settimana* (p. 381-398). 8. *Predica della Passione di Gesù Cristo* (p. 401-417). 9. *Forza che ha la Passione per accender il divino amore in ogni cuore* (p. 419-425). 10. *Dolce trattenimento delle anime amanti di Dio a vista di Gesù Crocifisso* (p. 427-436). 11. *Esercizio della Via Crucis* (p. 437-442). 12. *Preghiere a Gesù per lo merito di ogni pena particolare che soffrì nella sua Passione* (p. 443-444). 13. *Coronella delle sante piaghe di Gesù Crocifisso* (p. 444-445). 14. *Gradi della Passione* (p. 445-446).

Dentro desse conjunto de escritos sobressai um:

- *Amore delle Anime cioè Riflessioni ed affetti sulla passione di Gesù Cristo* (Nápoles, 1751,1754,1755,1773; Roma, 1755; Veneza, 1758).[106]

  Também devem ser levados em conta os seguintes escritos: *Riflessioni ed affetti sopra la Passione di Gesù Cristo esposta semplicemente secondo la descrivono i sagri Vangelisti* (Nápoles, 1761; Veneza, 1762);[107] *Riflessioni sulla Passione di Gesù Cristo* (Nápoles, 1773; Bassano, 1774, 1786);[108] *Meditazioni sulla Passione di Gesù Cristo per ciascun giorno della settimana*, publicadas na obra recém citada.[109]

---

106 De Meulemeester, I, 74-76; Ferrero-Boland, 510. Edição crítica: *Opere Ascetiche. Volume V. Passione di nostro Signore Gesù Cristo* (Roma, 1934) 7-31. Edição atual de A. V. Amarante, com apresentação de A. Serino: *L'amore delle anime. Riflessioni e affetti sulla Passione di Gesù Cristo* (Materdomini, 2007).

107 De Meulemester, I, 114.

108 De Meulemeester, I, 153-154; Ferrero-Boland, 528. Também: Tellería, II, 370-371.

109 De Meulemeester, I, 157; Ferrero-Boland, 529.

Afonso também compôs um *Esercizio della Via Crucis*, publicado como apêndice às *Meditazioni per otto giorni d'esercizi* (Nápoles, 1761; Veneza, 1762).[110] Sobre essa Via-Sacra afonsiana, Tellería afirma que é "modelo em seu gênero e novo gesto de Afonso contra os jansenistas que censuravam essa devoção".[111]

Quisemos apresentar os títulos de escritos afonsianos sobre a Paixão para demonstrar como a cristologia de Afonso é, principalmente, soteriologia.

Perspectivas teológicas

A visão teológica de Afonso sobre a Paixão está condicionada pelas devoções de sua época e depende dos autores a que teve acesso. Entre esses, além dos clássicos (Tomás de Aquino, Boaventura, Antonino de Florença, Melchior Cano, Suárez, Roberto Bellarmino, Gonet, Petávio, Billuart, Contenson, etc)[112], devem ser nomeados: L. Abelly (1603-1691), Luís Habert (1635-1718), H. Tournely (1658-1729).

Ainda que os escritos sobre a Paixão não tenham o tom marcadamente apologético, percebe-se o interesse de Afonso em colocar a ênfase na *abundância* da soteriologia cristã, de acordo com o lema que ele mesmo, frente às opções (entre elas, a de T. Falcoia), quis para o escudo da Congregação: "Nele (Cristo) a redenção é abundante" (*Sl* 129,7).[113]

Essa orientação se confronta diretamente com as posturas do jansenismo, também, do jansenismo tardio do séc. XVIII que havia em Nápoles. "Porque, se a redenção não fosse abundante, sem medida, como obra do amor que é, não chegaríamos a entender o amor do Pai que nos deu o Filho (*Jo* 3, 16) e o amor do Filho que, na Cruz, se sacrificou por nós (*Ef* 5, 2)."[114]

---

[110] De Meulemeester, I, 115-116; Ferrero-Boland, 519.

[111] Tellería, I, 751.

[112] GREGORIO, O. *La biblioteca teologica di S. Alfonso* (Pagani, 1941) 19-20.

[113] ÁLVARES VERDES, L. *Fundamento bíblico del lema "Copiosa apud Eum Redemptio"*: SH 39 (1991) 343-358.

[114] LONDOÑO, N. *Se entregó por nosotros...*, 38.

Nota bibliográfica

- KEUSCH, Ch. *Saint Alphonse de Liguori et le Sacré Coeur* (Paris, 1932).
- PALOMBO, G. *La catechesi cristologica di S. Alfonso M. de Liguori* (Milão, 1939).
- LONDOÑO, N. *Se entregó por nosotros. Teología de la Pasión de Cristo en san Alfonso de Liguori* (Roma, 1997).
- QUESADA, A. M. *Una cristologia de la Redención. Alfonso Maria de Liguori (1696-1787)* (Madri, 1997). Tese de licenciatura apresentada e defendida na Universidade Pontifícia Comillas (Madri).

13.5.3 A Cristologia transformada em Espiritualidade

Não corresponde a Afonso ter um pensamento teórico. Suas ideias teológicas pedem uma tradução prática. Daí que a teologia afonsiana seja, ao mesmo tempo, uma espiritualidade cristológica.

Na quinta parte deste volume ofereceremos uma síntese da espiritualidade afonsiana. Nessa síntese, ocupa lugar importante o traço da cristologia. Mais ainda, é possível dizer que a espiritualidade de Afonso é uma espiritualidade cristocêntrica.

Além da referência à exposição que faremos na citada seção, é preciso levar em conta o que foi exposto no presente capítulo sobre a compreensão soteriológica de Afonso (teologia e espiritualidade), bem como, o que foi anotado no cap. 5 da 3ª seção sobre as devoções cristológicas em Nápoles.

Por isso, limitamo-nos agora a apresentar, em primeiro lugar, um destaque geral da dimensão espiritual da cristologia afonsiana e outro, mais concreto, da espiritualidade eucarística (já tendo sido exposta a espiritualidade da paixão no presente capítulo e as outras devoções cristológicas no citado cap. 5 da 3ª seção). Pedimos desculpas ao leitor por espalharmos elementos da espiritualidade cristológica afonsiana em vários pontos do volume. Contudo, olhada com atenção, essa "dispersão" não é sinal de "desconsideração", mas expressão da grande riqueza afonsiana representada por essa vertente da espiritualidade cristã.

- Espiritualidade cristológica

Resulta tão evidente o caráter cristológico, e até cristocêntrico, da espiritualidade afonsiana, que não são necessários longos discursos para justificar tal afirmação. Como diz Th. Rey-Mermet, "toda a teologia e espiritualidade de Afonso são, essencialmente, cristocêntricas".[115]

Na seção vinte e quatro insistiremos novamente sobre isso. Aqui, limitamo-nos a elencar algumas referências bibliográficas de grande significado:

- SWANSTON, H. F. G. *Celebrating Eternity Now. A Study in the Theology of St Alphonsus de Liguori (1696-1787)* (Chawton, Hampshire, UK, 1995) 119-137.
  Uma sugestiva recriação da espiritualidade cristológica afonsiana centrada sobre a "imitação" - "seguimento" de Jesus.
- VELOCCI, G. *Cristo: centro della spiritualità alfonsiana:* SH 45 (1997) 169-204.
  A centralidade de Cristo para a vida do cristão se manifesta e concretiza na vivência do significado espiritual dos três eventos cristológicos: Encarnação, Paixão e Eucaristia.
- SCHERMANN, H. *Person und Werk Jesu Christi in der Sicht des hl. Alfons von Liguori*: SH 58 (2010) 281-318.
  No texto da presente exposição anotamos a riqueza teológica e espiritual que esse estudo, do redentorista austríaco, descobre na cristologia afonsiana.
- (Também, sobre a devoção de Afonso à Paixão): BERRUTI, C. *Lo spirito di S. Alfonso Mª. de Liguori* (Prato, 1896³) 139-146: "Sua divozione alla Passione di Gesù Cristo".

[115] REY-MERMET, T. *La doctrine spirituelle de saint Alphonse*: VÁRIOS. Alphonse de Liguori, Pasteur et Docteur (Paris, 1987) 294.

- Devoção eucarística

- *Visite al SS. Sacramento* (Nápoles, 1749)[116]

É um dos livros áureos da biblioteca espiritual afonsiana. Entre outros aspectos, foram analisados: a história de sua composição (R. Tellería, O. Gregorio), as fontes de inspiração (F. Bourdeau), seu valor na história da espiritualidade (Á. Luis Iglesias), sua dimensão teológico-espiritual (F. J. Elizari). Merece destaque o número monográfico da revista El Perpetuo Socorro (Madri) dedicado ao estudo do livro afonsiano da *Visita ao Santíssimo Sacramento* no 2º centenário de sua publicação.

Nota bibliográfica

- IBARROLA, J. M. *San Alfonso y las Visitas al Santísimo*: El Perpetuo Socorro 23 (1921) 374-376, 457-462, 494-499.
- Tellería, I, 364-368.
- VÁRIOS. *El libro de las Visitas al Santísimo Sacramento en el 2º centenario de la publicación:* El Perpetuo Socorro 46 (1945) 317-365. Com os seguintes artigos: "El libro de las *Visitas*", p. 318-323 (P. Rutkowski); "La teologia de las *Visitas*", p. 324-328 (A. Hortelano); "Las *Visitas* de san Alfonso a María Santísima", p. 329-333 (Á. Luis); "El libro de las *Visitas* y la devoción de las visitas", p. 334-338 (J. Pérez Riesco); "España y el libro de las *Visitas*", p. 339-346 (D. Ruiz); "El autor de las *Visitas* ante el sagrario", p. 347-352 (T. Cepedal); "Las *Visitas* y la poesia de san Alfonso", p. 353-355 (P. Rivero); "Luces de España a través de las *Visitas* de san Alfonso", p. 356-360 (V. Mª. Sordo); "María Díaz, una las Visitas", p. 362-365 (P. Retana).
- LUIS IGLESIAS, Á. *Las "Visitas al Santísimo" de San Alfonso María de Ligorio:* Revista de Espiritualidad 14 (1945) 481-503.

[116] De Meulemeester, I, 56-61; Ferrero-Boland, 504-505. Edição crítica: *Opere ascetiche. Volume IV. Incarnazione - Eucaristia - Sacro Cuore di Gesù* (Roma, 1939) II. Eucaristia: "Visite AL SS. Sacramento e a Maria SS." (p. 287-387) e outros opúsculos de tema eucarístico (p. 389-496).

- GREGORIO, O. *Ricerche intorno al libretto alfonsiano della "Visita al SS. Sacramento"*: SH 4 (1956) 177-184.
  Além de esclarecer alguns aspectos relacionados com a composição do livro (por exemplo, o leigo que financiou a publicação), o autor pede que se volte ao título original da obra: *Visita al SS. Sacramento.*
- BOURDEAU, F. *Le libre des "Visites au Saint Sacrement". Ses sources et les étapes de sa composition*: VÁRIOS. Alphonse de Liguori, Pasteur et Docteur (Paris, 1987) 321-365.
- ELIZARI, F. J. *Espiritualidad eucarística en San Alfonso*: Confer n. 103 (1988) 463-469.
- TEJERIZO, F. *La Eucaristía en la la Teología espiritual de S. Alfonso M. de Liguori (1696-1787)* (Madri, 1998). Tesina apresentada e defendida na Universidade Pontifícia Comillas (Madri).
- Também (sobre a devoção eucarística de Afonso): BERRUTI, C. *Lo spirito di S. Alfonso Mª. de Liguori* (Prato, 1896[3]) 128-138: "Singolarissimo suo amore al divin Sacramento dell'altare".

- Devoção ao Coração de Jesus

No cap. 5 da 3ª seção já aludimos à presença dessa devoção na Igreja napolitana, devoção também cultivada e orientada por Afonso, sobretudo, na *Novena do Coração de Jesus* (1758), na visita n. 25 das *Visitas ao Santíssimo* e na consideração n. 35 da *Preparação para a morte.*

Retomamos o tema para destacar o significado histórico de Afonso na tradição dessa teologia e devoção ao Sagrado Coração de Jesus (ver a nota bibliográfica).

A devoção ao Sagrado Coração de Jesus teve seus inícios no séc. XVII e, rapidamente, alcançou a afirmação ao longo do séc. XVIII. Em 1765, foi instituída a festa litúrgica.[117] Tudo isso aconteceu, não

[117] TUCCI, R. *Storia della letteratura relativa al culto del S. Cuore di Gesù dalla fine del sec. XVIII ai nostri giorni*: Cor Jesu, II (Roma, 1959) 499-638. Sobre a postura de Afonso diante do pedido de Margarida Maria Alacoque da instituição de uma festa do Sagrado Coração: KEUSCH, C. *Saint Alphonse de Liguori et le Sacré Coeur* (Paris, 1932) 27-28.

sem tensões e enfrentamentos com o grupo jansenista e os filojansenistas do mundo católico. "Em torno dessa devoção se centrará uma das polêmicas mais agudas provocadas pelo jansenismo".[118] O Sínodo de Pistoia condenou, como errôneas ou perigosas, as devoções ao Coração de Jesus praticadas pelos fiéis e aprovadas pela Santa Sé. Pio VI respondeu com a bula *Auctorem fidei* (1794).

> "Durante o séc. XVIII a devoção foi se estendendo, pouco a pouco, em toda a sociedade. Em 1706, já eram cem as confrarias dedicadas ao Coração de Jesus. Multiplicaram-se nas diversas regiões da Europa escritores e pregadores que, centrando suas vidas espirituais na devoção ao Coração de Cristo, consideraram-se chamados a promovê-la com seus conselhos, cartas, livros ou missões populares. Eles deram, em seus respectivos âmbitos e nacionalidades, forte impulso à difusão e aprofundamento do influxo espiritual dessa devoção".[119]

Afonso é considerado um dos grandes defensores e propagadores da devoção ao Coração de Jesus[120] e, também, implicitamente, do Coração Eucarístico de Jesus.[121]

> "Dois santos desse século [séc. XVIII] contribuíram especialmente para a espiritualidade do Coração de Cristo: São Paulo da Cruz (1694-1775) e Santo Afonso Maria de Ligório. Este, com suas meditações intituladas *Novena ao Coração de Jesus* (1758), não apenas difunde a devoção, mas contribui para sua fundamentação teológica, colocando o acento no amor de Jesus Cristo aos homens e esclarecendo que o Coração físico de Jesus não é tomado no culto de forma isolada, mas unido à sua santíssima humanidade e, por meio dela, à sua divina Pessoa. E com sua *Prática de amar a Jesus Cristo* (1768), muito divulgada e traduzida, fomentará o amor de correspondência a Jesus Cristo e a confiança nEle, pelo particular amor que nos mos-

---

118 VILANOVA, E. *Historia de la teología cristiana* (Barcelona, 1992) III, 324.

119 RUIZ JURADO, M. *La espiritualidad de la devoción al Corazón de Jesús. Exposición sintética*: Proyección 64 (2017) 152.

120 Ver as detalhadas considerações de Tellería, I, 670-674, sobre a influência de Afonso na promoção da devoção ao Coração de Jesus.

121 FERNÁNDEZ, J. *San Alfonso de Ligorio precursor de la devoción al Corazón eucarístico de Jesús*: El Perpetuo Socorro 25 (1923) 291-295, 364-367, 465-469.

trou em sua Paixão e na Eucaristia. Já em 1765, obteve a permissão de poder celebrar solenemente em sua catedral a festa tão desejada do Sagrado Coração".[122]

Sendo objetivas as precedentes afirmações, a teologia sobre o Coração de Jesus não obteve desenvolvimento significativo da parte de Afonso.[123] Por outro lado, quanto à dimensão devocional, "a espiritualidade de Afonso, tomada em conjunto, gravita mais em torno do Verbo feito carne que em torno do Sagrado Coração".[124]

Nota bibliográfica

- C. N. D., *San Alfonso, amante del Sagrado Corazón*: El Perpetuo Socorro 23 (1921) 323-327.
- KEUSCH, Ch. *Saint Alphonse de Liguori et le Sacré Coeur* (Paris, 1932).
- MUCCINO, A. *S. Alfonso e il Sacro Cuore*: Rassegna di ascetica e mistica 4 (1974) 365-378.

13.6 A MEDIAÇÃO DE MARIA O "ROSTO FEMININO E MATERNO" DE DEUS

Não ficaria completa a descrição do horizonte teológico, tal como aparece na tradição afonsiana, se não fosse sublinhada a mediação de Maria, que se faz ativamente presente em todo o dinamismo religioso e pastoral. Essa permanente e ativa mediação mariana descobre o *lado feminino e materno* de Deus, tal como é representado e vivido pela tradição afonsiana.

[122] RUIZ JURADO, M. *La espiritualidad*..., 153.

[123] Para o conhecimento da situação atual da teologia do Sagrado Coração, remetemos à compilação de estudos publicados como Enciclopédia: CERVERA, P. (ed.). *Enciclopedia temática del Corazón de Cristo* (Madri, 2017).

[124] KEUSCH, C. *Saint Alphonse de Liguori*..., 28.

Portanto, a mediação de Maria no mistério da salvação cristã constitui peça importante no universo teológico de Afonso. Por duas razões:

- O significado positivo, porque o lugar e a função de Maria no mistério cristão oferecem garantia segura da Misericórdia divina e da abundante Redenção. A mariologia afonsiana constitui firme apoio para o conjunto da construção de Afonso sobre a *copiosa Redemptio*.
- Em orientação negativa, porque, ao sublinhar a função mediadora de Maria, Afonso continua encontrando motivos para se opor ao movimento jansenista, cuja "frieza em relação a Maria" constituía critério de identificação.

  Em 1720, um teólogo jesuíta dava o seguinte critério para discernir aos seguidores de Jansênio e de Quesnel: "São reconhecidos pela pouca ou quase nula devoção professada à Santíssima Virgem, e pelos termos petulantes e agressivos com que maltratam seus devotos, principalmente, os que defendem sua Imaculada Conceição".[125]

O traço mariológico e mariano do projeto teológico e pastoral de Afonso foi sublinhado por João Paulo II quando afirmou que, para Liguori, "um lugar todo particular na economia da salvação é reservado à devoção a Maria SSma., Medianeira da graça e sócia da Redenção, e por isso, Mãe, Advogada e Rainha; em sua defesa lançou-se com todo o empenho desde o início ao fim da vida".[126]

Neste capítulo apresentamos o elemento imprescindível para a compreensão afonsiana do mistério cristão: a mediação de Maria no mistério da salvação.

---

[125] *Synopsis Historiae Quesnellismi a quodam S. J. Theologo* (Olomucii = Olmütz/Olomouc, Chequia, 1720) 131. Citado por: Tellería, I, 541-542.

[126] AAS 79 (1987) 1369: "In oeconomia vero salutis, summum locum religio habet erga Beatam Mariam Verginem: gratiae Mediatricem, Sociam redemptionis, atque idcirco Matrem, Advocatam, Reginam; in cuius tutela profecto Alfonsus totus semper fuit, ab ortu ad usque vitae occasum". [= JOÃO PAULO II. Spiritus Domini. In: *Revista SEDOC*. Petrópolis: Vozes. Volume 20, n. 205, nov-dez 1987. p. 261].

13.6.1 O contexto imediato

Há um contexto amplo para o pensamento mariológico e mariano de Afonso. É, em primeiro lugar, sua experiência religiosa pessoal de grande conteúdo mariano, transmitida, sobretudo, por sua mãe. Também devem ser levadas em conta as tonalidades marianas do catolicismo napolitano. Sobre isso, basta ponderar o entusiasmo mariano do povo napolitano suscitado pela pregação do padre jesuíta, Francisco José (Pepe), e concretizado na elevação do monumento à Imaculada na praça da igreja do *Gesù nuovo*.

Mas, também, há um contexto imediato, proporcionado pelas discussões suscitadas em Nápoles e, em geral, na Itália, em torno das afirmações de Luís Antônio Muratori sobre as devoções e, mais concretamente, sobre a devoção mariana.

Este príncipe dos eruditos italianos da época "à volta com muitos conselhos atinados e com algumas fórmulas policialescas, por exemplo, contra os cachorros e mendigos dentro das igrejas, abordou o tema da devoção a Maria para 'separar - diz ele - a cizânia do bom trigo', e o rodeou com tantas precauções que equivaliam a negar a mediação universal de Maria".[127]

Afonso apreciou em elevada medida a erudição e, em muitos aspectos, a sabedoria de L. A. Muratori; mas não deixou de expressar suas reservas frente às do erudito de Módena em relação ao fervor mariano. Estas são as palavras de Liguori:

"Luís Muratori, a quem sempre respeitei, foi um homem célebre em toda a Europa, tal como aparece em sua bela vida, doutamente escrita por seu sobrinho. No entanto, em várias passagens de suas obras não demonstrou em relação à Mãe de Deus toda a piedade que caberia ao seu talento demonstrar".[128]

---

[127] Tellería, I, 543.

[128] *Breve risposta alla stravagante riforma intentata dall'abate Rolli contraria alla pietà dovuta verso la divina Madre: Le Glorie di Maria. Seconda Parte* (Roma, 1937) 501.

Frente à moderação mariológica e mariana defendida por Muratori, Afonso representa:

- O *maximalismo* teológico na mariologia.
- A *exuberância* expressiva na piedade mariana.
- A insistência na *temática mariana* no ministério da pregação. Certamente, não convém deixar de ler a *Advertência* inicial (*Protesta dell'autore*) ao livro das *Glórias de Maria*, onde Afonso deixa claro o sentido de duas asseverações mariológicas:
- Ao utilizar a expressão "Maria *Mediadora*" pretende chamar Maria apenas mediadora *de graça*, diferentemente de Jesus Cristo, que é o único mediador *de justiça*.
- Ao se servir do título "Maria *Onipotente*" o faz no sentido de que a Mãe de Deus obtém dEle, com suas orações, tudo quanto pede para o bem de seus devotos.

13.6.2 Escritos marianos de Afonso. A obra principal

Um dos livros mais editados e mais traduzidos de Afonso (a obra teve mais de oitocentas edições) é dedicado a exaltar as *glórias* de Maria:

- *Le Glorie di Maria*, 2 vol. (Nápoles, 1750); 1 vol. (Nápoles, 1756², 1765³, 1768⁹, 1771, 1776, 1780); 2 vol. (Veneza, 1760; Parma, 1766; Bassano, 1769, 1774, 1784). Durante a vida do autor, a obra teve, ao menos, 15 edições. Em 1772, foi traduzida para o alemão (Augsburgo); em 1774, para o espanhol (Valença); em 1786, para o português.[129]

  Edição crítica: *Opere Ascetiche*, VI. Parte Prima: *Sopra la Salve Regina* (Roma, 1935). VII. Parte seconda [*Feste principali. Dolori. Virtù. Ossequi di Raccolta di esempli scelti*] (Roma, 1937).

[129] De Meulemeester, I, 69-72; Ferrero-Boland, 509. [LIGORIO, Santo Afonso. *Louvores de Maria Santissima*. Santo Afonso Maria de Ligorio. Traduzida do Italiano por B.C.S.B. Lisboa: Regia Off. Typografica, 1786. – (8 fl.), XVII, 441 p. 15 cm. Exemplares na Biblioteca Nacional de Portugal].

Essa edição leva em conta a revisão feita, pelo próprio Afonso (*Lettere*, III, 126, 136), com objetivo da edição completa de todas as suas *Obras Espirituais*, coisa que não aconteceu. As correções, feitas sobre a 1ª edição veneziana (1760), foram conservadas nos Arquivos Remondinianos e passaram, depois, para a Biblioteca comunal de Bassano, onde puderam ser consultadas pelos editores, que denominam o texto corrigido por Afonso de edição *bassanense*.
Outra edição crítica: *Le Glorie di Maria*. Edizione critica a cura de G. Roschini (Roma, 1944).
Tradução para o francês: Alphonse-Marie de Liguori, *Les Gloires de Marie*. Traduction sur le texte critique par le P. Favre, introduction par Théodule Rey-Mermet, C. Ss. R. (Paris, 1986).
Tradução para o espanhol: San Alfonso de Ligorio, *Las glorias de María*. Traducción y presentación de J. J. Itoiz. Editorial PS (Madri, 2006).
Tradução para o português:
LIGÓRIO, Afonso. *Glórias de Maria*. Aparecida: Santuário, 2019. 34ª edição. Tradução: Pe. Geraldo Pires de Sousa. 504 p. (Versão da 11ª edição italiana, última revista pelo autor, de acordo com a novíssima edição crítica dos PP. Krebes e Litz, CSsR). Primeira edição pela editora Vozes, em 1936, da qual se seguiram várias edições pela mesma editora.

Afonso apoiou a construção literária sobre a *Salve Rainha* e sobre as *festas principais* de Maria, dividindo, então, a obra em duas partes: 1. Comentário à *Salve Rainha*, em dez capítulos. 2. Discursos sobre as principais festas de Maria e sobre suas sete dores.

Escrever um livro de piedade mariana comentando a *Salve Rainha* era procedimento com quase dois séculos de história. Além do mais, a *Salve Rainha* era o texto de muitas composições musicais da época de Afonso.[130]

[130] MASSA, M. R. *Considerazioni sulla tradizione della "Salve Regina" nella Napoli di S. Alfonso*: GIANNANTONIO, P. (ed.). Alfonso M. de Liguori e la società civile del suo tempo (Florença, 1990) II, 599-609.

Não está solucionada a questão sobre a autoria e a época (e lugar) da composição da *Salve Rainha*, "oração antiga e sempre nova".[131] Seu uso está suficientemente atestado no séc. XI, grande século da piedade mariana. O texto tem sido atribuído a diversos autores: ao monge galego Pedro de Mezonzo (†1003), a Hermano de Reichenau (†1054), ao bispo de Puy (França) Ademaro (†1153). O contexto histórico em que viveu a cristandade espanhola na virada do milênio (incursões de Almanzor, que chegou até São Tiago de Compostela) é um bom enquadramento para a oração da *Salve Rainha.*

Essa oração teve amplo uso por parte dos monges e ordens mendicantes. Utilizada em Cluny, os cistercienses a propagaram por toda a Europa. Os dominicanos a introduziram como canto diário depois das Completas. Também a utilizaram os franciscanos. Foram os servitas que mais fizeram pela sua difusão, propiciando uma ampla prática da *Salve Rainha* por parte do povo cristão no séc. XVI e, sobretudo, no séc. XVII.

O mais chamativo da composição mariana da *Salve Rainha* é a invocação de Maria como *Mãe de Misericórdia* e, enquanto tal, mediadora da graça. A interpretação exagerada de tal afirmação levou Lutero a rejeitar esses títulos e considerar a *Salve Rainha* uma oração escandalosa, pois atribuía à Virgem o que é propriedade de Deus.

O dado anterior sobre Lutero não deve nos fazer esquecer a sentida e profunda devoção que o reformador tinha para com Maria, devoção que se manifestou em sua tradução e comentário ao *Magnificat* (1520-1521).[132]

O título da obra afonsiana também não era novo: tinha sido utilizado pelo jesuíta F. Rincone *(Le glorie delle glorie di Maria,* Nápoles, 1648, 1732), pelo redentorista J. Sarnelli *(Le glorie e grandezze della Divina Madre,* Nápoles, 1739) e, sobretudo, pelo jesuíta F. Pepe

---

[131] FRANCISCO, Papa. *Bula "Misericordiae Vultus"* (11 de abril de 2015) n. 24.

[132] Tradução espanhola: LUTERO, M. *El Magníficat. Seguido de "Método sencillo de oración"*. Presentación, traducción de los originales alemanes y notas de T. Egido (Salamanca, 2017). [= LUTERO, M. *Magnificat:* O louvor de Maria. Aparecida: Santuário/Sinodal, 2015. 4ª ed.]. Ver: PANI, G. *Il "Magnificat" e Lutero*: La Civiltà Cattolica 168 (2017) II, 236-248. Também: GHERARDINI, B. *Lutero-Maria. Pro o contro?* (Pisa, 1985).

(Delle grandezze di Gesù e della gran Madre Maria Santissima, Nápoles, 1744-1749).[133]

Foi analisada, e está bem exposta, a história do trabalho de Afonso na composição desse livro (16 anos), concebido em 1734, em Villa Liberi,[134] e publicado no outono de 1750, não sem dificuldades.[135] Ele pode dizer (12 de outubro de 1750), ao enviar um exemplar ao cônego Fontana: "Envio a Sua ilustríssima, meu pobre e combatido livro da *Madonna,* saído finalmente, depois de muitos esforços e depois de muitos anos de fadigas para recolher em resumo o que se encontra nele."[136]

Também foram estudadas as fontes, bem como a peculiaridade afonsiana na construção da obra.[137] Nela, Afonso pôs a trabalhar seu peculiar gênio de escritor. É mérito seu haver dado forma a uma tradição mariológica e mariana tão rica e diversificada como a que existia na história da Igreja. Manifestou-se, assim, o gênio do autor que "unifica e dá forma aos elementos dispersos e informes da teologia, da ascética e da devoção".[138]

As *Glórias de Maria* assinala momento importante na história da teologia mariológica mas, sobretudo, constitui o *cume* da história da espiritualidade mariana. Para G. de Luca, o grande historiador da espiritualidade italiana, é a última das grandes obras de espiritualidade mariana na Igreja católica.

> "As *Glórias de Maria* é o último grande livro europeu escrito para a glória de Maria. Uma civilização que conta com as catedrais da França e as mais belas igrejas da Itália (...), com o último canto da *Divina Comédia* e a última canção de Petrarca (...), esta civilização não produziu nada maior depois das *Glórias de Maria* de Santo Afonso".[139]

---

133 Tellería, I, 235.

134 Tellería, I, 234-235; Rey-Mermet, 328.

135 Tellería, I, 541-554; Rey-Mermet, 479-486.

136 Lettere, I, 177.

137 CACCIATORE, G. *Le fonti e i modi di documentazione: Introduzione generale,* 190-202: "Le glorie di Maria" (1750).

138 CACCIATORE, G. *Le fonti e i modi di documentazione: Introduzione generale,* 301-302.

139 DE LUCA, G. *Un libro de grande fortuna*: MASONE, E.; AMARANTE, A. V. (ed.). S. Alfonso de Liguori e la sua opera. Testimonianze bibliografiche (Nápoles, 1987) 268.

Também foi estudado o conteúdo das *Glórias de Maria* enquanto expressão do sentir comum da Igreja:

"O livro das *Glórias de Maria*, embora escrito há dois séculos e meio, foi lido como nenhum outro livro sobre Nossa Senhora, e haverá de continuar a ser lido e meditado, rezado com Santo Afonso. Sua doutrina é a perene da Igreja, como o garantiu a mesma Igreja ao declará-lo doutor, e sua doutrina, quando fala de verdades reveladas, está garantida pela própria Igreja, que expressa o sentido da fé do povo de Deus".[140]

Além disso, nessa obra, o gênio literário de Afonso alcança os pontos mais elevados, talvez não superados, nem mesmo pelas *Visitas ao Santíssimo*. De G. Petrocchi é esta afirmação:

"Estou certo de que nas *Glórias de Maria* [...] Santo Afonso expressou, mais que em qualquer outro lugar, o seu *animus* místico, o ardor de uma espiritualidade profunda, a comovente religiosidade de seu espírito eleito e, consequentemente, as suas indubitáveis qualidades de escritor no século de Voltaire, que também é o século da *Preparação para a morte*, da *Prática de amar a Jesus Cristo*, do grande apóstolo e pastor napolitano".[141]

Do citado G. de Luca é esta consideração literária sobre a obra mariana de Afonso:

"A prosa de Afonso de Ligório é toda uma oração ruminada, quando não, oração explícita e decisiva. Ou é oração, ou leva à oração. E, às vezes, é poesia apenas insinuada, mas infelizmente, imediatamente deixada. Santo Afonso era, de tal modo, um homem de seu século que não soube resistir, apenas nascido nela um pouco de poesia, matá-la em versos. E assim em sua obra há numerosos inícios de poesia que, depois, não têm continuação".[142]

O leitor crítico sempre encontrou uma *pedra de tropeço* nos exemplos que Afonso fez acompanhar a exposição do conteúdo teológico-espiritual: 41 exemplos como encerramento dos capítu-

---

140 ITOIZ LEOZ, J. J. *Presentación*: LIGORIO, San Alfonso de. Las Glorias de María (Madri, 2006) 8.

141 PETROCHI, G. *Sant'Alfonso scrittore mariano*: GIANNANTONIO, P. (ed.). Alfonso M. de Liguori e la società civile del suo tempo (Florença, 1990) II, 459.

142 DE LUCA, G. *Un libro de grande fortuna:* MASONE, E.; AMARANTE, A. V. (ed.). *S. Alfonso de Liguori e la sua opera.* Testimonianze bibliografiche (Nápoles, 1987) 269.

los e 89 dentro do corpo expositivo; no total: 130 exemplos. Não repetirei aqui as "explicações" desse dado literário afonsiano, já que o leitor as pode encontrar na *Introdução* à edição crítica das obras espirituais de Afonso e em outros escritos.[143]

Apenas recordarei um detalhe relacionado com o Papa Francisco. É normal que esse Papa tenha recomendado, em várias ocasiões, a leitura das *Glórias de Maria*, dada a incidência de seu magistério pastoral em temas marianos.[144] Mas o que, sim, resulta chamativo, é que recomende a leitura dos *exemplos* que aparecem na obra mariana de Afonso. Assim, em 12 de março de 2017, na Sala Paulo VI, dirigindo-se aos participantes do Curso Anual sobre o foro interno, promovido pela Penitenciaria Apostólica, improvisou o seguinte: "Fez-me muito bem, quando eu era jovem, ler o livro de Santo Afonso Maria de Ligório sobre Nossa Senhora: *As glórias de Maria*. No final de cada capítulo há sempre a descrição de um milagre de Nossa Senhora, com o qual ela entra na vida e resolve os problemas." (*L'Osservatore Romano*, edição portuguesa, Ano XLVIII, número 12, 23 mar 2017, p. 6).

- Outros escritos de orientação mariana

Além das *Glórias de Maria*, a principal obra mariológica e mariana, Afonso também tem outros escritos menores sobre Maria: *Novenas, Orações, Sermões*, etc. Por exemplo: *Sermone nella festa di Maria Annunziata* e *Sermone nel giorno di venerdì di Passione de' Dolori di Maria*, publicados em: *Sermoni compendiati* (Nápoles, 1771). No total, são contabilizados mais outros 16 escritos afonsianos sobre o tema mariano.[145]

---

143 CACCIATORE, G. *Introduzione generale*, 239-290: "Excursus B. La letteratura degli *exempla*"; ORLANDI, G. *L'uso degli "exempla" in S. Alfonso Maria de Liguori*: SH 39 (1991) 3-39.

144 Ver a compilação das referências marianas no magistério pastoral do Papa: FRANCESCO, Papa. *Madre della tenerezza. Maria di Nazaret nelle parole del Papa*. A cura di Alessandra Peri. Prefazione di Annalisa Guida (Roma, 2017).

145 NICODEMO, R. *Spiritualità mariana di Sant'Alfonso*: VICIDOMINI, G. (ed.). Alfonso M. de Liguori. Un santo per il terzo millennio (Materdomini, s. a. [=2010]) 181-182.

Desses escritos marianos, além das *Glórias de Maria*, queremos mencionar os dois seguintes:

- *Risposta ad un anonimo che ha censurato ciò che sta scritto nel precedente capitolo*. Publicada como apêndice à segunda edição das *Glórias de Maria* (Nápoles, 1756).[146] Pode ser encontrada na edição crítica das *Glórias de Maria. Parte prima* (Roma, 1935) 190-201. Sobre o autor anônimo: 377-383.

"A publicação das *Glórias de Maria* coincidiu com o recrudescimento da campanha antimuratoriana que, continuando a do Pe. Pepe, levavam adiante seus dois irmãos de hábito - ambos sicilianos - padres B. Plaza e S. Maurici. Os amigos de Muratori reagiram e envolveram o nome de Afonso na polêmica".[147]

Um desses defensores de Muratori foi o agostiniano Ambrósio Manchi (com o pseudônimo, de sabor muratoriano: *Lamindo Pritânio Redivivo*), superior do convento de São João *a Carbonara*. O agostiniano, não só atacou B. Plaza e outros jesuítas (sobretudo, através da *Epistola paraenetica ad Benedictum Piazza*, Veneza, 1755)[148], mas também censurou, tanto as *Glórias de Maria*, quanto a *Theologia Moralis* de Afonso,[149] que se defendeu com o título *Risposta ad un anonimo*, em que rebatia as críticas, tanto sobre seu maximalismo mariano, quanto sobre sua doutrina moral.[150]

- *Breve Risposta alla stravagante riforma intentata dall'abate Rolli contraria alla pietà dovuta verso la divina Madre (Napoli, 1775)*.[151]

Essa *Resposta* apareceu em apêndice ao seu *Condotta ammirabile della divina Provvidenza* (Nápoles, 1775) 159-170 e (Bassano, 1778) 253-263. Mais tarde, foi publicada, habitualmente, como anexo das *Glórias de Maria*. Pode ser encontrada na edição crítica: *Le Glorie di Maria. Parte Seconda* (Roma, 1937) 487.

---

[146] De Meulemeester, I, 87.
[147] Tellería, I, 551.
[148] Cacciatore, 561-565.
[149] Cacciatore, 407-409; Tellería, I, 551-552.
[150] Tellería, I, 563, 651.
[151] De Meulemeester, I, 168; Ferrero-Boland, 531.

O sacerdote calabrês, Leoluca Rolli, se propôs a introduzir uma reforma no culto mariano. Impugnava a historicidade do milagre de Loreto; criticava, por não dizerem nada, diversos títulos atribuídos a Maria: *Torre de Davi, Torre de Marfim, Casa de Ouro,* etc; contradizia certas práticas de piedade mariana (a *Salve Rainha,* o escapulário, o rosário).

Afonso entrou na polêmica, não tanto pela importância do sacerdote calabrês, mas pelo significado de suas propostas. Com efeito, tais propostas "se entrelaçavam com o movimento reformista patrocinado por Muratori, na Itália, meio século antes. O tempo tinha demonstrado como as fórmulas sinuosas do insigne analista de Módena portavam certos perigos, percebidos certeiramente por Afonso ao dar o sinal de alarme com as *Glórias de Maria*".[152] Além disso, as propostas de L. Rolli já haviam sido rebatidas duramente por Ildefonso Cardoni com algumas vibrantes *Reflexões*.[153]

Sobre o *culto da Virgem,* Afonso insistira em sua obra dogmática sobre o Concílio de Trento, ao comentar o conteúdo da sessão 25 do referido Concílio. Voltou a fazer o comentário, de forma mais popular, no cap. 5 das *Glórias de Maria*.[154]

13.6.3 Maria na tradição afonsiana

Afonso, ao mesmo tempo em que devoto de Maria e pastor preocupado pela devoção mariana, é um mariólogo de grande valor (ver a bibliografia apresentada no final do presente capítulo).

Esta é a afirmação de um reconhecido historiador da Teologia cristã: "no campo mariano, além do aspecto devocional, [Afonso] entrou em controvérsias apaixonadas, como a da Imaculada Conceição - tendo que discutir com o próprio Muratori - ; acreditava que precisava defendê-la com toda a ternura de filho e com toda a inteligência de teólogo".[155]

---

[152] Tellería, II, 548.
[153] *Le Glorie di Maria. Seconda Parte* (Roma, 1937) 487 ss.
[154] LUIS IGLESIAS, A. *Papel de S. Alfonso María de Ligorio en la historia del culto a la Santísima Virgen*: Scripta de Maria. Anuario VII (Pamplona, 1984) 415-434.
[155] VILANOVA, E. *Historia de la teología cristiana* (Barcelona, 1992), II, 323-324.

Conforme a apreciação do, várias vezes citado, G. de Luca, a função exercida por Afonso no âmbito mariano foi a de "reconduzir o cristão àquela feliz liberdade de amor a Maria que tiveram nossos irmãos na fé durante a Idade Média" para sair da situação das dúvidas criadas pelo protestantismo e pelo jansenismo.[156]

A partir dessa chave, convém ler, tanto a mariologia, quanto a pastoral mariana preconizadas e realizadas por Afonso e pela tradição afonsiana:

- Frente à fria constatação dos limites da razão, proclamam a *onipotência* da atuação divina.
- Frente à restrição das fontes da graça, dilatam as possibilidades da mediação da graça através da *abundância* dos meios.
- Frente à afirmação da grandeza apenas da fé, creem que Deus pode se fazer presente através de *instrumentos* frágeis e de condição humana.

Também em nosso tempo, inclinado para a afirmação da pureza teológica e pastoral do essencialmente cristão, cabe a possibilidade de repensar e reconduzir a pastoral mariana em ordem a recuperar elementos importantes do mistério cristão que pertencem ao âmbito do fraco e do humano, onde também e, sobretudo, Deus se manifesta. Nesse sentido, as intuições mariológicas e marianas de Afonso, e da tradição afonsiana, podem continuar trazendo notável luz para a pastoral do nosso tempo (P. Hitz).

13.6.4 Tonalidades "marianas" na compreensão e na vivência do cristianismo.

A figura de Maria pode ser interpretada de diversos modos:

- *Em contraposição a Eva,* Maria é aquela que não se deixa seduzir pelo Maligno e inicia a nova estirpe da graça.
- *Permanecendo ao lado da Cruz,* Maria é a mulher da fé inquebrantável e a que se associa à obra redentora de Cristo.

---

[156] DE LUCA, G. *Sant'Alfonso. Il mio maestro di vita cristiana* (Roma, 1983) 125.

- *Unida ao grupo dos Apóstolos,* recebe o Espírito Santo e se torna Mãe da Igreja.
- *Por sua missão de Mãe do Salvador,* é a totalmente Agraciada pela Trindade, a Virgem Mãe do Filho, a Esposa do Espírito Santo e a Filha amada do Pai.
- *Sendo Ícone da Trindade,* é também Imagem da Igreja que, em Maria, vê prefigurada a condição escatológica da comunidade dos crentes.

Essas e outras perspectivas integram a compreensão afonsiana do lugar e função de Maria no mistério cristão. Mas há uma que sobressai entre todas: é a interpretação de Maria como *mediação do rosto misericordioso de Deus.* Não por acaso, a passagem mais significativa das *Glórias de Maria* é o capítulo VI da primeira parte, onde Afonso, tendo presente seu anterior exercício profissional de *advogado,* desenvolve o conteúdo da afirmação: *Maria, advogada nossa.*[157]

- Maria é uma advogada sempre disposta a defender a causa dos mais pobres: *Maria è uma'avvocata pietosa que non ricusa difendere le cause de' più miserabili.*
- Maria é uma advogada que ganha todas as causas: *lo so – cosi mi dicono tutti – che ogni causa, per disperata che fosse stata, da voi difesa, non mai s'è perduta.*

Para Afonso e a tradição afonsiana, Maria é quem nos descobre que Deus não cabe nos limites de nossa razão, nem se submete, em sua atuação, às estreitezas de nossa justiça humana. Maria vem a ser "uma 'epifania' particularmente humana, acessível e encantadora, da beleza e da bondade de Deus e do Senhor Jesus, ou seja (com toda a força do termo), da graça de Deus para nós em Jesus Cristo".[158]

Na concepção afonsiana, Maria se converte em mediação imprescindível para a descoberta do rosto de Deus. Aí reside "o sen-

---

[157] Ver, nesse sentido, a edição do citado capítulo VI da primeira parte das *Glorie di Maria,* a cargo de N. Fasullo: LIGUORI, A. de. *Maria nostra avvocata.* A cura di FASULLO, N. con una nota di G. Corso (Palermo, 2000).

[158] HITZ, P. *Dans l'esprit de St. Alphonse une pastorale mariale pour notre temps*: SM 9 (1971) 228.

tido profundo da mística mariana de Santo Afonso, assim como o sentido profundo de sua invocação habitual: 'Jesus, meu amor; Maria, minha esperança'".[159] Frente ao gélido teísmo do Iluminismo, Maria é a mediação do rosto próximo de Deus; frente ao pessimismo do jansenismo, Maria é segurança da abundante salvação cristã; frente ao rigorismo da moral pouco evangélica, Maria é garantia da graça que torna fácil o caminho da responsabilidade cristã. Em uma palavra, Maria nos faz descobrir "o mistério da generosidade e da doação de Deus em Cristo Jesus que constitui a fonte e sentido de nossa existência humana".[160]

Se é possível falar de uma "mediação feminino-maternal de Maria na graça de Cristo para a humanidade"[161], pela mesma razão se pode afirmar que a mediação de Maria é elemento imprescindível para compreender a profundidade e viver em plenitude o significado do Deus de amor e misericórdia, do Deus próximo e benigno. Essa plenificação do significado e experiência de Deus se realiza na descoberta, através da mediação de Maria, do *lado feminino e materno* de Deus.

Os redentoristas mantiveram, continuaram e desenvolveram essa herança mariana e mariológica na Igreja.

13.6.5 Aviso aos navegantes nas águas do fervor mariano

As precedentes orientações acerca da teologia e piedade marianas na tradição afonsiana precisam ser entendidas e realizadas levando em conta as atuais exigências do *diálogo ecumênico* do catolicismo com outras confissões cristãs e tendo em conta o princípio da *hierarquia de verdades,* formulado pelo Concílio Vaticano II (*Unitatis Redintegratio,* 11).

---

[159] HITZ, P. *Dans l'esprit de St. Alphonse une pastorale mariale pour notre temps*: SM 9 (1971) 229.

[160] HITZ, P. *Dans l'esprit de St. Alphonse une pastorale mariale pour notre temps*: SM 9 (1971) 204.

[161] HITZ, P. *Dans l'esprit de St. Alphonse une pastorale mariale pour notre temps*: SM 9 (1971) 216.

Em resposta a tais exigências, é preciso assumir a verdade que comportam algumas advertências críticas, tanto ao *maximalismo mariológico*, quanto, sobretudo, à *exuberância na piedade mariana* da tradição afonsiana.

O critério para ponderar essas advertências e responder adequadamente a elas pode ser a reação adotada por John Henry Newman (1801-1890) diante do pensamento mariano de Afonso.[162] Tal reação se acha formulada em uma das passagens essenciais de sua *Apologia* e está vinculada à importante descoberta da *verdade cristã* na *forma histórica* do Catolicismo.[163]

Já em sua etapa anglicana, esse grande convertido ao catolicismo do séc. XIX, teve conhecimento das obras de Afonso, sobretudo, por ocasião de sua canonização (1839). No entanto, tal conhecimento, como ele mesmo confessa, era "por extratos comumente feitos dos escritos de Afonso". Tendo o pensamento de Afonso por expressão genuína da doutrina católica, tais extratos o "indispunham contra a Igreja romana, mais que qualquer outra coisa, pelo que se chamava sua 'mariolatria' (...). Tais manifestações de devoção em honra de Nossa Senhora foram minha grande *crux* em relação ao catolicismo. Confesso, francamente, que nem mesmo agora aguento, e tenho toda a certeza de que, não é por não podê-las aguentar, que a amo menos. Podem ser plenamente explicadas e defendidas; mas o sentimento e o gosto não concordam com a lógica; podem ser convenientes para a Itália, mas não são convenientes para a Inglaterra".[164]

---

162 Sobre a reação de J. H. Newman à mariologia afonsiana: GALLAGHER, R. *Cardinal Newman and saint Alphonsus. An unlikely meeting of minds*: SH 65 (2017) 297-317, especialmente, p. 297-305.

163 A passagem se encontra em: NEWMAN, J. H. *Apologia pro vita sua: being A Reply to a Pamphlet entitled "What, then, does Dr. Newman mean?"* (Londres, 1864) 317-325. Na tradução espanhola: NEWMAN, J. H. *Apología "Pro vita sua". Historia de mis ideas religiosas*. Tradução de D. Ruiz Bueno (Madri, 1977) 154-159. Citarei pela edição espanhola. [= NEWMAN, J. H. *Apologia Pro Vita Sua, ou história das minhas opiniões religiosas*. Edições Paulinas, Rio de Janeiro 1963. Trad. F. Machado da Fonseca].

164 NEWMAN, J. H. *Apología "Pro vita sua". Historia...*, 154.

A atitude de Newman mudou quando pode ler o texto completo de Afonso nos *Sermones,* livro que lhe foi enviado, em finais de 1842, por seu bom amigo irlandês o doutor Charles Russell (1810-1880), professor no College São Patrício em Maynooth. Com a leitura do texto afonsiano,[165] deu-se conta de que permanecia válido o princípio da soberania absoluta de Deus na compreensão mariológica de Afonso: "O que só agora conheço inteiramente, e não conhecia então, é que a Igreja católica não permite que entre a alma e seu criador se interponha imagem de nenhuma espécie, material ou imaterial, nem símbolo dogmático, nem rito, nem sacramento, nem santo, nem sequer a Santíssima Virgem. Em todas as coisas, entre o homem e Deus, trata-se de um face a face, do 'solus cum solo'. Só Deus cria, só Deus redime; ao seu acatamento espantoso caminhamos na morte; em sua visão consistirá nossa eterna bem-aventurança".[166]

Além disso, à chamativa exuberância mariológica e mariana do catolicismo, Newman aplicou seus princípios sobre o *desenvolvimento da doutrina cristã*: "A ideia da Santíssima Virgem tinha, por assim dizê-lo, crescido na Igreja de Roma com o passar do tempo; mas assim se deu com todas as ideias cristãs, inclusive com a Sagrada Eucaristia. Tudo o que, no cristianismo primitivo, aparece pálido, borrado e distante, é visto em Roma com um telescópio ou lente de aumento. A harmonia, sem dúvida, do conjunto é o que era. Não é, portanto, lícito tirar uma ideia romana, por exemplo, a da Santíssima Virgem, do que se pode chamar de seu contexto".[167]

Essa experiência de J. H. Newman pode ser elevada a critério interpretativo do pensamento afonsiano sobre Maria: o princípio de maximalismo mariológico e exuberância devocional mariana goza de autenticidade quando praticada seguindo o critério da *proporcionalidade,* ou seja, se recebem igual aumento os outros elementos

---

165 Sobre as pequenas variantes da tradução inglesa em relação ao texto original italiano, ver: GALLAGHER, R. *Cardinal Newman...*, 301.

166 NEWMAN, J. H. *Apología "Pro vita sua". Historia...*, 154-155.

167 *Ibid.*, 156.

do cristianismo e – o que é mais decisivo – se não se contradiz o princípio básico do *solus cum solo*, ou seja, não se interpõe "nenhuma nuvem entre a criatura e o objeto de sua fé e seu amor" (Deus).

A referência a Afonso no pensamento de J. H. Newman sobre o lugar de Maria no mistério cristão continuou na etapa posterior à sua conversão ao catolicismo, dado sobre o qual não cremos necessário insistir aqui.[168] Apenas queremos enfatizar a grande devoção mariana de J. H Newman, tanto em seu período anglicano, quanto em sua definitiva etapa católica. Esse dado é posto de manifesto nas *Páginas* sobre Maria, selecionadas pelo carmelita descalço e bispo de Raphoe e traduzidas para o espanhol por Manuel Ordóñez Villarroel:

- NEWMAN, J. H. *Maria. Pagine scelte* (Milão, 1999).
- NEWMAN, J. H. *María. Páginas selectas* (Burgos, 2002). Com bibliografia nas p. 500-512, da qual seria conveniente reter os estudos sobre a mariologia de Newman: F. J. Friedel (1928), C. S. Dessain (1949) (1971), R. R. Schneider (1954), F. M. William (1957), M. M. Olive (1967), G. Velocci (1967) (1973) (1980) (1998), M. O'Carrol (1971), F. H. Davis (1949) (1953) (1954), J. Hardon (1952), P. Chiminelli (1964), J. Stern (1969) (1991), J. M. Alonso (1977), J. T. Ford (1977), L. Govaert (1979) (1991), J. Morales (1980), J. McHugh (1982), J. Coupet (1990), B. Mulvey (1994), H. Geissler (1996), M. J. L. Perrott (1997).

"Afonso ajudou Newman a apreciar as práticas devocionais à Virgem, mas, obviamente, nem todas elas. Newman, tal como Afonso antes dele, foi muito atento a não abandonar a centralidade de Cristo Redentor nas considerações sobre a devoção mariana".[169]

---

[168] Remetemos a: GALLAGHER, R. *Cardinal Newman...*, 303-305.
[169] *Ibid.*, 305.

13.6.6 Complemento bibliográfico

Introdução às "Glorie di Maria"

- DOMÍNGUEZ, G. *El autor de "Las Glorias de María":* El Perpetuo Socorro 17 (1915) 338-344.
- CACCIATORE, G. *Le fonti e i modi di documentazione: Introduzione generale,* 190-202: "Le glorie di Maria (1750)".
- VÁRIOS. *En el bicentenario de "Las Glorias de María"*: El Perpetuo Socorro 51 (1950) n. 704-705.
- TELLERÌA, R. *El marco y los móviles de "Las Glorias de María":* El Perpetuo Socorro 51 (1950) 234-240.
- VITTI, A. *Nel bicentenario delle "Glorie di Maria"*: La Civiltà Cattolica 102 (1951) I, 282-292.
- DE LIGUORI, A. *Maria nostra avvocata.* A cura di N. Fasullo, con una nota di G. Corso (Palermo, 2000).

Sobre o pensamento mariológico afonsiano

- DILLENSCHNEIDER, C. *La Mariologie de St. Alphonse de Liguori,* 2 vol. (Friburgo da Suíça, 1931-1934).
- ROSCHINI, G. M. *La Corédemptrice dans les écrits de S. Alphonse M. de Liguori:* Marie V (1951) 73-81.
- DI FONZO, L. M. Le *dernier Docteur de l'Immaculée:* Marie V (1951) 66-71.
- SANTONICOLA, A. M. *La maternità spirituale di Maria Vergine nella dottrina e secondo lo spirito di S. Alfonso M. dei Liguori:* Ephemerides Mariologicae 3 (1953) 178-184.
- LUIS, A. *Influjo de San Bernardo en el pensamiento de San Alfonso de Ligorio:* Escritos Marianos 14 (1954) 533-570.
- LUIS, A. *La Corredención objetiva en San Alfonso María de Ligorio:* Escritos Marianos 19 (1958) 337-348.
- WUENSCHEL, E. De *Inmaculata Conceptione eiusque relatione ad Mariae mortem et assumptionem in doctrina S. Alfonsi:* SH 3 (1955) 9-49.

- BECQUE, M. *La relation entre l'Immaculée Conception de la Bienheureuse Vierge Marie et une corédemption selon la doctrine de Saint Alphonse:* SH 3 (1955) 50-54.
- CAPONE, D. *La dottrina di S. Alfonso sulla concezione Immacolata di Maria Ss.ma:* SH 3 (1955) 72-106.
- CACCIATORE, G. *La polemica tra S. Alfonso e L. A. Muratori intorno all'Immacolata Concezione:* SH 3 (1955) 107-124.
- MUCCINO, P. A. *La regalità di Maria Santissima nella dottrina di S. Alfonso de Liguori* (Nápoles, 1966).
- ITOIZ, J. *San Alfonso y María* (Madri, 1988).
- NAPOLETANO, A. *La visione mariologica di S. Alfonso:* Asprenas 35 (1988) 81 -97.
- GODTS, F. X. *De definibilitate mediationis universalis Deiparae:* Disquisitio theologica juxta doctrinam S. Alphonsi occasione jubilaei semisaecularis definitionis Immaculati B. M. V. Conceptus (Bruxelas: Missionum Exter. Prov. Belg. CSSR, 1904).

Sobre a espiritualidade mariana segundo Afonso

- BERRUTI, C. *Lo spirito di S. Alfonso Mª. de Liguori* (Prato, 1896³) 147-158: "Speciale e tenera divozione di Alfonso alla Gran Madre di Dio".
- VÁRIOS. *Pietas alfonsiana erga Matrem gloriosam Mariam.* Relatio actorum in C. Ss. R. sectione Marialis Congressus 1950 Romae habiti (Lovaina, 1951).
- TELLERÍA, R. *De spirituali B. V. M. Immaculatae praesentia in familia alfonsiana:* SH 3 (1955) 125-152.
- LUIS, A. *Papel de S. Alfonso María de Ligorio en la historia del culto a la Santísima Virgen*: Scripta de Maria. Anuario VII (Pamplona, 1974) 415-434.
- CAPONE, D. *Pietà popolare mariana e S. Alfonso:* Marianum 41 (1979) 287-323.
- RUM, A. *Parallèle entre deux serviteurs de Marie. Alphonse-Marie de Liguori e Louis-Marie de Montfort*: VÁRIOS. Alphonse de Liguori, Pasteur et Docteur (Paris, 1987) 301-319.

- PETROCCHI, G. *Sant'Alfonso scrittore mariano*: GIANNANTONIO, P. (ed.). Alfonso M. de Liguori e la società civile del suo tempo (Florença, 1990) II, 445-459.
- SWANSTON, H. F. G. *Celebrating Eternity Now. A Study in the Theology of St. Alphonsus de Liguori (1696-1787)* (Chawton, Hampshire, UK, 1995) 220-230.
- NICODEMO, R. *Spiritualità mariana di Sant'Alfonso*: VICIDOMINI, G. (ed.). Alfonso M. de Liguori. Un santo per il terzo millennio (Materdomini, s. a. [= 2010]) 173-196.
- CHACÓN, V. *Raíces de la espiritualidad mariana de los redentoristas*: El Perpetuo Socorro 118 (2017) n. 6,18-22.

Sobre a pastoral mariana segundo Afonso

- HITZ, P. *Marie Immaculée dans l'apostolat des Rédemptoristes:* SH 3 (1955) 165-181.
- GREGORIO, O. *Carattere pastorale della Mariologia di Sant'Alfonso:* Asprenas 10 (1963) 215-228.

Outros escritos sobre Afonso e Maria

- ANÔNIMO. *La Santísima Virgen según la mente de san Alfonso*: El Perpetuo Socorro 3 (1901) 1-4, 33-36, 65-68, 97-100, 129-132, 193-196, 257-260, 319-323.
- P.[ÉREZ] DE GAMARRA, V. *El Doctor Mariano* [Memória apresentada no Congresso Mariano Internacional de Saragoça, 1909]: El Perpetuo Socorro 11 (1909) 8-10, 49-51, 145-149, 193-196, 337-341, 385-388, 481-485; 12 (1910) 4-7, 49-52.
- DOMÍNGUEZ, C. *El Doctor Mariano:* El Perpetuo Socorro 19 (1917) 346-352, 387-393.

13.7 TEOLOGIA DA HISTÓRIA, ESCATOLOGIA E ECOLOGIA

13.7.1 Teologia da História

- *Condotta ammirabile della Divina Provvidenza in salvar l'uomo per mezzo di Gesù Cristo* (Nápoles, 1775; Veneza, 1778).[170]

Com a idade de 79 anos (1775), em situação de bispo emérito, Afonso publicou essa obra, entre apologética e dogmática. É uma compreensão global da história humana que lembra o *Discurso sobre a História Universal* de Bossuet.[171] Na compreensão afonsiana da história, Cristo Redentor aparece como centro e objetivo último que proporciona a grande segurança e inquebrantável esperança. "Viram-se cair os Impérios, mas a religião se manteve por si mesma e por sua própria força".

Afonso trabalhou na obra durante quase três anos, considerando-a destinada a pessoas intelectualmente cultas: "la faccia leggere a qualche savio, non è libro da femminelle", dizia a seu editor Remondini. Foi dedicada ao Papa Pio VI, que havia honrado o autor com dois Breves (19 de novembro de 1775 e 16 de novembro de 1776) pelos livros precedentes.[172] A edição veneziana apareceu em 1778, três anos depois da napolitana.

Tanto uma edição, quanto outra, trazia em anexo outras três pequenas obras afonsianas comentadas nos momentos adequados do presente volume:

1. *Tratadello dell' amor divino e dei mezzi per acquistarlo,* "suma das doutrinas espirituais de Afonso" (Romano).[173]
2. *Consigli di sollievo e di confidenza per una anima desolata,* pequena obra que, junto com *Quiete per le anime scrupulose,* mereceu elogios no congresso de psiquiatria de Lausana de 1900.[174]

---

[170] De Meulemeester, I, 165-166; Ferrero-Boland, 531. Ver: Tellería, II, 546-547; Rey-Mermet, 696.

[171] De Meulemeester, I, 165.

[172] Tellería, II, 546, nota 25, corrigindo De Meulemeester, I, 166.

[173] De Meulemeester, I, 166-167.

[174] De Meulemeester, I, 167.

3. *Breve risposta* (à proposta do abade Rolli sobre as devoções marianas), escrito que já comentamos no contexto do pensamento mariano de Afonso.[175]

Nota bibliográfica.

- F. Sacco, *La provvidenza come incontro tra misericordia e giustizia. Una rilettura dell'opera di sant'Alfonso "Condotta ammirabile della Divina Provvidenza in salvar l'uomo per mezzo di Gesù Cristo":* SM, Supplemento 7, 54 (2016) 69-86.

13.7.2 Escatologia cristã

- *Dissertazioni teologico-morali* (Nápoles, 1776)[176]

A obra contém nove dissertações sobre os chamados *novíssimos*, com o objetivo de avivar a fé dos fiéis e armá-los com argumentos para se defenderem das objeções feitas pelos ímpios. Se a *Condotta ammirabile* faz pensar em Bossuet, as *Dissertazioni* recordam o *De Civitate Dei* de Agostinho de Hipona.[177] Em todo caso, "é obra estritamente teológica, onde, em pouco mais de duzentas páginas, [Afonso] resume a flor e a nata dos ensinamentos dos Santos Padres e mestres da Igreja".[178]

O autor teve dificuldades com a censura eclesiástica em dois temas: a diferença entre o amor dos santos no céu e do *homo viator* e, sobretudo, o destino final das crianças que morrem sem batismo (ausência de penas de sentido e de dano, tal como sustentava Afonso).[179]

---

175 De Meulemeester, I, 168.

176 De Meulemeester, I, 168-170; Ferrero-Boland, 532. Ver: Tellería, II, 549-551; Rey-Mermet, 697-698.

177 De Meulemeester, I, 168.

178 Tellería, II, 551.

179 Ver os dados em: Tellería, II, 549-551; Rey-Mermet, 696-698; Jones, 441-443.

O censor eclesiástico era o cônego Salvador Ruggieri, "um dos seguidores mais ardorosos do augustinismo extremista".[180] Foi relativamente fácil transpor a primeira barreira, acrescentando matizes à formulação.[181] Teve mais dificuldades com a segunda.

> "Com maior pertinácia, o cônego Ruggieri rejeitava a sentença de Afonso sobre as crianças que morrem sem batismo. Era um dos temas que apaixonava os teólogos daquele século por sua conexão com a vontade salvífica universal de Cristo. Afonso tinha manifestado paladinamente, no *Grande meio da Oração* e na *Obra Dogmática,* suas preferências pela opinião de Santo Tomás, mas o senhor Ruggieri queria impor a mais severa, atribuída a Santo Agostinho".[182]

Durante a queda de braço com o censor, no que não faltou o ineficaz recurso ao prestigioso teólogo e cônego J. Simioli, Liguori "se resignou a atenuar sua inclinação pela sentença do Aquinate e a dar certo relevo à de Santo Agostinho".[183] Contudo, o pensamento de Afonso está claramente exposto na dissertação 6, n. 36-38, e voltou a expressá-lo na dissertação 7, n. 7: "segundo a opinião de Santo Tomás, manifestada em muitas passagens de suas obras, as crianças que morrem sem batismo não sofrerão nenhuma pena, nem de dano, nem de sentido; antes, gozarão em toda a plenitude dos bens naturais".

Conforme opinião de Rey-Mermet, "É o tratado sobre a escatologia que faltava à Dogmática de Afonso".[184] Segundo o parecer de Tellería, "com as *Dissertações,* o octogenário escritor tinha resumido muitos problemas dogmáticos do além-morte".[185]

São nove questões tratadas por Afonso:

1. O juízo particular. 2. O purgatório. 3. O Anticristo. 4. Os sinais que precederão o fim do mundo. 5. A ressurreição universal. 6. O juízo final (nos n. 36 e 37 dessa dissertação

---

[180] Tellería, II, 549.
[181] Lettere, III, 481.
[182] Tellería, II, 549-550.
[183] Tellería, II, 550.
[184] Rey-Mermet, 677.
[185] Tellería, II, 551-552.

encontra-se a controversa questão da situação das crianças que morrem sem batismo: sem pena? nem de dano, nem de sentido?). 7. O estado do mundo depois do juízo universal. 8. O estado dos condenados depois do juízo final. 9. O estado dos bem-aventurados depois do juízo final.[186]

Deixando de lado a dimensão propriamente teológica do tratado, a leitura da obra chama a atenção pelas alusões às questões relacionadas com o final da história humana, com a situação do cosmos depois do juízo universal, etc. Por exemplo:

- Sobre o *Anticristo*, entendido como entidade pessoal concreta: quem será? onde aparecerá? como morrerá? "A pátria do Anticristo, diz São Jerônimo, e esta é a opinião geralmente recebida pelos Santos Padres, será Babilônia, cidade da Caldeia (...). O Anticristo acumulará, ao nascer, todos os vícios (...). Receberá sua educação na própria cidade da Babilônia ou em algum lugar próximo (...). Pasmosa, diz Santo Anselmo, será a perspicácia do Anticristo; aplicado breve tempo aos estudos, adquirirá instrução e eloquência consumadas (...). Dedicará seus estudos especiais, mas sigilosamente, à arte da magia; e com a força de seu talento e os auxílios diabólicos, chegará a ser um hábil enganador (...). No mais, o Anticristo se abandonará a toda sorte de fraudes e rapinas: encherá seus cofres com o fruto de seus impostos e poderá, com eles, levantar exércitos: despojará de seus Estados os demais príncipes da terra, humilhando-os até a condição de vassalos (...). Será totalmente imerso nos prazeres impuros dos sentidos (...). O Anticristo colocará em ação todos os seus esforços para obrigar os homens a menosprezar a Jesus Cristo, insistindo em dizer-lhes que

[186] Para a tradução espanhola, utilizo a edição em que aparecem conjuntamente as *Dissertações* e *A verdade da fé*: LIGORIO, A. Mª. De. *La verdad de la fe*, traducida al castellano por el Pbro. D. Julián González de Soto. Van añadidos dos opúsculos y *Disertaciones teológico-morales acerca de la vida eterna* (Madri-Barcelona, 1847). As *Dissertações teológico-morais* se encontram: nas p. 239-384. Cito mediante a abreviatura: *Disertaciones*.

não era, nem verdadeiro Messias, nem Filho de Deus, nem Redentor dos homens (...).

Pretendem os eruditos que o Anticristo, assim que for dono, pela força das armas, do Egito, da Líbia e da Etiópia, subjugará outros sete reinos, cujos soberanos entrarão em confederação com ele; dessa sorte, levantará um império mundial (...). A perseguição que o Anticristo levantará contra a Igreja excederá todas as que ela já sofreu até aquele dia (...). E passando a falar da morte do Anticristo, dizem que, quando este ímpio tiver reunido dois poderosos exércitos aparelhados para consumar a ruína da Igreja e de todos os servidores de Jesus Cristo, dará uma batalha campal onde, ao invés de alcançar a vitória, cairá vencido e perecerá juntamente com todos os seus soldados".[187]

- Sobre os *sinais que precederão o fim do mundo.*

  São os indicados por São Mateus em seu Evangelho, no cap. 24, tomados em sentido literal: 1) *Escurecimento do sol e da lua,* "que procederá do brilhantíssimo resplendor que cercará Jesus Cristo". 2) *Queda das estrelas,* ou seja, "a privação da luz que sofrerão os astros". 3) *O abalo dos corpos celestes,* que trará lamentáveis consequências na terra: "sentir-se-á frio no verão e calor no inverno"; "no mar ocorrerão horrorosas tempestades"; "a terra se comoverá ao ímpeto de terremotos tão violentos como jamais se viu"; "cidades inteiras cairão destruídas".[188]

  "Por último, aparecerá Jesus Cristo trazendo desfraldado o estandarte da cruz, para julgar os homens. Primeiro voltarão à vida os que morreram em Jesus Cristo, isto é, os santos; depois, os que morreram em estado de graça; uns e outros, elevados sobre as nuvens, irão ao encontro de Jesus Cristo".[189]

---

[187] *Disertaciones*, 261-267.
[188] *Disertaciones*, 273-277.
[189] *Disertaciones*, 277-278.

- Sobre a *ressurreição universal*: quando será? onde terá lugar? como serão os corpos ressuscitados?
"A época desse acontecimento é, de qualquer ponto de vista, incerta, e permanecerá oculta até o dia do juízo".[190]
Quanto ao lugar: "duas são as opiniões existentes. Alguns dizem que cada qual ressuscitará no lugar onde se encontram suas cinzas ou a maior proporção de seus restos mortais; outros defendem que os anjos cuidarão de recolher as cinzas de todos os homens e as transportarão para o Vale de Josafá, onde acontecerá a ressurreição universal. Maior número de textos da Escritura concorre para tornar mais provável a primeira opinião".[191]
Quanto à pergunta: "se ressuscitará com o homem tudo o que nele havia sido material, Santo Tomás diz que, no que toca à porção de matéria que adquiriu com exuberância por meio dos alimentos, não voltará à vida toda ela, nem tal como permanecia no curso da vida, porque não é, de maneira alguma, necessária à integridade do homem; mas no que respeita às partes mais formais, isto é, às partes integrantes e constitutivas da espécie humana, como são os ossos, nervos, etc, ressuscitarão identicamente as mesmas."[192]
Deixamos de recolher quanto se disse, de forma detalhada: sobre a ressurreição dos membros não necessários: intestinos, unhas, cabelo, sexo, etc; de que idade ressuscitará ("quando o corpo adquiriu toda a sua perfeição"); com que estatura: "ressuscitarão com o tamanho e constituição que deveriam ter alcançado no término do desenvolvimento se a natureza não lhes tivesse cerceado algo"; de se os ressuscitados terão fruição dos sentidos: vista ("ao contemplar a beleza do corpo de Jesus Cristo e de sua Santíssima Mãe, que, à exceção do de Jesus Cristo, excederá em formosura a todos os habitantes do paraíso"), ouvido ("concertos dos

[190] *Disertaciones*, 287.
[191] *Disertaciones*, 288.
[192] *Disertaciones*, 193-194.

santos com celestial melodia"), olfato ("do corpo dos bem--aventurados, em especial, do de Jesus Cristo, se exalará suavíssima fragrância"), tato (*corpora sanctorum post resurrectionem erunt papabilia:* cardeal Gotti), paladar ("conjecturo, diz Afonso, que os bem-aventurados regalarão sua boca com uma substância doce e agradável").[193]

- Sobre a *situação do mundo* depois do juízo universal: como ficará a terra? "São Jerônimo refere a opinião de vários filósofos julgando que, concluído esse ato [juízo universal], o mundo seria consumido pelas chamas (...). Mas a sentença comum dos demais Santos Padres e teólogos, e a de Santo Tomás, afirma que o mundo não ficará destruído, mas sim receberá melhor forma por meio da renovação. Os textos de ambos os Testamentos concordam em dizer que então haverá novos céus e nova terra (...). Da renovação do mundo serão excluídos, segundo opinião de Santo Tomás, animais, plantas e outros seres mistos, que terão sido destruídos pelo fogo. Animais e plantas foram criados por Deus para sustento da vida do homem no estado presente, e não havendo mais essa finalidade, devem, então, cessar os meios para ela empregados".[194]

- Sobre o estado dos condenados: Onde está o inferno? Como serão as penas: de sentido e de dano? Que coisas lembrarão os condenados? Como será a vontade dos condenados? De tudo isso trata a oitava dissertação.[195]

"Santo Tomás afirma que o local do inferno é subterrâneo, mas que não é possível perguntar sua localização precisa; se está no centro da terra ou em lugar menos profundo (...). Quanto ao que toca à extensão do inferno em que habitarão os condenados depois de sua ressurreição, Santo Tomás diz que não é sabida, porque se ignora também se no inferno os réprobos estarão a certa distância um dos outros,

[193] *Disertaciones*, 295-299.
[194] *Disertaciones*, 333.
[195] *Disertaciones*, 337-364.

ou colados corpo a corpo, formando como que uma massa compacta".[196]

A pena do sentido é o fogo. Mas, como é possível que o fogo corpóreo possa causar dor à alma, que é espiritual? Santo Agostinho responde que "embora nós não alcancemos a compreensão disso, bem o sabe o poder divino" (...).[197]

"Santo Tomás diz que os condenados oscilarão entre um calor imenso e um frio extremo, sem que essa transição lhes refrigere de qualquer maneira seu tormento".[198] A "pena do verme" não é outra coisa que a "roedora acusação da consciência".[199]

Quando vista como expressão da experiência mística da *ausência* e da *presença* de Deus, a descrição da pena de dano é uma das páginas mais belas da literatura religiosa de Afonso.[200] "O paraíso consiste em Deus porque nele está compreendido todo o bem".[201] E, servindo-se do pensamento, e até da forma literária de São Bernardo, Afonso afirma: "Deus é também o que constitui o inferno (...). Assim como o bem-aventurado encontra sua felicidade em possuir a Deus, e em ser de Deus; assim o réprobo é infeliz porque já não é de Deus, nem Deus é seu".[202]

Se o leitor fizer uma transposição para a *situação presente* do que o autor afirma sobre quais "coisas recordarão os condenados"[203] e "da vontade dos condenados"[204] terá magnífica exposição de um *itinerário espiritual de purificação dos sentidos.*

A exposição sobre o estado dos bem-aventurados depois do juízo universal é a segunda parte de um díptico imaginário sobre

---

196 *Disertaciones*, 342.
197 *Disertaciones*, 343.
198 *Disertaciones*, 344.
199 *Disertaciones*, 344.
200 *Disertaciones*, 347-350.
201 *Disertaciones*, 348.
202 *Disertaciones*, 348.
203 *Disertaciones*, 350-352.
204 *Disertaciones*, 352-357.

o além; é o que expõe Afonso na dissertação nove, um pouco mais curta que as precedentes.[205]

Nesse tratado afonsiano das *Dissertações teológico-morais sobre a vida eterna,* confluem muitas fontes: obviamente, bíblicas, patrísticas, teológicas medievais, das quais a principal é, sem dúvida, Tomás de Aquino, as teológicas da época do autor, entre as quais sobressai o tratado de Vicente Luís Gotti (1664-1742), dominicano e cardeal (com possibilidades de chegar a Papa no conclave de 1740): *Theologia scholastico-dogmatica juxta mentem divi Thomae Aquinatis* (Bolonha, 1727-1735). Esta obra, provavelmente, forneceu a Afonso, além de textos patrísticos e medievais, muitas referências tomísticas, das quais há abundância nas *Dissertações* de Afonso, bem como, o esquema geral da sua própria obra.[206] Liguori pode utilizar a obra de Gotti na primeira edição, ou em uma edição posterior (por exemplo, a de 1763). Sobre L. Gotti: ver o volume V/1, 920, da presente História da Teologia Moral.

É óbvio que Afonso analisa os temas da escatologia com mais sobriedade que outros autores da época. Isso é perceptível se compararmos a pequena obra de Afonso com a volumosa obra de Gotti, concretamente (segunda edição que estou usando) o tomo III *in-folio* da *Theologia scholastico-dogmatica juxta mentem divi Thomae Aquinatis* (Veneza, 1781) 591-635: "Tractatus XV. De fine mundi"; 636-672: "Tractatus XVI. De judicio universali, et consequentibus ipsum".

Apesar do menor barroquismo comparativo, a obra de Afonso não deixa de parecer livro de ficção científica, sobretudo, nas *concretizações físicas* das afirmações teológicas que, obviamente, devem ser interpretadas com o critério epistemológico de *ruptura de nível.*

Essa é a conclusão quando comparamos a obra afonsiana com um tratado teológico de hoje, em que se pretenda manter e justificar as afirmações da fé cristã: 1) aceitando como pano de fundo

[205] *Disertaciones,* 364-382.

[206] MANDERS, H. *O amor na espiritualidade de santo Afonso* [1947] (Aparecida, 1990) 14-15, pensa que o plano ou esquema do tratado de Afonso dependa diretamente da obra do cardeal Gotti (tratado XVI na edição de Bolonha, 1735).

a interpretação científica do cosmos e da história humana;[207] e 2) tendo em conta a necessária hermenêutica dos dados bíblicos e das formulações teológicas.[208]

Além do mais, o leitor perceberá como Afonso se serve de sua experiência de advogado ao tratar alguns temas, concretamente, os temas do juízo particular e do juízo universal.

- O tratamento do juízo particular (objeto da primeira *Dissertação*) é sóbrio e relativamente breve.[209] Mas não faltam alusões ao *defensor* da alma ("o próprio anjo da guarda") e ao *acusador* ("o demônio").[210]
- O tratamento do juízo universal (objeto da *Dissertação* sexta) é longo e proposto com cenografia digna dos grandes julgamentos que o advogado Afonso pode presenciar.[211]

---

207 Ver, como exemplo: BRANCATO, F. *Il futuro dell'universo. Cosmologia ed escatologia* (Milão, 2017). Apresentação das perspectivas científicas da questão: ARANA ET ALII, J. *La cosmología en el siglo XXI* (Tarragona, 2012); BAJOWALD, M. *Antes del big bang: una historia completa del universo* (Barcelona, 2015); SOLER, F. J. *El universo a debate. Una introducción a la cosmología* (Madri, 2016); OBSERVATORIO VATICANO. Explorar el universo, última de las periferias. Los desafíos de la ciencia a la teología (Santander-Madri, 2016); GALLARD, C. *El universo en tu mano: un viaje extraordinario a los límites del espacio y del tiempo* (Barcelona, 2016). Sobre as relações entre religião e compreensão cosmológica: JOU, D. *Dios, cosmos y caos: horizontes de diálogo entre ciencia y religión* (Salamanca, 2015); BROOKE, J. H. *Ciencia y religión. Perspectivas históricas* (Santander--Madri, 2016).

208 Dentre os tratados teológicos sobre "o fim do mundo" e sobre "o fim da história" que usam nova hermenêutica dos dados bíblicos e formulações teológicas, ver: 1) A exposição didática de: SALAS, A. *El fin del mundo* (Madri, 1984) ["o fim do mundo deixa de oferecer interesse em sua perspectiva cronológica, para se ajustar mais a um módulo teológico, cuja tese soa assim: o homem chega a seu fim conforme adentra na dinâmica existencial que Cristo lhe presenteia": p. 68-69]. 2) A exposição mais técnica e mais desenvolvida de: KEHL, M. *Y después del fin, ¿qué? Del fin del mundo, la consumación, la reencarnación y la resurrección* (Bilbao, 2003; original alemão de 1993).

209 *Disertaciones*, 241-249 (com *Súplica* final inclusa).

210 *Disertaciones*, 244.

211 *Disertaciones*, 302-332 (com *Súplica* final inclusa).

13.7.3 Apontamentos ecológicos

Além dos que foram mencionados, há outros interesses no universo teológico de Afonso. Noel Londoño analisou um, sobre o qual o leitor faria bem em dirigir sua atenção. Esse interesse é o *pensamento ecológico* de Afonso.[212]

É normal que, na síntese teológico-moral de Afonso, não possamos encontrar um tratado de moral ecológica. Só o fato de procurar, supõe incorrer em notável anacronismo.

Contudo, no conjunto da produção literária afonsiana encontra-se uma visão da integração do ser humano no conjunto da obra criada por Deus.

Na época de Afonso houve variação importante na visão do mundo criado.[213] Começava, então, a compreensão moderna, de caráter preferentemente racional e científico. Parcialmente apoiados nessa nova compreensão, muitos filósofos modernos negaram a validade da prova da existência de Deus a partir da existência da realidade criada. Afonso se opôs a essa orientação, como tratamos no lugar correspondente do presente volume, apoiando a prova da existência de Deus na existência de um mundo "finito" e "ordenado". No escrito apologético *Verità della Fede,* Afonso viu o mundo criado como dom e imagem de Deus.

Em outros escritos, especialmente, no *Modo de conversare alla familiare con Dio,* Afonso vê o ser humano como cantor da criação.[214]Nesse sentido, não faltam detalhes ("flores afonsianas") sobre a compreensão afonsiana da vinculação do ser humano com as plantas e animais.[215]

Em síntese, é possível afirmar que a teologia e ética ecológicas de Afonso podem ser concretizadas neste princípio: *viver em harmonia com o criado como caminho para Deus.*

---

212 LONDOÑO, N. *L'essere umano, la natura e Dio. Il pensiero ecologico di Sant'Alfonso de Liguori*: GIANNANTONIO, P. (ed.). Alfonso M. De Liguori e la civiltà letteraria del Settecento (Città di Castello, 1999) 443-448.

213 GUSDORF, G. *Dieu, la nature, l'homme au siècle des Lumières* (Paris, 1972). Ver: LONDOÑO, N. *L'essere umano...*, 444-447.

214 LONDOÑO, N. *L'essere umano...*, 450-554.

215 LONDOÑO, N. *L'essere umano...*, 454-458.

Nota bibliográfica

- RUIZ, D. *¿Era sí?:* El Perpetuo Socorro 47 (1946) 298-301.
- LONDOÑO, N. *L'essere umano, la natura e Dio. Il pensiero ecologico di Sant'Alfonso de Liguori:* GIANNANTONIO, P. (ed.). Alfonso M. De Liguori e la civiltà letteraria del Settecento (Città di Castello, 1999) 443-448.

13.8 OBRAS DE ERUDIÇÃO HISTÓRICO-TEOLÓGICA

No cap. 2 da 6ª seção recordamos que, na época de Afonso, nem a patrística, nem a história da Igreja, eram consideradas disciplinas autônomas no programa teológico dos seminários. Mesmo assim, as questões relacionadas com a teologia dos Santos Padres e dos Concílios formavam parte desse programa teológico.

Afonso escreveu um comentário ao concílio de Trento, obra que comentamos em outro capítulo, desta mesma seção, entre as de conteúdo mais diretamente dogmático. Agora expomos o conteúdo de duas obras de Afonso catalogadas como *histórico-eruditas,* mas sabendo que o objetivo do autor era de caráter *edificante.* São escritos de conteúdo histórico, com função apologética e com a finalidade de alimentar a espiritualidade dos fiéis. Referimo-nos às duas obras seguintes: uma, sobre a *História das Heresias* (1772); e outra, sobre as *Vitórias dos Mártires* (1775).

13.8.1 História das Heresias

- *Trionfo della Chiesa ossia Istoria delle Eresie colle loro confutazioni,* 3 vol. (Nápoles, 1772; Bassano, 1773).[216]

Na *Introdução,* o autor indica, não apenas o objetivo, mas também as fontes principais, o método e o plano da obra. Não é guiado

216 De Meulemeester, I, 152-153; Ferrero-Boland, 527-528. Ver: Tellería, II, 483-488; Rey-Mermet, 621-622. [LIGÓRIO, Afonso. *História das Heresias e suas Refutações.* Rio de Janeiro: CDB, 2020].

pelo afã de acrescentar à verdade histórica. O escrito, embora rico em dados e apoiado em autores de peso (Fleury, Barônio, Noel Alexandre, Orsi, Tillemont, etc), tem por finalidade a *edificação* e *formação* do povo cristão (e do clero). Na impressão da obra, Afonso teve dificuldades com o censor (J. Simioli), que a considerava carente de crítica histórica.[217]

Resolvidas essas dificuldades da censura, e com dedicatória a B. Tanucci,[218]a obra foi impressa em Nápoles (1772). O autor a enviou imediatamente a Remondini para ser impressa em Veneza (no ano seguinte: 1773):

"Afonso extraiu, de cada uma das heresias, o núcleo central heterodoxo, sintetizou as tendências e seus erros, agrupou as fases de seu nascimento e de sua decadência ou expansão, preparando, dessa forma, o campo para o debate e refutação no último volume".[219]

Vista com olhar de pai, Afonso podia dizer da obra, em carta a Remondini, que "com tais características não existe obra como a minha".[220]

13.8.2 História dos Mártires

- *Vittorie de' martiri,* 2 vol. (Nápoles, 1775,1785; Venecia, 1777).[221]

Afonso tinha começado a compor essa obra na última etapa do episcopado "para não ficar ocioso no entardecer de sua vida".[222] Recebeu os primeiros exemplares impressos estando já retirado em Pagani.

---

[217] Tellería, II, 485-486.

[218] TELLERÍA, R. S. *Alfonsus episcopus et Marchio Tanucci nomen suum miscent in duobus libris prelo datis*: SH 11 (1963) 143-165, especialmente pp. 151-165.

[219] Tellería, II, 484.

[220] Lettere, III, 373.

[221] De Meulemeester, I, 161-162; Ferrero-Boland, 530. Ver: Tellería, II, 541-544; Rey-Mermet, 675-676.

[222] Lettere, III, 467. Ver também: Lettere, III, 471-472, 472-473, 476-477.

Ao corpo da obra, vinham unidos 11 pequenos tratados, a modo de anexos.[223] Entre eles se contavam: *Del sagrificio di Gesù Cristo* (inspirado em uma pequena obra de Pasquier Quesnel);[224] *Stimoli a' Religiosi per avanzarsi nella perfezione;*[225] *Avvertimenti a' Sacerdoti che assistono a' Condannati a morte.*[226]

Mais que a investigação histórica, as *Vittorie de' martiri* tinham como objetivo uma finalidade apologética e edificante. Ao escrevê-las, Afonso foi guiado, segundo ele mesmo confessa, não por um interesse de investigação histórica, mas pela finalidade de edificação espiritual.[227] A segunda parte da obra está dedicada à história, ainda recente naquela época, dos mártires do Japão (1597-1633).

Quanto à certeza dos dados históricos utilizados por Afonso, "são as certezas de seu tempo; as de Ruinart, Fleury, Surio, dos Bolandistas, Orsi, Mamacchi, Crassei. Mas sua verdade é outra, é uma verdade espiritual e não histórica, como é a narrativa edificante que percorre toda a Idade Média".[228]

13.8.3 Avaliação de conjunto

Afonso não fez investigações especiais sobre os temas históricos indicados. Serviu-se das obras eruditas que abundavam em

---

[223] De Meulemeester, I, 161. Ver a exposição do conteúdo desses anexos em: Tellería, II, 543-546.

[224] De Meulemeester, I, 162-163. Anota Tellería, II, 545-546: "Mais que os acréscimos de Afonso ao escritor francês e a retificação, em muitos pontos, de suas conclusões, nos interessa sua atitude ao preconizar aos fiéis o conhecimento do texto da missa e ao traduzir e comentar a substância do ordinário da mesma. Com essa orientação, se adiantava ao movimento litúrgico contemporâneo, que concentra suas aspirações na difusão do missal popular".

[225] De Meulemeester, I, 163.

[226] De Meulemeester, I, 165. Anota Tellería, II, 544-555: "A substância desses avisos ele havia já recolhido em suas obras pastorais [*Praxis confessarii; Istruzione e Pratica*], mas dando-lhes agora aspecto novo e definitivo, demonstrava o valor de sua alma sacerdotal, sempre plena de caridade (...). Afonso considerava como uma honra e encargo de justiça continuar pertencendo, desde os anos juvenis, à associação dos "Brancos" que, em Nápoles, assistia aos justiciados".

[227] Lettere, III, 470-471.

[228] CACCIATORE, G. *Le fonti e i modi di documentazione: Introduzione generale*, 237.

sua época. Eis aqui algumas dessas obras que Afonso pode consultar em sua biblioteca pessoal (ou da comunidade religiosa) e, especialmente, nas bibliotecas externas que frequentava:

- Os 12 vol. dos *Anais Eclesiásticos* (1588-1607) do cardeal oratoriano **César Barônio** (1538-1697).
- Os 6 vol. das *Atas dos Sagrados Concílios* (1748-1752) do infatigável **João Domingos Mansi** (1692-1769), arcebispo de Lucca em 1765.
- Os 3 vol. da *Istoria del concilio di Trento* (1656-1657) do jesuíta **Pedro Sforza Pallavicini** (1607-1667), escrita a pedido do Papa como resposta à obra de Paulo Sarpi (pseudônimo de Pedro Soave Polano) (1552-1623).
- Além das obras indicadas, é preciso nomear: Fleury, Petávio, Bossuet, etc.

Para interpretar e avaliar as citações das fontes históricas feitas por Afonso, remetemos aos esclarecimentos de D. Capone às críticas que esses escritos afonsianos receberam.[229]

13.8.4 Complementação

Vinculados à produção afonsiana sobre aspectos da história da Igreja, podem ser mencionados outros escritos de Afonso contendo biografias edificantes. São os quatro seguintes:

- *Compendio della Vita del Servo di Dio P. Gennaro Maria Sarnelli Sacerdote Missionario della Congregazione del SS. Redentore e della Congregazione delle Apostoliche Missioni eretta nell' Arcivescovato di Napoli* (1752).[230]
- *Brevi Notizie della vita di Fr. Vito Curzio, Fratello laico della Congregazione del SS. Redentore* (1752).[231]

---

[229] CAPONE, D. *Autenticità nelle citazioni di fonti storiche: Introduzione generale*, 351-357.

[230] De Meulemeester, I, 77-78.

[231] De Meulemeester, I, 78.

- *Vita e morte della Serva di Dio Suor Maria Teresa de Liguori, Monaca nel Ven. Monastero del Santissimo Sacramento in Napoli dell'Ordine di S. Maria Maddalena de Pazzi e defunta nell'anno 1724* (1761).[232]
- *Brevi notizie della vita del R. P. Paolo Cafaro sacerdote della Congregazione del SS. Redentore* (1766).[233]

[232] De Meulemeester, I, 117-118.
[233] De Meulemeester, I, 133-134.

Impresso no parque gráfico da Editora Santuário